James McSill

Storytelling & Inteligência Artificial

Como reinventar o Marketing Digital com verdade, emoção e propósito

James McSill

Storytelling & Inteligência Artificial

Como reinventar o Marketing Digital com verdade, emoção e propósito

DVS EDITORA
www.dvseditora.com.br
São Paulo, 2025

Storytelling & Inteligência Artificial

Como reinventar o Marketing Digital com verdade, emoção e propósito

Design de capa, projeto gráfico e diagramação: Bruno Ortega

Dados Internacionais de Catalogação na Publicação (CIP)
(Câmara Brasileira do Livro, SP, Brasil)

Mcsill, James
Storytelling & inteligência artificial : como reinventar o marketing digital com verdade, emoção e propósito / James Mcsill. -- 1. ed. -- São Paulo : DVS Editora, 2025.

Bibliografia.
ISBN 978-65-5695-164-5

1. Comunicação digital 2. Inteligência artificial 3. Marketing digital 4. Planejamento estratégico I. Título.

25-309474.0 CDD-006.3

Índices para catálogo sistemático:

1. Inteligência artificial 006.3

Aline Graziele Benitez - Bibliotecária - CRB-1/3129

Nota: Muito cuidado e técnica foram empregados na edição deste livro. No entanto, não estamos livres de pequenos erros de digitação, problemas na impressão ou de uma dúvida conceitual. Para qualquer uma dessas hipóteses solicitamos a comunicação ao nosso serviço de atendimento através do e-mail: atendimento@dvseditora.com.br. Só assim poderemos ajudar a esclarecer suas dúvidas.

Sumário

A Ascensão da Máquina e a Reinvenção do Humano

Vivemos um daqueles raros momentos históricos em que todo um paradigma se desfaz sob nossos pés, enquanto outro, ainda informe, tenta emergir das cinzas do anterior. O mercado digital, outrora dominado por fórmulas previsíveis e métodos replicáveis, assiste hoje ao colapso silencioso de suas certezas. Recordo com nitidez os tempos em que um simples curso de "fórmulas comprovadas" bastava para lançar legiões de empreendedores digitais ao sucesso fácil - anúncios que convertiam, e-mails que vendiam, funis que operavam com precisão quase mecânica. Contudo, esse edifício aparentemente sólido revelou-se tão frágil quanto um castelo de areia ante a maré crescente da Inteligência Artificial. O que surpreende, contudo, não é o fenômeno em si, mas a teimosia com que muitos insistem em lecionar estratégias obsoletas, oferecendo ainda hoje, com ar de novidade, os mesmos cursilhos que há três ou quatro anos podiam fazer sentido, mas que hoje equivalem a ensinar navegação com mapas medievais na era dos satélites.

Esta obra nasce não apenas da observação clínica desse panorama em transformação, mas da minha experiência pessoal direta - vivida em carne própria através de décadas de trabalho transversal por culturas e continentes. Quando a maioria ainda discutia a IA como abstração futurista, eu já testemunhava seus primeiros efeitos práticos. Em setembro de 2024, durante um evento organizado pela minha amiga e sócia, Ana Cristina Rosa, em Lisboa, realizei a primeira demonstração pública do que então chamava de "mente virtual" — um protótipo primitivo se comparado ao que viria a se tornar o McSill Ultra 2.0, sistema que hoje integra mais de 36 milhões de palavras e cristaliza meio século (quase cinquenta e um anos, para sermos precisos) de vivência profissional. Minha trajetória singular - que transitou da mentoria de autores ao mundo corporativo, da criação de parques temáticos à consultoria para produções da Netflix - proporcionou-me uma perspectiva privilegiada para antever o tsunami tecnológico que se avizinhava.

A transformação foi, como previra, rápida e assustadora. Contudo, este livro não é um mero relato de mudanças, mas um mapa detalhado das estratégias que minha equipe e eu desenvolvemos não apenas para evitar o marasmo generalizado (aquele "vazio" ou "void" que vi consumir tantos colegas), mas para prosperar em meio à turbulência. Revelo sem reservas nossos acertos e equívocos, os momentos de insight e as noites de angústia criativa. Felizmente, como ocorre com todos os verdadeiros saltos evolutivos, o caos trouxe consigo oportunidades inesperadas - no meu caso, a intensificação de trabalhos na Ásia e alianças com parceiros que, compartilhando meu fascínio pelo novo, enfrentam o futuro com raro destemor intelectual.

O que se segue nas páginas adiante não é um manual de sobrevivência, mas antes um tratado sobre reinvenção criativa. Porque se há lição a extrair deste período de transição, é que as máquinas podem substituir processos, mas jamais replicar aquela centelha divina que nos torna humanos — nossa capacidade de contar histórias que ressoam, de criar significados compartilhados, de transformar dados brutos em narrativas que emocionam e mobilizam. Esta é, no fundo, uma obra sobre como encontrar a própria voz num mundo cada vez mais ruidoso — e como fazer com que ela seja ouvida acima do zumbido constante dos algoritmos.

Muito do que o leitor irá encontrar neste livro nasce dessa escuta profunda e desse diálogo constante com profissionais e empreendedores em diferentes cantos do mundo. Os conteúdos aqui reunidos foram recolhidos e refinados ao longo dos últimos anos, a partir de 2022, com especial intensidade no último ano, 2025, a partir de cursos, mentorias e consultorias que ministrei — online e presencialmente — para públicos da América Latina, da Ásia e de várias regiões de África. São fragmentos vivos de experiências reais, dúvidas partilhadas, soluções construídas em conjunto. Cada ideia aqui apresentada foi testada no terreno, discutida em grupos, transformada por contextos culturais diversos e, sobretudo, moldada pelas emoções autênticas de quem está, como tu, a tentar comunicar com verdade num mundo automatizado.

James McSill
Setembro, 2025

Nota ao leitor: *Os episódios que compõem esta obra são autónomos e não exigem leitura sequencial. Caso já detenha conhecimento prévio sobre os temas iniciais, ou se algum dos primeiros capítulos lhe parecer excessivamente técnico, poderá, sem prejuízo, avançar para secções intermédias e, após concluí-las, regressar aos capítulos anteriores. Do ponto de vista prático, os conceitos e ferramentas aqui apresentados aplicam-se de forma simultânea na vida real. Assim, a ordem da leitura pode – e deve – seguir o ritmo da sua própria experiência.*

NOTA:

No texto, a decisão de manter certos termos técnicos em inglês foi feita com intencionalidade e propósito claros: o Marketing Digital e a Inteligência Artificial são campos cada vez mais universais, que transcendem fronteiras linguísticas e culturais. Termos como prompt, storytelling, funnel, call-to-action, chatbot, entre outros, são amplamente utilizados — com pequenas variações — em praticamente todos os países que atuam nessa área, seja em Portugal, no Brasil ou em outros países da CPLP.

Essa escolha não se deve apenas à falta de tradução direta ou ao hábito técnico, mas à realidade da comunicação profissional globalizada: essas palavras já fazem parte do vocabulário comum de quem trabalha com estratégias digitais, independentemente do país. Manuseá-las em inglês dentro do texto ajuda a manter a precisão conceitual e facilita a compreensão por parte de profissionais multiculturais.

Além disso, o livro tem um objetivo maior: ser acessível e útil para leitores de toda a língua portuguesa. Muitos dos novos profissionais que estão entrando no mercado encontram-se inicialmente expostos a esse vocabulário em inglês, seja através de cursos online, plataformas de automação ou documentações técnicas das próprias ferramentas de IA. Por isso, acolher esses termos não é uma barreira — é uma ponte. Uma oportunidade de aprendizado paralelo, onde o leitor pode familiarizar-se com o jargão enquanto absorve conceitos mais profundos sobre ética narrativa, storytelling com alma e uso consciente da tecnologia.

Para garantir que essa abordagem fosse inclusiva e didática, optou-se por incluir um glossário completo no final do livro. Lá, cada termo em inglês é claramente explicado em português de Portugal, muitas vezes com equivalências adaptadas ao contexto lusófono. Esse recurso permite que o conteúdo mantenha seu rigor técnico sem excluir ninguém — pelo contrário, convida todos a crescerem junto com o campo.

Assim, o livro se posiciona como uma obra para o mundo lusófono, capaz de falar com clareza tanto a um empreendedor em Lisboa quanto a um criador digital em São Paulo ou Luanda. Afinal, mesmo que as expressões mudem ligeiramente de um país para outro, as emoções que movem as pessoas, os desafios do marketing e o poder das histórias continuam universais. E é nesse espaço comum que este trabalho se constrói: com respeito à língua, abertura ao mundo e coragem para contar histórias verdadeiras, mesmo quando elas começam com uma palavra estrangeira.

(Glossário no fim do livro)

Episódio 1

Do Copy ao Código

Nova Linguagem, Velhas Emoções

Quando o texto se torna algoritmo, só sobrevive quem aprende a traduzir alma para linguagem de máquina.

ANTES DE LER O EPISÓDIO, ESSES SÃO OS TERMOS TÉCNICOS QUE PRECISAS CONHECER:

1. **E-mail marketing**

   Envio de mensagens comerciais por correio eletrónico a listas de contactos.

   Exemplo: Receber um boletim semanal com dicas de fotografia cada vez que subscreve uma newsletter.

2. **Banner ads**

   Anúncios gráficos – normalmente retângulos ou faixas – colocados em sites para atrair cliques.

   Exemplo: Um retângulo no topo de um portal de notícias, com uma imagem colorida e o texto "Promoção de Verão: 50% OFF".

3. **SEO rudimentar**

   Técnicas básicas de otimização para motores de busca, como repetir uma palavra-chave muitas vezes num texto.

   Exemplo: Escrever "sapatos desportivos" dez vezes numa página para tentar aparecer no Google sempre que alguém pesquisa "sapatos desportivos".

4. **Ranking**

   Posição de um site nos resultados de busca. Quanto mais alto no ranking, mais visível.

   Exemplo: Aparecer em primeiro lugar quando alguém pesquisa "receitas de bolo de cenoura" no Google.

5. **Pop-ups**

   Janelas que surgem sobre o conteúdo da página para chamar a atenção – muitas vezes ofertas, subscrições ou avisos.

   Exemplo: Um pequeno ecrã que aparece ao carregar num artigo, a pedir "Inscreva-se e receba um desconto de 10%".

6. **Newsletter**

   Publicação periódica enviada por e-mail, com notícias, artigos ou promoções.

   Exemplo: Um resumo mensal das novidades de uma marca de cosméticos enviado a quem se inscreveu.

7. **CMS (Content Management System)**

   Plataforma que permite criar, editar e publicar conteúdo num site sem escrever código.

   Exemplo: O WordPress, onde basta preencher campos de texto e carregar imagens para ter um blog online.

8. **Storytelling**

   Técnica de contar histórias para envolver o público, usando personagens, conflitos e emoções.

   Exemplo: Uma série de posts que narra como nasceu a marca, os desafios iniciais e as conquistas até hoje.

9. **Infográficos**

   Representações visuais de informação ou dados, combinando gráficos, ícones e texto curto.

   Exemplo: Um diagrama colorido mostrando "5 passos para poupar na conta de luz" com percentagens e setas.

10. **SEO semântico**

    Otimização que foca a intenção de quem pesquisa e o contexto das palavras, não só a repetição delas.

    Exemplo: Escrever "como manter o bolo húmido" em vez de só colocar "bolo húmido" várias vezes, para ajudar o Google a entender o tema.

11. **Palavras-chave**

    Termos ou frases usadas para direcionar conteúdo e ajudar os motores de busca a encontrar páginas relevantes.

    Exemplo: Incluir "receitas vegetarianas fáceis" num título de blog para quem procura esse tema.

12. **Algoritmos**

Regras matemáticas que definem como um sistema (como o Google ou a IA) processa dados e toma decisões.

Exemplo: O Facebook usa um algoritmo para escolher quais os posts que aparecem primeiro no seu feed, com base no que costuma clicar ou comentar.

13. **Segmentação**

Dividir o público em grupos com características ou comportamentos semelhantes para fazer campanhas mais certeiras.

Exemplo: Enviar ofertas de produtos para corrida apenas a quem já comprou ténis desportivos no site.

14. **Dados comportamentais**

Informações sobre como as pessoas interagem com um site ou app: páginas vistas, tempo de permanência, cliques.

Exemplo: Saber que 80% dos visitantes passam mais de dois minutos na página de um curso online.

15. **Funil de vendas**

Modelo que representa as etapas pelas quais um potencial cliente passa: desde descobrir a marca até efetuar a compra.

Exemplo: Primeiro vê um anúncio (atração), depois visita a landing page e deixa o e-mail (conversão), recebe vários e-mails educativos (nutrição) e, finalmente, compra o produto (venda).

16. **Microsegmentação preditiva**

Uso de IA para prever o comportamento dos utilizadores e criar grupos muito pequenos, com base em padrões detetados.

Exemplo: Identificar quem está prestes a abandonar o carrinho de compras e enviar-lhes automaticamente um desconto personalizado.

17. **IA generativa**

Inteligência Artificial capaz de criar conteúdo novo (texto, imagem, som) a partir de instruções (prompts).

Exemplo: Pedir ao ChatGPT para escrever um poema sobre a chegada do verão em estilo informal.

18. **Prompt**

Instrução ou pergunta que damos a um modelo de IA para gerar o conteúdo desejado.

Exemplo: "Escreve um post de 150 palavras em português de Portugal sobre dicas de viagem low-cost."

19. **Headline (Manchete)**

Título principal de um conteúdo, projetado para captar atenção e resumir a mensagem-chave.

Exemplo: "Como Poupar 500€ nas Suas Férias Este Verão".

20. **Call-to-action (CTA)**

Chamada para ação que convida o leitor a realizar um passo específico, como "Comprar agora" ou "Subscreva já".

Exemplo: Um botão no final de um artigo dizendo "Descarregue o guia gratuito aqui".

21. **Taxa de retenção**

Percentagem de utilizadores que permanecem a consumir o conteúdo ou a usar a aplicação por um determinado tempo.

Exemplo: Saber que, de cada 100 visitantes, 60 leem todo o artigo até ao fim.

22. **Tempo de leitura**

Duração média que um utilizador leva para ler um texto completo, usado para medir se o conteúdo prende a atenção.

Exemplo: Um artigo de 1 000 palavras com tempo de leitura estimado de 5 minutos; se os leitores passarem em média 4'30", significa bom envolvimento.

Nos primórdios da internet, o marketing digital surgiu como uma extensão lógica dos meios impressos: iniciativas pontuais de e-mail marketing, banners em portais emergentes e, nas "páginas amarelas" da web, as primeiras tentativas de SEO rudimentar. Em meados dos anos 2000, plataformas como Google e Yahoo! começaram a ganhar tração, e com elas nasceu a noção de que cada clique era um voto de confiança — e cada posição no ranking, um troféu a conquistar. Banner ads chamavam a atenção com cores vibrantes; pop-ups interrompiam a navegação; newsletters empilhavam-se nas caixas de entrada. Mas, no coração de tudo, permanecia a mesma regra: quem escrevia bem, vendia bem. O copy era rei, e o storytelling, a sua coroa artesanal — elaborado manualmente, com estudo de público, antecipação de objeções e metáforas afinadas à mão

Com o advento das primeiras ferramentas de gestão de conteúdos (CMS) e plataformas de blogs como WordPress, MySpace e Tumblr, surgiu a possibilidade de qualquer pessoa publicar histórias online. O digital transformou o contador de histórias numa figura central: não bastava ter um bom produto, era preciso envolver o público, evocar emoções e criar afinidade através de narrativas que refletissem aspirações e medos comuns. A técnica de storytelling migrou do offline para o online, ganhando novos formatos — posts, vídeos, infográficos — mas mantendo o princípio clássico: uma história bem contada captura atenção e gera ação

Na viragem para a década de 2010, o foco deslocou-se para o SEO semântico. O velho hábito de encher páginas de palavras-chave deu lugar a algoritmos que analisavam intenção de busca e relevância de conteúdo. A segmentação, antes feita apenas por idade, sexo ou localização, começou a incorporar dados comportamentais: que artigos o utilizador lia, quanto tempo permanecia numa página, que conteúdo compartilhava nas redes sociais. O funil de vendas deixou de ser um percurso linear e transformou-se num organismo vivo, moldado por análises em tempo real e microsegmentação preditiva.

Apesar do progresso tecnológico, o elemento humano continuava insubstituível. As ferramentas, por mais sofisticadas, eram apenas meios de escalar vozes; o diferencial mantinha-se na capacidade de conferir autenticidade e emoção. Porém, com a explosão das plataformas sociais e o excesso de conteúdo, o ruído aumentou: muitas marcas passaram a soar iguais, seguindo fórmulas universais. É então que a chegada da Inteligência Artificial (IA) generativa redefine o jogo. Já não basta criar bem — é preciso pensar melhor. Hoje, um prompt bem elaborado pode gerar dezenas de variações em segundos, testá-las automaticamente e otimizar headlines, chamadas para ação e até imagens.

A IA não veio substituir o humano; veio exigir dele mais inteligência emocional, mais visão crítica e maior consciência da própria voz. Onde antes um copywriter investia horas a afinar cada frase, hoje aprendemos a escrever prompts como se fossem pincéis: com clareza, contexto e propósito. A IA, alimentada por dados de comportamento de cada clique e de cada hesitação, adapta-se, personaliza e antecipa desejos. O funil deixou de ser estático. Ganhou mutabilidade, moldado por algoritmos que analisam não só cliques, mas tempo de leitura, taxas de retenção e até reações emocionais detetadas em comentários e partilhas

O que mudou drasticamente?

Antes	Agora
SEO baseado em palavras-chave genéricas	SEO semântico + IA que entende intenção
Escrita manual de e-mails e posts	Geração assistida com IA, testes A/B automatizados
Segmentação ampla (idade, género, localização)	Microsegmentação preditiva (comportamento + contexto)
Storytelling estático (uma história para todos)	Storytelling dinâmico (ajustado por perfil e reação)

Como preparar-se?

Não foi fácil acordar naquele quarto cheio de papéis e dúvidas. Havia noites em que o silêncio parecia gritar: "Desiste. Já tentaste de tudo." Eu sentia o peso de cada e-mail não aberto, de cada clique que faltava, como se fosse um lembrete de que não bastava saber escrever bem. Precisava de aprender outra língua — a da Inteligência Artificial — mas, no fundo, temia que ela me tornasse invisível.

Na primeira semana, tracei um mapa mental das minhas ferramentas: aquela plataforma de e-mails que usava desde o primeiro emprego, o meu velho CMS, as planilhas onde passava horas a empilhar métricas. Percebi que grande parte do meu tempo escorria em tarefas repetitivas, e que, se continuasse assim, acabaria por perder o que sempre me guiou: o calor humano das minhas palavras. Decidi, então, desaprender. Larguei a pressa de "mais resultados" e fui buscar cursos breves, li tutoriais com curiosidade de iniciante e vi, pela primeira vez, a IA não como inimiga, mas como pincel capaz de ampliar minha voz — desde que eu não a deixasse pintar sozinha.

Num dia de chuva leve, experimentei três versões de um e-mail de boas-vindas para os meus leitores. Enviei-as como quem solta barcos a passeio e fiquei horas olhando as estatísticas, não com medo, mas com esperança. Vi uma das versões subir timidamente — e naquela pequena vitória descobri que testar tudo, sem receio de errar, era permitir à minha intuição aprender com os dados. Cada número continha uma pista; cada clique, uma história escondida.

O passo mais doloroso foi reforçar a minha voz. A IA imprimia perfeição, mas era um molde frio. Retirei os textos do algoritmo, respirei fundo e escrevi de mim: confessei meus medos, revivi noites sem dormir, compartilhei a angústia de sentir-me substituído por uma máquina. Ao abrir-me assim, recebi respostas que iam muito além de métricas — eram abraços virtuais de quem se reconhecia na minha vulnerabilidade. Descobri que, por mais avançada que seja a tecnologia, só o humano consegue tocar o humano.

Hoje, quando revejo meu trabalho, não sinto a pressão de entregar resultados a todo o instante. Em vez disso, olho para o horizonte do meu funil como quem ajusta as velas num mar mutante: cada decisão, por menor que seja, me aproxima de algo real — histórias vivas, que nascem da minha coragem de desaprender e reaprender. Como dizia Einstein, "há duas maneiras de viver: acreditar que não existem milagres ou que tudo é um milagre." Eu escolhi a segunda. Cada erro se tornou um alicerce, cada teste uma lição, e cada palavra humana, o verdadeiro milagre que me faz seguir em frente.

Vou te mostrar como eu fiz:

Desaprender para reaprender

O primeiro passo nesta viagem consiste em deixar para trás velhos hábitos e certezas, tal como o escultor que retira toda a pedra supérflua antes de revelar a forma oculta no bloco de mármore. Reserve a primeira semana para um olhar atento ao seu ecossistema de trabalho: abra o seu editor de textos, o painel de controlo do CMS, o dashboard de anúncios e faça uma imersão honesta e sem juízos. Percorra cada ferramenta que o acompanha diariamente - seja a plataforma de e-mail, o gestor de redes, o CRM ou o software de relatórios - e sinta o peso do uso que delas faz. Anote, num lugar visível, quais o consomem mais tempo e quais lhe inspiram maior segurança. Permita-se questionar: será que ainda faz sentido passar horas a compor manualmente sequências de e-mail, ou teria já chegado o momento de pedir à Inteligência Artificial que assumisse essa tarefa repetitiva?

Na segunda e terceira semanas, comece a familiarizar-se com os fundamentos da IA generativa. Inscreva-se num curso curto que explique, sem rodeios técnicos, como funcionam os grandes modelos de linguagem: não para se tornar um programador, mas para ganhar consciência do que essas máquinas conseguem fazer - e do que devem continuar a manter nas mãos humanas. Dedique meia hora diária à leitura de artigos claros, talvez alguns tutoriais interativos que demonstrem a magia por detrás dos prompts. Em paralelo, abra uma conta numa ferramenta como o ChatGPT ou o Claude, e atire-lhe os primeiros comandos: peça um resumo sucinto de um texto alargado, peça ideias de títulos ou transforme um parágrafo seu num registo distinto. Guarde cada experiência num caderno digital, anotando o que adorou, o que exigiu intervenção e as pequenas surpresas que surgiram.

À medida que entra na quarta semana, proponha-se um exercício de alinhamento: desenhe o seu funil de vendas numa folha em branco, não por obrigação gráfica, mas para visualizar todo o percurso que o seu cliente faz desde o primeiro clique até à retoma de contacto após a compra. Trace quatro paragens mínimas - atração, conversão, nutrição e pós-venda - e, em cada uma, identifique quais as tarefas que emergem. Reflita sem pressa: algumas etapas, como gerar milhares de variações de headlines ou compilar relatórios de performance, podem e devem ser entregues à IA; outras, como afinar a estratégia de comunicação, revisar o tom final do texto ou interpretar sentimentos subtis nos feedbacks, permanecem domínio exclusivo da intuição humana. Este exercício de mapeamento não é uma mera listagem, mas um rito de passagem, em que define com clareza o que delegar à máquina e o que manter sob o seu toque sensível.

Chegado ao laboratório de experimentação, nas semanas cinco e seis, escolha um fluxo simples — por exemplo, a mensagem de boas-vindas ao subscritor (ou assinante) — e peça à IA que gere três versões distintas de assunto e corpo de e-mail, retomando os três tons já definidos anteriormente: a primeira, escrita como um amigo que partilha um segredo; a segunda, como um mentor que orienta com autoridade; e a terceira, como um contador de histórias que desperta a curiosidade. Divida a sua base de leitores em três grupos iguais e deixe a máquina enviar cada versão; em seguida, durante uma semana, acompanhe de perto o painel de controlo onde se registam as taxas de abertura e de clique. Mas vá além dos dados: registe no seu diário digital não apenas os números frios, mas também as sensações evocadas pelos comentários recebidos, pelas perguntas que surgirem em resposta ao e-mail e por aquelas pequenas reações que não cabem nos gráficos, mas dizem muito sobre o impacto real da mensagem.

À sétima semana, reúna a equipa num espaço informal - pode bastar uma videochamada com café à mão. Partilhe a história das quatro semanas anteriores: mostre o antes, no qual cada passo se repetia como uma dança mecânica, e o depois, onde cada gesto ganhou vida nova pela intervenção da IA. Discuta os dados, celebre as pequenas vitórias e, sobretudo, aceite os tropeços com naturalidade, pois cada erro traz consigo a luz de um novo caminho. Decida, então, que passos do funil serão os próximos a entrar neste ciclo de desaprender-reaprender: seja a mensagem de carrinho abandonado, o follow-up de um webinar ou o e-mail de aniversário. Para cada um, combine um calendário de preparação, de teste e de revisão.

E não esqueça: este processo não termina. Agende, no seu calendário, um lembrete quinzenal para voltar a este rito de reavaliação. Desaprender é uma arte, e reaprender é o seu espelho. A cada ciclo, fortalecerá o seu olhar humano, fazendo da IA uma extensão da sua sensibilidade e da sua capacidade criativa, e não um substituto. Afinal, no grande palco do marketing digital, as máquinas podem dançar, mas só cabe a si a magia de conduzir a orquestra.

Dominar prompts como se fossem pincéis

Imagina que entras num ateliê onde o artista não trabalha com tinta, mas com palavras. Cada traço, cada nuance, cada sombra resulta de um comando que ofereces à tua ferramenta de IA — o pincel virtual que transforma ideias em texto, imagens ou roteiros completos. Aprender a manejar este instrumento exige paciência, curiosidade e, acima de tudo, a vontade de ver cada prompt não como um simples pedido, mas como um convite à criação.

No primeiro dia, senta-te diante do ecrã limpo, como um pintor diante da tela em branco. Começa por reunir vinte ou trinta exemplos de peças que te toquem — um artigo que te emocionou, um título que te fisgou, uma narrativa que te prendeu. Lê-os com atenção, não apenas ao que dizem, mas a como dizem. Observa o ritmo das frases, a escolha de cada verbo, o modo como as imagens se sucedem. Depois, tenta imaginar qual seria o "pedido" ideal que resultaria naquele texto: "Escreve um post em português europeu, com tom conversacional, que explique..." Assim, estarás a desenhar mentalmente o primeiro esboço do teu prompt.

Em seguida, mergulha na experiência direta com a IA. Abre a ferramenta, cole o primeiro rascunho desse "pedido ideal" e observa o que surge. Talvez o resultado seja próximo do que desejas, talvez exija ajustes. Pede-lhe que seja mais sucinto ou mais detalhado; sugere um público específico — empreendedores de pequeno porte, por exemplo — e assinala o tom: "leve e motivacional", "crítico, mas construtivo" ou "informal e poético". Cada variação corresponde a um pincel diferente, e a cada novo comando percebes melhor como modular a intensidade das tuas palavras.

A cada dia, dedica um bloco de tempo a esta prática deliberada. Experimenta prompts que definam tanto o conteúdo quanto a forma: pede listas numeradas, textos divididos em secções curtas, variações em formato de perguntas e respostas. Alterna entre pedidos mais abertos — "Cria uma narrativa sobre..." — e muito fechados — "Escreve um parágrafo no estilo de José Saramago, respeitando a métrica de 20 palavras". Gradualmente, perceberás quais os elementos que mais influenciam o resultado: a menção explícita do público-alvo, referências a estilos literários ou exemplos concretos de estrutura.

Num momento seguinte, convida um colega a trocar de lugar. Mostra-lhe um prompt teu e pede-lhe que avalie o texto gerado. O olhar de fora fará saltar pontos cegos: termos demasiado genéricos, instruções ambíguas ou ausência de contexto. Por sua vez, pega num prompt dele e avalia o teu texto. Esta oficina de trocas rápidas aprofunda a tua compreensão de como cada detalhe no comando — uma vírgula, uma expressão de limite de caracteres, uma instrução de humor — seja capaz de deslizar todo o resultado para uma cadência distinta.

À medida que dominas os contornos básicos, cria uma coleção de "templates" — frases iniciais que se adaptam aos teus formatos mais frequentes: posts de blog, anúncios de redes sociais, descrições de produto ou e-mails de follow-up. Integra-os no teu editor como snippets, prontos a saltar à vista quando precisares. Porém, lembra sempre de tratar cada template como ponto de partida, não como destino: a verdadeira mestria surge quando, a partir daquela base, consegues semear nuances que façam o texto ressoar com a tua marca.

Por fim, cultiva o hábito de testar de forma sistemática. Para cada prompt que julgues definitivo, gera duas ou três variações subtis: muda o foco do público, altera o pedido de humor para empatia, inverte a ordem dos tópicos. Avalia depois, não apenas pela velocidade de produção, mas pelo grau de afinidade que o texto transmite. Observa qual prompt cria o texto que, depois de revisto e humanizado, exige menos intervenção ou gera mais proximidade com o leitor.

Dominar prompts como pincéis significa, em última análise, aprender a falar com a Inteligência Artificial não como um mero operador, mas como mentor e parceiro criativo. Significa entender que cada palavra que inseres é um traço que define o contorno da tua mensagem. E que a beleza do resultado depende tanto da precisão do teu comando quanto da sensibilidade com que, depois, o humanizas. Quando alcançares esse ponto, perceberás que não és tu a servir-te da IA; és a própria IA a servir-te — com a tinta certa, no momento certo, para criar histórias que toquem o coração de quem as lê.

Reforçar a tua "voz"

Em qualquer orquestra, há quem toque o violino e quem conduza o conjunto. No marketing digital, a IA é o instrumento virtuoso capaz de executar milhares de notas em segundos; mas só tu possuis a batuta que define o compasso, o timbre e a expressão única que faz uma melodia ressoar na memória de quem a ouviu. Essa batuta é a tua voz.

Para descobrir o timbre da tua marca, começa por um momento de recolhimento. Afasta-te do ruído das métricas e volta o olhar para as tuas próprias palavras: os primeiros textos que escreveste, os posts que despertaram nos leitores um sorriso ou um comentário entusiasmado, as mensagens que teus clientes guardaram como se fossem cartas de um amigo. Reúne esses exemplos como se fosses colecionar conchas numa praia — cada uma tem uma forma própria, uma ranhura que conta a história de onde veio e como foi moldada. Lê-os em voz alta, sente o ritmo das frases, observa os acidentes poéticos, as pequenas gírias que trazem humanidade, as pausas que permitem respirar. A tua voz, nesse momento, começa a tomar forma: não se define por palavras soltas, mas pelos ecos emocionais que provoca.

Depois, contempla as vozes alheias. Escolhe três autores ou marcas que admires: pode ser um escritor, um criador de conteúdos ou uma empresa cuja comunicação te fascine. Lê sem pressa alguns dos seus melhores textos e tenta entender como cada parágrafo se constrói, qual é a "assinatura" que os torna reconhecíveis. Talvez repares num ritmo curto e direto, como quem percorre a cidade de bicicleta; ou noutro que se alonga em frases sinuosas, convidando o leitor a mergulhar no oceano do pensamento. Anota no teu caderno literário cada descoberta: "usa metáforas de viagem...", "prefere perguntas retóricas...", "quebra o texto com listas quando quer dar ênfase". Esse trabalho de escuta não serve para emular — serve para perceber os contrastes entre as vozes, até encontrares o teu próprio contraponto.

Com o coração e a mente afinados, chega o momento de misturar IA e instinto. Pede à tua ferramenta que gere um breve texto, talvez um parágrafo que resuma a promessa principal do teu negócio. Receberás algo impecável no aspeto estrutural, mas provavelmente desprovido do teu ADN emocional. Agora, incumbe-te de reescrever este parágrafo de forma que ele soe como tu: substitui verbos, insere expressões que apenas tu usarias, quebra sentenças para criar expectativa, cola-as quando procurares fluidez. Trata cada saída da IA como argila fresca, e modela-a até que a identidade da tua marca se revele nas mínimas fissuras — no uso de "nós" em vez de "a empresa", no apelo direto à curiosidade do leitor, no convite implícito a um diálogo que vai além da venda.

Este processo de "retrabalho" deve tornar-se um ritual diário. Escolhe um pequeno texto — um post de rede social, um e-mail breve, uma introdução de artigo — e submete-o à dupla escrutínio: primeiro, lê-o como se fosses um leitor que não te conhece; depois, lê-o como criador, perguntando-te: "Está aqui o meu tom? Apresenta os meus valores? Convida à ação do meu jeito?" Sempre que surgirem dúvidas, devolve-o à IA com instruções mais precisas: "Torna este parágrafo mais coloquial" ou "Acrescenta aqui uma imagem sensorial sobre o cheiro de café ao amanhecer". É um diálogo que faz a tua voz crescer, pois a cada iteração reforças o que é exclusivamente teu.

Para garantir que essa voz se mantém fiel, convoca regularmente a tua equipa ou um grupo de leitura externa. Partilha com eles textos ainda "no forno", peça-lhes que sublinhem o que soa autêntico e o que escorrega para o lugar-comum. Essa revisão humana assegura que a IA — por mais poderosa que seja — não leve a tua comunicação para águas neutras onde todas as mensagens se parecem. Aceita cada crítica como um espelho que revela o valor singular da tua voz.

Por fim, documenta esse caminho. Cria um "Guia de Voz" onde registes expressões emblemáticas, traços de personalidade, metáforas preferidas e termos que ninguém na tua equipa deve usar sem sentir que fazem parte do teu universo. Reúne exemplos de antes e depois — o texto inicial da IA e a versão final que respira a tua essência. Assim, qualquer novo elemento na equipa, ou qualquer campanha automatizada, partilhará o mesmo DNA literário.

Reforçar a tua voz é aprender a dançar com a tecnologia sem entregar-lhe o compasso. É lembrar-se de que, por trás de cada algoritmo, existe sempre um ser humano à espera de ser tocado por uma melodia singular. E essa melodia — a tua voz — torna o fluxo digital num concerto vivo, inesquecível.

Aprender a Testar Tudo

Quando o mundo do marketing digital se limitava a poucas variáveis — abrir ou não abrir um e-mail, clicar num banner, preencher um formulário — o teste era um ritual final, quase simbólico: lançava-se a campanha e esperava-se o veredito em forma de números. Hoje, com a Inteligência Artificial a multiplicar possibilidades em frações de segundo, testar tornou-se o próprio coração da criação, o pulsar que dá vida às histórias. Se antes a ideia principal era concebida como uma estátua intocável, agora ela existe como um conjunto de esboços, sempre sujeitos a refinamento.

Imagine-se perante uma bancada de laboratório, onde cada variação de título, cada mudança de cor num botão de "comprar", cada pausa diferente no texto do anúncio constitui um frasco a ser misturado. O marketing já não é a arte de acertar de primeira, mas a habilidade de desenhar hipóteses e depois observá-las em ação. Cada frase pode e deve ser submetida ao crivo dos dados, não com o espírito de quem condena o erro, mas de quem o celebra como sinal de que há algo novo a aprender.

Começa-se, então, por formular perguntas claras: "Será que este título evoca mais curiosidade se fizer uma pergunta ou se usar uma afirmação enigmática?" "Será que mover o botão de ação para o final do texto aumenta a taxa de clique?" A cada dúvida corresponde uma experiência possível. A IA assume o papel de assistente incansável, gerando — em minutos — dez, vinte, trinta variações. Mas o verdadeiro teste depende da sua escolha criteriosa: quais hipóteses têm consistência narrativa para serem postas à prova?

Uma vez definidas as variações, o processo avança para a segmentação automática dos públicos. Não se trata de dividir por idade ou género, mas de observar perfis comportamentais: quem lê pausadamente até ao fim do texto, quem insiste no menu antes de clicar, quem abandona no primeiro parágrafo. A IA escuta esses ritmos e distribui cada versão do conteúdo a segmentos específicos. Em poucas horas, ganha-se uma sinfonia de dados: taxas de abertura, de clique e de conversão que se misturam a indicadores emocionais — tempo de permanência, comentários espontâneos, partilhas.

Mas os números frios contam apenas parte da história. A verdadeira grandeza do teste reside em entrelaçar a lógica com a intuição. Quando um título obtém mais ênfase do que outro, importa perguntar não apenas "quanto" mas "porquê": haverá uma palavra que sugere urgência demais? Uma construção que soa distraída? A inteligência humana deve interpretar o padrão e transformar a lição em nuance para o próximo experimento.

Nas semanas seguintes, o ciclo repete-se. As versões vencedoras ganham novos lotes de variações, combinando os elementos de maior sucesso em arranjos diferentes: o subtítulo que gerou empatia com um call-to-action mais ousado; a metáfora mais vívida num trecho mais curto. Cada iteração constrói um perfil de preferências, refinando a história até que ela se torne quase imperceptível, mas extraordinariamente eficaz: um murmúrio motivador que leva o leitor a agir quase sem perceber como.

As reuniões de revisão — quinzenais ou mensais — substituem a ansiosa expectativa por um hábito de descoberta contínua. Em vez de celebrar apenas o pico de conversão, celebra-se cada aprendizado: a versão que levou a um comentário inesperado; a combinação que, embora não tenha vendido mais, acendeu debates nas redes; o teste que, ao revelar uma fraqueza, apontou o caminho para um texto ainda mais autêntico. Assim, o erro perde o estigma e torna-se um trampolim para ideias mais ousadas.

Por fim, cria-se um repositório vivo de hipóteses e resultados — não uma secção seca de relatórios, mas um acervo de histórias de performance. Cada entrada conta não apenas os números, mas o contexto: a data, a época do ano, o humor do público, as notícias do momento. Esse arquivo é a memória coletiva da equipa e da própria IA, que aprende com o histórico a orientar novas gerações de prompts e combinações.

Testar tudo, portanto, não significa deixar a intuição de lado, mas honrá-la com dados. É reconhecer que a narrativa mais forte não nasce de verdades absolutas, mas de sucessivas perguntas respondidas. E que a IA, no alto do seu poder de cálculo, só revela o seu melhor quando encontra do outro lado um criador disposto a escutar, interpretar e continuar testando. Dessa aliança surge um marketing que vive e respira, pronto para se adaptar à próxima nota de emoção que o público venha a entoar.

Rever Rumos sem Drama

Quando um navegador abre a vela para uma longa viagem, não ignora os sinais do vento nem o rastro das estrelas no horizonte — antes, incorpora cada sopro e cada brilho como guia para corrigir a rota. O mesmo vale para o marketing digital na era da Inteligência Artificial: não basta apontar para um destino e acelerar o motor da automatização; é preciso aprender a escutar cada número, cada reação, cada hesitação como um sopro de alerta ou uma luz de confirmação.

Imagine, então, uma rotina quinzenal. Num dia escolhido — talvez toda segunda de manhã, quando a mente ainda dança entre o descanso e a expectativa de uma nova semana — reserve um momento para afastar-se do dia-a-dia. Abra os relatórios: observe onde o funil enrugou, que e-mails perderam brilho, que anúncios deixaram de sussurrar ao público. Mas não se assuste com o declínio momentâneo; veja-o como um convite a uma nova experiência de criação.

Permita-se contar histórias curtas sobre cada métrica que falha: por que razão o clique caiu? Será que o timing não conversou com o humor de quem recebe? E onde a taxa de conversão subiu — seria apenas o efeito de um botão mais visível ou de uma frase que tocou no âmago da necessidade? Escreva essas narrativas num diário de bordo digital, tal como um marinheiro que anota as condições do mar, as correntes percebidas e as estrelas mais vívidas.

Em seguida, trace intervenções simples, quase artesanais. Em vez de redesenhar todo o funil de uma só vez, ajuste um elemento de cada vez: o assunto de um e-mail, a imagem de um anúncio, o tom de um parágrafo. Confie na sua intuição humana para escolher qual peça mover primeiro, enquanto a IA simula dezenas de variações nos bastidores. Deixe que ela sugira combinações, mas decida você o que preservar — o que faz sentido na sua narrativa de marca.

Nos dias que se seguem, devolva-se ao painel de monitorização não com urgência, mas com curiosidade. Olhe cada troca como a rotação de um leme: minúscula, mas capaz de alterar a direção de todo o navio. Não tema reduzir o ritmo das campanhas se perceber que o público precisa respirar. Às vezes, um momento de silêncio gera mais desejo do que uma enxurrada de mensagens.

Por fim, celebre cada descoberta, mesmo as que nascem de fracassos. Convide a equipa a relatar o que aprenderam, a partilhar insights e a propor novas perguntas. Essa celebração quinzenal converte a revisão num rito de renovação, onde o erro deixa de ser estigma e se torna combustível para a próxima criação.

Rever rumos sem drama é essa arte de manter-se alerta e flexível, de ajustar velas sem dar ré, de confiar que cada correção, por pequena que seja, nos aproxima do porto certo. É, acima de tudo, reconhecer que o verdadeiro farol de uma estratégia de marketing não está num único número — está na sabedoria de quem ouve, interpreta e tem a coragem de mudar de rumo com confiança e criatividade.

CHECKLIST

Como alinhar storytelling com IA no marketing digital

- ☑ Estás a usar uma IA que entende contexto (ex.: ChatGPT, Claude)?
- ☑ Os teus prompts estão claros e incluem intenção de público?
- ☑ Manténs a tua voz pessoal ou de marca em todas as saídas?
- ☑ Usas IA para gerar, mas lês, editas e humanizas tudo antes de publicar?
- ☑ Tens métricas para medir impacto das tuas histórias (CTR, conversão, tempo de retenção)?
- ☑ Testas pelo menos duas versões de cada peça de conteúdo?
- ☑ Guardas exemplos de boas respostas da IA para criar um "banco de inspiração"?
- ☑ Já programaste momentos de revisão estratégica com base em dados reais?

Dica final deste episódio

Num mundo onde escrever bem já não basta, o verdadeiro diferencial está em dominar a cadeia completa: redigir com intenção, delegar com estratégia, lapidar com sensibilidade e medir com precisão – tudo em movimento, sob pressão, com prazos curtos e múltiplas plataformas a exigir coerência. Hoje, não basta soltar um bom texto; é preciso compreender a jornada do consumidor, antecipar objeções, modular o tom conforme o canal e saber quando deixar a Inteligência Artificial sugerir... e quando silenciá-la. A tecnologia está do teu lado, sim, mas só responde com qualidade a quem sabe comandar com clareza – e isso exige muito mais do que saber "dar prompts". Exige critério editorial, visão de negócio, domínio narrativo e coragem para fazer escolhas difíceis: o que entra, o que sai, o que pode esperar e o que exige prioridade agora. Comandar, no marketing de agora, é mais do que automatizar processos: é pensar com lucidez, sentir com o lugar do outro, criar com profundidade e ajustar com precisão. O profissional contemporâneo não é apenas um executor – é um curador de sentido. O que vale mais: publicar todos os dias ou dizer algo que permaneça na memória, no feed e na decisão do cliente? Repetir sons vazios é fácil. Criar mensagens com intenção e consequência é o que constrói reputação. E reputação, no fim, não se mede só em números – mede-se em confiança conquistada e sustentada.

Episódio 2

O Convite à Aventura

A Primeira Faísca

Toda jornada começa quando uma história nos convida a sermos mais do que espectadores.

ANTES DE LER O EPISÓDIO, ESSES SÃO OS TERMOS TÉCNICOS QUE PRECISAS CONHECER

1. **Narrativas Adaptativas**

   Histórias que se moldam em tempo real ao comportamento do utilizador – clique, tempo de permanência ou abandono – criando uma experiência personalizada a cada interação.

2. **Landing Page**

   Página de destino pensada para converter um visitante em lead ou cliente, com um formulário ou botão de ação evidente, isenta de distrações e otimizada para um único objetivo.

3. **Click-Through Rate (CTR)**

   Percentagem de pessoas que clicam num elemento (anúncio, link ou botão) em relação ao total de quem o visualizou, medindo a eficácia do apelo visual e textual.

4. **Chatbot**

   Programa que simula uma conversa humana, disponível 24/7 para responder perguntas, guiar o utilizador ou automatizar tarefas de venda, sem intervenção direta de um operador.

5. **KPI (Key Performance Indicator)**

   Indicador-chave de desempenho – métrica quantificável que mostra se estamos a atingir os objetivos definidos. Um KPI traduz num número claro o sucesso (ou falha) de cada ação – por exemplo, quantos novos utilizadores subscreveram a newsletter num mês, qual a taxa de abertura dos e-mails ou quantas vendas vieram de uma campanha.

Durante décadas, o marketing digital ergueu-se sobre a solidez do funil clássico: um percurso bem delineado que conduzia o prospeto desde a atração até à conversão, seguindo depois o fiel trilho da fidelização. Era um mapa confiável, construído em etapas rígidas — primeiro, chamar a atenção; em seguida, nutrir o interesse; depois, converter em venda; finalmente, cimentar a relação para gerar recompra. Cada campanha era concebida como uma expedição meticulosamente planeada, com conteúdos e mensagens preparados semanas antes, quase sempre partindo de hipóteses estáticas sobre o comportamento do cliente.

Na prática, a lógica do funil funcionava assim: criava-se um anúncio nas redes sociais ou no Google, esperava-se que o clique chegasse, recebia-se o usuário numa landing page projetada para "converter" — isto é, para fazer preencher um formulário, subscrever uma newsletter ou efetuar uma compra —, e, por fim, disparava-se uma série de e-mails programados, destinados a nutrir o recém-subscritor (ou assinante) até ao momento fatídico da compra. Depois desse objetivo, vinha a sequência de boas-vindas, os conteúdos de valor e as ofertas exclusivas, tudo igualmente pré-gravado. O ritmo era linear: um passo depois do outro, sem desvios. A grande certeza residia na previsibilidade — se tudo corresse conforme o roteiro, os KPIs (taxa de abertura, CTR, taxa de conversão) surgiriam no relatório como recompensas calculadas.

E, de facto, esse modelo deu frutos. Nos primórdios, quando ainda se mediam sucessos por cliques e impressões, o funil tradicional representava a forma mais eficaz de organizar os esforços de marketing. Havia clareza de papéis: o copywriter era responsável por seduzir a audiência, o designer por prender o olhar e o analista por avaliar depois os números. As equipas trabalhavam em sincronia para manter o funil sempre cheio — cada etapa alimentava a seguinte, como um vasto sistema de engrenagens perfeitamente lubrificado.

No entanto, à medida que o ecossistema digital se sofisticava, começaram a surgir fissuras nessa abordagem linear. O público tornou-se mais exigente, os canais multiplicaram-se e a concorrência intensificou-se. As pessoas, em vez de seguirem serenamente o trajeto previsto, pulavam etapas, abandonavam formulários a meio, clicavam num link apenas para descobrir depois outro mais atraente. O funil tornou-se uma serpente que se retorcia, e os gestores de marketing passaram a lidar com ruídos e desvios que não cabiam num plano fechado.

Foi então que, com o advento da Inteligência Artificial generativa e das plataformas que hoje conhecemos, o jogo virou completamente. A IA começou a operar como um maestro invisível, capaz de ler mil comportamentos em simultâneo e reagir em tempo real. O que antes era um funil estático, agora ganhou vida própria. Em vez de roteiro, tornou-se performance interativa, onde cada clique, cada pausa e cada abandono reescrevem a jornada.

Imagine um visitante que chega a um site de e-commerce à procura de sapatilhas de corrida. No modelo clássico, ele veria um banner de promoção, clicaria, encontraria uma landing page com uma seleção de produtos e, se não comprasse de imediato, receberia uma série de e-mails agendados: um lembrete de carrinho abandonado no dia seguinte, uma oferta de desconto três dias depois, um convite a voltar uma semana depois. Tudo contido numa cadência fixa, sem qualquer desvio.

Na nova era adaptativa, a IA analisa não só o clique inicial, mas também o tempo que o visitante passou avaliando cada modelo, as cores em que clicou, as avaliações que leu e até a secção do site onde hesitou. Se percebe que ele retorna cinco minutos depois para ver apenas um determinado modelo azul, a sequência de e-mail não é um lembrete genérico de carrinho abandonado: é um convite personalizado com fotos daquele exato modelo azul, depoimentos de utilizadores que o compraram e um call-to-action que fala do conforto específico desse design. Se, em vez disso, o visitante tiver visitado várias categorias, a IA poderá induzir conteúdo educativo — "Como escolher o ténis ideal para corrida de longa distância" — antes de tentar a venda direta.

O resultado é uma conversa contínua, mais do que uma sequência de monólogos. O conteúdo deixa de ser disparado mecanicamente e torna-se diálogo, alimentado por feedbacks imediatos. Cada interação reconfigura o percurso. A Inteligência Artificial, ao reconhecer padrões — por exemplo, um aumento súbito no tempo médio de permanência em páginas de acessórios —, adapta a narrativa, oferecendo mini-histórias sobre como acessórios complementares podem melhorar a experiência de corrida.

Este novo paradigma impacta não apenas o e-commerce, mas todas as vertentes do marketing digital. Nas redes sociais, as campanhas dinâmicas ajustam não só o criativo (imagem, legenda, formato) mas também o público-alvo em tempo real. Um vídeo promocional pode ter múltiplas versões — com histórias ligeiramente diferentes — e ser mostrado a segmentos específicos, consoante a reação inicial de cada microaudiência. Quem assiste ao primeiro vídeo até ao fim verá o segundo Episódio da narrativa; quem abandona cedo verá uma versão condensada, alinhada ao seu padrão de consumo de conteúdo. É o storytelling fragmentado, mas coerente, que se reconstrói a cada toque no ecrã.

No e-mail marketing, a própria linha de assunto podia ser ajustada segundo a hora do dia, o dispositivo utilizado e até a geolocalização aproximada. Para um público mais jovem que abre e-mails sobretudo à noite, o tom pode ser mais descontraído; para quem recebe pela manhã, a mensagem pode abrir com uma pergunta reflexiva. E tudo isso acontece em milésimos de segundo, antes que a caixa de entrada seja recarregada.

Nas conversas via chatbots, o roteiro pré-gravado deu lugar a fluxos que se ramificam segundo as respostas do utilizador. Se alguém expressa dúvida sobre preço, o bot oferece opções de parcelamento; se a dúvida é sobre funcionalidade, apresenta depoimentos de casos de uso real; se a secção de FAQ falha, integra um operador humano de imediato. A jornada em si deixa de ser um caminho único para se transformar numa rede de trilhas que se abrem e se cruzam, desenhando uma experiência personalizada.

Mas, acima de tudo, esta metamorfose do funil exige uma nova abordagem ao próprio storytelling. Antes, contava-se uma história uma vez, gravava-se num único bloco de conteúdo — um vídeo de 30 segundos, um artigo longo, um e-mail editorial — e esperava-se que o público o absorvesse. Hoje, cada ponto de contacto renova a narrativa: a história é viva, respira e adapta-se conforme a audiência se move. É um conto interativo, onde o protagonista muda aos olhos de quem conta.

Tomemos como exemplo uma campanha de crowdfunding para um documentário independente. No modelo clássico, preparava-se um vídeo-teaser, publicava-se nas redes, enviava-se um e-mail para a base de subscritores (ou assinantes) e aguardava-se um pico inicial de contribuições. Depois, vinham os lembretes semanais e a expectativa de que os valores subissem gradualmente até ao fim da campanha.

Num cenário adaptativo, porém, a IA mergulha nos comentários dos apoiantes, identifica quem partilha mais, quem coloca questões críticas e quem permanece inativo. Se alguém mostra entusiasmo pelos temas sociais abordados no documentário, recebe um texto mais profundo sobre o impacto potencial do projeto. Se outro apoiante salientou dificuldade em processar o valor do donativo, é encaminhado para conteúdos educativos sobre os custos de produção e o valor cultural da obra. E, se detecta um declínio repentino na taxa de contribuições, aciona-se uma sequência de mini-histórias de bastidores: fotos exclusivas, entrevistas breves com os produtores, amostras de entrevistas com os protagonistas. A narrativa, assim, não é um episódio fechado, mas um mosaico em permanente construção.

O desafio, para as equipas de marketing, deixa de ser cumprir um calendário rígido e passa a ser manter um pulso criativo afinado com o público. Exige-se monitorização contínua, empatia digital e vontade de ceder protagonismo ao próprio mecanismo de aprendizagem: a IA sugere ajustes, mas é o humano que decide quais histórias entram no folhetim coletivo. É nele que recai a responsabilidade de preservar a autenticidade, de garantir que a adaptação não se torne mera manipulação: cada variação deve manter a essência da narrativa, o propósito original e os valores da marca.

Deste modo, o término do funil clássico não significa apenas abandonar um modelo obsoleto, mas abrir caminho a um marketing mais fluido, mais orgânico e verdadeiramente humano. As narrativas adaptativas inauguram um diálogo onde cada parágrafo, cada imagem e cada proposta se reencontram em harmonia com a resposta de quem lê, vê ou compra. No centro deste diálogo permanece a lição fundamental: contar histórias nunca consistiu em repetir roteiros, mas sim em escutar, responder e reinventar — sempre com o coração desperto e a curiosidade viva.

Exemplo: antes e agora

Antes:

Um curso online era promovido com uma landing page única. O visitante lia, inscrevia-se ou saía. Se não comprasse, recebia uma sequência automática de e-mails genéricos.

Agora:

A IA detecta que o visitante ficou mais tempo na secção "módulo 3" da página. Ajusta os e-mails seguintes para reforçar esse módulo, oferece um vídeo gratuito com aquele conteúdo, e envia um depoimento de um aluno que beneficiou especificamente daquela parte do curso.

A narrativa adapta-se ao interesse, e por isso converte mais.

Assim se faz:

Funil Clássico

Imagina o percurso que fazes antes de comprar qualquer coisa: primeiro vês um anúncio, depois procuras mais informação, chega um momento em que decides comprar e, se tudo correr bem, voltas a comprar ou falas bem da marca. No marketing, chamamos a isto "funil clássico".

→ **Como funciona:**

1. **Atração:** A marca mostra-se num canal (Facebook, Google, Instagram), despertando a tua curiosidade.
2. **Conversão:** Clicas num link e vais para uma página onde deixas o teu e-mail ou preenches um formulário (por exemplo, para receber um desconto).
3. **Venda:** Recebes um e-mail de boas-vindas que te conduz à página de compra.
4. **Retenção:** Dias depois, a marca envia ofertas especiais ou novidades para te manter interessado e fidelizado.

→ **Como usar:** basta planear cada passo com uma mensagem clara: primeiro um anúncio apelativo, depois uma página simples para registar contactos, seguindo-se um e-mail de confirmação e, mais tarde, um lembrete com algo de valor (cupão, informação extra).

Narrativas adaptativas

Em vez de enviares sempre a mesma mensagem a toda a gente, as narrativas adaptativas mudam o que o utilizador vê consoante a forma como interage.

→ **Como funciona:**

- → Se passares muito tempo a ler depoimentos de clientes num e-mail, o sistema regista esse interesse e, nos e-mails seguintes, mostra mais histórias reais em vez de descrições gerais do produto.
- → Se clicares num botão de "ver preços", poderás receber de imediato um e-mail com ofertas especiais, porque o sistema entendeu que estás quase a decidir comprar.

→ **Como usar:** adquire-se uma plataforma de automação (como Mailchimp, ActiveCampaign, RD Station, Brevo ou Mautic, este último gratuito, mas técnico). Após instalada ou configurada, define-se "gatilhos" — como cliques, tempo de permanência na página ou ações específicas do usuário — e prepara-se diferentes versões de e-mails ou páginas. O sistema envia automaticamente a versão mais adequada conforme o comportamento. Quem não quiser usar essas plataformas pode, como alternativa, tentar segmentar manualmente ou usar soluções híbridas mais simples (como MailerLite), embora com menos precisão e escalabilidade. Também é possível usar estratégias criativas: por exemplo, criar links distintos num mesmo conteúdo e observar o que cada usuário clica, ajustando as mensagens futuras com base nisso.

Landing Page

É a página para onde se encaminha quem clicou num anúncio. Tem um único objetivo: levar o visitante a fazer uma ação, como inscrever-se ou comprar.

→ **Como é:** limpa, sem menus complicados, com um título forte, uma imagem ou vídeo relevante e um botão ou formulário bem visível.

→ **Como usar:**

1. Define o objetivo (ex.: recolher e-mails).
2. Escreve um título claro ("Aprenda a tocar guitarra em 30 dias").
3. Adiciona uma breve explicação e um botão ("Subscreva grátis").
4. Publica e liga o anúncio ou o e-mail àquela página.

Click-Through Rate (CTR)

É a percentagem de pessoas que efetivamente clicam num anúncio ou link, em comparação com quem o viu.

→ **Como calcular:** divide o número de cliques pelo número de visualizações e multiplica por 100.

Ex.: 1 000 pessoas viram um banner, 50 clicaram → CTR = (50 ÷ 1 000) × 100 = 5 %.

→ **Como usar:**

1. Escolhe um anúncio ou link a medir.
2. Acompanha quantas pessoas o viram (impressões) e quantas clicaram.
3. Se a CTR for baixa (ex.: < 1 %), tenta mudar o título, a imagem ou a cor do botão até obter mais cliques.

Chatbot

É um programa que aparece no canto do site como uma janela de conversa, pronto a responder a perguntas ou a guiar o utilizador, sem esperar que um operador humano esteja livre.

→ **Como é:** uma caixa de chat com mensagens automáticas que surgem quando entras no site ou hesitas num formulário.

→ **Como usar:**

1. Escolhe uma plataforma de chatbot (ex.: Tidio, Drift, ManyChat).
2. Define perguntas frequentes e respostas (preço, horários, funcionalidades).

3. Configura mensagens de boas-vindas e mensagens de seguimento — por exemplo: "Olá! Posso ajudar a esclarecer alguma dúvida sobre o nosso curso?".
4. Publica no teu site; o chatbot vai "ler" o comportamento e oferecer ajuda personalizada no momento certo.

I. A.

Basta seguir um passo a passo simples, usando apenas ferramentas gratuitas e a tua conta normal do ChatGPT, para transformar aquele curso online "monolítico" num diálogo adaptativo:

Registar Interações no Google Analytics

Permite medir quando um visitante permanece mais tempo numa área específica do site, indicando interesse real.

→ **Como é:** integrado no teu site, o Google Analytics (GA4) capta eventos configurados através de um pequeno código de acompanhamento.

→ **Como usar:**

1. Instala o GA4 no teu site (insere o snippet de tracking no cabeçalho).
2. Cria um evento personalizado chamado module_3_view que dispare após 60 s na secção do Módulo 3.
3. Verifica nos relatórios em tempo real se o evento aparece sempre que testes a página.

Extrair Utilizadores para uma Folha de Cálculo

Converte dados do Analytics em lista prática para segmentação e envio de e-mails.

→ **Como é:** o GA4 permite exportar diretamente relatórios de eventos para o Google Sheets.

→ **Como usar:**

1. No GA4, vai a "Explorar" → Eventos e filtra por module_3_view.
2. Clica em "Exportar" e escolhe "Planilha Google" para criar ou atualizar um documento no Google Sheets.
3. Ativa a exportação automática diária para manter a lista sempre atualizada.

Gerar Conteúdo Personalizado com o ChatGPT

Transforma cada e-mail numa mensagem adaptada ao interesse demonstrado.

→ **Como é:** utiliza a versão gratuita do ChatGPT para criar assuntos, corpos de e-mail e depoimentos.

→ **Como usar:**

1. No Google Sheets, adiciona colunas: Assunto do E-mail, Corpo do E-mail, Depoimento Recomendado.
2. Para cada linha (e-mail do aluno), pede ao ChatGPT um assunto curto e apelativo (ex.: "João, domina o Módulo 3 hoje!").
3. Pede um corpo de e-mail de 80-100 palavras que reforce o conteúdo do Módulo 3 e convide a ver um vídeo gratuito.
4. Solicita um depoimento breve (2-3 frases) de um aluno satisfeito com o Módulo 3 e regista-o na coluna correspondente.

Criar um Segmento Dinâmico no Mailchimp

Agrupa automaticamente os interessados para envio segmentado e eficaz.

→ **Como é:** no plano gratuito do Mailchimp, podes importar listas diárias e criar segmentos automáticos.

→ **Como usar:**

1. Importa diariamente os e-mails do Google Sheets para um público chamado "Módulo 3 Interested".
2. Dentro desse público, define um segmento que inclua automaticamente quem foi adicionado nas últimas 24 h.

Enviar E-mails Automatizados e Personalizados

Dispara as mensagens criadas pelo ChatGPT apenas aos utilizadores interessados.

→ **Como é:** o Mailchimp reconhece campos mesclados (merge tags) para inserir dinamicamente assunto, corpo e depoimento.

→ **Como usar:**

1. Configura uma campanha de automação ligada ao segmento "Módulo 3 Interested".
2. No editor de e-mail, insere as merge tags correspondentes às colunas do Google Sheets.

3. Ativa a automação para que cada segmento receba a sua versão personalizada.

Monitorizar Resultados em Tempo Real

Avalia de imediato o impacto da campanha e ajusta sem atrasos.

→ **Como é:** tanto o GA4 como o Mailchimp oferecem dashboards em tempo real para eventos e métricas de e-mail.

→ **Como usar:**

1. No GA4, consulta quantos utilizadores únicos acionaram module_3_view durante o dia.
2. No Mailchimp, observa a taxa de abertura e cliques da campanha "Módulo 3 Interested" para perceber o envolvimento.

Ajustar e Repetir

Refina continuamente para melhorar a eficácia de cada envio.

→ **Como é:** um ciclo ágil em que cada iteração se baseia em feedback direto.

→ **Como usar:**

1. Se a taxa de abertura for inferior a 20 %, gera novos assuntos com o ChatGPT e atualiza a folha de cálculo.
2. Se o clique no vídeo for baixo, pede ao ChatGPT para reformular o convite com outro benefício do Módulo 3.
3. A cada dois dias, atualiza o Google Sheets e reenvia, mantendo a campanha sempre alinhada com o interesse real.

Como preparar-se para este novo marketing narrativo?

1. Reescrever as Tuas Personas: O Despertar do Olhar Empático

Durante anos, construímos as nossas campanhas sobre perfis rígidos: "João, 35 anos, vive em Lisboa, ganha 1 500 € a 2 000 €" e "Maria, 28 anos, solteira, trabalha em comunicação". Esses retratos, desenhados em folhas de cálculo, mostravam quem deveria comprar, mas nunca explicavam porquê.

Tudo mudou na manhã em que decidi visitar pessoalmente a loja pop-up de equipamentos de escalada da OutdoorLab, uma pequena empresa lisboeta que se tinha associado a nós para promover viagens de natureza. Queria ver como os clientes reagiam antes de fechar qualquer parêntesis de persona no escritório. À entrada, deparei-me com a Carla, que examinava uma corda de segurança. Perguntei-lhe o que a trouxera ali. Ela contou-me que descobrira uma paixão por escalada depois de ver um documentário sobre montanhas nos Alpes suíços, mas que sofria de vertigens se não conseguisse agarrar com firmeza. Falava do medo com o mesmo tom calmo que usaria para descrever um livro preferido.

Registei cada palavra: "medo de cair", "paixão tardia", "procuro segurança". No dia seguinte, a equipa reunia-se para repensar as nossas personas: já não bastava saber a profissão ou a faixa etária, precisava de compreender a "Carla que deseja enfrentar uns medos antigos" — não um simples "entusiasta de desporto ao ar livre". Entretanto, na mesma rua, encontrei o Luís, programador freelancer de 42 anos, que me explicou, enquanto provava um café expresso duplo, como reservava escapadinhas de fim de semana em sítios tranquilos para desligar do écran. O café forte fazia-lhe sentir a clareza que perdia em reuniões intermináveis. "Mas não quero sítios demasiado remotos, senão fico sem ligação e perco prazos de projetos importantes", disse-me. E prosseguiu: "Se pudesse ter uma recomendação que unisse paisagens serenas e WiFi fiável, eu pagava bem por isso."

Com estas duas conversas na bagagem, senti que tínhamos atingido o ponto de viragem. Em vez de "entusiastas", tínhamos pessoas com histórias. Tornava-se imperioso reescrever as personas, não como abstrações, mas como perfis emotivos e práticos. Comecei, então, por renomear os grupos: deixei de falar em "rendimento médio" para adotar designações como "A Carla da Vertigem Controlada" e "O Luís Conectado à Natureza". Em cada perfil, incluí não só os dados demográficos, mas as motivações reais: o desejo de superar uma limitação pessoal, a necessidade de manter um pé na vida profissional, a busca de equilíbrio entre adrenalina e conforto.

Em seguida, revisitámos todas as mensagens de marketing. O e-mail de boas-vindas deixava de ser um texto genérico sobre "destinos populares" para se transformar numa nota pessoal: "Carla, sei que vencer a vertigem é o primeiro passo. Aqui estão três sugestões de roteiros com percursos fáceis e guias experientes, para que a tua confiança cresça a cada quilómetro." Noutra campanha, voltámo-nos para o Luís: "Luís, tranquilidade e ligação simultânea são essenciais. Estes alojamentos em ecovilas oferecem WiFi de alta velocidade e vistas infinitas para o Tejo e o Douro."

O resultado não tardou a aparecer. Numa sequência de retargeting, a taxa de abertura dos e-mails passou de 12 % para 38 %, e os comentários deixados pelos destinatários eram genuínos — faltavam-lhes emojis "apertar coração" para demonstrar o carinho com que liam aquelas palavras. A Carla respondeu: "Senti que estavam a falar da minha própria história." O Luís confessou: "Reservei no mesmo dia."

Com estas vitórias em mãos, criámos um pequeno guia interno, batizado de "Atlas de Emoções", onde cada persona era descrita com detalhes de rotina: horários de pesquisa, gatilhos de decisão, fórmulas de confiança. A Carla consultava blogs de escalada às 21 h, depois de pôr o filho na cama; o Luís fazia playlists de concentração enquanto comparava alojamentos. Sabíamos que ajustar a comunicação a esses ritmos gerava uma empatia imediata.

Ao fim de seis meses, os perfis que outrora viviam encolhidos em gráficos transformaram-se em vozes que nos guiavam, a cada mensagem, a cada post de Instagram, a cada banner. E não se tratava apenas de aumentar números: passámos a escrever como quem conversava com um amigo, conhecendo-lhe as angústias e celebrando-lhe os pequenos êxitos.

Reescrever personas foi, acima de tudo, um exercício de humildade. Reconhecer que o público é feito de histórias complexas, e não de métricas frias, libertou-nos da monotonia de campanhas previsíveis. Porque, no final, cada reserva feita ou cada clique respetivo passou a significar algo mais: um momento de conexão real.

E foi assim, com a Carla da Vertigem Controlada e o Luís Conectado à Natureza ao nosso lado, que aprendemos a arte de ver as pessoas — de olhá-las nos olhos, ouvir o hesitar da voz e responder com promessas de experiências que, antes de tudo, compreendam quem realmente somos.

2. O Poder dos Fragmentos que Conectam

A construção de bibliotecas de micro-histórias assenta na convicção de que a emoção se revela nos pequenos gestos e nos instantes furtivos que guardamos na memória. Não falamos de manuais exaustivos nem de vídeos institucionais demorados, mas de cápsulas narrativas capazes de desencadear uma reação imediata. Pensar assim exige um olhar atento: não basta saber que a nossa essência se chama "lavanda" — temos de identificar o momento em que esse aroma toca a pele ou a alma de quem o experimenta.

Na prática, começámos por recolher relatos breves, quase instantâneos, que registavam algo essencial. Uma cliente descreveu, numa mensagem rápida, como bastaram duas gotas de óleo no travesseiro para que o sono, longe de ser um fardo, se tornasse um abraço suave. Outro utilizador partilhou um vídeo caseiro em que, num quarto banhado pela luz da manhã, uns ramos de lavanda pousados numa mesinha inspiravam uma calma inesperada. A esses fragmentos juntámos pequenos versos de quem, ao sentir o perfume no pulso, lembrou-se de um poema familiar guardado num livro antigo.

Cada um destes testemunhos foi etiquetado não por categorias rígidas, mas por emoções puras: alívio, conforto, despertar criativo, nostalgia. Sabíamos que uma micro-história sobre descanso profundo não se encaixaria da mesma forma num utilizador que procura inspiração matinal. Foi assim que aprendemos a oferecer a cada pessoa o fragmento certo, no momento certo — seja numa notificação por e-mail logo ao acordar ou num story de rede social ao cair da noite, quando as exigências do dia se dissolvem.

Graças a essa segmentação, não dependemos de horas fixas para tocar quem nos lê; deixámos que o contexto — o gesto de abrir a app, o clique numa publicação sobre bem-estar, o tempo de permanência numa página — guiasse a micro-história que emergia. Em vez de inundar caixas de entrada com grandes narrativas, preferimos entregar um sopro breve de emoção, acreditando que, quando bem escolhido, é suficiente para estabelecer uma ligação duradoura.

O mais surpreendente nasceu da capacidade de testar e adaptar ao instante. Num lançamento recente, vimos que uma micro-história focada na lembrança de paisagens campestres gerava imenso engajamento junto a quem vivia em centros urbanos. Mas, entre esses leitores, havia também quem reagisse melhor a recordações de conforto doméstico: a imagem de um chá quente, perfumado com lavanda, a acompanhar um livro no sofá. Criámos então duas versões do mesmo fragmento — uma centrada no exterior e outra no refúgio interior — e deixámos que as preferências surgissem espontaneamente, sem fórmulas pré-estabelecidas.

Em três semanas, o esforço de criar e alimentar esta biblioteca foi compensado por resultados claros: o grupo que recebeu micro-histórias de tranquilidade campestre partilhou-as em conversas privadas, recomendando-as a amigos que "precisavam de respirar um bocadinho de campo", enquanto o outro grupo fazia questão de responder com testemunhos sobre o prazer de ler num espaço aconchegante. Mais do que cliques, recolhemos relatos genuínos — indícios de uma empatia que ninguém consegue gerar com um texto extenso e genérico.

Manter a biblioteca viva implica um compromisso contínuo com a escuta. Todos os dias, revisito os comentários e mensagens diretas, sublinhando expressões que apontem para novas micro-histórias: "senti-me acolhida", "tive saudades", "por um instante, esqueci-me do mundo lá fora". Cada uma dessas vozes alimenta o repositório, permitindo-nos renovar as cápsulas com subtis variações e tocar quem procura aquele instante preciso de conforto ou inspiração.

Bibliotecas de micro-histórias não são meros repositórios de palavras, mas ecossistemas narrativos em constante mutação. Exigem sensibilidade para distinguir entre um fragmento que desperta alívio e outro que inflama curiosidade; coragem para descartar o que já não emociona; criatividade para restituir ao público a história que, em cada momento, faz sentido. E, ao fazê-lo, construímos ligações verdadeiras, que persistem muito depois do ecrã se apagar.

3. Trabalhar com Fluxos Dinâmicos, Não Estáticos: A Sinfonia dos Dados em Tempo Real

Na altura em que agendar e-mails com antecedência parecia o auge da eficiência, bastava escolher o dia e a hora para enviar uma mensagem e acreditar que estávamos a manter a conversa viva com o público. Mas, hoje, essa prática soa forçada, como um guião decorado demais. O que realmente funciona é saber quando falar — e isso acontece quando aprendemos a **responder no momento certo**.

Pense assim: no lugar de seguir uma rotina automática, imaginamos o marketing como uma conversa ao vivo. Não é preciso saber programar para aplicar essa ideia — o segredo está em usar ferramentas simples que conseguem reagir quando alguém hesita, demonstra interesse ou quase desiste.

Vamos a um exemplo: imagine uma escola online como a **CodeFuture**. Um visitante entra num webinar gratuito sobre programação. Vê quase tudo, mas fecha o vídeo quando chega a parte do curso pago. Com um sistema antigo, só iria receber um e-mail genérico no dia seguinte. Mas, com um sistema mais inteligente, o site percebe que ele saiu no momento crucial e mostra logo uma janelinha de chat com uma mensagem simpática: "Percebi que gostou da introdução. Tem alguma dúvida sobre o curso avançado?" É simples, direto e eficaz — porque acontece na hora certa.

Outro exemplo: uma pessoa coloca um curso no carrinho, preenche tudo, mas para antes do pagamento. Em vez de perdermos essa venda, o sistema envia na hora um pequeno vídeo — um dos professores aparece a explicar, com calma, que o processo é seguro, rápido e que há apoio disponível. Essa presença imediata faz toda a diferença.

Essas ações automáticas não exigem programação complicada. Há ferramentas fáceis de usar, como:

- → **ManyChat** ou **Tidio** (para chats automáticos);
- → **Mailchimp** ou **Brevo** (para e-mails com resposta ao comportamento do utilizador);
- → **VideoAsk** ou **Senja** (para vídeos interativos);
- → **Notificações Web Push** integradas em sites com plugins simples (ex.: OneSignal).

Basta configurar para que estas ferramentas saibam, por exemplo, quando alguém está há muito tempo numa página, ou onde costuma parar num vídeo. Depois, é só decidir o que dizer — e aqui entra a tua criatividade.

Outro exemplo útil seria num site de viagens. Se alguém passa muito tempo a olhar para a página da Serra da Estrela, pode surgir um depoimento real de um viajante: "Acordar antes do sol e sentir aquela brisa foi o momento mais mágico da viagem." Não é uma venda. É um convite emocional. E é isso que funciona hoje.

A lógica é sempre a mesma: não bombardear as pessoas com mensagens, mas sim **responder ao momento emocional** em que elas estão. Se alguém hesita, pode ser medo, dúvida ou simples confusão. E, quando a resposta vem com empatia e utilidade — no tempo certo — a pessoa sente-se respeitada e acompanhada.

Mais importante do que a ferramenta que se usa é a forma como se lê cada gesto: onde alguém parou, o que leu duas vezes, onde clicou e depois recuou. São sinais. Sinais que pedem **presença, não pressão**.

Quando fazemos isso bem, as pessoas percebem: "Isto não foi enviado por acaso." E é nesse instante que o marketing deixa de ser uma sequência de mensagens e passa a ser um **diálogo real** — próximo, humano e memorável.

Porque no fundo, a tecnologia serve para escutar. E é a tua história, contada no tempo certo, que transforma um clique em confiança.

4. Rever os Teus KPIs Narrativos: Medir Emoção Além dos Números de Vendas

Havia um artigo na "Vozes do Mundo" cujo título parecia murmurá-lo ao ouvido: "Quando o silêncio fala mais alto". À primeira vista, o texto gerava apenas metade dos cliques que um título convencional alcançaria, mas havia quem ali permanecesse. Descobrimos a Isabel, professora em Évora, que nos confessava, numa mensagem privada, como clicara sem grande entusiasmo e depois ficara a ler cada parágrafo até ao fim, absorvendo cada pausa, cada interrogação colocada em sublinhado. Mais tarde, partilhou o artigo nas suas redes, acompanhando o link de uma frase delicada: "Encontrei ali a minha própria pausa num dia barulhento".

Esse pequeno gesto — o tempo que Isabel passou antes de partilhar e as suas palavras sinceras — revelou-nos algo que os relatórios de vendas e cliques jamais mostrariam. Foi a prova de que a profundidade de uma história não se quantifica por impressões, mas pela vida que ela desperta em quem lê. Foi aí que nasceu a ideia de medir emoções, não apenas ações.

Em vez de nos limitarmos aos habituais indicadores de performance, definimos duas novas bússolas emocionais. A "Duração de Suspense" registava quanto tempo um leitor demorava até clicar em "ler mais" — o espaço entre a curiosidade inicial e o compromisso de mergulhar no texto. E o "Índice de Empatia" recolhia menções a sentimentos nos comentários — palavras como "conforto", "identificação" ou "inspiração".

Rapidamente, percebemos que o silêncio narrado naquele artigo criava suspense. A Duração de Suspense subiu 60% acima da média, sinal claro de que os leitores não liam apenas por obrigação; estavam à espera de algo que justificasse essa calma. E, quando a "Vozes do Mundo" investiu em mais textos com cadências semelhantes — frases curtas entrecortadas por perguntas reflexivas —, a taxa de rejeição diminuiu 40%. Páginas que antes eram abandonadas aos dois minutos passaram a reter leitores por mais de cinco, porque as pessoas queriam sentir o ritmo antes de avançar.

Contudo, o maior impacto surgiu quando cruzámos esse suspense com o Índice de Empatia. Num post que usava um microrrelato — a história breve de uma avó que calçava chinelos de veludo e, na última manhã, via-se estranhamente feliz —, o artigo recebeu um número invulgar de comentários pessoais. Entre corações e sorrisos, leitores contaram como a pequena cena lhes devolvera memórias de infância ou as ajudara a superar saudade. O Índice de Empatia disparou e, nesse dia, as partilhas dobraram. Aquelas pessoas não estavam apenas a navegar por notícias: estavam a conversar, a partilhar pedaços da sua vida.

Este exemplo mostrou-nos que os KPIs narrativos são, em essência, bússolas emocionais. Apontam não para onde o público clica, mas para onde ele sente. Revelam que uma história verdadeiramente marcante não é aquela que se vê muitas vezes, mas aquela que se guarda na alma e se partilha como quem oferece um pedaço de si mesmo.

Passámos, então, a reformular toda a nossa linha editorial com base nessas métricas. Para cada texto, questionávamos: "Será que provoca pausas suficientes para o leitor respirar? Haverá espaço para que ele se veja nas emoções ali descritas?". A seleção de temas deixou de obedecer às modas ou ao potencial de clickbait. Escolhíamos assuntos capazes de gerar suspense e empatia — desde crónicas íntimas de pessoas anónimas até reflexões silenciosas sobre o quotidiano.

Em poucos meses, a "Vozes do Mundo" deixou de ser apenas mais um site de notícias. Tornou-se um espaço onde cada leitor se reconhece, se põe a nu e, ao mesmo tempo, encontra companhia. Aprendemos que medir emoção é o primeiro passo para contar histórias que tocam verdadeiramente — porque, no reino da narrativa, o coração bate mais alto do que qualquer clique.

5. Cultivar a Aprendizagem Contínua: Transformar Dados em Sabedoria Criativa

Entre todos os truques que encontramos para tornar uma campanha verdadeiramente viva, a mais valiosa continua a ser a disposição para aprender sem cessar. É fácil olhar para um relatório repleto de gráficos e números e dar por encerrada a tarefa: "Campanha feita, métricas aprovadas." Mas, tal como um escritor só conhece o valor de cada parágrafo ao relê-lo com atenção, também o criador de conteúdo só encontra o seu ouro nos dados quando os examina através de uma lente criativa — e com a humildade de quem sabe que, em cada fracasso, há uma lição distinta à espera de ser descoberta.

Na InovaStory, aprendemos isso por experiência própria. Decidimos instituir um ritual: a cada quinze dias, reuníamo-nos em torno do "Diário de Bordo Narrativo", uma simples página partilhada num quadro virtual. Não era uma reunião de KPI tradicionais, nem um desfile de slides elegantes. Era um abraço coletivo à curiosidade. Cada colaborador era convidado a trazer um "insight vivo" — algo que nos fizesse parar e questionar as rotinas automáticas.

Recordo-me do dia em que a Marta, responsável por social media, abriu a sessão com um pequeno testemunho: "Vi um comentário no post novo sobre viagens sustentáveis em que alguém escreveu 'isto parece-me demasiado comercial'. Esperei uns minutos e, depois, vi a mesma pessoa a reagir com um emoji de folha, quando publicámos uma fotografia de um viajante a plantar árvores num projeto local." Aquilo escancarou-nos os olhos: perceber que um mesmo utilizador rejeitara a mensagem impessoal e abraçara o relato visual mostrou-nos a enorme diferença entre apelos diretos e micro-histórias vivas.

Anotámos cada palavra do comentário original, sublinhámo-la com uma cor quente e registámo-la no mural. A Marta acrescentou, quase em sussurro, "acho que as pessoas querem ver o gesto, não o slogan". Na linha seguinte, o Pedro, da equipa de SEO, sugeriu testar legendas sem o habitual apelo de "reserve já" e, em vez disso, convidar a "juntar-se ao próximo plantio" — uma frase que, mais do que pedir uma ação transacional, insinuava pertença.

A partir desse simples comentário nasceu um conjunto de alterações: ajustámos os prompts da nossa IA para enfatizar descrições visuais de pequenos gestos de cidadãos-viajantes, refinámos a biblioteca de micro-histórias para inserir mais imagens de participação comunitária e redesenhámos as personas para incluir o "Agente Sustentável", aquele que procura um significado para além da paisagem. Duas semanas depois, os relatórios mostraram uma subida de 45 % no engajamento dessas publicações e, sobretudo, começaram a chegar mensagens privadas de pessoas a convidar-nos para colaborar em iniciativas locais — sinal de que a nossa narrativa deixara de ser apenas vista e passara a ser vivida.

Mas a magia desse exercício reside num ciclo contínuo. Na reunião seguinte, o insight veio de uma outra fonte. A Joana, que cuida das campanhas de e-mail, contou-nos que notara um padrão curioso: sempre que incluíamos uma micro-história sobre um produtor de mel que falava com abelhas ao amanhecer, a taxa de abertura subia quase para o dobro. "É curioso", disse ela, "esse texto não tinha sequer chamada para ação no fim. Acredito que a ideia de quem alimenta as abelhas cativa mais do que qualquer convite de "compre agora". Guardem isto."

Mais uma vez, registámos todas as nuances: a referência ao amanhecer, a voz quase poética do apicultor, a ausência de apelos comerciais. Tudo reforçou a convicção de que a nossa audiência procurava autenticidade e, acima de tudo, ligações humanas. Em poucos dias, voltámos a ajustar não só os conteúdos, mas também o calendário de envio: ao invés de e-mails às 9 h, passámos a enviar aqueles fragmentos ao início da tarde, quando muitas pessoas pausam o trabalho e têm alguma disponibilidade para ler um texto breve e inspirador.

Ao fim de três meses de sessões quinzenais, verificámos que não só as métricas de abertura e cliques melhoraram substancialmente: a tonalidade das respostas tornou-se mais próxima, menos formal. Recebíamos convites para eventos, partilhas de experiências pessoais e até convites a visitar pequenos produtores de mel em terreno. A narrativa deixara de ser um monólogo de marca e convertera-se numa conversa de confiança.

Esse processo, que parecia simples no papel, revela-se complexo na prática. Exige coragem para admitir que aquilo que se considerava um "erro" — um comentário de rejeição, um abandono de carrinho — é, na verdade, uma porta aberta para inovar. Exige sensibilidade para ler entre linhas digitais:

elas não traduzem apenas dados, mas emoções, expectativas, receios. E, acima de tudo, exige a determinação de recolher essas vozes, registá-las e traduzi-las em ações concretas.

Cultivar esta aprendizagem contínua tornou-se a nossa maior vantagem competitiva. A humildade de verificar, a cada quinzena, que cada campanha ainda podia melhorar, alimenta uma energia criativa que resiste ao desgaste do automatismo. Aprendemos que os números só se convertem em ouro quando são trabalhados pela imaginação — quando perguntamos "o que é que elas sentem?" em vez de "o que é que clicam?".

E, quando a IA sugere novos padrões ou automatiza a distribuição, mantemos sempre uma mão humana pronta a intervir: para escolher a micro-história certa, para ajustar o tom, para experimentar uma nova sequência. Porque, por mais sofisticados que sejam os sistemas de dados, só nós podemos escrever a próxima página da história com coragem, curiosidade e a ânsia de descobrir o próximo Episódio que ainda não foi imaginado. Em cada reunião, deixa-se no mural um fragmento, uma chispa de inspiração, a promessa de que a narrativa nunca para — prossegue, sempre, tal como a vida.

(Embora a experiência seja real, o nome das empresas, nesta edição, foi trocado)

CHECKLIST

Ativar o storytelling adaptativo com IA

- ☑ As tuas campanhas estão segmentadas por comportamento real, e não apenas por idade/interesses?
- ☑ Tens diferentes versões de histórias para diferentes dores ou objetivos do teu público?
- ☑ Estás a usar IA para interpretar o comportamento do utilizador e ajustar o conteúdo em tempo real?
- ☑ As tuas automações de e-mail ou chatbot reagem a ações concretas (ex.: clicou, parou de ler, voltou ao site)?
- ☑ Estás a acompanhar métricas emocionais (tempo de permanência, engajamento por frase, abandono)?
- ☑ Já tens fluxos de conteúdo preparados para testes A/B narrativos (variações de tom, ordem, título)?
- ☑ A tua base de dados inclui insights qualitativos (o que os clientes dizem, como falam, o que sentem)?

Dica final deste episódio

Na era da IA, a narrativa eficaz é a que muda conforme o leitor – não porque se adapta superficialmente, mas porque foi construída desde o início para ser flexível, responsiva e viva. Aprende a escrever histórias que não são lineares, mas modulares: blocos de sentido que se encaixam de formas diferentes conforme o contexto, a jornada e o estado emocional de quem lê. Não se trata de produzir mais, mas de produzir com inteligência narrativa – com consciência de que cada parte, se bem desenhada, pode ser reutilizada, reconectada e redirecionada sem perder coerência, mantendo frescor e relevância. O valor está na estrutura que se transforma sem trair a essência, no texto que respira com o leitor, no conteúdo que deixa de ser monólogo e passa a ser conversa. É assim que se constrói impacto: não pelo volume, mas pela versatilidade com propósito.

Episódio 3

O Fim do Funil Clássico

De Roteiro a Performance

O marketing deixou de ser um trilho e tornou-se improviso guiado por emoções em tempo real.

ANTES DE LER O EPISÓDIO, ESSES SÃO OS TERMOS TÉCNICOS QUE PRECISAS CONHECER:

1. **Confiança Imediata**
   Sensação instantânea de credibilidade que um utilizador tem ao encontrar um conteúdo ou marca pela primeira vez, sem precisar de investigação adicional.
2. **Marketing Automatizado**
   Conjunto de processos e ferramentas que executam tarefas repetitivas (envio de e-mails, segmentação de audiência, disparo de campanhas) sem intervenção manual constante.
3. **Autoridade Técnica**
   Reconhecimento baseado em competências, experiência ou qualificações formais (ex.: anos de prática, diplomas ou certificações) que conferem legitimidade a quem comunica.
4. **Autoridade Emocional**
   Influência conquistada ao partilhar experiências pessoais e mostrar empatia, criando ligação através do reconhecimento de sentimentos e desafios comuns.
5. **Autenticidade**
   Qualidade de se revelar genuino-compartilhar motivações, erros e decisões de bastidores-para demonstrar transparência e honestidade.
6. **Vulnerabilidade**
   Coragem de expor dúvidas, falhas e conflitos internos, permitindo ao público identificar-se e sentir empatia.
7. **Bastidores**
   Conteúdos que mostram o processo real de produção, organização ou desenvolvimento de um projeto, reforçando a transparência e a proximidade.
8. **Olhar Humano**
   Prática de escuta ativa e resposta personalizada, interpretando emoções e adaptando a comunicação às necessidades individuais de cada interlocutor.
9. **Re-humanizar o Marketing**
   Estratégia que integra presença e empatia humanas em todos os pontos de contacto, garantindo alternativas reais de interação (e-mail pessoal, resposta manual, videochamadas) em vez de respostas totalmente automatizadas.

Ao longo das últimas décadas, o marketing digital passou por transformações profundas, movendo-se de estratégias artesanais, centradas em histórias pessoais, para processos altamente automatizados, fundamentados em algoritmos e dados. Essa evolução trouxe ganhos de produtividade e permitiu a multiplicação de segmentos e personalizações em escala antes impossível. Contudo, afastou também o elemento mais valioso de toda comunicação: a confiança imediata que nasce do encontro entre duas pessoas.

No início do século XXI, cada publicação online ostentava a marca de quem a criara. Havia blogs em que o autor revelava as suas motivações íntimas, vídeos em que surgia no ecrã, sorrindo, partilhando recordações de infância. Bastava um rosto para criar um vínculo; bastava um nome para dar rosto a uma mensagem. Havia erros gramaticais, hesitações na voz e imagens tremidas — imperfeições que reforçavam a autenticidade. Essa ligação humana gerava a confiança de que, por trás de cada oferta, existia um profissional que poderia ser contactado, compreendido e responsabilizado.

Com o avanço das ferramentas de geração automática de conteúdo, o ecossistema tornou-se dominado por textos, imagens e vídeos concebidos para agradar ao algoritmo. Esses materiais exibem uma aparência polida e uma coerência interna irrepreensível, mas faltam-lhes o selo pessoal de quem os concebeu. A mensagem chega ao público com a mesma perfeição aparente, mas sem indícios de voz própria. E, nessa superfície irretocável, começa a instalar-se o desconforto: surge a pergunta sobre a legitimidade do emissor e sobre as reais motivações por trás do texto. Essa dúvida corrói a confiança imediata que, em tempos idos, se estabelecia com naturalidade.

Em organizações de grande dimensão, o impacto da automação tem sido mensurável: campanhas segmentadas de e-mail marketing, configuradas para reagir a cada clique ou hora de leitura, chegam a aumentar a receita em 20 % ou mais, pela rapidez de resposta e pela precisão algorítmica. No sector de software como serviço (SaaS), o uso de fluxos automáticos de nutrição de leads tem vindo a reduzir em até 50 % o ciclo de vendas. Estes resultados demonstram que o marketing automatizado oferece eficiência incontornável.

No entanto, esses indicadores de curto prazo não refletem a qualidade da relação estabelecida com o público. Um cliente convencido apenas por um desconto bem cronometrado ou por uma mensagem hiperpersonalizada deixa essa relação tão rápido quanto entrou nela. Em mercados onde a concorrência oferece preços semelhantes e a experiência de compra é praticamente idêntica, emerge um novo critério de diferenciação: a autenticidade.

A verdadeira autoridade, cedo se percebeu, já não reside apenas na perícia técnica ou na sofisticação da produção. Nos últimos anos, observou-se um movimento crescente em direção à autoridade emocional, conquistada pela empatia e pela partilha genuína de erros e aprendizagens. Marcas de menor dimensão, livres da pressão de orçamentos milionários, encontraram neste caminho uma forma eficaz de conectar com o público.

A "Livraria da Travessa", por exemplo, começou como uma pequena página de Instagram. Em vez de apresentar apenas resenhas de livros, a sua responsável decidiu mostrar o quotidiano da loja: o gato que adormecia entre as estantes, o ritual de leitura em voz alta aos clientes, as lágrimas contidas ao descrever o encerramento forçado durante a pandemia. Aquilo deixou de ser um perfil comercial; tornou-se um álbum de memórias partilhadas. As vendas online aumentaram, não unicamente pelos títulos recomendados, mas pela sensação de pertença a uma comunidade calorosa, cujos membros se reconheciam nas histórias de luta e de resiliência.

Por outro lado, há o risco de que este tipo de partilha se torne teatral e, consequentemente, dispendiosa em autenticidade. A transparência fingida — o "erro partilhado" que mais parece encenação — rapidamente gera ceticismo. O público está atento a sinais de coerência interna: a narrativa deve corresponder ao tom e aos valores que a marca apresenta em todos os pontos de contato. Quando um vídeo confessional parece demasiado ensaiado, a queda de reputação pode ser mais rápida do que o seu crescimento inicial.

O equilíbrio encontra-se na exposição ponderada de vulnerabilidades reais: os desafios de logística, as incertezas no lançamento de um novo produto, as falhas que levaram a aprendizados substanciais. É precisamente essa mescla de fragilidade e resolução que constrói empatia. A marca "Semente Viva", por exemplo, enfrentou problemas de abastecimento de matéria-prima. Em vez de ocultar a situação, o fundador escolheu gravar um breve documentário caseiro, mostrando o stock reduzido, as embalagens aguardando no cais e a equipa empenhada em encontrar alternativas. No final, pedia desculpa pelo atraso e oferecia um desconto adicional como reconhecimento pelos transtornos. O gesto não só reverteu a queda de encomendas, como gerou depoimentos espontâneos de clientes que valorizaram a transparência e se tornaram defensores da marca nas redes sociais.

É crucial, porém, não confundir automação eficiente com desumanização inevitável. A tecnologia deve ser vista como um facilitador: permite mapear interesses, disparar mensagens em milissegundos e recolher feedback com precisão quase cirúrgica. Mas cabe ao responsável de comunicação ou ao criador de conteúdo acrescentar a dimensão humana: uma nota manuscrita incluída no pacote, um vídeo sem guião prévio (não roteirizado) enviado como resposta a um comentário, uma chamada de voz para clientes fiéis. São gestos que consumem apenas alguns minutos, mas que resgatam o toque pessoal.

Em síntese, a crise de confiança não é um efeito colateral acidental do progresso tecnológico, mas um sinal de alerta. Quando qualquer anúncio ou mensagem pode ser gerado em massa, o consumidor tende a congelar no momento da escolha: hesita, questiona credibilidade e, muitas vezes, desliga-se. Para quebrar esse bloqueio, a estratégia mais eficaz consiste em retomar o contacto cara a cara — mesmo que esse rosto surja num ecrã de smartphone.

Ao fundir automação com relatos humanos autênticos, é possível reganhar terreno: o algoritmo continua a garantir que a mensagem certa chegue à pessoa certa, mas é o coração de quem a partilha que cria a ponte de confiança. Dessa forma, a marca deixa de ser apenas mais um emissor de ofertas e torna-se um agente presente na vida do público, capaz de inspirar lealdade e preferência duradoura.

Em última análise, o marketing de futuro pertencerá àqueles que conseguirem equilibrar o rigor técnico da automatização com a coragem de partilhar histórias pessoais, vulneráveis e únicas. Porque, mesmo num mundo dominado por dados, a confiança imediata permanece um dom oferecido por quem ousa mostrar o seu verdadeiro rosto.

Como preparar-se:

O marketing digital vive hoje um momento de ruptura tão profundo quanto o próprio surgimento da internet. Para quem está a dar os primeiros passos, importa compreender que, por detrás do ecrã, não há apenas números e cliques, mas pessoas que esperam encontrar algo em que confiar: um rosto, uma voz, uma história que lhes fale ao coração. Este texto mostra precisamente como, num mundo de mensagens geradas por máquinas, regressar ao olhar humano se tornou a verdadeira vantagem competitiva.

Para quem já trabalha nesta área, o desafio é maior do que dominar ferramentas ou otimizar campanhas: trata-se de aprender a equilibrar automação e autenticidade. As regras mudaram. Se até há pouco bastava configurar sequências de e-mail e anúncios programados, agora a audiência rejeita o "conteúdo perfeito" que soa igual a tudo o resto. É tempo de integrar rotinas de partilha genuína, de partilhar bastidores, dúvidas e aprendizagens, para restabelecer laços de confiança que resistam ao ruído das redes.

E, mesmo para quem era considerado um especialista no antigo paradigma, esta revolução exige reinvenção. As velhas certezas — métodos de segmentação, testes A/B estandardizados, funis mecânicos — já não bastam. É preciso recomeçar por estudar não só algoritmos, mas emoções: aprender a ouvir, a contar pequenas histórias de falhas e de sucessos, a humanizar cada ponto de contacto. Só assim será possível desenvolver novas fórmulas que unam a velocidade da IA ao poder de ligação exclusiva do humano.

Este ensaio convida, portanto, a uma travessia coletiva: desde o curioso que entra pela primeira vez neste universo, ao marketeer que procura refinar a sua abordagem, até ao veterano que precisa de reaprender como se contava histórias antes da era digital — e como as contar agora, com alma e verdade.

Aspecto	Antes	Agora
Fonte de autoridade	Técnica: licenças, certificações, títulos académicos e processos rigorosos	Autenticidade: partilha de histórias verdadeiras, falhas assumidas e lições aprendidas
Qualidade valorizada	Polimento: design impecável, copy perfeito, produções bem acabadas	Imperfeição sincera: imagens reais, linguagem espontânea, formatos "não ensaiados"
Moeda de troca	Produção em massa e sofisticação técnica	Confiança: construções de relação que nascem de transparência, vulnerabilidade e acesso aos bastidores reais

Para preparar-se para esta mudança de paradigma, é necessário abandonar gradualmente o pensamento "técnico versus estético" e adotar uma mentalidade centrada no humano. Eis como dar esse salto, passo a passo:

1. **Assinar tudo aquilo que crias**
   - → **Inventário de processos**: comece por mapear cada peça de conteúdo — posts, e-mails, anúncios — e identificar onde a IA, a equipa ou terceiros intervieram.
   - → **Inserir narrativas de processo**: ao publicar um artigo de blog gerado com apoio de IA, acrescente um parágrafo no fim, por exemplo: "Esta introdução foi redigida por [ferramenta IA], depois editada e enriquecida pela nossa equipa com exemplos práticos de clientes."

→ **Exemplo**: num e-mail de boas-vindas, em vez de "Bem-vindo à nossa plataforma", escreva: "Criei eu, Ana, este percurso de onboarding com a ajuda do ChatGPT, testando cada passo para garantir que segues sem falhas."
→ **Benefício**: o leitor passa a saber onde a máquina termina e onde começa a criatividade humana, gerando empatia e realçando a autoridade de quem assina.

2. **Dar rosto à marca**
   → **Planeamento de vídeos curtos**: reserve um bloco semanal para gravações rápidas (1-2 minutos) onde aparece em ambiente de trabalho (escritório, atelier, ar livre).
   → **Roteiro improvisado**: decida um tema simples — "por que escolhi criar este produto", "como descobri este material" — e fale com naturalidade, sem guião rígido.
   → **Exemplo**: no lançamento de uma linha de velas artesanais, filme-se a preparar a mistura de essências, falando das memórias que cada aroma lhe evoca. Publique esse vídeo em vez de uma imagem polida de produto.
   → **Benefício**: os seguidores passam a reconhecer uma voz e um rosto; o "quem" por trás das ofertas torna-se tão relevante quanto o "quê" e o "como".

3. **Humanizar os pontos de contacto**
   → **Mapear canais**: identifique todos os canais automatizados (chatbots, respostas automáticas, formulários).
   → **Definir gateways de transição**: em cada chatbot ou resposta automática, inclua sempre uma opção clara para falar com uma pessoa: "Se prefere apoio humano, escreva 'Falar com Pessoa X'."
   → **Exemplo**: no chatbot que sugere links de ajuda, insira logo no início: "Olá! Preciso de ajuda? Pode também contactar-me diretamente através do e-mail ana@exemplo. com."
   → **Benefício**: mesmo utilizando automação para triagem inicial, garante-se que ninguém fica "preso" num fluxo sem alma e que existe sempre um canal de retorno à conversa real.

4. **Partilhar presença, não apenas conteúdo**
   → **Rotina de interação**: crie o hábito de dedicar 15 minutos diários a comentar e responder comentários nos próprios posts. Use sempre o nome da pessoa e referência específica ao que disse.

- → **Exemplo**: em vez de "Obrigado pelo comentário!", responda "Olá, Pedro — obrigada por apontares que a versão beta falhou no Safari. Vamos corrigir ainda hoje e aviso-te quando estiver disponível."
- → **Lives e enquetes reais**: organize uma live quinzenal com tema aberto: convide as pessoas a apresentar problemas, e responda-lhes em direto, sem slides prontos.
- → **Benefício**: transforma-se cada publicação num ponto de encontro, não num simples disparo de mensagem, e reforça-se a ideia de comunidade.

Cumprindo estes quatro passos, qualquer organização — desde a pequena loja artesanal até à grande plataforma de serviços — pode reconquistar terreno num ambiente em que o algoritmo tenta agradar a todos, mas raramente consegue tocar alguém. A prática constante dessas rotinas cultivará uma presença humana robusta, escalável apenas até ao ponto em que a tecnologia serve à criatividade, e não o contrário. A confiança, esse novo capital, será o prémio natural de quem demonstra, a cada interação, que por trás das palavras existe um ser humano, com rosto, voz e história própria.

Semeando Confiança na Era das Máquinas

Quando a tecnologia prometeu multiplicar a nossa voz, encontramos um paradoxo: quanto mais rápida e perfeita ficava a comunicação, mais se esvaía a sensação de proximidade. Para reconquistar aquilo que se perdeu — o calor de um relato íntimo, a força de um sorriso imperfeito, o valor de um abraço confessado em palavras — é preciso regar o terreno digital com gestos genuínos, até brotar um vínculo real.

Começa-se por acolher as próprias histórias: cada contratempo, cada ideia que surgiu sob pressão, cada descoberta tardia. Basta reservar meia hora por semana para registar, num caderno ou numa nota rápida, episódios em que algo não correu como planeado. Em poucas linhas, descrevem-se o problema, o impacto sentido e a lição aprendida. No momento de partilhar, transforma-se esse registo num pequeno texto — cinco frases que começam por "Quando..." ou "Naquela altura..." — e publica-se, sem filtros, convidando os leitores a juntar-se à conversa.

Logo a seguir, abandonam-se as superfícies polidas em favor de imagens espontâneas. Em vez de sessões de estúdio, basta o telemóvel para captar a caixa de ferramentas aberta, o teclado com pormenores de uso real ou as mãos a moldar o primeiro protótipo. A legenda pode revelar um lapso ("o primeiro lote falhou na prova de qualidade, mas aprendemos muito com isso") e essa imperfeição sincera torna-se o selo mais valioso de autenticidade.

Por fim, a cada pequena audiência conquistada, devolve-se a atenção em forma de transparência. Se um problema técnico atrasar um lançamento, escreve-se um texto breve onde se assume a responsabilidade, explica-se o que foi ajustado e oferece-se uma compensação simbólica — um desconto, um brinde digital, um agradecimento personalizado. E, sempre que alguém comenta ou escreve em privado, não se recorre a respostas automáticas: responde-se pelo nome, às vezes até em voz gravada, como quem estende a mão num gesto de proximidade.

É este mosaico de histórias reais, imagens imperfeitas e gestos de honestidade que semeia, no solo árido da automatização, as sementes de uma confiança renovada. Quando cada mensagem carrega esse sopro humano, revela-se que, mesmo num universo de algoritmos, é a alma de quem comunica que faz a diferença.

CHECKLIST

Como re-humanizar o marketing tendo a IA como aliada

- ☑ Usas a IA como ferramenta, mas manténs o controlo criativo e emocional?
- ☑ Estás a contar histórias reais, com emoções, erros e aprendizados?
- ☑ Mostras o rosto (literal ou simbólico) por trás da tua marca?
- ☑ Os teus conteúdos revelam o processo de criação e as tuas motivações?
- ☑ Estás a criar canais de resposta direta e sincera ao teu público?
- ☑ Os teus clientes sentem que estão a falar com uma pessoa, e não com um sistema?
- ☑ Tens espaços de escuta ativa: perguntas abertas, enquetes, lives com interação?

Dica final deste episódio

A Inteligência Artificial pode amplificar a tua voz até onde nunca imaginaste – mas se o que sai da tua boca ou do teu teclado for vazio, incoerente ou reciclado, só estarás a multiplicar o ruído. Escalar sem substância é como gritar num megafone desligado: ninguém escuta, ninguém responde, ninguém lembra. E não adianta culpar os algoritmos – eles só espelham a qualidade do que produzes. O que antes passava disfarçado por estética agora é desmascarado por comparação. Hoje, está tudo visível, tudo rastreável, tudo confrontável. E isso é um convite brutal à verdade: só sobrevive quem entrega algo que não pode ser copiado por máquina nenhuma. O teu diferencial real não está na técnica, mas no que a técnica não consegue simular – a forma como olhas o mundo, as marcas que a tua história deixou, o que só tu podes dizer porque só tu passaste por aquilo. Quem compra hoje está farto de promessas vazias, fórmulas mágicas, anúncios genéricos. Quer conexão, sentido, coerência. E isso não se encontra num curso de copy nem se cola num carrossel de Instagram – constrói-se com consistência, escuta, presença e responsabilidade. Não se trata de ser criativo. Trata-se de ser claro, íntegro e, acima de tudo, necessário. Porque num cenário onde todos têm palco, o que realmente importa é o que ainda vale a pena ser ouvido. E isso, meu caro, ou vem de ti – ou não vem de lado nenhum.

Episódio 4

Afundar o Dedo no Problema

Onde Dói, Há Verdade

A conexão começa quando tens coragem de apontar a ferida sem anestesia.

ANTES DE LER O EPISÓDIO, ESSES SÃO OS TERMOS TÉCNICOS QUE PRECISAS CONHECER:

1. **Saturação de Conteúdo**

   Excesso de publicações (artigos, vídeos, posts) que ultrapassa a capacidade de atenção do público, criando "ruído" e tornando-se difícil destacar-se.

2. **Curadoria Humana**

   Processo de selecionar, filtrar e organizar apenas o conteúdo mais valioso e relevante para a audiência, com base em impacto emocional, coerência com a marca e contexto de mercado.

3. **Matriz Editorial**

   Ferramenta que categoriza temas em:

   Principais (sagrados): assuntos centrais e inegociáveis.

   Secundários: tópicos de apoio que agregam valor.

   Proibidos: temas que se evitam para manter foco e identidade.

4. **Testes A/B**

   Comparação de duas versões de um mesmo elemento (título, imagem, call-to-action), enviadas a grupos distintos para identificar qual tem melhor desempenho antes de implementar em larga escala.

5. **"Encher Chouriços" Digital**

   Expressão para a prática de publicar conteúdos superficiais apenas para cumprir frequência, em vez de oferecer valor real. A curadoria humana contraria esse excesso, privilegiando qualidade.

6. **Reaproveitamento de Conteúdos**

   Estratégia de transformar um mesmo texto, vídeo ou infográfico em múltiplos formatos (post de redes, newsletter, podcast), estendendo o alcance e preservando a essência.

7. **Conteúdos Evergreen**

   Materiais atemporais (guias, tutoriais, glossários) que continuam relevantes independentemente da data, atraindo visitantes de forma contínua sem necessidade de atualizações frequentes.

8. **Automação**

   Uso de ferramentas ou integrações (APIs) para disparar ações repetitivas sem intervenção manual constante, como agendar publicações, enviar relatórios ou notificações de tarefas.

9. **Google Docs**

   Editor de texto online gratuito da Google, que permite colaboração em tempo real, armazenamento automático no Drive e partilha com permissões definíveis.

10. **Notion**

    Plataforma de gestão de conhecimento e projetos, com blocos flexíveis (texto, bases de dados, quadros Kanban) em versão grátis, ideal para organizar a bússola editorial.

11. **Trello**

    Ferramenta Kanban gratuita, baseada em quadros, listas e cartões, para acompanhar o fluxo de curadoria ("Sugestões", "Verificar com a Bússola", "Aprovado para Produção").

12. **Miro**

Quadro branco digital colaborativo gratuito, que suporta mapas mentais, diagramas e notas adesivas virtuais, facilitando a visualização da matriz editorial.

13. **IA Generativa**

Modelos de linguagem treinados em grandes volumes de dados capazes de criar texto, imagens ou outros conteúdos a partir de prompts; por exemplo, ChatGPT.

14. **Prompt**

Instrução especifica dada a uma ferramenta de IA generativa para orientar a criação de conteúdo ("ChatGPT, escreve um esboço de artigo sobre compostagem urbana…").

15. **ChatGPT**

Modelo de linguagem gratuito da OpenAI que gera texto a partir de prompts, servindo como assistente de redação para títulos, parágrafos ou estruturas de artigos.

16. **Google Trends**

Serviço gratuito que mostra o volume de pesquisas por termos ao longo do tempo e por região, ajudando a avaliar a relevância de tópicos antes de produzir conteúdo.

17. **Google Calendar**

Agenda online gratuita que permite criar eventos e lembretes – útil para agendar revisões quinzenais do calendário editorial e garantir o timing sazonal.

18. **Mapa Mental**

Diagrama radial que parte de uma ideia central e ramifica-se em subtemas, facilitando a organização de fases de análise (verdade, relevância, timing).

19. **Google Drive**

Armazenamento cloud gratuito (até 15 GB) para guardar documentos, imagens e vídeos, incluindo repositório de "exemplos de excelência" para treino de IA.

20. **Google Sheets**

Planilha online gratuita para registar métricas de performance e feedback de edição (ex.: anotar ajustes feitos nos rascunhos da IA para orientar futuros prompts).

21. **Instagram Direct**

Ferramenta de mensagens privadas do Instagram para contacto direto com seguidores, sem custos adicionais, ideal para agradecimentos e esclarecimento de dúvidas.

22. **Telegram**

Aplicação de mensagens instantâneas gratuita que permite criar canais e grupos, servindo como plataforma de conversas mais pessoais e reações imediatas.

Ao longo das últimas décadas, a comunicação digital evoluiu de um artesanato de poucas mãos para uma maquinaria capaz de produzir milhares de mensagens por minuto. No início, equipas pequenas, por vezes de um único profissional, planeavam cada post, imagem, newsletter. Havia um ritmo natural: discutia-se o tema, escrevia-se o texto, produzia-se o vídeo, agendava-se a publicação. O limite — imposto pelo relógio, pela criatividade e pelos recursos — obrigava a escolher com rigor o que merecia ver a luz do dia. Esse processo era, em si, estratégia: cada conteúdo ocupava um lugar exato no percurso do utilizador, do primeiro contacto à decisão de compra ou fidelização.

Hoje, a Inteligência Artificial generativa rompeu esses limites. Ferramentas automáticas fornecem variações de título em segundos, esboçam artigos em minutos, testam modelos de e-mail antes de qualquer revisão. A promessa de escala rápida seduziu muitas equipas: por que não aproveitar a capacidade de gerar volumes infinitos de conteúdo? O resultado foi um paradoxo: a abundância tornou-se ruído. Num mercado onde "bom o suficiente" significa "suficientemente genérico", destacar-se passou a depender da seleção precisa do que realmente faz sentido para cada público.

A principal lição é que, em vez de tentar ultrapassar a máquina em velocidade, o verdadeiro diferencial está na curadoria: na capacidade de filtrar, refinar e apresentar apenas o que tem propósito e valor emocional. Reduzir a produção não é retrocesso, mas retorno ao essencial. Cada conteúdo deve ser calibrado para cumprir objetivos concretos — educar, inspirar, resolver dúvidas, estreitar relações. O momento de reflexão — quando uma ideia é avaliada não pela facilidade de geração, mas pelo potencial de ressoar junto do público — tornou-se etapa crítica.

Adotar esta abordagem requer definir uma matriz editorial clara. Convém listar os temas centrais que a marca não abandona, os que os complementam e os que ficam de fora. Esse guia funciona como bússola: sempre que surgem dezenas de sugestões de conteúdo geradas pela IA, aplica-se o filtro dos temas "sagrados" para manter coerência. Em seguida, aplica-se o critério humano de relevância: pergunta-se se um texto está bem escrito, se toca uma preocupação real, se acrescenta insight, se encaminha para uma ação desejada.

Desde que a IA entrou no arsenal do marketing, a capacidade de gerar ideias e conteúdos multiplicou-se. Mas logo se viu que essa abundância carrega o risco de tornar cada proposta uma gota no oceano digital — tantas vezes ignorada quanto produzida. Por isso, é preciso filtrar antes de produzir: não basta permitir que a ferramenta gere centenas de temas; é preciso submetê-los a duas perguntas. A cada sugestão, questiona-se se reflete os valores da marca e se tem potencial para tocar o leitor. Se a empresa defende sustentabilidade, um texto sobre embalagens biocompatíveis só avança se, além de técnico, contar a história de quem mudou de fornecedor para reduzir impacto ambiental. Caso contrário, arquive-se.

Quando as ideias aprovadas passam esse crivo, abandona-se o impulso de preencher calendários com publicações mecânicas. Em vez de lançar posts genéricos, dedica-se tempo à criação de um artigo profundo ou vídeo de cinco minutos que mostre como se montou um protótipo de produto, com as falhas, ajustes e momentos de satisfação. Esse tipo de conteúdo, ainda que mais escasso, gera conversas autênticas: leitores comentam com perguntas reais, partilham feedbacks e marcam amigos. E esse efeito multiplicador vale mais que dezenas de peças ignoradas.

Ao praticar essa recusa consciente da produção em massa, é essencial reservar tempo para interação direta. Ao poupar horas com posts supérfluos, responde-se a comentários com mensagens de voz personalizadas ou organizam-se transmissões ao vivo sem guião, com dúvidas em tempo real. Um gestor de comunidade pode, por exemplo, reservar quinze minutos para gravar um áudio a responder às questões mais curiosas da semana — gesto simples, mas que reforça a presença humana.

A automação, bem orientada, continua útil. Para que a IA reflita o estilo desejado, deve ser alimentada com exemplos bem escolhidos. Colecionam-se artigos, vídeos e newsletters que geraram engajamento qualitativo — partilhas reflexivas, mensagens de gratidão, parcerias. Depois, descreve-se num manual os parâmetros de tom, estruturas de abertura, formas de metáfora, tipo de chamada à ação. Cada rascunho gerado é comparado com esses exemplos, corrigido com explicações. Esse feedback contínuo treina o sistema para sugerir rascunhos mais alinhados ao perfil humano.

Quando essa sintonia se instala, a IA deixa de ser uma caixa preta e funciona como assistente de redação treinado no seu estilo. O truque não está em pedir "gera ideias sobre...", mas em mostrar — com rascunhos validados — o tipo de discurso desejado. Se a marca começa artigos com pergunta retórica e um caso real, inclua esses exemplos na base de treino. Assim, ao pedir novo texto, o modelo replica o formato que já conquistou o público.

Adotar esta abordagem numa equipa implica desenhar um fluxo em que cada ideia cruza três etapas: avaliação de propósito, criação seletiva e refinamento pela IA. Um gestor pode estruturar a rotina semanal assim: segunda, revisita ideias geradas e aplica filtro de alinhamento e empatia; terça, escolhe as melhores para produzir; quarta, dedica-se às interações (comentários, lives, áudios); quinta, atualiza o manual de padrões com exemplos de sucesso; sexta, treina a IA, ajustando rascunhos e documentando feedbacks.

Quem negligencia esse método cai no círculo do ruído digital: publicar sem intenção gera métricas superficiais — muitos cliques, poucas conversões, nenhuma fidelização. Em contraste, equipas que investem na curadoria colhem frutos duradouros: constroem uma audiência que espera por cada conteúdo, recomenda e participa na construção de soluções. A verdadeira revolução não está em produzir mais, mas em escolher o que merece ser dito, usando a tecnologia para amplificar — e não substituir — o critério humano.

O marketing digital, na era da atenção escassa, encontra na curadoria humana o seu trunfo. Em vez de inundar o mercado com mensagens indistintas, equipas que aprendem a escolher com precisão o que vale a pena dizer constroem relacionamentos duradouros. Não se renega a automação, mas usa-se como apoio à criatividade e ao julgamento humano. Nessa interseção reside a verdadeira vantagem competitiva: conteúdo que não só preenche espaço, mas ecoa na experiência de quem o consome, motivando-o a regressar.

Antes vs. Agora: o paradoxo do excesso

Antes	Agora
Poucos conteúdos, muito planeamento	Muitos conteúdos, risco de saturação
Estratégia baseada em esforço manual	Produção massiva com IA em segundos
O diferencial era escrever bem	O diferencial é saber o que merece ser escrito

Como preparar-se para ser curador no meio da avalanche?

O primeiro passo é materializar aquilo em que a sua marca acredita — os pilares que permanecerão inabaláveis mesmo com a mudança das tendências. Abra o Google Docs (gratuito com uma conta Gmail) e crie um documento chamado "Bússola Editorial". No corpo do texto, responda de forma fluida a perguntas como "Por que fundámos este projeto?", "Que causas não abdico de apoiar?" e "Que temas traduzem a nossa missão?". Por exemplo, uma pequena empresa de cosmética natural pode descobrir que os seus temas sagrados são "origem local dos ingredientes", "transparência no processo de fabrico" e "promoção de práticas sustentáveis".

Com esse texto corrido em mãos, torna-se mais simples identificar o que realmente merece atenção. Transfira as anotações para o Notion (ou Coda, ClickUp, Airtable, Microsoft Loop) — uma ferramenta de gestão de conteúdos com blocos gratuitos e flexíveis. Crie uma página com três secções: "Temas Sagrados", "Ângulos Preferenciais" e "Limites Intransponíveis". Em cada bloco, cole as definições e adicione notas visuais, como ícones, para reforçar o propósito de cada tema. O Notion permite partilhar esse documento com a equipa, assegurando que nenhuma ideia gerada por IA ou por brainstorming se afasta do essencial.

Para tornar o processo mais dinâmico, utilize o Trello (plano gratuito) ou o Miro (também gratuito). No Trello, crie um quadro chamado "Curadoria Editorial" com três colunas: "Sugestões de Conteúdo", "Verificar com a Bússola" e "Aprovado para Produção". Sempre que a IA gerar temas — como "novos extratos botânicos" ou "embalagens biodegradáveis" — adicione-os à coluna de sugestões. Depois, compare cada ideia com os temas sagrados: se não encaixar, mova para "Revisão Futura"; se sim, passe para "Aprovado para Produção".

No Miro (ou SmartDraw, Microsoft Whiteboard), ideal para mapas mentais, comece com um diagrama central com o nome da marca e ramos ligados aos temas sagrados. Em cada ramo, coloque notas adesivas com exemplos práticos: "caso de treino regenerativo com agricultores locais" ou "vídeo sobre impacto zero de resíduos". A interface intuitiva facilita reestruturações com um clique.

O essencial é a consistência: reserve quinze minutos semanais para rever o quadro, atualizar definições e garantir que todas as ideias de conteúdo passam pelo crivo dos pilares. Assim, mesmo sem grandes orçamentos, ferramentas gratuitas como Google Docs, Notion, Trello ou Miro bastam para assegurar que cada conteúdo reflete a identidade profunda da sua marca.

Com a bússola firme, o desafio seguinte é refinar ideias com o olhar crítico e empático humano. Em vez de aceitar tudo o que a IA propõe, importe os temas para o Trello e avalie-os com três perguntas-chave: há verdade? Há relevância? Há timing?

Para aferir a verdade, diga em voz alta o título sugerido e pergunte-se se pode ilustrá-lo com um exemplo real. Se surgir "três técnicas revolucionárias de compostagem doméstica", verifique se existe um caso prático: um cliente que transformou restos de cozinha em húmus rico, ou um vídeo caseiro a demonstrar o processo. Sem elemento concreto, descarte ou marque para pesquisa.

Em seguida, verifique a relevância, comparando com as preocupações do seu público. Use o Google Trends para medir o interesse em termos como "compostagem urbana" ou "resíduos zero" na sua região. Se o interesse estiver baixo, mas o tema for urgente para a comunidade, pode compensar apostar. Caso contrário, arquive.

O timing exige que o conteúdo se encaixe no calendário da empresa e nos ciclos sazonais. No Google Calendar, crie lembretes quinzenais para rever campanhas e garantir que temas como "preparar o solo antes da primavera" apareçam antes de março.

Transfira esta análise para um mapa mental no Miro, onde "verdade", "relevância" e "timing" se ramificam com exemplos: se aprovar "benefícios da vermicompostagem", anote: "Entrevistar o João da Quinta Alvorada" (verdade), "Relação com hortas urbanas" (relevância), "Publicar em fevereiro" (timing).

Assim, as ideias validadas emergem de um processo que une velocidade da IA ao critério humano. Só o que ressoa com a missão da marca e com as necessidades reais do público avança. O restante é arquivado, enriquecendo um banco de inspiração futura.

Atenção: ao descobrir o poder de gerar grandes volumes de conteúdo, é natural surgir o impulso de manter publicações diárias. Mas é aí que a credibilidade se dilui: num feed cheio de mensagens superficiais, o público começa a ignorar o que parece automático. A solução é a sobriedade criativa: privilegiar profundidade em vez de fluxo ininterrupto.

Defina um limite de publicações substanciais por semana — três, por exemplo. Escolha dias fixos, como terças, quintas e sábados, para criar expectativa. Em vez de publicar cinco dicas por dia, produza um único vídeo de sete minutos mostrando, por exemplo, o plantio de uma horta vertical. Inclua falhas reais — estrutura a cair, improvisos — e finalize com um convite: "Partilhe a sua experiência connosco."

Com o tempo ganho, interaja com quem responde: comente, envie mensagens diretas de agradecimento e convide para uma live curta. Ferramentas como Instagram Direct ou Telegram permitem esse contacto direto e gratuito.

Substitua parte das publicações por conteúdos evergreen — materiais atemporais, como "Como preparar o solo para qualquer planta". Estes podem permanecer no topo do blog por meses, gerando visitas constantes.

Registe o desempenho de cada conteúdo num Google Sheet: visualizações, comentários relevantes, mensagens privadas. Compare com os conteúdos rasos e veja como um artigo profundo supera dezenas de posts superficiais. Quem aposta na qualidade constrói uma comunidade fiel, disposta a esperar pelo próximo conteúdo marcante.

A conexão entre criatividade humana e automação começa ao treinar a IA com o seu gosto pessoal. Em vez de aceitar o primeiro rascunho, transforme-o num exercício de refinamento: edite, ajuste o tom, altere metáforas até parecer que o texto nasceu da sua vivência.

Crie um repositório de "exemplos de excelência" — artigos, vídeos ou newsletters que geraram reações emocionais reais. Guarde entre três a cinco peças com comentários ricos, partilhas espontâneas ou convites de colaboração. Organize no Google Drive, com pastas descritivas ("Guia Compostagem 2024", "Vídeo Bastidores - Lançamento X").

Alimente um prompt no ChatGPT com esses exemplos:

> *"ChatGPT, escreva um texto de introdução sobre 'como recolher água de chuva em zonas urbanas', com o tom destes excertos: [colar três exemplos]".*

Compare o resultado aos originais, identifique divergências de estilo e corrija. Registe essas observações num ficheiro — uma coluna num Google Sheet com notas como "Diminuir jargão" ou "Adicionar anedota no início".

Repita esse ciclo três a cinco vezes por semana. Com o tempo, a IA aprende padrões: metáforas favoritas, estrutura de frase, nível de detalhe. O volume passa a servir a consistência. A automação torna-se uma extensão afinada da sua voz. Quem treina, ganha precisão e humanidade. Quem ignora, recebe texto genérico e frio.

CHECKLIST

Curadoria humana com IA como parceira

- ☑ Tens uma matriz de temas principais, secundários e proibidos para a tua comunicação?
- ☑ Usas IA para gerar ideias, mas só publicas o que passa por ti ou pela tua equipa?
- ☑ Revês o conteúdo gerado à luz de impacto, coerência com a marca e relevância para o momento?
- ☑ Evitas publicar só porque "o algoritmo exige"?
- ☑ Tens uma estratégia de reaproveitamento: transformas bons conteúdos em novos formatos sem perder essência?
- ☑ Recolhes feedback real sobre o conteúdo (comentários, reações, silêncio)?
- ☑ Tens rituais semanais de revisão e seleção de conteúdos que valem a pena continuar a desenvolver?

Dica final deste episódio

A Inteligência Artificial pôs as ferramentas nas mãos de todos – mas, ao fazer isso, elevou brutalmente o nível de exigência sobre o que se faz com elas. Criar tornou-se fácil. Dizer algo, qualquer um diz. Mas dizer algo que valha a atenção de alguém num feed saturado, isso é outra história. E é aí que o marketing digital – tão acostumado a repetir fórmulas, a reciclar promessas e a empurrar soluções em série – começa a entrar em crise. Porque o que antes bastava para vender – um texto com gatilho, uma landing page com escassez forçada, um testemunho ensaiado – agora já não basta. O público mudou. A IA não só ampliou o acesso, como afinou o filtro. Hoje, o desafio do empreendedor digital não é mais "como aparecer", mas "como não soar falso, oportunista, vazio". Porque a IA pode gerar conteúdo, mas não pode decidir por ti o que merece ser dito. E é aí que começam os dilemas: continuo a usar o discurso fácil que um dia funcionou ou assumo a responsabilidade de comunicar com mais profundidade, mesmo que isso exija mais trabalho e menos espetáculo? Vendo o que posso vender ou o que faz sentido oferecer? Replico o que já rendeu aos outros ou crio algo que só eu poderia ter feito? O que te torna valioso já não é a tua habilidade de executar, mas a tua capacidade de discernir. Num mundo em que todos têm megafones, vence quem tem critério. Quem sabe o que calar. Quem escolhe o que dizer – e porquê. E isso, mesmo com toda a automação do mundo, continua a ser humano. Radicalmente humano. E intransferível.

Episódio 5

A Crise da Confiança

O Público Já Não Acredita em Ti

A era do engano acabou – agora, ou é verdadeiro, ou é ruído.

ANTES DE LER O EPISÓDIO, ESSES SÃO OS TERMOS TÉCNICOS QUE PRECISAS CONHECER

1. **CRM (Customer Relationship Management)**

   Sistema de gestão de contactos e interações com clientes que centraliza dados como histórico de compras, comunicações por e-mail e tickets de suporte. Exemplo: o HubSpot CRM armazena cada e-mail trocado e permite acompanhar o progresso de um lead até à conversão.

2. **Marketing Automation**

   Conjunto de plataformas (por ex. Marketo, Pardot) que orquestram fluxos de comunicação automáticos em múltiplos canais (e-mail, SMS, push), disparados por condições predefinidas ou comportamentais. Exemplo: após o registo num site, envia-se automaticamente uma sequência de boas-vindas em vários passos.

3. **Carrinho Abandonado**

   Situação em que um visitante adiciona produtos ao carrinho de compras online, mas não finaliza a compra. As ferramentas de automação disparam e-mails de recuperação com lembretes ou ofertas personalizadas.

4. **Gatilho (Trigger) Comportamental**

   Evento que inicia uma ação automatizada – como enviar um e-mail, mostrar um pop-up ou atribuir pontos num programa de fidelização – sempre que o utilizador realiza (ou deixa de realizar) uma determinada ação. Exemplo: clicar em "ver vídeo" faz disparar, 1 hora depois, uma oferta de tutorial avançado.

5. **Google Analytics Avançado**

   Versão da ferramenta de análise de tráfego web que inclui métricas como duração de sessões, mapas de calor comportamentais e eventos personalizados, permitindo disparar comunicações em tempo real com base no comportamento do utilizador.

6. **Mapa de Calor (Heatmap)**

   Visualização gráfica que revela onde os utilizadores mais clicam ou passam o cursor num site, identificando zonas de maior interesse ou obstáculos de navegação. Ferramentas como o Hotjar produzem estes mapas para orientar melhorias de UX e disparos contextuais.

7. **Hotjar**

   Plataforma que grava sessões de utilizadores, apresenta mapas de calor e inclui sondagens on-site, ajudando a perceber não só onde clicam, mas porquê – essencial para criar mensagens de retenção no momento exato.

8. **Unsubscribe**

   Link ou processo pelo qual um destinatário cancela a subscrição de uma lista de e-mail, saindo da sequência de automação. Monitorar esta métrica ajuda a identificar conteúdos excessivos ou irrelevantes.

9. **ChatGPT / Claude**

   Modelos de IA generativa capazes de produzir texto, imagens ou outros formatos a partir de prompts. No contexto de retenção, usam-se para esboçar mensagens personalizadas, mas sempre sujeitas a revisão humana para conservar autenticidade.

10. **Personalização Dinâmica**

Técnica de adaptar o conteúdo de cada comunicação (assunto de e-mail, ofertas, manchetes) em tempo real, recorrendo a dados de CRM e comportamento. Exemplo: mencionar o produto que o cliente visualizou mais vezes sem concluir compra.

11. **Jornada do Cliente (Customer Journey)**

Mapeamento das etapas percorridas pelo utilizador desde o primeiro contacto até à fidelização, usado para planear sequências narrativas de retenção e definir pontos-chave de engajamento emocional.

12. **Narrativa de Suspense**

Estratégia de storytelling aplicada em e-mails de retenção que cria antecipação – terminando cada mensagem com uma prévia do conteúdo seguinte, de forma a manter o cliente ansioso pelo próximo contacto.

Durante os primeiros anos do marketing digital, a retenção de clientes assentava-se numa lógica de frequência inabalável: newsletters semanais, e-mails diários, posts constantes nas redes sociais. Cada mensagem era cuidadosamente redigida por mãos humanas, muitas vezes sem auxílio de mais do que um simples editor de texto e uma lista de contactos guardada numa pasta do computador. O ritual repetia-se: coletar endereços, segmentar manualmente grupos de interesse, redigir o texto, agendar o envio. Havia imperfeição nas horas de atraso, na formatação irregular e até nos erros de digitação — pequenos vestígios de humanidade que, inevitavelmente, geravam empatia. O cliente sentia-se lembrado não por um robô infalível, mas por uma equipa que, entre um café e outro, o mantinha no radar.

Com o advento dos primeiros sistemas de gestão de contactos — pensados originalmente para equipas de vendas, mas rapidamente adaptados ao marketing —, surgiu a promessa da automação. Ferramentas como o Mailchimp, pioneiro no envio gratuito de newsletters, e o HubSpot, com o seu CRM básico sem custos, eliminaram a maior parte das tarefas repetitivas. Basta configurar uma sequência de e-mails: "Bem-vindo", "Conheça nossos produtos", "Não o vemos há dias...". Em poucos cliques, a máquina disparava mensagens nos horários definidos, sem coragem de variar o tom. O controlo monetário cedera lugar ao controlo técnico: a métrica de sucesso deslocou-se da construção de relações para a percentagem de abertura e de cliques. Ainda assim, no coração desse processo automático, continuava a existir um guião humano — uma pessoa havia escrito cada linha, mesmo que depois fosse a tecnologia a distribuí-la em massa.

Chegados à viragem para 2010, a automação evoluiu para plataformas de "marketing automation" completas: Marketo, Pardot e similares permitiam criar jornadas de cliente sofisticadas. O cliente que visitava uma página de produto, abandonava o carrinho e recebia, horas depois, um cupão de desconto personalizado. Se não convertesse, outra sequência surgia a oferecer um webinar de demonstração. A lógica de retenção tornou-se quase cirúrgica: cada clique gerava um disparo; cada pausa no site, uma nova proposta. Os inboxes encheram-se de mensagens previsíveis e hiperpessoais ao mesmo tempo. Era como receber uma carta escrita só para nós — mas, surpreendentemente, sem alma, pois todas seguiam o mesmo guião invisível.

Foi assim que se chegou há poucos anos a um estágio em que o marketing por e-mail deixava de ser sinal de intimidade e passou a ser apenas mais um ruído de fundo. As taxas de abertura começaram a estagnar, as listas envelheceram e os utilizadores, sobrecarregados, decidiram fazer limpeza: "unsubscribe" tornou-se a ação-âncora de quem quer dar um basta à mesmice programada. A retenção por frequência, tão celebrada no início, já não bastava.

Então surgiram as primeiras ferramentas de análise comportamental em tempo real: Google Analytics em versão avançada oferecia métricas de tempo de permanência, mapas de calor indicavam onde o cursor hesitava e o Hotjar permitia gravar a sessão do utilizador. Com estes dados, as mensagens não só eram enviadas, mas disparadas no momento crucial — logo que alguém permanecia trinta segundos numa secção de testemunhos ou clicava várias vezes no botão "ver vídeo". A lógica mudou de "envia e torça-se" para "responda-se ao comportamento". Essa reação imediata parecia prometer a reinvenção da retenção — afinal, a mensagem chegava quando o interesse surgia. Mas, uma vez mais, o tom soava pré-programado; o cliente sentia-se observado, e não ouvido.

Nos últimos dois anos, a entrada estrondosa da Inteligência Artificial generativa alterou de forma drástica este panorama. Modelos como o ChatGPT e o Claude passaram a redigir não só títulos e textos, mas a personalizar parágrafos inteiros de acordo com o perfil de cada destinatário, explorando dados de CRM, histórico de compras e interações em redes sociais. Um e-mail de aniversário já não se limitava a "Feliz Aniversário, Pedro!"; tornava-se um relato sofisticado, mencionado o produto que ele mais visualizou, sugerindo um desconto exclusivo e, até, antecipando dúvidas sobre prazo de entrega. Era o ápice da automatização, mas também o auge do risco invisível: todas as mensagens soavam polidas, corretas... mas vazias.

O paradoxo revela-se quando um cliente lê um texto perfeito e pensa: "Isto não foi escrito para mim, mas para uma máquina que me conhece por algoritmos." A eficiência transmoderna não garantiu fidelidade; trouxe apenas a ilusão de proximidade. O consumidor habituado a respostas imediatas deixou de se impressionar com a rapidez da entrega, passando a exigir algo que nenhum algoritmo consegue replicar de forma genuína: a emoção, o toque humano, a sensação de ser compreendido como indivíduo, e não como segmentação demográfica.

Por isso, a retenção do futuro depende de reequilibrar a lógica entre tecnologia e humanidade. Já não basta enviar a mensagem certa no momento certo; é preciso que essa mensagem conte uma história, revele uma falha superada ou partilhe um bastidor. Se, no início das newsletters, a espera por uma nova edição criava antecipação, hoje é preciso reintroduzir uma forma de suspense: um e-mail que começa por "Hoje quase desistimos deste lançamento..." e prossegue revelando o que quase falhou, convidando o leitor a acompanhar a viragem. É esse elemento narrativo — a viagem de quem cria — que reacende a empatia e faz o cliente sentir-se parte de um projeto vivo.

Para quem trabalha com marketing digital e quer preparar-se para este novo cenário, algumas práticas são essenciais:

- → **Mapear o percurso humano**: registe casos reais de clientes, erros de produção, episódios de superação. Armazene-os num documento colaborativo (num Google Docs partilhado ou no Notion) e use-os como fonte contínua de histórias.
- → **Estabelecer gatilhos emocionais**: identifique momentos-chave em que uma narrativa pode criar empatia — aniversário de compra, conclusão de um módulo de curso, três meses sem interações. A cada gatilho, configure não só um disparo automático, mas uma pequena narrativa personalizada.
- → **Manter o toque manual**: mesmo ao usar IA, reserve tempo para editar cada mensagem, inserir um comentário pessoal ou ajustar o tom. O objetivo não é delegar toda a redação, mas amplificar o alcance do seu olhar.
- → **Medir além das métricas frias**: acompanhe não só taxas de abertura e cliques, mas também respostas — quantifique quantas mensagens diretas recebeu após uma campanha, quantos convites de colaboração surgiram e quantos depoimentos emocionais obteve.
- → **Revisar e iterar**: agende, quinzenalmente, uma reunião de "diário de bordo narrativo" onde a equipa analisa o feedback qualitativo e redefine os guias de tom e conteúdo para os próximos disparos.

Quem apenas abraçar a IA como substituta acabará preso num feed homogéneo, incapaz de gerar lealdade. Já quem usar a automação para amplificar a voz humana — sem abdicar da emoção, da imperfeição sincera e do propósito compartilhado — descobrirá que a retenção renasce num novo patamar: o cliente não permanece porque recebe uma mensagem no momento exato, mas porque reconhece ali um interlocutor atento, disposto a partilhar não apenas ofertas, mas fragmentos de vida. Nesse equilíbrio entre eficiência e empatia, traça-se o caminho para a fidelização genuína na era da IA.

Antes vs. Agora: retenção emocional

Antes	Agora
Relacionamento manual e pessoal	Fluxos automáticos com IA
Espera com expectativa	Resposta imediata sem vínculo
Humanidade com falhas	Perfecionismo despersonalizado
Fidelização por conexão	Abandono por saturação emocional

Como reintroduzir o storytelling nas tuas estratégias de retenção?

Quando cada mensagem de retenção deixa de ser um simples lembrete e passa a integrar uma narrativa coerente, muda o próprio patamar da relação entre marca e cliente. No início, bastava enviar um e-mail com um desconto para quem abandonasse o carrinho. Hoje, esse gesto isolado ressoa como um eco vazio, rapidamente esquecido. Em vez de atirar cupões ao vento, a proposta de desenvolver sequências com arcos narrativos oferece ao destinatário o convite para embarcar numa trama de quatro a seis e-mails, desenhada ao longo de dias — cada contacto funcionando como um episódio que desperta curiosidade, partilha um ensinamento e deixa um gancho para o próximo episódio.

Criar Sequências com Desenvolvimento Narrativo

1. **Porquê e quando usar**

   Sequências de e-mail ou de mensagens com desenvolvimento narrativo transformam lembretes frios em minisséries que o destinatário quer seguir. Em vez de "Lembrete: carrinho abandonado" ou "Cupão expira hoje", cada mensagem revela um capítulo de uma história maior: o herói (o cliente) enfrenta um obstáculo (o desafio de decidir) e conta com o seu aliado (a marca) para uma solução épica.

2. **Brainstorming orientado à necessidade**
   - → **Identifique a "dor" ou o desejo**: ex. insegurança em usar funcionalidades avançadas de um software.
   - → **Defina o arco do herói**: elemento central de storytelling onde o cliente descobre um superpoder (o recurso do produto).
   - → **Envolva a marca como mentor**: guia que fornece dicas, provas sociais e incentivo.

3. **Ferramentas e técnicas**
   - → **Google Docs / Notion**: esboce o enredo em quatro quadros: contexto, conflito, viragem e resolução.
   - → **ChatGPT (prompt brando)**: "Escreve quatro e-mails que contem a história de um utilizador que quase desistiu do nosso software, mas redescobriu valor ao seguir estes passos…"
   - → **Filtro humano**: garanta que cada e-mail termina com gancho — uma pergunta, uma prévia do próximo capítulo.

4. Estrutura básica de um capítulo (Dicas)

Seção	Objetivo	Exemplo de Copy
1. Abertura	Relembrar o leitor da jornada	"Lembras-te quando exploraste o Módulo X e hesitaste?"
2. Conflito	Mostrar o obstáculo	"Muitos sentem-se perdidos ao aplicar a função Y..."
3. Mentoria	Oferecer dica, recurso ou estudo de caso	"Veja como a Sofia automatizou esse passo em minutos..."
4. Gancho	Criar curiosidade para o próximo e-mail	"Amanhã, vou mostrar-te o erro que quase nos fez desistir..."

Lembrar sempre!

→ **Mapeie a jornada de uso**: identifique pontos de queda ou hesitação.

→ **Desenhe o arco narrativo** em 4-6 e-mails, usando a estrutura acima.

→ **Gere rascunhos com IA**, depois edite para inserir voz e emoção própria.

→ **Configure no seu sistema de automação** (Mailchimp, ActiveCampaign) disparos baseados em comportamento (ex.: 24h após abandono).

→ **Monitore métricas** de abertura, cliques e respostas qualitativas; ajuste enredos conforme necessário.

O Plano Malfeito

Imagine uma sequência de quatro e-mails com o único fio condutor de um desconto de 20 % que expira em sete dias. O primeiro e-mail chega logo após o abandono do carrinho:

> – *"Falta muito pouco! Aproveite 20 % de desconto antes que acabe."*

No segundo dia, repete-se o lembrete:

> – *"Ainda aí? O seu cupão expira amanhã. Clique aqui para não perder."*

No terceiro, um novo aviso:

- *"Última chamada! Cupão termina hoje às 23:59."*

O quarto, um aviso de arrependimento:

- *"Sentimos a sua ausência! Ainda pode usar o código, mas é agora ou nunca."*

Apesar da frequência, nota-se que cada e-mail anda à deriva: não há contexto, não há história, o tom é genérico e a cada disparo o cliente já sabe o que esperar — um desconto. A sensação de urgência artificial até pode gerar cliques, mas dificilmente promove envolvimento ou satisfação. Quando o destinatário entra no site, a marca parece um guião automático, desligado da sua experiência real.

O Plano Bem-Feito

Em contraste, uma sequência narrativa começa por identificar um ponto de hesitação na jornada do cliente — por exemplo, o medo de usar funcionalidades avançadas de um software de design. Em vez de oferecer logo um desconto, cada e-mail assume o papel de mentor simpático, guiando o cliente passo a passo:

1. **Episódio1 - O Convite à Aventura**

   Imediatamente após o abandono, o e-mail não fala de desconto, mas apresenta a história de um utilizador que também hesitou no primeiro módulo.

   "Olá, tudo bem? Chamo-me Mariana e também senti aquele frio na barriga ao testar a ferramenta de animação pela primeira vez. Lembro-me do meu ecrã se potenciar: queria brincar, mas receava estragar tudo. Nos próximos dias, convido-te a acompanhar os passos que me fizeram ganhar confiança - sem pressas nem atalhos."

   Este texto desperta identificação imediata: o cliente deixa de ser um "lead" para se tornar um companheiro de viagem.

2. **Episódio2 - Afundar o Dedo no Problema**

   Dois dias depois, o segundo e-mail aprofunda o conflito.

   "No passo 2, muitos ficam presos na linha do tempo. Eu própria passei horas a mover keyframes (pontos de referência usados em animação, vídeo e design digital para indicar o início ou fim de uma transição, movimento ou alteração de um elemento) sem

perceber o resultado. Foi aí que descobri esta dica escondida no menu de atalhos..." Ou seja, em vez de insultar a inteligência do leitor com instruções básicas, foca-se num ponto crítico, revelando um truque prático que a IA dificilmente sugeriria sem contexto humano.

3. **Episódio3 - A Vitória Revelada**

   Passados mais dois dias, já com a curiosidade apurada, é hora de partilhar a viragem.

   "Quando apliquei essa técnica, vi o meu primeiro frame ganhar vida. Foi como libertar um personagem preso num esboço. Para celebrar, deixo-te um vídeo de 90 segundos em que mostro o antes e o depois."

   Uma prova visual intensifica o sentimento de progresso real.

4. **Episódio4 - O Convite à Continuação**

   Por fim, chega o momento de oferecer um incentivo, mas sempre ancorado na história pessoal.

   "Este deve ser o teu próximo passo: desconto de 15 % no plano avançado, válido até ao fim da semana. Utiliza o código HISTORIA15 – e lembra-te, estou à distância de um clique para esclarecer qualquer dúvida. Afinal, a história continua."

   Ao tratar cada e-mail como episódio de um conto, alcança-se um duplo efeito: por um lado, o destinatário sente-se protagonista de uma trama, e, por outro, o desconto deixa de ser o herói isolado para se tornar a recompensa de uma jornada conquistada.

Como Estruturar o Seu Próprio Plano Narrativo

1. **Mapear o Ponto de Queda**

   Identifique no funil de vendas o momento em que o cliente hesita ou abandona a sequência. Pode ser ao registar-se, ao experimentar um recurso ou no checkout final.

2. **Esboçar o Arco em 4-6 "episódios"**

   Reserve um rascunho em Google Docs ou Notion, onde cada episódio define:

   → Cena Inaugural: apresentação do conflito vivido pelo herói (o cliente).

- → Desenvolvimento: aprofundamento do problema e introdução de uma ferramenta ou dica.
- → Clímax: demonstração de um resultado tangível.
- → Resolução + Gancho: convite para a ação com um benefício exclusivo e promessa de continuidade.

3. **Utilizar IA como Assistente de Redação**
   Solicite à IA um esboço para cada "episódio", depois refine manualmente: introduza um caso real, ajuste o tom para soar pessoal e garanta que cada parágrafo conclui com um convite velado à próxima mensagem.
4. **Automatizar Disparos com Critérios de Tempo**
   No seu sistema de CRM ou automação (Mailchimp, ActiveCampaign), configure triggers de e-mail com base em eventos (abertura do e-mail, clique em link, tempo desde o abandono).
5. **Monitorar Respostas e Ajustar a Histórica**
   Acompanhe não só métricas de abertura e cliques, mas as respostas qualitativas: quantas pessoas responderam ao e-mail com perguntas ou depoimentos? Use estes feedbacks para ajustar o enredo nos "episódios" seguintes.

Exemplo Ilustrativo

Uma plataforma de cursos online detectou que 40 % dos alunos desistia no módulo de configuração inicial. Para inverter a tendência, criou-se uma sequência de quatro e-mails:

- → **E-mail 1:** Vídeo do fundador a admitir que também se sentiu "perdido" no início, convidando para um tutorial de dois minutos.
- → **E-mail 2:** Depoimento de um aluno real, com nome e fotografia, descrevendo como passou da incerteza à confiança.
- → **E-mail 3:** workshop gravado, exclusivo para esses inscritos, mostrando erros comuns e como evitá-los.
- → **E-mail 4:** Oferta de sessão ao vivo de Q&A, com preço simbólico, garantindo acesso ao mentor.

O resultado foi uma redução de 50 % na taxa de abandono e um aumento de 20 % nas conversões para o plano pago. Mais do que números, criou-se uma comunidade de alunos que partilham o seu progresso, mostrando que a narrativa bem construída transforma retenção em relação de longo prazo.

A elaboração de sequências com desenvolvimento narrativo não é um recurso decorativo: é uma estratégia robusta que alia o poder da IA à criatividade humana. Ao seguir um plano bem estruturado — versus meros disparos de desconto — constrói-se uma experiência memorável. A marca deixa de ser um emissor de mensagens massificadas e torna-se um contador de histórias, guiando cada cliente por um arco de descoberta, superação e recompensa. Essa, e apenas essa, é a chave para reintroduzir o storytelling nas suas estratégias de retenção, fazendo com que cada e-mail seja um convite irrecusável para o próximo "episódio".

Quando a narrativa se torna rotina, a retenção perde o ingrediente essencial: o elemento da surpresa. É o inesperado que desperta a atenção e fixa na memória. Na prática, incluir elementos inesperados significa saltar do guião previsível — aquele e-mail genérico com título "Ofertas imperdíveis" — e introduzir um instante de genuína curiosidade ou emoção. Em vez de cumprir um checklist mecânico ("enviar cupão, recordar carrinho, promover o webinar"), a sua sequência de retenção incorpora um gesto que só poderia vir de um humano atento.

Imagine, por exemplo, que a sua marca vende kits de jardinagem urbana. O primeiro e-mail da sequência, além de um lembrete gentil, chega acompanhado de um ficheiro de áudio de 30 segundos: uma gravação autêntica do momento em que o fundador da empresa coloca as primeiras sementes no vaso de casa. O som do solo a cair, as instruções sussurradas, a hesitação ao medir a distância entre cada semente — tudo isso transporta o cliente para dentro da história, criando um laço emocional que nenhum cupão oferece.

Implementação Passo a Passo

1. **Escolha o ponto de inserção do inesperado**

   Defina em que parte da sequência narrativa um elemento surpresa fará mais sentido: no segundo e-mail, quando a curiosidade já foi despertada? No terceiro, quando o cliente começa a duvidar do valor da oferta?

   → Exemplo: Num curso online de fotografia, o terceiro e-mail pode incluir um minipodcast com o instrutor a partilhar uma lição que só confidencia aos alunos mais empenhados — um truque de composição que não está no módulo principal.

2. **Selecione o formato de surpresa**

   Há várias opções, todas de baixo custo e fáceis de produzir:

   → **Áudio curto:** gravado no smartphone, sem edição complexa. Pode ser um "segredo" ou uma piada interna que só os inscritos antecipados conhecem.

- → **Carta pessoal em PDF:** um documento simples, com assinatura à mão digitalizada e uma mensagem de agradecimento.
- → **Foto de bastidores:** imagem sem filtro, mostrando a equipa num momento espontâneo (o café derramado, o laptop com post-its).
- → **Vídeo selfie vertical:** 30 a 60 segundos, filmado com o telemóvel, na voz de quem escreve o e-mail, colocando-se no lugar do cliente.

3. **Crie o conteúdo inesperado**

   Use estas etapas:

   - → **Roteiro rápido:** num Google Docs ou bloco de notas, anote em 2-3 pontos o que quer transmitir. Ex.: "Quero falar do dia em que errei o desenvolvimento do módulo de edição e como resolvi."
   - → **Gravação espontânea:** abra a câmara do telemóvel ou o gravador de voz; permita-se um erro natural — a imperfeição reforça a autenticidade.
   - → **Edição mínima:** use aplicativos gratuitos como o InShot (para vídeo) ou o Voice Memos do próprio smartphone (para áudio); corte apenas eventuais silêncios muito longos.

4. **Integre na ferramenta de automação**

   No Mailchimp, ActiveCampaign ou outro CRM:

   - → **Upload dos ficheiros:** carregue o áudio ou o PDF na biblioteca de conteúdo.
   - → **Inserção no e-mail:** arraste o elemento para o corpo da mensagem, com uma introdução breve:

   "Gravei este áudio para ti, porque acho que vais ver valor neste truque que aprendi no primeiro mês de trabalho..."

   - → **Testes A/B (opcional):** configure duas versões do e-mail — uma com o elemento inesperado e outra sem — para medir qual gera mais abertura e cliques.

5. **Mensure o impacto**

   Não olhe apenas para a taxa de abertura. Observe:

   - → **Respostas diretas:** quantos clientes responderam ao áudio ou comentaram o PDF?
   - → **Tempo de permanência:** no vídeo, o número médio de segundos assistidos.
   - → **Partilhas espontâneas:** se o cliente reenviou o áudio a um amigo.

6. **Itere frequentemente**

   A cada quinzena, analise quais formatos surpreenderam mais. Talvez o áudio funcione melhor do que o vídeo; ou a carta em PDF receba mais respostas. Ajuste o próximo elemento inédito com base nesses resultados.

   Exemplos:

   → **Carta manuscrita digitalizada:** uma marca de joias envia, por e-mail, uma nota escrita à mão pelo designer a agradecer a compra e a explicar o significado simbólico de cada pedra. Ferramentas gratuitas como o Canva permitem criar o layout do PDF e adicionar a assinatura digital.

   → **Vídeo do "spin the wheel":** uma loja de acessórios grava ao vivo, de forma descontraída, a equipa a girar uma roleta para atribuir brindes surpresa a clientes selecionados. O vídeo curto, inserido no e-mail, transmite alegria autêntica e gera suspense.

   → **Screenshot de conversa interna:** compartilhe um diálogo real de Slack (omitindo dados sensíveis) em que a equipa debateu a cor de um novo produto, mostrando que o design passou por várias opiniões antes de ser aprovado. Este tipo de bastidor humaniza a marca.

Por que Funciona?

Elementos inesperados quebram o piloto automático do cliente. Quando o destinatário vê um arquivo de áudio ou uma carta pessoal, a rotina de leitura de e-mails é interrompida. Essa pequena surpresa ativa o cérebro de forma diferente, porque associa a marca a uma experiência única. A IA pode gerar texto perfeito, mas não pode simular o frio na barriga de uma gravação caseira, nem a emoção de um erro admitido em primeira pessoa.

Em última análise, incluir elementos inesperados é um ato de coragem: expõe o seu time à imperfeição e convida o cliente a conhecer os bastidores. Mas é essa transparência que reaviva a confiança e transforma retenção passiva em diálogo ativo. Na era dos algoritmos uniformes, a diferença mora no detalhe humano — aquele gesto inusitado que faz o cliente pensar: "Isto foi feito a pensar em mim."

Recuperar Clientes com Vulnerabilidade, Não com Scripts

Quando um cliente deixa de interagir, o instinto tradicional sugere disparar mais um desconto, agendar um lembrete ou automatizar um "sentimos a sua falta" genérico. Porém, essa abordagem é similar a estender um guião mecânico: erra o tom e ratifica a perceção de que o destinatário é apenas mais um número na base de dados. Em contrapartida, recuperar a atenção exige vulnerabilidade — admitir a ausência, mostrar preocupação genuína e partilhar uma fração da história da marca ou da equipa.

Imagine uma sequência de três contatos destinados a utilizadores inativos há trinta dias. O primeiro e-mail surge não com uma oferta, mas com uma confissão honesta:

> *"Olá, aqui é a Rita. Notei que passaste algum tempo sem abrir os nossos recursos. Confesso que isso me deixou a pensar: fizemos algo errado no último lançamento? Gostaria de te ouvir."*

Este texto simples, sem cupão ou call-to-action imediato, quebra o gelo. A vulnerabilidade transmite: "Importas-me como pessoa, não como número". Ao contrário de um script, um e-mail assim gera resposta — muitos clientes retomam o diálogo para apontar uma dificuldade concreta ou simplesmente dar um "alô".

No segundo contato, espere pelo feedback ou, se não houver resposta em cinco dias, reforce o tom humano com um minirrelato de bastidores:

"Esta semana, enquanto revíamos as métricas, encontramos um bug na nossa página de ajuda que impedia o acesso a alguns tutoriais. Já corrigimos e pensei que gostarias de experimentar o conteúdo que perdeste."

A inclusão de um erro reconhecido e a ação tomada — detalhes normalmente omitidos nos scripts — cria uma sensação de partilha e de comunidade. O cliente percebe que, ao regressar, vai ajudar a melhorar o serviço de todos.

Por último, o terceiro contato pode combinar empatia e um convite suave:

"Sei que cada um tem o seu ritmo. Gostaria de oferecer-te uma sessão de 15 minutos comigo ou com um membro da equipa para ouvir as tuas necessidades e mostrar-te novidades. Basta responder a este e-mail e marcamos um horário."

Este convite personalizado a um diálogo real mostra respeito pelo tempo de quem lê e valoriza a voz do cliente. Ferramentas gratuitas como o Calendly (Sprintful, Acuity Scheduling ou YouCanBookMe) podem facilitar o agendamento sem custos: basta inserir o link de reserva no corpo do e-mail.

Implementação Passo a Passo

1. **Segmentação de Inativos**: no seu CRM, crie um segmento com clientes sem interações nos últimos 30 dias.
2. **Escrita Vulnerável**: use Google Docs para redigir cada contato, evitando termos genéricos ("oferta exclusiva") e optando por expressões pessoais ("gostaria de te ouvir").
3. **Automação Condicional**: configure triggers no Mailchimp ou ActiveCampaign para disparar estes e-mails apenas se não houver resposta a cada etapa.
4. **Monitorização Qualitativa**: em vez de olhar só para aberturas, contabilize quantos clientes responderam ao primeiro e-mail ou agendaram sessão no Calendly.
5. **Ajustes Contínuos**: se a taxa de resposta for inferior a 10 %, experimente variar o assunto ("Um pedido sincero de feedback") ou o remetente (usar nome do gestor de produto em vez do marketing).

Testar Variações de Tom e Timing

A voz narrativa e o momento de envio são dois pilares cruciais na eficácia de qualquer sequência de retenção. Num cenário em que a IA permite múltiplas versões em segundos, o verdadeiro desafio é identificar quais tocam o público no lugar certo — seja pela emoção do humor, pela melancolia de um tom introspectivo ou pela inspiração de uma mensagem motivacional.

Comece definindo três vozes narrativas alinhadas à personalidade da marca:

→ **Humor leve**: piadas internas, trocadilhos sutis, metáforas descontraídas.

→ **Melancolia reflexiva**: perguntas retóricas, frases curtas e introspectiva, pausas que sugerem contemplação.

→ **Inspiração ativa**: chamadas à ação entusiásticas, frases de superação e metáforas de jornada.

Em paralelo, selecione três janelas de tempo para envios:

→ **Manhã cedo (8-9h)**, quando o e-mail pode ser o primeiro a surgir na caixa de entrada.

→ **Meio da tarde (14-15h)**, após o almoço, quando as pessoas procuram distrações leves.

→ **Início da noite (19-20h)**, momento de repouso e reflexão.

Técnica de Teste A/B com toques narrativos

1. **Criar variações**: use ChatGPT para gerar as três versões de um mesmo e-mail de retenção — uma em cada tom — ajustando apenas o estilo, mantendo a oferta ou mensagem central, como antes mencionado.
2. **Configurar testes**: no seu CRM, envie cada variação a 20 % do segmento, mantendo 40 % para a versão de controlo ou futura iteração. Agende os envios simultaneamente em cada janela de tempo escolhida para isolar o efeito do tom.
3. **Analisar métricas emocionais**: além de aberturas e cliques, avalie respostas qualitativas e número de agendamentos de sessões, mensagens diretas e partilhas espontâneas. Registe tudo num Google Sheet, com colunas para "Tom", "Hora de Envio", "Aberturas", "Cliques", "Respostas" e "Agendamentos".
4. **Iterar versões**: utilize os resultados para ajustar o tom vencedor, testando novas nuances: talvez o humor funcione melhor pela manhã, enquanto a melancolia atrai mais respostas à noite.

Exemplo:

Uma app de meditação detectou que o e-mail de retenção com tom inspiracional às 8h teve 35 % de abertura e 12 % de agendamento de sessão. Já a versão melancólica às 20h registou 28 % de abertura, mas 18 % de respostas pessoais. Com base nisso, a equipa decidiu enviar mensagens inspiracionais pela manhã e introspetivas ao final do dia, maximizando tanto a visibilidade quanto o diálogo emocional.

Adotar esta cultura de testes regulares e de análise de respostas qualitativas garante que cada sequência converge não apenas para maior eficiência, mas sobretudo para maior empatia. Afinal, na era da IA, é quem melhor equilibra algoritmos e insights humanos que constrói laços duradouros.

CHECKLIST

Retenção emocional com IA e storytelling

☑ As tuas automações incluem narrativas contínuas e não apenas mensagens soltas?

☑ Estás a usar IA para personalizar conteúdo com base em histórico real de cada cliente?

☑ Incluis elementos humanos imprevisíveis nos teus fluxos automatizados?

☑ Tens um plano de reativação emocional para clientes inativos (com histórias e não só ofertas)?

☑ Monitorizas métricas qualitativas (respostas, comentários, taxa de abertura emocional)?

☑ Treinas a tua IA com exemplos reais da tua marca e tom específico?

☑ Fazes auditorias mensais nos teus conteúdos para evitar neutralidade excessiva?

Dica final deste episódio

Automatizar é inevitável. Mas alienar é opcional – e, pior, autossabotagem disfarçada de eficiência. Na era da IA, quem conquista não é quem fala mais rápido, mas quem permanece. E o que permanece não é o código, é o vínculo. O que fará os teus clientes voltarem, mesmo quando já não precisarem de ti, é a memória emocional que soubeste plantar. Porque no fim, já não se trata de converter, mas de como permaneceres dentro da cabeça – e do coração – de quem clicou. Não basta uma campanha que funcione; precisas de uma história que continue a ecoar depois do ecrã se apagar. Uma narrativa que não acaba no botão de compra, mas se insinua de novo cada vez que o cliente te reencontra, mesmo sem procurar. Isso não se automatiza. Isso se sente.

Episódio 6

A Voz do Público

O Coração que Responde

Quando ouves com atenção, o teu público começa a escrever contigo.

ANTES DE LER O EPISÓDIO, ESSES SÃO OS TERMOS TÉCNICOS QUE PRECISAS CONHECER

1. **Personas**

   Perfis semificcionais que combinam dados demográficos, comportamentais e insights qualitativos. Cada persona representa não apenas "quem" é o cliente-tipo, mas "porquê" age da maneira que age: motivações, dúvidas e sonhos.

2. **Microssegmentação**

   Fragmentação da audiência em grupos diminutos, definidos por comportamentos muito específicos – por exemplo, quem clicou duas vezes num determinado botão ou passou mais de 30 s numa secção de testemunhos – para entregar mensagens altamente direcionadas.

3. **Event Tracking**

   Técnica que configura "eventos" no site ou na app (cliques em botões, downloads de ficheiros, reproduções de vídeo) de modo a registar cada ação como dado acionável no sistema de análise.

4. **micro-histórias Dinâmicas**

   Pequenos blocos narrativos (por exemplo, um trecho de desafio, outro de superação, outro de celebração) que são reorganizados em tempo real pela IA consoante o comportamento do leitor, criando uma narrativa personalizada a cada interação.

5. **Engenharia Emocional**

   Conjunto de processos e técnicas que usa sinais comportamentais e de emoção (tempo de permanência, hesitações, microexpressões) para modular o tom, o ritmo e o conteúdo das histórias, ajustando-os ao estado afetivo de cada utilizador.

6. **Microexpressões Faciais**

   Movimentos involuntários e quase impercetíveis dos músculos do rosto que revelam emoções verdadeiras, captados (com consentimento) por sistemas de "emotion AI" através da câmara do dispositivo.

7. **Prosódia**

   Padrão de entoação, ritmo e ênfase na voz gravada em vídeos ou podcasts; analisada para identificar emoções como entusiasmo, dúvida ou frustração no tom de quem fala.

8. **Micro-hesitação no Clique**

   Comportamento detetado quando o cursor do rato paira sobre um elemento antes de clicar, sinalizando indecisão ou curiosidade que pode disparar uma intervenção narrativa imediata.

9. **Diário de Bordo Narrativo**

   Ritual quinzenal em que a equipa analisa feedback qualitativo e métrico, regista insights emocionais num quadro partilhado e redefine guias de tom e conteúdo para próximas campanhas.

10. **Ciclo de Feedback Emocional**

    Processo contínuo de recolha, interpretação e ação sobre dados emocionais e comportamentais: medir reações, ajustar narrativas, testar de novo e documentar aprendizados num repositório vivo.

No início, o marketing digital era essencialmente um exercício de hipóteses. As equipas de comunicação criavam personas detalhadas — retratos semificcionais de "João, 35 anos, gestor de projetos em Lisboa, que adora viajar, mas teme não ter tempo" — com base em pesquisas demográficas, entrevistas pontuais e no instinto de especialistas. A partir daí, desenhavam-se campanhas pautadas por objetivos claros: despertar desejo, levar ao clique, converter em venda. Cada peça de conteúdo, do anúncio ao e-mail, era fruto de uma lógica linear: definir público, supor dor, projetar solução. Havia, claro, espaço para intuição criativa — afinal, o copywriter celebrizado podia, de facto, antever reações humanas — mas, no fundo, a estrutura baseava-se num modelo fixo de "problema-solução--call-to-action ".

Esse método revelava-se eficaz num ambiente digital ainda imaturo, com pouca concorrência e um público menos saturado. Quem publicava primeiro, com o melhor texto e a segmentação mais acertada, ganhava vantagem. Mesmo assim, existia um grande risco: as campanhas dependiam de pressupostos sobre os desejos do cliente, frequentemente desatualizados em poucos meses. Um ano depois de "João" ter viajado para o Porto, as suas prioridades podiam mudar — mas a persona persistia inalterada na base de dados, arrastando-se em campanhas que já não ressoavam.

A chegada das ferramentas de análise de comportamento em tempo real — Google Analytics, Hotjar e afins — trouxe um primeiro suspiro de transformação. Pela primeira vez, deixou-se de confiar apenas na hipótese para incorporar dados concretos: o tempo de permanência em cada secção, os cliques em botões específicos, o movimento do cursor em áreas de maior tensão. Esse fluxo de informação contínua pôs fim à rigidez das personas estáticas e inaugurou uma era de microssegmentação. Sabia-se não só quem era "João", mas como ele navegava, onde hesitava, que frases despertavam a sua curiosidade. Ainda assim, todo o processo exigia um ser humano para interpretar o "quê" e o "porquê" desses números: a tecnologia trazia pistas, mas não explicava emoções.

Foi então que a Inteligência Artificial generativa evoluiu para um patamar verdadeiramente disruptivo. Modelos como o ChatGPT começaram não apenas a produzir texto, mas a analisar em tempo real a tonalidade de comentários, a velocidade de leitura de artigos e até as micro-hesitações no clique de botões. Sistemas de "emotional AI" cruzam dados de sensações faciais (quando o utilizador consente na análise de vídeo), prosódia da voz em gravações de áudio e padrões de escrita nas mensagens enviadas. Em vez de supor que "João" gosta de viagens, sabe-se que, ao ler um artigo sobre surf em Ericeira, ele passa 45 % mais tempo nessa secção do site e volta a visitar o mesmo parágrafo três vezes antes de clicar num link. Em suma: a máquina "sente" indícios de emoção.

Essa capacidade de recolher e interpretar microexpressões abriu caminho ao conceito de "engenharia emocional" — um conjunto de técnicas e processos que usam dados em tempo real para modular as narrativas de marca de acordo com o estado afetivo do público. Numa perspetiva clássica, "contar uma história" significava escolher um tom e mantê-lo até ao fim. Hoje, as histórias adaptam-se segundo a resposta imediata de cada leitor. Ao detectar hesitação num ponto crítico, um sistema pode, em segundos, alterar o e-mail seguinte para acrescentar uma prova social, um testemunho emocional ou mesmo uma oferta adicional. A narrativa deixa de ser linear; converte-se num organismo mutável, moldado por reações humanas em contínuo.

Mas há, naturalmente, uma advertência fundamental: sentir não equivale a compreender. Os algoritmos identificam padrões de comportamento e associam-nos a emoções pré-definidas — "alegria", "curiosidade", "frustração" — mas não captam a profundidade de uma empatia genuína. É aqui que nasce o papel decisivo do novo profissional de marketing: alguém capaz de ler o que os dados apontam e, a partir daí, interpretar narrativamente o que isso significa para a marca e para as pessoas. Se a IA sinaliza uma alta taxa de abandono de página em determinado parágrafo, cabe ao ser humano decifrar se o texto está técnico demais, se carece de contexto ou se simplesmente despiu emoções que o público queria encontrar.

Como se estrutura essa engenharia emocional na prática?

1. **Coleta de Dados Emocionais em Tempo Real**
   - → Configurar eventos de análise: cliques, tempo de permanência, hesitações no cursor.
   - → Integrar sensores de emoções (com o consentimento do utilizador): análise de microexpressões faciais, deteção de alteração de tom de voz em vídeos ou podcasts.
2. **Criação de Micro-Histórias Dinâmicas**
   - → Em vez de um único e-mail de boas-vindas, desenhar blocos narrativos que possam ser reorganizados. Por exemplo, um fragmento fala de desafio, outro de superação, outro de comemoração.

- → A IA escolhe, em tempo real, qual bloco inserir a seguir, segundo a reação registada. Se o leitor abandonou o parágrafo de desafio, introduz-se de imediato um testemunho emocional para reforçar confiança.

3. **Interpretação Humana e Ajuste Criativo**
   - → Reuniões diárias de "diário de bordo narrativo" onde a equipa analisa feedback qualitativo e discute: "O que é que o aumento de hesitação naquele ponto nos diz sobre a solução que propomos?"
   - → Redefinição de guias de tom e estilo segundo essas perceções: se os clientes reagem melhor a histórias de luta pessoal em vez de estatísticas, incluir mais narrativas de superação.
4. **Testes Emocionais e Iteração Contínua**
   - → A/B testing (testagem) de micro-histórias: variações de curiosidade versus variações de empatia.
   - → Métricas de "Engenharia Emocional": número de microexpressões de surpresa partilhadas (quando consentido), respostas de chat que refletem identificação emocional, tempo de leitura em passagens narrativas.
5. **Balanceamento Ético e Humano**
   - → Garantir transparência: informar os utilizadores de que a marca procura ajustar as narrativas segundo as suas reações, convidando ao diálogo.
   - → Manter a mão na criação: só o humano define os limites – o que é aceitável modular, o que é invasão de privacidade.

Exemplo de aplicação concreta:

Uma plataforma de ensino à distância identifica que, quando um aluno assiste a um vídeo com relatos de outros estudantes, o tempo de visualização aumenta 70 %. A IA, a partir daí, modifica a sequência de conteúdos: em vez de enviar um guia técnico por e-mail, dispara um clipe curto em que um ex-aluno confessa: "Também eu hesitei no primeiro teste prático, mas descobri que imprimir as minhas falhas foi o passo que me deu confiança." Essa micro-história substitui o próximo texto puramente informativo e gera 30 % mais cliques para o módulo seguinte.

O profissional que se diferencia

Na era dos algoritmos, vence quem alinha três competências:

→ **Leitura Emocional dos Dados**: interpretar indicadores de comportamento não como métricas frias, mas como sinais de sentimentos reais.

→ **Visão Estratégica**: saber que cada fragmento narrativo faz parte de um quadro maior de valorização da marca e de construção de relacionamento de longo prazo.

→ **Capacidade Narrativa Humanizada**: co-criar com a IA, mexendo nos detalhes que fazem a diferença — uma frase que confessa um erro, um testemunho que revela vulnerabilidade, um tom que soa como uma conversa íntima.

Em suma, o marketing digital evoluiu de uma construção baseada em lógica e intuição para uma arte sustentada por evidência emocional contínua. A Inteligência Artificial dá às empresas o poder de "sentir" o cliente, mas só a empatia humana pode dar sentido a essas sensações. A verdadeira engenharia emocional não reside em manipular reações, mas em criar narrativas autênticas que reconheçam a complexidade dos sentimentos humanos — e, assim, oferecer não apenas uma solução, mas uma experiência memorável.

Antes vs. Agora: da hipótese à leitura emocional

Antes	Agora
Personas estáticas baseadas em demografia	Perfis dinâmicos baseados em dados de comportamento real
Mensagens padronizadas para grandes públicos	Comunicação emocional adaptada por IA
Ajustes lentos com base em resultados trimestrais	Microajustes em tempo real com base na reação do utilizador
Contadores de cliques	Leitores de emoção (tempo de leitura, hesitação, respostas espontâneas)

Como preparar-se para esta nova sensibilidade digital?

Aprender a ler sinais emocionais digitais é o primeiro e mais decisivo passo na construção de qualquer estratégia de retenção verdadeiramente empática. No universo online, cada gesto do utilizador — a duração de um clique, a secção em que o seu cursor hesita, o lugar onde abandona a leitura — traduz-se num fragmento de emoção que pode revelar curiosidade, frustração, cansaço ou mesmo entusiasmo genuíno. Contudo, transformar esses fragmentos em insights exige algo que vai muito além do simples seguimento de indicadores técnicos: é necessário ensinar toda a equipa a escutar, a interpretar e a reagir de forma humana, respeitando o ritmo e o estado de espírito de quem está do outro lado do ecrã.

Logo ao início, convém definir quais são as métricas que servirão de termómetro emocional. Não basta olhar para as taxas de conversão ou para os cliques totalizados; é preciso aprofundar o entendimento e perceber o que as estatísticas realmente significam:

→ **Tempo Médio de Visualização**: Quando um artigo estimado para cinco minutos de leitura regista apenas setenta segundos de visualização média, o sinal é claro: o público não encontrou conexão suficiente para permanecer. Tal como um amigo entediado que desvia o olhar numa conversa, o leitor digital afasta-se por falta de ressonância. Mas se o tempo de visualização ultrapassa as expectativas, há uma faísca de envolvimento — o conteúdo prendeu, provocou identificação.

→ **Profundidade de Scroll**: Saber em que ponto 80 % dos visitantes interrompe o scroll ajuda a detectar o trecho em que a atenção se dilui. Em vez de punir o algoritmo, trate essa métrica como um convite a melhorar a narrativa nesse exato ponto, acrescentando exemplos práticos, testemunhos ou uma transição mais fluida.

→ **Mapas de Calor (Heatmaps)**: Ferramentas como Hotjar ou Microsoft Clarity revelam onde os utilizadores passam mais tempo ou clicam sem resposta. Esse "calor" de atividade não é apenas um dado gráfico: é a expressão digital de curiosidade. Por sua vez, as zonas frias denunciam áreas ignoradas, possivelmente confusas ou irrelevantes.

→ **Eventos Personalizados**: Configure eventos que disparem quando o utilizador realiza ações específicas — ativações de vídeo, downloads de ficheiro, abertura de secções de FAQ. Cada evento é uma pequena vitória ou uma hesitação que, juntos, compõem o mapa emocional da experiência.

Para que a equipa internalize esta visão, organize ateliers de "escuta de dados". Em cada sessão quinzenal, selecione um conjunto de métricas que apresentaram desvios significativos — por exemplo, queda súbita no tempo de permanência ou aumento de cliques em links de ajuda. Projete esses números num ecrã grande e peça aos participantes que encarem os gráficos como se estivessem a observar o comportamento de um amigo: "Onde acham que ele se sentiu inseguro? Em que parte perdeu o interesse?" Ao dramatizar as estatísticas, a equipa aprende a humanizar os dados e a sentir empatia pelos visitantes.

Em seguida, traduza essas perceções em hipóteses de melhoria. Se o tempo de visualização cai numa secção sobre características avançadas, formule uma proposta: "Será que poderíamos inserir um microvídeo de demonstração para dar mais confiança?" ou "Talvez devêssemos simplificar a linguagem, substituindo o jargão técnico por metáforas visuais." Cada hipótese deve ser registada num documento colaborativo — um Google Docs ou uma página no Notion — e acompanhada de um plano de teste rápido.

A implementação segue um ciclo contínuo de experimentação:

1. **Coleta de Sinais**: diariamente, exporte relatórios de tempo de visualização, scroll depth, i. e., até que ponto um utilizador desceu (fez scroll) numa página web, e eventos personalizados.
2. **Interpretação Emocional**: semanalmente, reúna a equipa para discutir o que esses sinais indicam sobre o estado de espírito do utilizador.
3. **Ajuste Narrativo**: desenhe microintervenções — alteração de um título, inclusão de uma prova social ou reformulação de um parágrafo.
4. **Teste e Medição**: implemente as mudanças, acompanhe o impacto nas métricas emocionais e compare com o período anterior.
5. **Documentação de Padrões**: consolide as intervenções que realmente melhoraram a experiência e crie uma "biblioteca de emoções" para orientar futuros projetos.

Por fim, lembre-se: ler sinais emocionais digitais não é uma habilidade isolada do departamento de marketing. Deve permear todo o ciclo de vida do produto ou serviço, desde o design da interface até ao atendimento ao cliente. Quando alguém reporta um problema via chat, esse feedback verbal soma-se às métricas de navegação, enriquecendo o entendimento de frustração ou confusão. Ao ensinar cada membro da equipa a "ouvir" esses clamores — quer venham na forma de um gráfico, quer na forma de uma frase escrita — constrói-se uma cultura organizacional centrada na empatia e na melhoria contínua.

Deste modo, cada novo conteúdo, cada e-mail enviado e cada atualização de interface surgem não como simples exercícios de eficiência, mas como respostas sensíveis ao que os utilizadores realmente sentem. É assim que a engenharia emocional se concretiza: uma aliança entre a precisão dos dados digitais e a sabedoria humana de dar-lhes sentido.

Usar a IA para Mapear Respostas, Não Apenas Gerar Conteúdo

Na era da Inteligência Artificial, muitos profissionais limitam-se a empregar modelos generativos como meros redatores automáticos: um prompt aqui, um parágrafo ali, e pronto, um texto nasce quase sem esforço humano. Mas essa é apenas a ponta do iceberg. O verdadeiro potencial da IA está na sua capacidade de recolher, organizar e interpretar padrões de comportamento — e, sobretudo, de traduzir esses padrões em respostas emocionais estratégicas. Quando se aprende a ligar as ferramentas de IA aos sistemas de análise de comportamento, deixa-se de depender apenas da intuição para decidir o que comunicar e passa-se a fundamentar cada mensagem em evidências contínuas de atração, hesitação e frustração por parte do utilizador.

1. Integração de Sistemas: IA & Comportamento

Comece por articular três camadas tecnológicas essenciais:

→ **Ferramentas de Análise Comportamental** (Google Analytics, Hotjar, Microsoft Clarity): capturam métricas de scroll, cliques, tempo de permanência e gravações de sessão.

→ **Plataformas de IA Generativa** (ChatGPT, Claude, Deepseek, Gwen, Bard): capazes de produzir variações de texto e estruturar narrativas.

→ **Sistemas de Orquestração e Automação** (Zapier, Integromat, APIs nativas de CRMs): permitem que os insights de análise disparem ações automáticas ou alimentem bases de dados de feedback.

Conecte estas camadas de forma que, sempre que um sinal comportamental relevante seja identificado — por exemplo, um pico de abandono num formulário ou um aumento súbito nos pedidos de ajuda — a sua plataforma de IA seja notificada e possa registar esse evento num repositório centralizado.

2. Mapeamento de Padrões Emocionais

Em vez de usar a IA apenas para gerar um e-mail promocional, empregue-a para analisar grandes volumes de registos e extrair padrões recorrentes. Por exemplo:

- → **Atrito**: identifique exatamente em que frase ou secção do texto os utilizadores param de ler ou clicam no botão "fechar". Introduza o texto dessa secção num prompt do ChatGPT com a instrução:

  "Análise este texto e identifique possíveis razões de frustração ou falta de clareza."

O modelo devolve hipóteses: linguagem densa, falta de exemplos práticos ou estrutura de parágrafos pouco apelativa.

- → **Entusiasmo**: agrupe todas as frases em que a taxa de scroll depth ultrapassa 80 %. Peça à IA que resuma o que essas secções têm em comum, usando um prompt como:

  "Enumera os temas e o tom emocional que surgem nestes parágrafos para explicar por que motivo prendem o leitor."

O modelo pode destacar frases mais pessoais, metáforas visuais ou chamadas a ação inspiradora.

- → **Abandono**: registe os momentos em que cliques no botão "ver vídeo" não resultam em visualização completa. Sublinha os títulos e descrições junto a esses botões e pergunte:

  "Sugere melhoramentos para este título, de modo a aumentar a curiosidade e reduzir o abandono."

Desta forma, a IA atua como um tradutor de sinais, convertendo números e mapas de calor em feedback narrativo.

3. Criação de Dashboards Emocionais

Com os insights da IA, construa um painel que não apresente apenas gráficos de conversão, mas métricas com rótulos emocionais:

Indicador Técnico	Interpretação Emocional	Ação Recomendada
Tempo médio de permanência < 60 s	Desinteresse ou confusão inicial	Simplificar introdução; adicionar storytelling de abertura
Heatmap: clique elevado no FAQ	Necessidade de esclarecimento prévio	Inserir explicações antes da secção de perguntas
Picos de abandono no vídeo	Falta de envolvimento audiovisual	Reescrever título; incluir teaser emocional

Integre estes dashboards na rotina de reuniões de equipa, fazendo com que todos vejam não apenas "o quê" (métricas), mas "porquê" (emoções subjacentes).

4. Automação de Respostas Emocionais

A etapa seguinte é automatizar reações com base nos padrões mapeados. Por exemplo:

→ Quando um utilizador abandona um formulário no campo "informações de pagamento", dispare imediatamente um e-mail gerado pela IA com o seguinte prompt:

"Escreve um texto empático que reconheça a hesitação no momento de pagamento e ofereça ajuda para qualquer dúvida, mantendo um tom caloroso e humano."

→ Se a análise comportamental detectar elevada interação com depoimentos de clientes, configure um pop-up no site que exiba automaticamente a frase mais citada pelos utilizadores, gerada pela IA:

"Segundo 78 % dos nossos leitores, o conselho mais útil foi: 'Experimente primeiro num projeto pequeno'. Gostaria de saber porquê?"

A automação assim construída não é apenas técnica, mas emocional: responde ao estado de espírito do utilizador no ponto exato em que ele precisa de amparo ou motivação.

5. Validação Humana e Iteração

Apesar de toda esta infraestrutura tecnológica, o toque final pertence sempre ao humano. A IA fornece hipóteses e esboços de resposta — mas cabe à equipa validar:

→ **Coerência de Marca**: O texto gerado alinha-se com a voz e os valores da marca?

→ **Profundidade Emocional**: A mensagem toca de forma genuína o leitor, partilhando vulnerabilidade ou inspiração real?

→ **Clareza de Ação**: A chamada para ação está clara, sem perder o tom empático?

Revise cada fragmento, reescreva onde o texto soar demasiado genérico ou mecânico, e só depois automatize a sua distribuição.

6. Benefícios e Resultados

Ao usar a IA não só para criar conteúdo, mas sobretudo para mapear e interpretar respostas, ganha-se:

- → **Precisão Emocional**: cada intervenção nasce de evidência de frustração, curiosidade ou excitação, não de suposições.
- → **Velocidade de Ajuste**: a IA processa volumes de dados que nenhum ser humano conseguiria analisar manualmente em tempo útil.
- → **Escalabilidade**: as mesmas regras de interpretação aplicam-se a múltiplas campanhas, canais e personas, garantindo consistência.

O uso estratégico da IA no mapeamento de respostas comportamentais transforma, portanto, o marketing digital num diálogo sensível e em tempo real. Quando se aprende a integrar plataformas de geração de texto com sistemas de análise, cada padrão de tráfego deixa de ser um número para se tornar um grito ou um sorriso do utilizador. Mas o diferencial continua a ser o humano que, ao ler essas emoções traduzidas por algoritmos, lhes devolve sentido e cria narrativas que não vendem apenas um produto, mas estabelecem uma ligação emocional duradoura.

Polvilhar pequenos sinais de emoção nas suas histórias faz toda a diferença: basta uma palavra bem escolhida, uma imagem honesta ou uma breve pausa para despertar a faísca de curiosidade, a centelha de identificação ou o sopro de esperança que mantém o leitor atento. Esses estímulos discretos — quase impercetíveis, mas carregados de sentido — conseguem transformar uma simples série de mensagens num momento de verdadeira conexão.

Desde sempre que quem conta histórias sabe que não basta relatar factos: é preciso tocar o coração de quem ouve, fazê-lo rir, pensar ou até emocionar-se. No mundo digital, esses toques subtis chamamos de microgatilhos. Mas, para que funcionem, é essencial escolher o instante certo e o tipo adequado de estímulo, adaptando-os à sensibilidade de quem lê.

O que é um microgatilho emocional

Um microgatilho pode surgir numa única palavra que traga à tona uma memória antiga — "lembra-te..." —, numa imagem que transporte o leitor para um lugar desejado — o sol nascente numa praia tranquila — ou numa pausa estratégica antes de revelar algo inesperado. Ao contrário de um convite bruto para "comprar agora", o microgatilho prepara o terreno: provoca a emoção que, por si só, conduz à ação.

É fundamental que esta pequena faísca não soe forçada. A chave está na empatia: escolher o estímulo que, naquele ponto da história, fale diretamente ao leitor. Um simples "Também eu já passei por isto" num e-mail de incentivo chega sem barreiras; um emoji de chama junto ao título sugere urgência sem pressões; um travessão antes de partilhar um relato pessoal gera uma pausa suficiente para que o leitor se deixe levar pelo próximo parágrafo.

Onde aplicar os microgatilhos

Imagine uma sequência de quatro e-mails para quem interrompeu um curso online logo no primeiro módulo. Em cada etapa, pergunte-se: onde posso plantar um pequeno impulso que reacenda o interesse?

1. **No subtítulo inicial**

   Em vez de escrever "Bem-vindo de volta!", experimente:

   "Bem-vindo de volta – sei perfeitamente como é retomar depois de uma pausa."

   Esse travessão com tom pessoal cria proximidade e reduz a resistência a continuar.

2. **Na transição de ideias**

   Ao introduzir uma dica essencial, faça uma breve interrupção:

   "O maior desafio neste momento não é técnico – é acreditar que consegues."

   Essa pausa faz o leitor respirar um pouco antes de receber a solução.

3. **No testemunho visual**

   Insira uma fotografia sem filtros, por exemplo de um aluno a estudar em casa, e acrescente:

   "Ver este rosto fez-me sentir que nunca estamos sozinhos."

   A autenticidade da imagem, aliada à legenda, gera sentimento de comunidade.

4. **No convite final**

   Em vez de "Clique para continuar", experimente:

   "Se te sentes preparado para avançar – e sentir que este é o teu lugar – basta clicar abaixo."

   As reticências e o travessão criam uma pequena tensão, deixando o leitor ansioso por prosseguir.

Construir um guia de microgatilhos

Para evitar improvisos, reúna numa folha partilhada:

- → **Frases que funcionaram**: registe aquelas que dispararam aberturas ou respostas.
- → **Emoções-âncora**: identifique se geraram "ansiedade de decisão", "orgulho pela conquista" ou "nostalgia do início".
- → **Formatos comprovados**: emojis, travessões, imagens simples e metáforas que se revelaram eficazes.

Este compêndio serve de mapa para quem escreve, assegurando rapidez e consistência.

Ferramentas úteis:

- → **Editores de e-mail** (Mailchimp, ActiveCampaign): permitem inserir travessões, emojis e imagens inline.
- → **Canva**: para preparar imagens simples com legendas de impacto.
- → **Notion ou Google Docs**: onde guardar o atlas de microgatilhos e partilhá-lo com a equipa.

Como medir resultados

- → **Testes A/B**: compare versões com e sem microgatilhos em públicos semelhantes e analise taxas de abertura e cliques.
- → **Heatmaps em e-mail**: identifique onde os leitores passam mais tempo num texto e associe esses pontos aos seus gatilhos.
- → **Feedback direto**: verifique as respostas recebidas — quantos mencionaram ter sentido algo ao ler uma frase específica?

Quando usar

Aplique microgatilhos nos momentos em que a narrativa precisa de um impulso: no arranque para cativar, no meio para manter o ritmo e no final para reforçar a ação. Não exagere: três a cinco disparos por mensagem bastam para criar emoção sem dispersar.

Vale lembrar!

Utilizar microgatilhos emocionais não é um truque vazio, mas um gesto de cuidado que alimenta a empatia. Ao alinhar emoções-âncora com pequenas interrupções, metáforas ou imagens autênticas, converte-se uma sequência de palavras num diálogo próximo. O resultado vai além de cliques: gera memórias, reforça a identificação e cultiva uma ligação que perdura para além da campanha.

A sensibilidade humana

Rever com sensibilidade humana o conteúdo gerado é o passo que transforma automação e algoritmos numa narrativa autenticamente memorável. Num livro que integra storytelling e IA para marketing digital, este momento de revisão é a junção entre a precisão da máquina e a empatia do criador.

Imagine que a IA produziu um rascunho de e-mail ou um post para redes sociais. Antes de lançar no mercado, leia-o como se fosse parte de uma história: cada frase deve soar viva, cada parágrafo coerente com o tom da marca e com a expectativa do leitor. Pergunte-se: "Isto acrescenta valor à narrativa que estamos a construir?" Se encontrar ecos de linguagem fria ou estruturas robóticas, é sinal de que falta calor humano.

1. **Ponha-se no lugar do protagonista**

   No storytelling, o leitor é o herói da narrativa. Ao revisitar o texto, coloque-se na sua pele e leia em voz alta: soará a conversa genuína ou a mensagem programada? Se tropeçar em jargão técnico ou em passagens impessoais, assinale-as para reescrever.

2. **Confirme a veracidade emocional**

   A IA é excelente a sintetizar dados, mas não vive as experiências. Onde for exibida uma emoção — orgulho, alívio, curiosidade — acrescente um exemplo prático ou um testemunho real. Por exemplo, em vez de "os utilizadores sentiram-se mais confiantes", refira o caso de um cliente que, depois de aplicar a dica, conseguiu evitar um erro crítico.

3. **Ajuste o ritmo narrativo**

   Em storytelling, o ritmo importa tanto quanto o conteúdo. Use travessões, reticências e parágrafos curtos para criar momentos de suspense ou de alívio. Se a IA produziu um texto contínuo demais, insira pausas que convidem o leitor a absorver cada insight antes de avançar.

4. **Elimine o ruído deixado pelo algoritmo**

   Muitos geradores de IA repetem padrões ou exageram certas expressões. Seja implacável na revisão: corte palavras supérfluas e uniformize o vocabulário para que cada termo sirva a história, não apenas ao ranking de motores de busca.

5. **Teste com um pequeno grupo**

   Partilhe o texto ajustado com colegas — de marketing, de produto ou até de suporte ao cliente — e peça feedback específico: "Isto soa autêntico?" ou "Qual passagem despertou a maior curiosidade?" Use essas reações para refinar ainda mais a mensagem.

6. **Mantenha o ciclo após publicação**

   Depois de enviar a campanha, acompanhe não só métricas de abertura e cliques, mas comentários diretos e partilhas espontâneas. Se algo surpreender positivamente, adote-o como padrão; se gerar dúvidas, volte ao texto e acrescente esclarecimentos ou uma narração mais pessoal.

Um caso real

A equipa da StartUp Verde notou que as suas mensagens de reativação quase não eram abertas. Eram e-mails tecnicamente impecáveis, mas sem calor humano. Decidiram então pôr de lado os guias de estilo e recordar o que os motivou a começar: o primeiro canteiro, as mãos cobertas de terra, o nervoso miudinho ao ver as folhas brotar. Com essas vivências em mente, mudaram o texto para algo como:

"Na minha primeira horta, descobri que um copo de água a mais pode arruinar tudo. Se já sentiu esse aperto no peito, saiba que não está sozinho — estou aqui para ajudar."

Enviaram a nova versão numa terça-feira ao início da tarde, quando quem trabalha online costuma fazer uma pausa. No dia seguinte, as aberturas passaram de 18 % para 42 % e as respostas chegaram carregadas de histórias pessoais. Em três semanas, as inscrições voltaram a subir para o dobro. Este caso prova que, no marketing digital, substituir mensagens frias por relatos genuínos não é apenas um detalhe: é o que faz o público voltar, partilhar e confiar.

CHECKLIST

Tornar o marketing emocionalmente inteligente

- ☑ As tuas campanhas consideram a emoção como métrica central?
- ☑ Tens dashboards que monitorizam mais do que vendas (tempo de permanência, taxa de rejeição, comentários emocionais)?
- ☑ Usas IA para testar variações de tom, ritmo, cor, metáfora?
- ☑ As tuas histórias incluem elementos que tocam os cinco sentidos (mesmo em texto)?
- ☑ Tens ciclos de revisão baseados na reação emocional do público, e não só em dados técnicos?
- ☑ Trabalhas com hipóteses emocionais: "isto vai provocar ternura, curiosidade, alívio..."?
- ☑ Escreves com leitores reais em mente, não apenas para o algoritmo?

Dica final deste episódio

Nunca estivemos tão perto do coração do público – a tecnologia entrega cada gesto, cada hesitação, cada clique como quem sussurra segredos. As máquinas revelam padrões com precisão cirúrgica, mas é o humano que lê entre as linhas. Só tu consegues escutar o que não foi dito, decifrar o silêncio, dar nome ao que o dado não nomeia. Só tu transformas métricas em sentidos, dados em desejo, algoritmos em afeto. A IA aponta, mas não sente. Ela mostra o caminho, mas não sabe por que vale a pena percorrê-lo. É aí que entras: o novo contador de histórias não é um programador de posts, é um artesão de conexões, um estratega da emoção. Usa a IA como radar, sim – mas é o teu coração que deve comandar a rota. Porque num mundo onde todos sabem onde o público está, poucos ainda sabem como tocá-lo. Falar é fácil. Ressoar é raro. E quem souber fazer isso, não só será lembrado – será querido.

Episódio 7

Reescrever as Personas

De segmentos a seres humanos

O marketing deixou de ser uma linha reta para se tornar uma espiral viva, onde cada ideia nasce, se transforma e renasce em tempo real.

ANTES DE LER O EPISÓDIO, ESSES SÃO OS TERMOS TÉCNICOS QUE PRECISAS CONHECER:

1. **Emotional AI**

   Conjunto de tecnologias que detetam e interpretam sinais emocionais do utilizador - como expressões faciais, entoação de voz ou micro-hesitações de clique - para inferir estados afetivos (por exemplo, frustração ou curiosidade) e ajustar o conteúdo em tempo real.

   Exemplo: Um sistema que, ao reconhecer sobrancelhas franzidas durante a leitura de um tutorial em vídeo, sugere um pop-up com um miniguia de ajuda.

2. **Microexpressões faciais**

   Pequenos movimentos involuntários dos músculos da face (duração inferior a 0,5 s) que revelam emoções genuínas. Estas são captadas por câmaras - com consentimento - para calibrar a resposta emocional de uma narrativa.

   Exemplo: O reconhecimento de um ligeiro sorriso num microvídeo de bastidores que dispara automaticamente um testemunho de sucesso na sequência de e-mail.

3. **Prosódia da voz**

   Variações de ritmo, entoação e volume na fala que transmitem emoção. Em plataformas áudio ou vídeo, a análise de prosódia ajuda a identificar entusiasmo ou incómodo e a ajustar transcrições e legendas para um tom mais empático.

   Exemplo: Um chatbot que detecta entonação hesitante no recorte de áudio e altera o próximo parágrafo para um formato mais tranquilizador.

4. **Engenharia emocional**

   Conjunto de processos que convertem os insights de Emotional AI e de métricas comportamentais em microintervenções narrativas (micro-histórias, provas sociais, metáforas). Visa modular a experiência do utilizador segundo o seu estado afetivo, reforçando a ligação marca-público.

   Exemplo: Substituir, num e-mail de follow-up, uma estatística seca por um minirrelato de superação assim que se deteta queda no tempo de leitura.

5. **Micro-histórias dinâmicas**

   Fragmentos narrativos independentes (curtos testemunhos, metáforas, descrições sensoriais) armazenados em biblioteca que a IA combina em tempo real conforme a reação do utilizador.

6. **Dashboards emocionais**

   Painéis de controlo que cruzam métricas tradicionais (cliques, scroll depth) com indicadores de emoção (duração de microexpressões, respostas de chat com tom positivo/negativo) para orientar decisões criativas.

   Exemplo: Um gráfico que assinala "pico de hesitação" numa secção específica e sugere "inserir prova social" como ação prioritária.

7. **Orquestração de conteúdo**

   Arquitetura de fluxos automáticos que coordenam diversos canais (website, e-mail, notificações push) e módulos narrativos - disparando atualização ou substituição de blocos de texto/imagem/vídeo quando se verifica determinado gatilho emocional.

   Exemplo: Se o utilizador fecha um pop-up de tutorial, enviar 10 minutos depois um e-mail com o mesmo conteúdo em formato de artigo curto.

8. Eventos personalizados

Ações definidas pelo criador (e não apenas pageviews) que disparam fluxos de retenção ou alterações de conteúdo-como "hover prolongado em botão", "rejeição de popup" ou "comentário com emoji triste".

Exemplo: Um evento "comentou com 😟" num artigo de blog faz surgir, em seguida, uma janela de chat oferecendo ajuda.

9. Análise prosocial

Estudo das interações positivas (partilhas com mensagem pessoal, convites de colaboração, depoimentos espontâneos) como métrica de engajamento emocional, para reforçar narrativas que geram esse tipo de resposta.

Exemplo: Monitorizar o número de vezes que um leitor reencaminha um artigo com um comentário "vale a pena ler isto!" e usar essa informação para priorizar temas semelhantes.

10. Teste de variantes

Variante de A/B testing onde se experimentam pequenas alterações pontuais (uma palavra, um emoji, um travessão) em segmentos reduzidos de público, de forma rápida e contínua.

Exemplo: Enviar simultaneamente a duas amostras de 5 % do público um e-mail que só difere pelo uso de um "–" antes do gancho final, medindo qual gera maior clique.

11. Funil de vendas

O funil de vendas em marketing digital é um modelo estratégico que representa o percurso do cliente desde o primeiro contacto com a marca até à decisão de compra (e, idealmente, à fidelização). Divide-se em etapas que espelham o nível de consciência, interesse e compromisso do público ao longo da jornada. Cada fase exige um tipo específico de conteúdo e abordagem.

Quando o marketing digital dava os primeiros passos, a criatividade obedecia a um ritmo quase artesanal: sentava-se o copywriter, alinhava-se o texto e, só depois de alguns telefonemas ao departamento de design, surgia o anúncio estático. Se o conteúdo fosse um post de blog, entregava-se o rascunho, a equipa de revisão polia, publicava-se... e esperava-se. Podiam passar semanas até medir o impacto real: tráfego, comentários, partilhas. Era um ciclo linear, previsível, mas lento — um compasso de moinho a moer ideias que, por vezes, se tornavam obsoletas antes mesmo de chegarem ao leitor.

Com o advento do design digital e, mais tarde, dos vídeos online, o processo ganhou novas camadas: passou a incluir storyboards, motion graphics, edição de som. Ainda assim, cada etapa mantinha uma ordem clara: escrever → desenhar → gravar → publicar. Os prazos esticavam-se por várias semanas ou meses, e a resposta do público surgia em relatórios mensais de desempenho.

Hoje, a Inteligência Artificial rompeu esse modelo sequencial e inaugurou o ciclo criativo espiralado. Um artigo de blog, por exemplo, já não é apenas um texto que se publica de uma vez. Antes de escrever, o criador recorre a modelos de IA para analisar tendências de busca em tempo real. Durante a redação, pede-se ao ChatGPT variações de título que incluam as expressões que mais crescem nos últimos dias. Quando o primeiro rascunho está pronto, carrega-se num sistema que avalia a clareza, o tom de voz e identifica pontos fracos. Com isso em mãos, faz-se um ajuste imediato, reescreve-se um parágrafo, introduz-se uma micro-história.

Ao contrário do que acontecia antes, o ato de "enviar" já não encerra o trabalho: é, na verdade, o gatilho para um novo ciclo. Assim que o post é publicado, começam a ser monitorizados os cliques, o tempo de permanência, a profundidade de leitura e até as micro-hesitações. Se um determinado parágrafo provocar abandono, o texto é revisto em poucos minutos — acrescenta-se um testemunho, insere-se uma imagem explicativa. A IA poderá sugerir melhorias, mas a decisão final cabe sempre ao ser humano: será este quem avalia se o ajuste honra a voz da marca e mantém a coerência da narrativa. Neste novo ciclo, o criador assume três papéis simultâneos:

1. **Autor**

   Mantém vivo o coração da história, escolhe os temas, cria a primeira centelha de interesse. É quem compreende a marca, o público e as emoções que se querem evocar.

2. **Engenheiro**

   Projeta fluxos automáticos que disparam atualizações de conteúdo conforme reações reais: um gráfico interativo que só aparece quando o leitor passa mais de 60 s no topo de um artigo; um vídeo de 30 s enviado automaticamente ao utilizador que clica num botão, mas não o consome até ao fim.

3. **Analista**

   Examina mapas de calor, testes A/B e relatórios emocionais para traçar hipóteses de melhoria. Cada insight conduz a um experimento rápido: trocar um subtítulo, inserir um call-to-action diferente, ajustar o comprimento de uma frase.

Em vez de um ciclo de semanas, a iteração ocorre em horas — ou minutos. Uma campanha de e-mail, antes programada para ser enviada num horário fixo, agora adapta-se ao comportamento de cada segmento: se o destinatário abriu a primeira mensagem, mas não clicou, recebe um lembrete otimizado não 24 h depois, mas 4 h mais tarde, com o tom e o assunto que a IA identificou como mais cativantes.

Este organismo vivo que é o marketing digital moderno cresce e evolui de forma constante. A cada giro da espiral, o criador decide o que merece continuar, o que deve ser descartado e o que vale a pena aprofundar. O conteúdo deixa de ser um repositório estático de ideias para se tornar numa conversa interminável, moldada por reações, emoções e dados reais.

Mas é precisamente nesse ponto que a componente humana se torna insubstituível. A máquina pode sugerir variações infinitas, mas só o humano sabe quando um texto atinge a alma do público — quando as palavras soam autênticas, quando a história ganha significado. É o criador quem filtra o barulho dos dados e escolhe a direção, quem mantém o pulso narrativo firme mesmo em meio ao turbilhão de feedbacks.

Na prática, a espiral contínua do ciclo criativo traduz-se assim:

→ **Planeamento Dinâmico**: antes de iniciar, reúne-se o "radar de tendências" — pesquisas, redes sociais, feedback de clientes — e define-se um ponto de partida flexível.

→ **Rascunho Colaborativo**: o autor escreve, a IA oferece três variações de cada parágrafo, a equipa escolhe e ajusta.

→ **Publicação Modular**: em vez de um post único, divide-se o conteúdo em módulos independentes que podem ser ativados ou desativados conforme a reação em tempo real.

→ **Monitorização Imediata**: usa-se dashboards de comportamento para identificar quedas ou picos de interesse minuto a minuto.

→ **Ajuste Imediato**: se um elemento falha, corrige-se instantaneamente; se algo excede as expectativas, aprofunda-se aquela vertente.

→ **Repetição e Evolução**: cada iteração alimenta um repositório de aprendizados, criando uma base de dados interna de micro-histórias, títulos e formatos que funcionam melhor em cada contexto.

Este ciclo em espiral— longe de substituir a criatividade — amplifica-a. Liberta o autor de tarefas repetitivas, tornando-o mais disponível para o que realmente importa: a centelha emocional, o insight que gera empatia, o detalhe inesperado que faz a diferença.

O marketing digital, assim reinventado, deixou de ser um fluxo unidirecional de ideias para se tornar uma dança constante entre criador, tecnologia e público. Cada passo — escrever, programar, medir, ajustar — enriquece a narrativa, criando um organismo vivo que respira, reage e transforma. E é neste ecossistema, onde a espiral criativa nunca cessa, que nasce o verdadeiro poder da comunicação: não uma história pronta, mas uma história em construção, sempre aberta à emoção e ao imprevisto.

Antes vs. Agora: o ciclo criativo

Antes	Agora
Ideia → Criação → Publicação	Ideia → Geração com IA → Teste → Adaptação contínua
Mensagens únicas	Múltiplas versões por público
Planeamento por calendário	Planeamento por reação
Aposta na originalidade	Aposta na relevância emocional em tempo real

Como preparar-se para este novo ciclo?

Quando a criatividade obedecia a prazos lineares, cada peça de conteúdo era concebida como um produto acabado: um post de blog fechado, um vídeo pronto a estrear, um carrossel de imagens alinhadas numa apresentação imutável. Hoje, porém, esse modelo já não basta. Num ciclo criativo em espiral contínua, o ponto de partida deixa de ser uma peça final para ser um conjunto de módulos narrativos — blocos de significado que podem ser combinados, ajustados e reelaborados em minutos, em vez de semanas.

Do post fechado ao mosaico de narrativas

Em vez de investir horas a escrever um artigo inteiro sem saber como cada parágrafo vai ressoar junto do leitor, imagine que cada ideia nasce num "quadro" independente. Um quadro para a frase impacto inicial; outro para uma estatística surpreendente; um terceiro para uma metáfora visual; um quarto para um minirrelato de cliente; um quinto para uma chamada à ação suave. Esses blocos não são finais, mas ingredientes. A qualquer momento, poderá trocar a metáfora, aproximar o minirrelato de outro testemunho, reforçar o gancho inicial ou inverter a sequência de argumentos, tudo sem ter de reescrever o texto inteiro.

Vantagens desta abordagem modular

1. **Velocidade de reação**

   Se detectar que o início do texto não prende o leitor — via métricas de tempo de permanência ou mapas de calor de scroll — basta substituir o bloco de abertura por outra opção, preparada antecipadamente, sem comprometer o restante conteúdo.

2. **Personalização em escala**

   Num funil adaptativo, cada segmento de público recebe combinações diferentes de blocos. Quem já viu o tutorial em vídeo terá antes um testemunho visual; quem prefere estatísticas recebe números contundentes logo no início. A IA faz a seleção, mas cabe ao criador decidir quais módulos se encaixam melhor em cada perfil.

3. **Criatividade orientada a evidências**

   Em vez de depender exclusivamente do instinto criativo, testa-se cada bloco de forma sistemática: variações de manchete, de metáfora, de imagem são submetidas a A/B tests rigorosos que revelam, em tempo real, quais elementos realmente captam a atenção, despertam curiosidade ou geram ação; as versões mais eficazes, validadas por desempenho concreto, integram automaticamente as peças finais da campanha, consolidando-se como escolhas estratégicas, enquanto as menos performantes são cuidadosamente arquivadas num banco de reserva — não como falhas, mas como materiais reutilizáveis, prontos a inspirar futuras iniciativas ao serem recombinados entre si, adaptados a novos canais ou reposicionados em narrativas distintas, capazes de ganhar novo significado conforme o público, o timing ou o tom da comunicação.

Como montar o seu banco de blocos narrativos

1. **Identifique os tipos de bloco**
   - → Abertura de impacto: frase breve que capta a atenção.
   - → Contextualização: estatística, tendência ou cenário que prepara o terreno.
   - → Conflito ou dor: descrição sucinta do problema que o seu produto ou serviço resolve.
   - → Prova social: depoimento, case study ou micro-história de cliente.
   - → Solução: explicação clara de como ajudar o leitor.
   - → Gancho final: convite à ação ou antecipação do próximo contacto.
2. **Escreva várias variações de cada bloco**

   Para cada tipo, crie pelo menos três versões do bloco, como a que já foi sugerida para os e-mails: uma factual, outra emocional e uma terceira metafórica. Por exemplo, no bloco de prova social, use um testemunho escrito, um excerto de vídeo legendado e um gráfico que mostre resultados alcançados.
3. **Organize num documento colaborativo**

   Utilize uma página no Notion ou no Google Docs com secções rotuladas por tipo de bloco. Dentro de cada secção, cole as variantes, etiquetando-as com métricas de performance (ex.: "abertura CTR 22%", "leitura média 80%").
4. **Integre com a sua ferramenta de automação**

   Configure o seu sistema de A/B testing para disparar automaticamente as combinações mais promissoras. Por exemplo, um e-mail de boas-vindas que use a abertura A + conflito B + prova social C para o segmento X, e a abertura B + conflito C + prova social A para o segmento Y.

Exemplo:

Suponha uma marca de formação online que queira reengajar alunos inativos. Em vez de enviar um e-mail genérico de "volte a estudar connosco", construa:

- → **Abertura**: Variação factual ("Sabia que 60% dos alunos regressam em menos de uma semana?"), emocional ("Senti a sua falta nesta sala virtual") e metafórica ("Quando o livro fica fechado, as ideias adormecem").
- → **Contextualização**: Números sobre progresso médio ou história breve de um tutor.
- → **Prova social**: Depoimento escrito, vídeo curto ou gráfico de evolução de um aluno.

- → **Solução**: Manual prático, webinar relâmpago ou sessão de Q&A ao vivo.
- → **Gancho final**: Link para inscrição, calendário de lives ou cupão de desconto.

A IA experimenta todas as combinações possíveis — centenas, se necessário — e apresenta as três sequências com melhor comportamento, medido por aberturas e cliques. A equipa, então, escolhe qual a que mais se alinha com o tom da marca e ajusta pequenos detalhes emocionais antes do envio definitivo.

Do eterno rascunho à iteração contínua (ver episódio 6)

Pensar em blocos narrativos liberta o criador da prisão do rascunho infinito. Cada módulo é um rascunho em miniatura, constantemente testado, refinado e reagrupado. O conteúdo deixa de ser um artefacto estático para se tornar um organismo flexível, capaz de crescer e ajustar-se a cada sinal do público.

Neste novo ciclo, criar é sobretudo planear uma biblioteca viva de micro-histórias, metáforas e provas sociais que aguardam para se entrelaçar na narrativa certa, no momento certo. É uma mudança de mentalidade que, mais do que acelerar o processo, permite maior profundidade de conexão: cada bloco modular carrega em si a promessa de relevância e de adaptação contínua — e é isso que transforma simples peças de conteúdo em experiências memoráveis.

Quando a criatividade deixou de ser um disparo único e passou a viver num ciclo de ajustes constantes, dominar a automação de testes deixou de ser um luxo para se tornar uma competência fundamental de quem faz marketing digital. Não basta lançar campanhas e aguardar resultados mensais: é preciso configurar experimentos que medem, em tempo real, o que funciona e o que exige correção.

Por que é imprescindível automatizar testes?

1. **Velocidade de Aprendizagem**

   Em vez de esperar semanas ou meses para perceber se um título ou uma imagem rende, o A/B testing permite obter sinais em horas: qual manchete gerou mais cliques, que formato de botão converteu melhor. Esse "feedback imediato" reduz o ciclo de iteração e acelera a evolução da campanha.

2. **Escalabilidade**

   Num processo manual, testar dez variações de um e-mail e quinze versões de landing page seria impossível. Com automação, podemos disparar 50 combinações em simultâneo, em segmentos distintos, sem sobrecarregar a equipa.

3. **Precisão**

   A segmentação dinâmica — que adapta a experiência a cada cluster de utilizadores — só faz sentido quando suportada por dados concretos de performance. As ferramentas de automação garantem que cada variação vai ao público certo, evitando "ruído" nos resultados.

Os três pilares da automação de testes

1. Configurar ambientes de A/B testing

O primeiro passo é escolher uma plataforma que permita criar experiências paralelas sem complicações:

→ **Mailchimp, ActiveCampaign ou Klaviyo** para e-mails;

→ **Google Optimize, VWO ou Optimizely** para páginas web;

→ **Facebook Ads Manager** (testes de criativos em anúncios).

Como começar:

1. Defina um único elemento a testar — o assunto do e-mail, a cor do botão ou a manchete principal.
2. Crie duas versões ("A" e "B") idênticas em tudo, exceto nesse detalhe.
3. Segmente o seu público de forma aleatória e equilibrada: 50% vê a versão A, 50% a B.
4. Determine o número mínimo de interações necessárias (por exemplo, 200 aberturas ou 100 cliques) para ter estatística confiável.
5. Lance o teste e acompanhe até atingir esse mínimo.

2. Implementar segmentação dinâmica

Segmentar por demografia já é prática comum; a automação leva isso mais longe:

→ **Comportamento em tempo real**: crie segmentos baseados em ações recentes — abriu o e-mail ontem? Passou mais de 30 s na secção de perguntas frequentes?

→ **Microssegmentos**: quem clicou no link do vídeo entra num fluxo, quem descarregou o guia vai para outro.

→ **Regras combinadas**: use "e"/"ou" para afinar ainda mais: ex. (abriu e-mail e tem conta há mais de seis meses) → promo especial de fidelização.

Implantação prática:

1. No seu CRM ou plataforma de e-mail, abra a secção de segmentos.
2. Defina condições simples (abertura, clique, visita a página) e combine-as.
3. Atribua a cada segmento a sua variação de campanha — e deixe a automação tratar do resto.

3. Aprofundar a análise de comportamento

Mais do que saber "quem" abriu ou clicou, importe-se em entender **porquê**:

→ **Heatmaps e gravações de sessão (Hotjar, Crazy Egg)** revelam onde o utilizador hesita ou perde interesse.

→ **Scroll depth** informa em que ponto abandonam a leitura.

→ **Eventos personalizados** (via Google Analytics) capturam ações específicas: descarregar ficheiro, ver vídeo até ao fim, número de comentários deixados.

Como integrar:

1. Defina os eventos mais críticos à sua jornada de conversão.
2. Configure-os no Google Analytics (GA4) ou na ferramenta que usar.
3. Associe cada evento a uma ação automatizada: disparo de e-mail, exibição de pop-up ou criação de novo lead no CRM.

Exemplo de fluxo automatizado de teste

Imagine que quer otimizar o e-mail de abandono de carrinho:

1. **A/B testing do assunto**
   → Variante A: "Esqueceste algo no carrinho?"
   → Variante B: "O teu carrinho aguarda por ti — ofertas especiais"
   → Segmente 50/50 e recolha dados de aberturas.

2. **Segmentação pós-abertura**

   Quem abriu (mas não clicou) recebe, quatro horas depois, um e-mail com prova social ("Veja como a Sofia finalizou o seu pedido e adorou").

3. **Teste de conteúdo**

   Dentro desse segundo e-mail, efetue novo A/B testing do parágrafo inicial: testemunho *vs.* estatística.

4. **Acompanhamento por comportamento**

   Se o utilizador clicar no testemunho, acione um pop-up no site com um desconto relâmpago; se não clicar, envie um SMS de lembrete.

Medir e iterar

Para que a automação de testes seja eficaz, estabeleça rotina de revisão:

→ **Dashboards diários**: mostrem resultados de cada variação em tempo real.

→ **Reuniões semanais**: avaliem o que funcionou, descartem variações fracas e escalem vencedoras.

→ **Documentação de aprendizados**: mantenha um repositório com casos de sucesso — quais assuntos, que oferta, que formato tiveram melhor performance.

Dominar o básico de automação de testes, então, é assumir o controlo do ciclo criativo em espiral. Cada experimento reduz incertezas, acelera iterações e eleva a qualidade das suas mensagens. Quando a automação de A/B testing, a segmentação dinâmica e a análise de comportamento passam a ser o seu "core", a equipa ganha liberdade para centrar-se no que importa verdadeiramente: criar narrativas emocionais, provas sociais cativantes e experiências que falam de pessoa para pessoa — tudo suportado por dados concretos e ações automáticas que mantêm a espiral criativa sempre em movimento. No coração deste novo ciclo criativo pulsa a ideia de que cada peça de conteúdo é apenas um rascunho em evolução, e não uma obra final. Para quem trabalha em marketing digital, isso significa abraçar o conceito de protótipos: versões preliminares, imperfeitas e variadas, concebidas para testar possibilidades em vez de aspirar de imediato à perfeição.

Começamos por imaginar o tema central como um verdadeiro laboratório de ideias e, em vez de redigir um post de blog de uma só vez, optamos por isolar um fragmento — como a manchete — e pedir à IA que ofereça três ou quatro variações: uma mais emocional, outra mais informativa e uma terceira mais provocadora; simultaneamente, estruturamos diferentes minicapítulos, como um parágrafo com metáfora visual, outro sustentado por estatísticas e um terceiro apresentado como testemunho breve de cliente, permitindo que cada um desses blocos ganhe vida própria num documento colaborativo onde se registam reações iniciais, previsões de impacto e primeiras métricas de teste. Quando enviamos um protótipo de e-mail, por exemplo, não o fazemos com receio de errar, mas com curiosidade científica, indagando qual variante gerará mais cliques ou qual bloco narrativo fará o leitor parar para pensar; em poucas horas, a IA recolhe os dados, apresenta gráficos de abertura e interação e sugere pequenos ajustes — trocar uma palavra, reforçar uma prova social, encurtar uma frase — e é precisamente nessa dança entre velocidade algorítmica e julgamento humano que se esboçam as versões mais eficazes. No entanto, a decisão final não emana dos servidores da OpenAI: recai sobre a equipa, que, apoiada nos números, mas guiada sobretudo pela intuição emocional, escolhe qual protótipo merece ser lapidado até se tornar campanha definitiva — e é justamente aí que reside a grande revolução desta era, no poder de gerar dezenas de rascunhos em segundos e, ao mesmo tempo, manter o controlo criativo absoluto nas mãos humanas.

Quando aplicámos este método na SkillRise, descobrimos que um dos protótipos, que começava com "Já imaginaste o teu olhar mudar com uma lente nova?", dobrava a taxa de abertura em relação ao texto inicial. Ajustámos então o segundo parágrafo para incluir uma breve história real de aluna, identificámos essa combinação como vencedor e lançámo-la ao público mais recetivo. O resultado foi um crescendo: a taxa de cliques subiu de 4 % para 12 % e a inscrição no curso aumentou para 8 % — um duplo salto que não teria sido possível sem testes rápidos e escolhas bem informadas. Mas um protótipo vencedor, contudo, não continua perfeito para sempre. É aqui que entra o olhar editorial permanente. Tal como um chef prova cada refeição antes de a servir, o criador de conteúdo deve revisitar periodicamente cada post, e-mail ou página de aterragem, usando métricas e sensações para o aperfeiçoar.

Imagine um artigo de blog publicado há um mês. O primeiro sinal de alerta surge quando o mapa de calor revela que, passado o segundo parágrafo, a leitura cai abruptamente. Ao reler o trecho em voz alta, nota-se um excesso de jargão técnico: a conexão emocional quebra-se e o leitor perde-se. Com base nesse sinal, substituímos o texto denso por um minirrelato de utilizador: "Quando troquei de lente pela primeira vez, senti o medo de estragar todas as minhas fotos — mas descobri que..." A reação voltou a subir, comprovando a importância de mesclar dados e sensibilidade humana.

Em cada revisão — agendada de quinze em quinze dias —, perguntamo-nos: este conteúdo ainda reflete as expectativas e o pulso do público? As provas sociais continuam atuais ou precisamos de adicionar testemunhos mais recentes? Um simples ajuste de tom, uma nota de rodapé com a última estatística do sector ou a inclusão de um gráfico animado podem revitalizar uma página que, de outra forma, acabaria por desvanecer no ruído digital.

Neste processo de iteração, a equipa mantém um repositório vivo de alterações e insights: "a secção X ganhou mais 20 % de tempo de leitura depois de retirarmos termos técnicos" ou "o vídeo de bastidores reduziu a taxa de rejeição em 15 %". Esses aprendizados não se perdem; servem de guia para todas as futuras revisões, alimentando um ciclo de melhoria constante.

No final, criar protótipos e cultivá-los com um olhar editorial permanente não é apenas uma questão de eficiência, mas o segredo para transformar cada conteúdo num organismo capaz de responder ao público em tempo real. É esta atitude — prototipar para testar, rever para refinar — que distingue quem faz marketing digital como quem conta histórias vivas, sempre abertas à próxima versão.

CHECKLIST

Operar no novo ciclo criativo com IA

☑ Pensas em conteúdo como estrutura modular e não como peça fechada?

☑ Usas IA para gerar ideias, mas manténs controle sobre tom, voz e intenção?

☑ Integra testes automatizados nos teus fluxos (e-mails, páginas, anúncios)?

☑ Revês regularmente os conteúdos com base em dados reais de performance?

☑ Tens uma rotina de iteração – semanal, quinzenal ou mensal – para atualizar narrativas?

☑ Trabalhas com dashboards que mostram emoções, cliques e comportamento em tempo real?

☑ O teu conteúdo é gerado por ti, mas vive no mundo real – em constante conversa com a audiência?

Dica final deste episódio

A era da IA não exige mais ideias – exige melhores decisões sobre o que fazer com elas, pois nunca se produziu tanto conteúdo, em tão pouco tempo e com tão pouca reflexão; ferramentas geram títulos, textos, imagens e vídeos em segundos, mas a abundância de ideias só se transforma em valor quando acompanhada de critério e intenção estratégica. Criar, neste novo contexto, já não é entregar algo pronto e fechado, mas sim cultivar um ecossistema narrativo vivo, em que cada peça serve como ponto de partida para uma conversa, um teste, uma evolução contínua em sintonia com as reações do público; trata-se de escutar ativamente, lançar um esboço e observar como ele se transforma a partir da interação real, deslocando o criador do papel de emissor absoluto para o de curador atento, capaz de refinar, adaptar e reenquadrar o que nasce. Nesse sentido, a arte não desaparece com a IA – pelo contrário, adquire nova dimensão ao tornar-se sensível, mutável, responsiva; e é precisamente essa sensibilidade que a tecnologia não consegue replicar, pois depende do olhar humano, da escuta empática, da leitura emocional dos dados e da coragem de ajustar a rota quando necessário. Assim, embora a máquina sugira, apenas o humano percebe o momento exato de cortar um parágrafo, inverter uma estrutura ou substituir um final frio por uma pergunta que ecoa; e é nesse novo cenário que o verdadeiro criador se revela – não como quem publica mais, mas como quem sabe dizer menos, no momento certo, e deixa espaço para que a história continue a ser escrita em tempo real, com o público, não apenas para ele.

Episódio 8

Micro-Histórias que Tocam

Pequenos Fragmentos, Grandes Ecos

Às vezes, é uma só frase que o teu leitor leva no peito para a vida.

ANTES DE LER O EPISÓDIO, ESSES SÃO OS TERMOS TÉCNICOS QUE PRECISAS CONHECER:

1. **Prompt Engineering**

   Técnica de formular e refinar instruções (prompts) para sistemas de IA generativa, de modo a obter respostas mais precisas e alinhadas aos objetivos desejados. Envolve testar diferentes formatos de pergunta, contexto e exemplos no prompt para conduzir o modelo a produzir o melhor resultado possível.

2. **Fine-Tuning**

   Processo de ajustar um modelo de IA pré-treinado com um conjunto de dados específico (por exemplo, textos da sua marca) para especializar o seu comportamento e a sua "voz", sem precisar de treinar um modelo do zero.

3. **Pipeline de Dados**

   Fluxo automatizado de transferência e transformação de dados entre várias ferramentas e sistemas–desde a recolha de métricas de utilização até ao disparo de ações (e-mails, pop-ups, atualizações de conteúdo) com base nesses dados.

4. **Heatmap**

   Mapa de calor que, no contexto digital, usa cores para indicar zonas de maior ou menor interação do utilizador numa página web–clics, movimento do rato ou profundidade de scroll.

5. **Scroll Depth**

   Métrica que regista até que ponto, em porcentagem ou pixels, um visitante desce numa página antes de abandonar a leitura.

6. **Storyboard**

   Sequência de quadros ou ilustrações que representam visualmente as cenas de um vídeo ou animação antes da sua produção, para planear enredos e transições.

7. **Motion Graphics**

   Animações gráficas (tipicamente em vídeo) que combinam tipografia, imagens e efeitos visuais para explicar conceitos ou contar micro-histórias de forma dinâmica.

8. **Segmentação Dinâmica**

   Técnica de agrupar utilizadores em segmentos em tempo real, com base em comportamentos recentes (abertura de e-mail, cliques, duração de visualização), para dirigir a cada segmento a variação de mensagem mais adequada.

9. **OKR (Objectives and Key Results)**

   Framework de definição de metas e resultados-chave, utilizado para alinhar equipes em torno de objetivos mensuráveis e monitorar o progresso (ex.: "Testar 12 prompts/mês" ou "Ler 20 artigos/mês").

10. **Retrospetiva Mensal ("Retrofit" de Aprendizagem)**

    Ritual agendado para rever e consolidar aprendizados dos ciclos de microaprendizagem e testes, identificando lacunas e definindo prioridades para o próximo período.

11. **Jornada de Iteração Contínua**

    Abordagem que considera todo o conteúdo como um protótipo em permanente evolução, onde publicações são revistas, afinadas e recirculadas com base em métricas emocionais e de comportamento.

12. **Diário de Bordo Narrativo**

Sessões regulares em que a equipa regista "insights vivos" – curtos feedbacks qualitativos de comentários de utilizadores – e decide alterações de tom, formato ou conteúdo para alimentar a espiral criativa.

13. **Dashboard Emocional**

Painel de controlo que apresenta não apenas métricas técnicas (cliques, aberturas) mas também indicadores interpretados como sinais de emoção (tempo de leitura, respostas espontâneas, micro-hesitações).

14. **Questionário Interativo por IA**

Pequena aplicação ou pop-up gerados automaticamente que faz perguntas ao utilizador para diagnosticar o seu perfil ou necessidades e, em seguida, oferecer recomendações ou planos personalizados.

15. **Microaprendizagem**

Estratégia de distribuir o aprendizado em pequenos blocos diários (por exemplo, 5 minutos de leitura), em vez de longos cursos, para garantir atualização contínua sem sobrecarga.

16. **Teste de Prompt Semanal**

Rotina de experimentar diferentes instruções com IA uma vez por semana, registando performance e adotando as variantes mais eficazes em campanhas reais.

17. **Cultura de Melhoria Contínua**

Prática de documentar vitórias e falhanços em repositório central, partilhar em comunidade e iterar processos de produção de conteúdo de forma sistemática e colaborativa.

18. **Quiz Interativo Gerado por IA**

Ferramenta que formula perguntas personalizadas para o utilizador, recolhe respostas em tempo real e ajusta recomendações ou narrativas conforme o perfil detetado, tudo apoiado em modelos generativos.

Durante os primeiros passos do marketing digital, a apropriação do saber era quase uma disciplina de ofício: dominavam-se as fórmulas — as receitas de SEO, as regras de ouro do Facebook Ads, a estrutura milimetricamente calibrada do funil de vendas. As histórias, nesse contexto, não passavam de variações repetidas sobre um mesmo esquema: problema, solução, prova social, convite à ação. Eram narrativas de produção manual, cuidadosamente afiadas por quem conhecia os comandos das plataformas, mas frequentemente — e paradoxalmente — desprovidas de alma. Aprender consistia sobretudo em "saber usar", em decifrar menus, relatórios e métricas, enquanto a centelha criativa ficava à mercê de quem aplicava aquelas técnicas.

Com a chegada das primeiras ferramentas de IA generativa, tudo começou a mudar. De repente, as máquinas passaram a escrever títulos persuasivos, a desenhar jornadas personalizadas e a prever quais elementos fariam um banner converter melhor. Aquilo que, até então, era privilégio de especialistas passou a estar disponível com um simples prompt. Em vez de perder horas a testar manualmente três versões de um texto, bastava pedir ao ChatGPT: "Gere cinco títulos alternativos para promover o nosso webinar de fotografia". Em segundos, surgiam opções polidas, adaptadas a diferentes tons e públicos.

Foi nesse momento que o marketing digital se viu diante de uma bifurcação histórica. Por um lado, ganhava-se tempo e escala: uma única pessoa, apoiada pela IA, podia criar dezenas de posts, e-mails e anúncios em frações do tempo que antes demandavam. Por outro, ameaçava-se perder o que o tornava memorável: a escolha intencional das palavras, a sensibilidade para perceber quando um tom excessivamente comercial se tornava irritante, a capacidade de contar uma história que não soasse como um texto automático, mas como um convite genuíno.

Para manter esse equilíbrio entre velocidade e autenticidade, surgiram práticas mais refinadas de variação tonal, como o uso de diferentes versões estratégicas para uma mesma mensagem — uma técnica que logo se tornou padrão entre os profissionais mais atentos. A primeira versão é íntima e informal, como se fosse escrita por um amigo que partilha um segredo: usa frases curtas, interpela o leitor diretamente e cria a sensação de pertença ("tenho algo para te contar, e acho que vais gostar..."). A segunda adota o tom de mentor, oferecendo autoridade e segurança com um estilo mais direto, assertivo e focado em entregar valor com clareza ("a maioria ignora este detalhe técnico — mas é exatamente isso que diferencia um bom fotógrafo de um profissional desejado"). Já a terceira aposta na construção narrativa, assumindo a voz de um contador de histórias que conduz o leitor por uma descoberta progressiva, com uma pitada de suspense, emoção e identificação ("há três anos, uma cliente chegou ao nosso curso com um telemóvel velho e um olhar tímido... hoje, fotografa casamentos com lista de espera").

Essas variações, geradas com apoio da IA mas definidas por critérios humanos, permitem testar não só o que funciona melhor em termos de métricas, mas também o que ressoa mais profundamente com diferentes perfis de público. Assim, em vez de optar por uma única versão genérica, entrega-se ao leitor a nuance — e é essa nuance, feita de voz, intenção e contexto, que separa o conteúdo banal da comunicação memorável.

Os primeiros casos de sucesso desta nova era flagraram-se exatamente aí. Marcas como a "Café do Rossio", pequena torrefação lisboeta, começaram a testar micronarrativas geradas por IA: "Quando provei o nosso blend pela primeira vez, percebi que a vida é feita de primeiras vezes" — frase que podia ser parte de dezenas de variantes. Mas, em vez de escolher a que gerava mais cliques, a equipa decidiu ajustar manualmente o texto vencedor, acrescentando uma anedota real: "Naquela manhã chuvosa, senti o aroma atravessar a esplanada deserta de quem chegava ao Chiado." O resultado foi um salto de 40 % na partilha orgânica, provando que, sem aquele toque humano, o mesmo prompt perderia metade do seu impacto.

Passados alguns meses, a "TechLab Academy" tornou-se outro case exemplar. Usando IA, recolhiam padrões de interação durante os seus cursos online: onde os alunos hesitavam, que perguntas faziam com mais frequência, em que secções abandonavam o vídeo. A plataforma disparava automaticamente micro-histórias — pequenos testemunhos de ex-alunos, citações inspiradoras, dicas curtas — sempre que se detetava uma pequena hesitação. Num dos módulos mais técnicos, as taxas de conclusão dobraram em apenas duas semanas. Mas, de novo, a vitória só foi possível quando a equipa humana interveio: reviu cada micro-história sugerida, alinhou-a ao tom da marca e introduziu uma pitada de humor local, mencionando gírias típicas de quem vive em Braga ou no Porto.

Hoje, a fronteira entre "técnica" e "pensamento" tornou-se imperceptível. Aprender marketing digital já não é apenas aprender a usar ferramentas, é aprender a dialogar com algoritmos — fornecendo-lhes conjuntos de dados bem segmentados, ajustando prompts com precisão, interpretando as respostas com espírito crítico. É, sobretudo, proteger o que nos distingue das máquinas: a visão que capta tendências antes que elas se tornem óbvias, os valores que orientam cada escolha de storytelling, a sensibilidade para identificar quando uma metáfora ou uma micro-história se torna excessivamente formatada.

E o futuro? À medida que os modelos de IA se tornam mais sofisticados — capazes de entender não apenas padrões de texto, mas de reconhecer emoções pela voz, de sugerir cenários visualmente impactantes e até de compor melodias para acompanhar uma narrativa —, o papel humano tenderá ainda mais para a curadoria emocional e estratégica. Quem dominar esse novo contrato entre criatividade e automação será capaz de construir campanhas que respiram como organismos vivos: adaptam-se, aprendem, surpreendem e, sobretudo, mantêm-se fiéis a uma identidade de marca que nenhuma máquina consegue sintetizar sozinha.

Por isso, na próxima geração de profissionais, importa cultivar três competências simultâneas:

→ **Visão narrativa**, para conceber histórias que ressoem com os valores e com as emoções do público.

→ **Domínio técnico**, para estruturar prompts eficazes, configurar pipelines de dados e orquestrar testes automatizados.

→ **Julgamento empático**, para refinar cada saída da IA, garantindo que cada palavra soe autêntica e cada exemplo pareça ter sido vivido.

Solo quem souber pensar com lucidez e sentimento — e usar a IA não como atalho preguiçoso, mas como extensão ampliada da mente — estará verdadeiramente preparado para escrever a próxima página do marketing digital. A narrativa evoluiu: deixou de caber num roteiro fechado para se desenrolar num ciclo espiral contínuo, no qual cada "enviar" é apenas o gatilho para um novo laço de feedback, afinamento e reinvenção. E essa espiral, bem calibrada, promete elevar o nosso ofício a patamares de criatividade e conexão até agora inexplorados.

Antes vs. Agora: aprender como técnica vs. aprender como consciência

Antes	Agora
Aprender ferramentas técnicas	Aprender frameworks mentais e criativos
Cursos ensinavam a fazer	Agora ensinam a pensar com apoio da IA
A especialização era linear (copywriter, media buyer, designer)	A atuação é transversal (pensar conteúdo + estratégia + dados + sentimento)
O foco era produtividade	O foco é discernimento

Como preparar-se para esta nova alfabetização digital?

O desespero que hoje corrói tantos profissionais de marketing digital é palpável: ao ver os relatórios apresentarem quedas alarmantes — cliques que se esvaem, taxas de abertura que se retraem, engajamento que se aninha no limbo do "já vi, já foi" —, muitos instintivamente culpam o cliente por "não entender" a mensagem ou atribuem a queda a meros caprichos de gosto da audiência. Esquecem-se, porém, de que o público não desapareceu: continua ali, tão ávido por histórias e conexões quanto antes, mas agora mais desconfiado, mais exigente, imerso num mar de conteúdos que saturam a atenção. O verdadeiro diagnóstico está em nós, marqueteiros e vendedores: cabe-nos reciclar competências, muitas vezes recomeçar do zero, abraçar de novo o ofício de contar histórias não como um truque barato, mas como um exercício de empatia profunda. É chegado o momento de compreender que o Storytelling eficaz já não é apenas inventar anedotas para emocionar, mas decifrar o poder intrínseco das narrativas — identificando o que toca, o que move e o que transforma — e, a seguir, usar a IA não como panaceia, mas como parceira que amplia, ajusta e refina essas narrativas à medida que a realidade muda.

Aprende o básico de IA generativa e machine learning

O primeiro passo para esta nova alfabetização digital é desmistificar o funcionamento interno das máquinas: não para te tornares programador, mas para perceberes como os modelos de IA "pensam". Dedica tempo a compreender os conceitos fundamentais — rede neural, modelo de linguagem, fine-tuning — e como eles se traduzem em capacidade de gerar texto, imagem e som. Esta consciência mínima impede a delegação cega: quando souberes que a IA prevê a saída com base em padrões estatísticos de treino, em vez de intuição humana, poderás intervir com critério, corrigir enviesamentos e incorporar diretrizes éticas. Além disso, reconhecerás imediatamente as limitações dos sistemas — por exemplo, o facto de não captarem sarcasmo genuíno ou memórias pessoais não registadas em dados — e tomarás decisões mais acertadas sobre quando confiar na automação e quando recorrer à tua própria sensibilidade. Iniciar este aprendizado pode ser tão simples como inscrever-te num minicurso gratuito de introdução ao machine learning (por exemplo, no Coursera ou na Udacity) ou ler artigos especializados em blogs reconhecidos— o importante é absorver, com regularidade, o jargão e os princípios que sustentam as plataformas generativas que usarás diariamente.

Criar rotinas de aprendizagem constante, curtas e aplicadas é, hoje, muito mais do que um conselho genérico - é a base de qualquer profissional de marketing digital que queira sobreviver e prosperar na era da Inteligência Artificial. No passado, bastava reservar um fim de semana inteiro para um curso intensivo de SEO ou Facebook Ads, decorar fórmulas e lançar campanhas confiando numa implementação quase mecânica. Mas, tal como aprendeu quem sobreviva a uma tempestade no mar, a única forma de não naufragar num oceano de mudanças constantes é desenvolver pequenas vigílias diárias: momentos breves de contacto com as novidades, testes regulares e reflexões mensais que mantenham a bússola apontada para o norte certo. A seguir, vamos mergulhar no detalhe de como estruturar estas rotinas, ilustrar com exemplos práticos de quem as adotou — e mostrar quais os resultados que se podem esperar ao fazê-lo bem.

Do Curso Anual ao Agendamento Diário

Em tempos recentes, era comum verem-se profissionais embarcar em certificações de uma semana — às vezes até pagar milhares de euros por formações presenciais de cinco dias, em que passavam horas seguidas diante de um formador a ouvir teoria e a ver demonstrações de ferramentas. A vantagem aparente: ao fim do módulo, saíam com um selo no LinkedIn, o entusiasmo em alta, prontos para "implementar tudo de seguida". No entanto, passado um mês, muito do que fora absorvido já não correspondia ao estado da arte das plataformas: o algoritmo do Google mudara um pouco, o Facebook alterara a interface do Ads Manager, e surgira um novo concorrente no mercado de automação. Foi essa defasagem entre aprender e aplicar, cinco dias de curso e semanas ou meses de espera pela primeira campanha, que evidenciou uma fragilidade estrutural: o ritmo da indústria superava o ritmo da formação convencional.

O remédio, portanto, não está em despejar mais horas num só salão de aula, mas em fragmentar o processo de aquisição de conhecimento em parcelas diárias. Em vez de uma maratona anual, propõe-se um sprint de cinco minutos todas as manhãs: um artigo técnico sobre uma nova funcionalidade do ChatGPT, um post de blog que ensina uma dica de prompting, uma newsletter especializada em IA generativa. Essa microaprendizagem — breve, mas disciplinada — constrói um conhecimento cumulativo, sem criar sobrecarga cognitiva e mantendo sempre o ritmo alinhado com as atualizações das plataformas.

A Técnica dos "Cinco Minutos Diários"

Imagine o cenário de Mariana, gestora de conteúdos numa agência digital de média dimensão. Durante muito tempo, Mariana reservava 8 horas num sábado de manhã para estudar "novidades de marketing digital" — um bloco de tempo que, invariavelmente, acabava por ser interrompido por e-mails urgentes, imprevistos de última hora e a inevitável preguiça de fim de semana. Quando regressava ao trabalho na segunda-feira, via-se confrontada com dezenas de publicações e anúncios de novas ferramentas, sem saber por onde começar.

Há seis meses, Mariana decidiu implementar a "técnica dos cinco minutos diários": cada manhã, antes de abrir o e-mail de clientes, dedicava cinco minutos a ler um artigo ou um tutorial de vídeo sobre IA. Começou por subscrever a newsletter da OpenAI, a seguir procurou autores independentes no Medium que explorassem casos práticos de prompt engineering e, por fim, juntou-se a um canal Slack de profissionais de martech (junção das palavras marketing e tecnologia) em que se trocavam dicas em tempo real. Esse ritual ocupava apenas cinco minutos no seu bloco de agenda, mas fazia a diferença: no final de um mês, já identificara duas novas formas de otimizar headlines com AI e uma técnica de microsegmentação que aumentara a taxa de cliques em 12 % numa campanha de retargeting.

O segredo está na regularidade: cinco minutos não parecem muito, mas somados ao fim de três meses representam mais de 7 horas de imersão contínua, sempre atualizada. A curto prazo, Mariana não sofreu fadiga; a médio prazo, ganhou a flexibilidade mental para integrar pequenas inovações todos os dias.

Testes Semanais de Prompt

A segunda camada dessa rotina passa de ler para experimentar. Ler ensina a conhecer as possibilidades; experimentar revela o que realmente funciona. A cada semana, reserva-se um bloco de trinta minutos para "testes de prompt": no Google Sheets ou no próprio ChatGPT, estrutura-se uma pequena grelha com dois eixos — objetivo (por exemplo, "escrever um post de LinkedIn", "gerar um tweet humorístico") e variação de estilo (formal, conversacional, metafórico). Depois, pede-se à IA três ou quatro versões para cada combinação, anota-se em que contexto cada variação teve melhor aceitação (no LinkedIn, no Twitter ou em relatórios de teste interno) e, na semana seguinte, integra-se a abordagem vencedora numa campanha real.

O João, responsável pelas redes sociais de uma startup de e-learning, segue este plano à risca: todas as segundas-feiras de manhã, ele dedica 30 minutos a pedir ao ChatGPT novos ganchos para posts que promovam cursos de fotografia. Ele experimenta estilos: "instigue curiosidade", "convide para reflexão" ou "use humor leve de tio"; regista as combinações que geraram mais comentários nos seus grupos de teste privados; e, elege duas opções que são, depois, programadas para publicação oficial. Ao fim de três meses, repetições regulares deste exercício resultaram num aumento de 25 % na interação média por post — resultado direto de ter mapeado empiricamente o melhor tom para a sua audiência.

Revisões Mensais: O "Retrofit" de Aprendizagem

A microaprendizagem diária e os testes semanais fornecem um fluxo contínuo de experiências, mas é necessário parar de vez em quando para consolidar tudo. Assim como um automobilista leva o carro à revisão periódica, no marketing digital é preciso agendar revisões mensais do conhecimento: sessões de uma hora, entre colegas ou sozinho, para responder a perguntas como "Que técnicas aprendi este mês?", "Quais delas usei em campanhas reais?", "Quais falharam?". Esse retrofit consiste em reunir novos aprendizados num documento central — um "Mapa de Competências IA" —, identificar lacunas e definir o foco do mês seguinte.

No caso da equipa de design da agência Artefato, as revisões mensais ocorrem sempre na última sexta-feira de cada mês, das 16 h às 17 h. Todos trazem um insight: "este plugin de geração de imagens por texto revelou-se útil para criar mockups em 10 minutos"; "descobri que vale a pena guardar no **repositório exemplo** de prompts que simplifiquem tabelas longas"; "aprendi que preciso de rever o uso de modelos de summarization antes de enviar relatórios a clientes". Esses insights alimentam um quadro no Trello, onde se elevam cartões do tipo "Testar novo prompt de síntese de relatório" ou "Formação rápida em edição de vídeos com AI" para o mês seguinte. Depois de três meses, a Artefato conseguiu reduzir em 40 % o tempo de produção de materiais gráficos e relatórios de métricas, mantendo a qualidade e a personalização.

Benefícios da Aprendizagem Contínua

Quando esta tríade de microaprendizagem diária, testes semanais e revisões mensais se instala como rotina, os frutos são evidentes:

1. **Agilidade de Adaptação**

   As plataformas de IA e as redes sociais evoluem a cada semana. Quem pratica rotinas de aprendizagem constante consegue incorporar novas funcionalidades em questão de dias, não de meses.

2. **Menor Curva de Esquecimento**

   Conhecimento raramente retido a longo prazo quando absorvido em "cram sessions". Pequenas doses regulares garantem transferência para a memória de longo prazo.

3. **Feedback Rápido**

   Testar um prompt por semana significa ter em poucos dias dados reais sobre o que funciona — evitando campanhas inteiras baseadas em suposições.

4. **Cultura de Melhoria Contínua**
   A revisão mensal cria disciplina, evitando que a equipa se acomode em soluções antigas e deficitárias.

Como Implementar na Prática

Para quem se prepara para mergulhar nesta metodologia, recomenda-se:

→ **Escolher Fontes Confiáveis**: subscrever 3 newsletters de referência em IA; seguir perfis de LinkedIn e Twitter de especialistas; definir um "feed" de Medium ou Substack para artigos de qualidade.

→ **Agendar Blocos de Tempo**: usar o calendário para reservar, 5 minutos diários, 30 minutos semanais e 60 minutos mensais, tratando essas janelas como compromissos invioláveis.

→ **Partilhar e Coletivizar**: organize um canal Slack, Teams ou Discord interno onde cada membro poste, diariamente, o link do artigo lido, o prompt testado e, mensalmente, o insight registado.

→ **Mensurar o Progresso**: defina OKRs de aprendizagem ("testar 12 prompts no mês", "ler 20 artigos"); no fim de cada mês, avalie-os e ajuste-os.

→ **Celebrar Pequenas Vitórias**: quando um prompt semanal gera 30 % mais cliques ou uma dica extraída de um artigo diário resolve um problema de produção, partilhe o resultado com a equipa e reconheça o autor da ideia.

A era da IA generativa não pede que se acumule conhecimento de uma só vez, mas que se teça, todos os dias, uma malha fina de aprendizagem, experimentação e revisão. É este ritmo que permite manter-se à frente das mudanças, testar ideias em pequena escala antes de comprometer grandes orçamentos e, sobretudo, conservar a liberdade criativa que o marketing digital exige. Afinal, quando a máquina aprende connosco, o ser humano deve continuar a aprender dela — e, juntos, escrever narrativas cada vez mais relevantes, impactantes e autênticas.

Registar cada etapa do nosso percurso revela-se tão essencial quanto a própria criação. Em vez de deixar apontamentos dispersos em pastas esquecidas ou em cadernos individuais, convém concentrar num único local tudo o que aprendemos: tanto as iniciativas que dispararam resultados notáveis como as ideias que, pelo contrário, não lograram captar o interesse do público. Hoje dispomos de plataformas como o Notion, o Google Drive ou o Airtable para criar um manual vivo de boas práticas e de lições aprendidas. Cada registo deve incluir o contexto da campanha, os objetivos definidos e as métricas concretas alcançadas — seja uma taxa de cliques duplicada, seja um título que ninguém chegou a abrir. Mas não basta anotar números; é também fundamental explicitar o "porquê": a sugestão de um colega, a inspiração narrativa que motivou determinada alteração ou o insight que nos levou a ajustar o tom. Ao revisitar esse repositório, a equipa evita reinventar a roda a cada novo projeto, aprende com a sua própria história e aprimora o seu código editorial — o conjunto de diretrizes que ensinam a Inteligência Artificial a pensar como nós, sem nunca perder a personalidade da marca.

Em paralelo, é indispensável não permanecer isolado em bolhas internas, mas alargar o olhar através da partilha com profissionais de áreas semelhantes. As comunidades de marketing, quer em grupos de conversa digital, quer em fóruns especializados, tornaram-se espaços de descoberta e de debate: aí surgem discussões sobre novas funcionalidades de plataformas, experiências de ensaio de comandos que trouxeram melhorias significativas e reflexões cuidadosas sobre os limites éticos da automatização. Participar ativamente — não apenas como espectador, mas trazendo os nossos casos reais, colocando perguntas pertinentes e oferecendo críticas construtivas — acelera o nosso desenvolvimento. Foi num destes espaços, por exemplo, que uma equipa de formação online encontrou a solução para revitalizar a sua campanha de reengajamento: outro utilizador partilhou um pequeno questionário interativo, criado por Inteligência Artificial, capaz de diagnosticar o perfil de cada aluno e sugerir um plano de retoma personalizado. Em poucos dias, ao adotar essa proposta, essa mesma equipa registou um aumento de quase cinquenta por cento nas conversões.

Este duplo esforço — documentar internamente cada êxito e cada falhanço, e alimentar-se do saber coletivo oriundo das comunidades — lança alicerces para uma cultura de aperfeiçoamento constante. Não se trata apenas de dominar a tecnologia, mas de humanizar todo o processo, valorizando aquilo que só nós, enquanto criadores, podemos oferecer: sensibilidade, discernimento e a paixão por narrativas que façam sentido.

Se este modo de trabalhar despertou em ti a vontade de renovar a tua prática, desafio-te a mergulhar de cabeça neste novo ecossistema de partilha e de iteração. É na interseção entre a precisão das máquinas e a sabedoria humana que nascem as narrativas mais poderosas — aquelas capazes de cativar, emocionar e, acima de tudo, permanecer na memória de quem as vive.

CHECKLIST

Alfabetização digital com IA no centro

- ☑ Sabes o que a tua IA faz (modelo, limites, base de dados)?
- ☑ Já criaste um repositório de prompts que funcionam para ti?
- ☑ Testas regularmente a consistência do conteúdo com a tua voz?
- ☑ Rejeitas automatismos que não representem os teus valores?
- ☑ Estás a formar outros na tua equipa para pensar criticamente com IA?
- ☑ Manténs um diário ou registo de aprendizados e ajustes?
- ☑ Estás a evoluir em complexidade de uso (de gerar para avaliar, de avaliar para dirigir)?

Dica final deste episódio

Nunca estivemos tão perto do coração do público – e nunca foi tão fácil tratar esse coração como um número. A tecnologia entrega tudo: cada clique, cada deslize de dedo, cada pausa entre palavras. Mas só quem vive a realidade de empreender todos os dias, como eu, em quatro continentes, sabe que número nenhum sustenta uma relação que não emociona. Aprendi com o tempo, sim, mas é na pele – em reuniões que começam de madrugada num fuso e terminam à meia-noite noutro – que continuo a aprender que os dados apontam, mas é a intuição que decide. Só tu podes transformar relatórios em escuta real, automação em delicadeza, e campanhas em presença. IA não é inimiga – é bússola, radar, lupa. Mas quem comanda o leme ainda tem que ser humano. Porque no fim, o que te fará ser lembrado não é a perfeição técnica, é o vínculo imperfeito, autêntico, que só uma história bem contada deixa.

Episódio 9

Fluxos Dinâmicos

A Sinfonia do Agora

Mais do que programar mensagens, é
preciso escutar o exato segundo
em que alguém quase desiste.

ANTES DE LER O EPISÓDIO, ESSES SÃO OS TERMOS TÉCNICOS QUE PRECISAS CONHECER:

1. **Voz da Marca**
   Conjunto único de características verbais, emocionais e estilísticas que definem a personalidade comunicativa de uma marca. É a "assinatura" que a torna reconhecível no meio digital.
2. **Template**
   Modelo pré-formatado e padronizado usado para criar conteúdos, muitas vezes gerados automaticamente, que podem resultar em mensagens repetitivas e sem identidade própria.
3. **Automação no Marketing**
   Uso de ferramentas digitais para executar processos de marketing repetitivos sem intervenção manual contínua, visando ganhar eficiência, mas podendo sacrificar personalização.
4. **Gatilhos Psicológicos**
   Técnicas ou estímulos usados em comunicação para influenciar decisões e emoções do público, como urgência, prova social ou escassez.
5. **Persona**
   Representação fictícia e detalhada do cliente ideal baseada em dados reais, que ajuda a direcionar a comunicação e o marketing para públicos específicos.
6. **Guia de Estilo (Brand Style Guide)**
   Documento que define diretrizes para o tom, vocabulário, estilo visual e comunicacional da marca, garantindo coerência em todos os pontos de contacto.
7. **Arquétipo de Marca**
   Modelo universal de personalidade usado para dar à marca uma identidade reconhecível, baseado em padrões humanos universais, como o Herói, o Mentor, o Amigo, entre outros.
8. **Padronização**
   Processo pelo qual conteúdos ou processos se tornam uniformes, perdendo nuances e individualidade, muitas vezes decorrente do uso excessivo de IA sem personalização.
9. **Narrativa Personalizada**
   História contada de forma individualizada, baseada em experiências reais ou específicas do público ou marca, que cria maior empatia e conexão.
10. **Imperfeição Estratégica**
    Uso intencional de falhas, erros ou humor na comunicação para transmitir humanidade, autenticidade e criar laços emocionais com o público.
11. **Engajamento Orgânico**
    Interação espontânea e natural do público com os conteúdos (curtidas, comentários, partilhas) sem investimento direto em publicidade paga.
12. **Taxa de Retenção**
    Percentual de clientes ou seguidores que continuam a interagir ou comprar numa marca durante um determinado período, indicador de fidelidade.
13. **Conteúdo Gerado por Usuário (UGC – User Generated Content)**
    Conteúdo criado pelos próprios consumidores, seguidores ou fãs da marca, que serve como prova social e aumenta a autenticidade.

14. Empatia Digital

Capacidade de perceber, compreender e responder de forma humana e emocional às necessidades e sentimentos do público no ambiente digital.

15. Inteligência Artificial Generativa

Tecnologia que cria automaticamente textos, imagens ou outros conteúdos a partir de comandos, usando grandes volumes de dados para aprender padrões.

16. Algoritmos

Algoritmos são conjuntos de instruções ou regras definidas passo a passo para resolver um problema ou executar uma tarefa. Na prática, são o "modo de pensar" das máquinas – dizem à Inteligência Artificial o que fazer com os dados que recebe, como reconhecer padrões, tomar decisões ou sugerir conteúdos.

Lembro-me claramente das primeiras campanhas de marketing digital em que trabalhei, há quase três décadas. Era um tempo em que estar online era sinónimo de ousadia. Pequenas marcas conseguiam competir com gigantes através de uma arma simples e poderosa: a autenticidade. A sua voz era a sua identidade, a sua assinatura única no ruído digital. Cada marca falava à sua maneira, cultivava uma personalidade própria, quase impossível de imitar. Alguns escreviam com a informalidade de um amigo próximo, outros com a autoridade compassiva de um mentor sábio, outros ainda com o toque sofisticado e emocional de artistas.

Eu próprio aconselhei muitas destas marcas. A minha primeira missão enquanto consultor era simples: ajudar a descobrir essa voz autêntica e garantir que fosse coerente e genuína em todas as mensagens. Era um trabalho quase artesanal. As reuniões eram intensas, os debates acalorados. Em cada frase, procurávamos refletir as nuances que faziam aquela marca específica soar única. O segredo estava na imperfeição, no traço humano que nos aproximava das pessoas reais do outro lado do ecrã.

Depois chegou a Inteligência Artificial generativa. Num primeiro momento, fiquei fascinado com a promessa: textos rápidos, eficientes e bem estruturados com apenas alguns comandos. As vantagens eram óbvias. Uma campanha inteira podia ser planeada e executada em poucas horas. O mercado acelerou de tal forma que já não era aceitável esperar dias ou semanas para produzir conteúdos. A era da automação trouxe velocidade e eficiência. Contudo, como sempre acontece com novas tecnologias, havia um preço a pagar, e este preço foi a perda da identidade.

De repente, as marcas que anteriormente tinham uma personalidade marcante passaram a soar todas iguais. Frases perfeitas, gatilhos psicológicos cuidadosamente encaixados, estruturas otimizadas para motores de busca — tudo parecia certo, menos o essencial. Aquela voz única, aquela alma particular que distinguia uma marca da outra, diluiu-se em templates pré-formatados.

A situação piorou com o aumento exponencial da adoção destas ferramentas. Não só a escrita perdeu autenticidade como os próprios consumidores começaram a aperceber-se dessa uniformização. O público rapidamente aprendeu a reconhecer os padrões robotizados. E, por ironia, hoje, aquilo que inicialmente era um sinal de modernidade e eficácia tornou-se um alerta para a falta de humanidade e originalidade.

Nos últimos tempos, porém, um fenómeno curioso começou a surgir. As pessoas, saturadas pelo ruído de textos homogéneos, passaram a valorizar novamente aquilo que no início foi a essência do marketing digital: a autenticidade humana. Voltou a ser desejável mostrar imperfeições, usar humor próprio, falar com um ritmo irregular que revele o carácter genuíno da marca. O mercado começou a exigir não apenas marcas humanas, mas marcas que pareçam humanas, com todas as suas falhas e particularidades.

Observamos isso claramente nas estratégias digitais mais bem-sucedidas da atualidade. Marcas como a Duolingo conquistaram uma popularidade viral justamente por serem imprevisíveis, provocadoras, quase inconvenientes nas suas interações nas redes sociais. A Netflix Brasil tornou-se um caso de sucesso internacional justamente porque assumiu um tom de voz irreverente, próximo, por vezes sarcástico, exatamente como um amigo de infância conversaria num grupo do WhatsApp. Estas marcas recusaram-se a entregar-se ao discurso genérico da IA, percebendo que a vantagem competitiva agora é exatamente essa textura humana, impossível de replicar integralmente por qualquer algoritmo.

Do ponto de vista histórico, vivemos hoje uma espécie de retorno ao início, a um ponto em que o humano é novamente central, mas agora com consciência redobrada. Hoje, a grande oportunidade para as marcas reside precisamente na capacidade de fundir a tecnologia com a imperfeição humana, de saber quando usar a automação para escalar processos e quando desligá-la para preservar o elemento único, distintivo, quase artesanal, do seu discurso.

Esta nova fase é um desafio fascinante para consultores como eu. Já não se trata simplesmente de ensinar técnicas de escrita persuasiva ou estratégias automatizadas, mas de mostrar aos clientes como preservar e cultivar a sua voz original num ambiente dominado pela automação. É preciso coragem para resistir à tentação de simplificar tudo a templates. É preciso ousadia para permitir que falhas, dúvidas, hesitações e espontaneidade façam parte do discurso digital.

Mas é exatamente nesta ousadia que reside a verdadeira vantagem competitiva do futuro. Afinal, aquilo que sempre fez o marketing digital brilhar é precisamente aquilo que a IA nunca poderá copiar completamente: o toque profundamente humano, essa imperfeição que, no final das contas, é a mais perfeita forma de autenticidade.

Antes vs. Agora: a voz como diferenciação

Antes	Agora
Escrita humana com erros e estilo	Escrita IA com perfeição e neutralidade
A marca falava como quem a criou	A marca fala como um algoritmo treinado
O branding era visual + verbal	O branding agora precisa ser emocionalmente identificável
Textos com assinatura	Textos com eficiência, mas sem memória

Como preservar a voz autêntica com IA?

Uma voz autêntica é a maneira única e coerente com que uma marca comunica a sua personalidade ao público. Não é apenas um tom ou estilo de escrita, mas uma expressão clara da identidade, dos valores e da essência da marca. Na era digital, repleta de conteúdos automatizados e genéricos, esta voz tornou-se mais importante do que nunca.

Imagine que entra numa festa cheia de gente. No meio do ruído, reconhece imediatamente a voz de um amigo próximo. Isso acontece porque conhece a sua maneira única de falar, o seu ritmo, as suas expressões favoritas. Do mesmo modo, uma marca com uma voz autêntica destaca-se claramente entre milhares de mensagens genéricas.

As vantagens de investir numa voz autêntica são numerosas e estratégicas:

→ **Reconhecimento instantâneo:** O público identifica facilmente as suas mensagens entre inúmeras publicações.

→ **Conexão emocional:** A autenticidade aproxima emocionalmente a marca do consumidor.

→ **Fidelização:** Clientes identificam-se com marcas que comunicam com clareza quem são e quais os seus valores.

→ **Diferenciação:** Num cenário onde todos falam igual, quem comunica com originalidade sobressai.

Passo a Passo para Criar uma Voz Autêntica

Vamos detalhar um método simples, eficaz e testado para criar uma voz única para a sua marca.

Passo 1: Conheça profundamente o seu público

O primeiro passo para estabelecer autenticidade é compreender exatamente para quem está a comunicar. Não basta conhecer dados demográficos básicos como idade, género e localização. Deve entender profundamente desejos, receios, valores e até as expressões preferidas do seu público.

Como fazer isto na prática?

→ **Entrevistas qualitativas:** Converse diretamente com clientes, potenciais clientes ou seguidores fiéis.

→ **Análise de redes sociais:** Observe comentários, partilhas, queixas, elogios. Aqui está a linguagem real usada pelo seu público.

→ **Criação de personas detalhadas:** Construa perfis que sintetizem características, valores, hábitos e comportamentos do seu cliente ideal.

Exemplo real:

Uma marca de cosméticos naturais entrevistou dezenas de clientes e descobriu que o público valoriza transparência e simplicidade. Portanto, ajustou a voz para algo direto, honesto e livre de jargões.

Passo 2: Defina claramente os valores fundamentais da marca

Após conhecer o público, é hora de olhar para dentro. Pergunte-se: o que a minha marca representa? Quais valores são inegociáveis?

Uma maneira eficaz de definir valores é selecionar apenas três a cinco pontos-chave. Não tente representar tudo para todos. Escolha o que realmente importa e comunique-o claramente.

Exemplo:

Valor Fundamental	Significado na prática
Transparência	Comunicação direta, honesta e sem exageros
Criatividade	Linguagem inovadora, imaginativa, fora do comum
Empatia	Comunicação calorosa, compreensiva e acolhedora

Um bom exemplo é a Patagonia, marca de vestuário outdoor. Ela comunica consistentemente valores como sustentabilidade, autenticidade e aventura, criando uma forte identificação com os clientes.

Passo 3: Escolha um arquétipo de comunicação

Arquétipos são modelos universais de comportamento humano que transmitem rapidamente o tipo de personalidade da marca.

Exemplos de arquétipos:

- → **Herói:** Marcas que inspiram coragem, motivação e realização (Nike).
- → **Mentor:** Marcas que ensinam, orientam e transmitem sabedoria (Google).
- → **Amigo:** Marcas que criam proximidade, informalidade e amizade (IKEA, Dove).
- → **Artista:** Marcas que inspiram criatividade, inovação, imaginação (Apple).
- → **Rebelde:** Marcas que desafiam o status quo (Harley Davidson).

Escolha o arquétipo que melhor combina com os seus valores e com o perfil do seu público.

Passo 4: Elabore um guia de estilo detalhado

O guia de estilo é um documento prático e fundamental para manter a coerência da voz em todos os pontos de contacto da marca.

O guia deve incluir:

- → **Tom:** Descrição detalhada (ex.: informal, divertido, sério, acolhedor).
- → **Vocabulário:** Palavras preferenciais, termos proibidos, jargões a evitar.
- → **Frases-chave:** Expressões que reforcem os valores da marca.
- → **Exemplos práticos:** Exemplos concretos de como usar e como não usar o tom em diferentes contextos.

Exemplo detalhado de guia de estilo:

- → **Tom:** Próximo, informal e positivo.
- → **Vocabulário preferencial:** "Incrível", "simples", "sem complicação".
- → **Termos proibidos:** "Deverá proceder à realização...", jargões técnicos complexos.
- → **Frases-chave:** "Fizemos isto especialmente para ti.", "Vai correr bem."

Caso real:

O Mailchimp, empresa de e-mail marketing, é conhecida por um guia extremamente detalhado que especifica o tom caloroso e divertido com que comunica.

Passo 5: Treine continuamente a sua equipa

Uma voz autêntica exige continuidade e coerência ao longo do tempo. Para isso, precisa formar regularmente a equipa que produz conteúdos e interage com o público.

Dicas práticas:

- → Workshops mensais sobre tom de voz e linguagem.
- → Análise de casos reais: mostre exemplos bons e maus de comunicação da marca.
- → Feedback contínuo sobre conteúdos publicados.

Passo 6: Avalie e ajuste continuamente

Autenticidade não significa imutabilidade. A voz deve evoluir organicamente com a marca, acompanhando mudanças no mercado ou no público.

Periodicamente (a cada seis meses, por exemplo):

- → Faça pequenas entrevistas ou pesquisas de opinião.
- → Observe métricas qualitativas (comentários, respostas emocionais).
- → Ajuste vocabulário ou tom conforme necessário.

Criar uma voz autêntica para a sua marca é um trabalho contínuo que envolve conhecer profundamente o público, definir claramente os valores fundamentais, escolher arquétipos de comunicação, criar guias detalhados e treinar continuamente a equipa.

A recompensa é uma comunicação que se destaca naturalmente, gera conexões reais e sólidas com o público, e constrói uma vantagem competitiva sólida numa época em que autenticidade é a moeda mais valorizada do marketing digital.

Ao aplicar estes passos, estará pronto para que a sua marca se torne imediatamente reconhecível, conquistando espaço numa realidade digital saturada e automatizada. Lembre-se sempre que autenticidade é aquilo que os robôs ainda não podem copiar — é a alma humana que nenhuma IA conseguirá substituir integralmente.

O Efeito IA: Como Evitar a Padronização e o Discurso Robótico

A chegada das ferramentas de Inteligência Artificial revolucionou o marketing digital, permitindo produzir conteúdos de forma rápida, eficiente e com estrutura perfeita. Porém, com o aumento exponencial do uso destas ferramentas, surgiu uma consequência negativa evidente: a **padronização dos conteúdos**. Milhares de marcas começaram a comunicar com frases semelhantes, estruturas idênticas, gatilhos psicológicos repetitivos e uma falta total de identidade humana.

Esta padronização tem consequências sérias:

→ **Menor envolvimento do público:** Conteúdos previsíveis são facilmente ignorados pelos consumidores.

→ **Perda de confiança:** Mensagens genéricas passam a impressão de superficialidade ou descuido.

→ **Diminuição da diferenciação competitiva:** Se todos soam iguais, ninguém se destaca.

Neste cenário, destacar-se exige justamente fugir da uniformidade trazida pela IA, voltando a investir numa comunicação realmente humana e personalizada.

Passo a passo para evitar o efeito robótico na sua comunicação digital

Para evitar cair nesta armadilha, siga os passos seguintes, detalhados com exemplos práticos e orientações claras.

Passo 1: Utilize a IA apenas como ponto de partida

A primeira regra para evitar o discurso robótico é nunca utilizar conteúdos gerados automaticamente pela IA sem revisão humana detalhada.

Como fazer isto na prática?

→ **Utilize a IA como base inicial:** gere textos iniciais através da Inteligência Artificial.

→ **Realize uma edição humana rigorosa:** personalize, acrescente originalidade e insira elementos únicos.

Exemplo:

→ Texto gerado pela IA:

"Descubra cinco estratégias para aumentar a sua produtividade no trabalho."

→ Após intervenção humana:

"Costuma chegar ao final do dia com a sensação de não ter feito quase nada? Deixo aqui cinco estratégias reais que uso todos os dias para fazer o tempo render muito mais."

Esta segunda versão tem personalidade, empatia e um tom mais conversacional, criando uma conexão imediata com o leitor.

Passo 2: Identifique e elimine frases-cliché

Frases comuns ou genéricas são o primeiro sinal de que um texto foi criado automaticamente. Identifique esses clichés e substitua-os por alternativas mais humanas e originais.

Expressão Robótica	Alternativa Humana e Criativa
"Garanta já o seu desconto!"	"Não vais querer perder isto, acredita!"
"Confira abaixo os benefícios..."	"Prepara-te para descobrir algo que vais adorar..."
"Clique aqui para saber mais."	"Queres descobrir o segredo? Está mesmo aqui."
"Melhore a sua vida agora!"	"Chegou o momento de finalmente viveres como queres."

Dica prática:

Faça uma lista das expressões mais usadas pela sua marca e crie alternativas únicas, em linguagem natural.

Passo 3: Conte histórias reais e personalizadas

Nada é mais humano do que contar histórias reais. A narrativa personalizada é uma das formas mais eficazes de evitar a padronização gerada por IA.

Como implementar:

→ Identifique histórias reais relacionadas à sua marca (clientes, equipa, bastidores).

→ Conte essas histórias em primeira pessoa, criando proximidade.

Exemplo:

Uma marca de roupa sustentável poderia escrever:

"Quando criámos a nossa primeira coleção, cometemos imensos erros: tecidos que não aguentavam lavagens, tamanhos estranhos... Mas foi graças ao vosso feedback honesto que conseguimos melhorar. Hoje, cada peça é feita pensando no que vocês realmente precisam."

Histórias como esta criam autenticidade imediata e proximidade emocional.

Passo 4: Utilize humor e imperfeição deliberada

A imperfeição é uma das formas mais simples e eficazes de escapar à robotização. O humor natural, pequenas falhas propositadas ou uma comunicação menos formal ajudam a destacar-se claramente.

Exemplo real:

A empresa Ryanair ficou famosa nas redes sociais por interações humorísticas e sarcásticas, destacando-se por não ter medo de "errar" propositadamente, gerando uma conexão genuína com o público jovem.

Exemplo de postagem real:

Cliente: "Porque é que os vossos voos são tão baratos?"

Ryanair: "Porque ainda não descobriste que o preço da bagagem custa o mesmo que o voo."

Este tipo de resposta imperfeita e divertida humaniza imediatamente a comunicação.

Passo 5: Incentive a interação humana nas redes sociais

Permita à equipa responder diretamente aos comentários, mensagens e interações nas redes sociais com personalidade própria e real.

Passos práticos:

→ Treine a equipa para refletir o tom autêntico da marca.

→ Estimule respostas informais, pessoais e diretas.

Exemplo real:

A Netflix utiliza frequentemente respostas espontâneas e divertidas nas redes sociais, como:

Cliente: "Netflix, não aguento esperar pela nova temporada!"

Netflix: "Nós também não, estamos a fazer o nosso melhor para acelerar as coisas."

Esta interação cria uma conexão imediata e espontânea com o público.

Passo 6: Crie variações no estilo dos conteúdos

A previsibilidade pode ser quebrada ao variar regularmente o formato, o tom ou o estilo dos conteúdos publicados.

Como fazer isto:

→ Alterne entre publicações curtas e diretas e conteúdos mais detalhados.

→ Misture formatos: vídeos informais, imagens dos bastidores, textos mais longos e informativos.

Exemplo:

Uma marca de viagens pode alternar conteúdos muito profissionais, como guias detalhados de cidades, com vídeos curtos e informais mostrando momentos divertidos durante as viagens.

Estudo de Caso: Resultados obtidos por uma marca que abandonou a padronização da IA

Marca: Startup de alimentação saudável, Moo Milk (mercado inglês)

Inicialmente, utilizava IA para criar textos padronizados, focados apenas em SEO e conversão rápida. O público envolvia-se pouco, as interações eram mínimas.

Mudanças implementadas:

→ Textos passaram a ser revistos por uma equipa dedicada.
→ Introdução de histórias reais dos clientes nos conteúdos semanais.
→ Respostas espontâneas e humorísticas nas redes sociais.

Resultados obtidos em seis meses:

Métrica	Antes (conteúdo padronizado)	Depois (conteúdo humanizado)
Engajamento nas redes sociais	3%	17%
Taxa de abertura de e-mails	15%	42%
Conversão do site	2%	6,5%

Estes resultados mostram claramente o impacto positivo de fugir da padronização e optar por uma comunicação verdadeiramente humana. O efeito da Inteligência Artificial no marketing digital é profundo e complexo. A IA pode ser extremamente útil para gerar eficiência, mas quando usada sem moderação, torna os conteúdos indistinguíveis uns dos outros. Fugir da padronização implica intervenção humana, criatividade, histórias reais e coragem para errar deliberadamente. A recompensa é uma comunicação autêntica, diferenciada e altamente eficaz, capaz de conquistar um público cada vez mais saturado pela repetição. Seguindo estes passos detalhados, estará preparado para evitar a armadilha robótica e destacar-se num mercado dominado pela automação.

Lembre-se sempre: ser humano é hoje uma vantagem estratégica poderosa. Afinal, em tempos de robôs perfeitos, é justamente a imperfeição humana que mais atrai e fideliza o público.

A Imperfeição Estratégica: Humanizar para Conquistar o Público

A ideia de perfeição dominou durante décadas o marketing tradicional. Campanhas cuidadosamente estudadas, anúncios polidos e discursos impecáveis eram a norma. No entanto, na era digital pós-IA, emergiu uma realidade surpreendente: o público cansou-se da perfeição. Paradoxalmente, a imperfeição tornou-se uma estratégia valiosa para conectar emocionalmente com as pessoas.

Hoje, o consumidor procura marcas reais, com as quais possa identificar-se genuinamente. Mostrar vulnerabilidade, erros ocasionais e comunicar com espontaneidade gera empatia instantânea. Imperfeição estratégica não é desleixo; é uma abordagem intencionalmente humana para diferenciar-se num mercado saturado por conteúdos gerados automaticamente.

Benefícios imediatos da imperfeição estratégica:

- → Aumento significativo do envolvimento emocional do público.
- → Reforço da confiança e transparência percebida.
- → Maior destaque num ambiente digital homogéneo.

Como Implementar a Imperfeição Estratégica passo a passo:

Seguem-se passos claros, detalhados e testados para implementar a imperfeição estratégica no marketing da sua marca.

Passo 1: Mostre os Bastidores da Marca

As pessoas adoram conhecer o que acontece "por trás das cortinas". Mostrar bastidores é uma das formas mais eficazes de revelar o lado imperfeito, humano e real do seu negócio.

Como implementar na prática:

- → Publique vídeos curtos dos bastidores (preparação de produtos, erros engraçados, momentos descontraídos).
- → Utilize fotografias sem grandes edições para mostrar autenticidade.

  Exemplo real:

  Uma pequena padaria em Lisboa partilha diariamente pequenos vídeos dos erros divertidos que ocorrem durante a confeção. Por exemplo, o bolo queimado que saiu errado ou o pão que ficou com formato estranho.

O resultado foi um aumento de 150% nas interações online e uma maior afluência à loja física, porque as pessoas começaram a identificar-se emocionalmente com a equipa.

Passo 2: Aceite e partilhe pequenos erros publicamente

Todas as marcas cometem erros. A forma como responde a esses erros pode transformar um incidente negativo numa oportunidade valiosa para humanizar a comunicação.

Como gerir erros estrategicamente:

- → Se errar publicamente, admita de imediato.
- → Corrija com empatia e humor leve.
- → Mostre o que aprendeu com esse erro.

Exemplo:

A plataforma Spotify enviou um e-mail errado aos utilizadores, anunciando uma promoção inexistente. Em vez de ignorar, publicou rapidamente nas redes sociais:

"Sim, fomos nós que enviámos o e-mail errado. Era sexta-feira, estávamos cansados... Desculpem. Aproveitem antes uma playlist especial criada como pedido de desculpa."

A reação foi extremamente positiva, com comentários elogiando a honestidade e o humor da marca.

Passo 3: Incentive uma Comunicação Informal e Espontânea

Quanto mais formal for a comunicação, mais distante e artificial parecerá. Incentive a sua equipa a comunicar-se com naturalidade, como faria com amigos.

Como fazer na prática:

- → Crie orientações claras sobre tom informal e natural.
- → Dê liberdade aos colaboradores para responder diretamente nas redes sociais.
- → Promova conteúdos que falem diretamente ao leitor, usando uma linguagem quotidiana.

Exemplo:

O Twitter oficial da empresa Telepizza ganhou destaque ao responder aos utilizadores com frases engraçadas e autênticas:

Cliente: "Por que razão as pizzas vêm sempre quentes por cima e frias por baixo?"

Telepizza: "Vamos investigar. Talvez tenhamos inventado a pizza de dois sabores extremos sem querer."

Este tipo de interação espontânea humaniza instantaneamente a marca.

Passo 4: Utilize Humor como Ferramenta de Imperfeição

O humor é a forma mais direta e poderosa de mostrar imperfeição. Uma piada leve ou brincadeira autêntica pode transformar completamente a relação da marca com o público.

Exemplos práticos para aplicar humor:

→ Comentários engraçados a eventos do dia-a-dia.

→ Respostas leves a críticas construtivas.

→ Campanhas com pequenas piadas internas ou referências ao quotidiano do público.

Exemplo:

A IKEA, famosa pela sua comunicação divertida, lançou uma campanha na qual ironizava sobre a dificuldade em montar os seus móveis. Num anúncio lia-se:

"Montar o nosso móvel é quase tão difícil como acordar cedo numa segunda-feira."

A honestidade divertida gerou mais conexão e empatia com os clientes, que se identificaram imediatamente com o humor da marca.

Passo 5: Crie Conteúdos com Variedade e Sem Rigidez Excessiva

O público valoriza variedade e imprevisibilidade. Utilize conteúdos diferentes que fujam ao padrão rígido da produção automática de textos.

Como diversificar na prática:

→ Misture formatos (vídeos curtos, imagens reais, textos com abordagens inesperadas).

→ Publique conteúdos em horários menos óbvios.

→ Evite repetir padrões previsíveis.

Exemplo:

A marca portuguesa Controlo (nome fictício, caso real), de produtos íntimos, quebrou completamente o padrão tradicional das campanhas de publicidade através de publicações extremamente informais, divertidas e imprevisíveis. O resultado foi o aumento substancial do reconhecimento da marca nas redes sociais e no mercado português, conquistando especialmente o público mais jovem.

Passo 6: Realize campanhas deliberadamente imperfeitas

Uma campanha imperfeita e humana pode captar muito mais atenção do que algo polido e profissional. Aposte em campanhas que sejam intencionalmente menos perfeitas para destacar autenticidade.

Exemplo prático real:

A Domino's Pizza lançou a campanha "Pizza feia, mas deliciosa" com imagens reais de pizzas não tão bonitas, mas com sabor delicioso. A honestidade desta abordagem gerou uma identificação imediata do público e o aumento de 25% nas vendas num período de três meses.

Resultados de uma Marca que Humanizou através da Imperfeição

Marca: Innocent Drinks (sumos naturais)

A Innocent Drinks tornou-se famosa por publicar conteúdos altamente humanos e intencionalmente imperfeitos. As suas redes sociais são repletas de posts engraçados, erros de digitação propositados, imagens de sumos mal fotografadas e piadas leves sobre falhas.

Resultados práticos desta abordagem:

Indicador	Antes da Imperfeição Estratégica	Depois da Imperfeição Estratégica
Envolvimento médio	5%	29%
Crescimento anual seguidores	7%	34%
Aumento nas vendas	3%	18%

A marca percebeu que ao humanizar a comunicação com imperfeição deliberada criou relações muito mais fortes e duradouras com o público. Ou seja, a estratégia da imperfeição é uma poderosa ferramenta de humanização do marketing digital moderno. Num mercado dominado pela perfeição artificial, assumir falhas, utilizar humor, mostrar bastidores e permitir comunicação espontânea são métodos eficazes para conectar emocionalmente com o público.

O consumidor procura marcas reais e autênticas, com as quais possa estabelecer ligações genuínas. Imperfeição estratégica não é falta de cuidado ou profissionalismo, mas uma abordagem inteligente e intencional que gera destaque num mercado saturado por mensagens repetitivas. Aplique, portanto, estes passos detalhadamente e verá o impacto imediato na forma como o público interage com a sua marca, conquistando não só clientes, mas fãs reais e fiéis.

Marcas que Vencem com Humanidade na Era da Inteligência Artificial

Durante muitos anos, enquanto consultor de storytelling e comunicação estratégica, acompanho a transformação radical do marketing digital. Vivi a fase inicial, em que cada marca contava as suas histórias com singularidade, artesanato criativo e uma comunicação profundamente humana. Mas também testemunhei o impacto inicial da Inteligência Artificial, quando textos gerados automaticamente começaram a dominar o mercado, criando um ruído homogéneo, sem personalidade ou emoção.

Recentemente, porém, assistimos ao renascimento do valor humano na comunicação. E são exatamente estas marcas — aquelas que ousaram ser humanas numa era de máquinas — que analisaremos aqui detalhadamente.

Caso 1: Duolingo – A Mascote que Humanizou a Tecnologia

O Duolingo, aplicativo de aprendizagem de idiomas, enfrentava a concorrência direta de ferramentas semelhantes e precisava destacar-se no mercado. Em vez de apostar numa comunicação genérica ou exclusivamente educativa, optou por algo inesperado: utilizar a imperfeição estratégica, o humor e a interação humana para transformar radicalmente a perceção da sua marca.

O que fizeram diferente?

→ Criaram uma mascote provocadora e imperfeita: a coruja Duo, famosa pela personalidade atrevida, divertida e algo inconveniente.

→ Apostaram numa comunicação autêntica nas redes sociais, respondendo diretamente aos seguidores de forma irreverente e muitas vezes imprevisível.

Exemplo real de interação no Twitter:

Seguidor: "Duolingo, porque estás sempre a mandar-me notificações irritantes?"

Duolingo (Duo): "Porque gostamos tanto de ti que não conseguimos parar. Desculpa (mas não vamos parar)."

Este tom direto, humorístico e humano gerou uma reação imediata e viral, transformando o Duolingo numa das marcas digitais mais populares nas redes sociais.

Resultados obtidos pelo Duolingo:

Indicador	Antes (Comunicação padrão)	Depois (Comunicação humana)
Aumento do engajamento orgânico	8%	350%
Novos utilizadores mensais	100.000	2.000.000
Menções espontâneas nas redes	Baixas	Extremamente altas

Estudo de Caso 4: McSill Story Studio – A Humanidade "na minha casa"

No início da minha carreira como consultor de storytelling, trabalhei com microempresas, startups e artistas que encontravam o sucesso pela autenticidade narrativa: histórias genuínas, específicas, verdadeiras. Os textos eram artesanais, a voz era pessoal e a comunicação, quase íntima. Depois, com a chegada da IA, vi essa forma artística de narrar escassear — perdemos a nuance, a trepidação emocional, o detalhe que faz uma história pulsar no peito.

Foi em **casa**, no McSill Story Studio — o próprio estúdio que coordeno em York, Inglaterra — que decidi testar algo diferente: contar **a minha** história com a marca. Ao invés de criar narrativas genéricas ou automáticas para os clientes, partilhei diretamente as minhas próprias vulnerabilidades enquanto consultor em storytelling digital: os bastidores, os medos, as experiências de transição, os erros que cometi — e como a IA me obrigou a ser criativamente mais humano.

Essa decisão mudou tudo. Voltámos a sentir emoção, autenticidade e proximidade. Vamos ver como isso se concretizou.

Desafio enfrentado

- → Clientes notavam que os seus conteúdos, apesar de corretos, não "mexiam" com ninguém.
- → As histórias das marcas eram tecnicamente bem escritas, mas faltava-lhes "alma".
- → Tanto no McSill Story Studio como nos estúdios dos clientes, o discurso parecia um template.
- → Precisávamos de um caso que mostrasse: **a voz humana ainda é insubstituível.**

Estratégia aplicada no McSill Story Studio

1. **Narrativa pessoal como case study real**

   Decidi falar de mim, no meu site, newsletter e redes sociais. Por exemplo:

   - → "Quando comecei a ensinar storytelling, falhava em aplicar a mesma empatia ao conteúdo do estúdio."
   - → "Passei semanas a formatar guias de estilo... até me aperceber que me faltava uma história que tocasse o coração."

2. **Bastidores e vulnerabilidade**

   Publiquei vídeos sem grandes aparências, com erros de pronúncia ou nascer emotivo na voz. Mostrei a minha casa - escritório, com cães a aparecer, café a derramar, falhas de zoom — tudo. Identificável, honesto, genuíno.

3. **Convite à interação pessoal**

   Perguntei, em posts autênticos: "Tu, que lês frontalmente este texto... tens medo da IA a roubar o trabalho criativo? Partilha."

   Isso animou os primeiros comentários, coisas como:

"Sim, às vezes penso 'não sou suficiente'."

Comecei a responder com empatia real, às vezes emojis, às vezes de forma escrita "numa só linha".

1. **Mistura de IA + edição humana**

   Usei IA para rascunhos, mas depois reescrevi cada parágrafo, inseri metáforas minhas, erros propositados, eco de sotaque e expressões regionais — "tipo que", "na boa", "fixe". Aquilo que a IA não pode produzir completamente: a minha mão.

2. **Monitorização e métricas qualitativas**

   Acompanhei:

   → **Comentários com emoções**: "Senti o que disseste."
   → **Mensagens privadas**: algumas pessoas enviaram "obrigado, finalmente consigo falar das minhas inseguranças".
   → **Pedidos de consulta** subiram.

Resultados obtidos em seis meses

Métrica	Antes (Template + IA)	Depois (Narrativa Pessoal)
Envolvimento nas redes sociais	3 %	28 %
Reflexões nos comentários e mensagens privadas	Poucas	Crescentes e profundas
Pedidos de Workshop/ Consultoria	1 por mês	4 por mês
Taxa de retenção de clientes	60 %	85 %

Porque funcionou tão bem

→ **Identificação direta**: mostrar vulnerabilidade humana gera afinidade imediata.

→ **Contexto cultural**: falar em português de Portugal, com sotaque, expressões regionais — aproxima quem lê.

→ **Contraste forte**: no meio de publicações genéricas, aparecer com cara, falhas e história própria destaca.

→ **Transparência e humildade**: "não sou perfeito, mas vou contigo" — cria confiança.

O papel das competências humanas

Este caso não é apenas um estudo de marketing — é uma lição sobre o que **intuição**, **empatia** e **criatividade genuína** fazem quando combinadas conscientemente com IA.

- → A IA fez o trabalho técnico; eu trouxe alma.
- → A IA sugeriu títulos; eu partilhei histórias, lágrimas, pausas emocionais, inconsistências que cativam.
- → A IA organizou a estrutura; eu preenchi com calor humano, humor, timbre e pequenas falhas.
- → A IA preparou o guia de estilo; eu incluí uma secção "coisas que provavelmente só eu digo".

No fim, hoje sei, entendi que **a vantagem não está na tecnologia**, mas na forma como a usamos. O toque humano faz a duração da história. A minha experiência no McSill Story Studio é a prova viva de que, mesmo em pleno século XXI e em tempos de IA, contamos histórias com mais impacto — quando são narradas, de corpo inteiro, com falhas, emoções e alma.

Como as Histórias Mudaram na Era da IA

Durante quase cinco décadas como consultor, mentor e assessor, ajudei centenas de marcas a encontrar a sua voz, a contar histórias que tocassem profundamente o público. Antigamente, a produção de histórias era um processo meticuloso e artesanal. Cada palavra era escolhida cuidadosamente para refletir os valores genuínos da marca. O processo era lento, mas altamente eficaz.

A chegada da IA, sabemos, alterou drasticamente esta dinâmica. Muitos clientes começaram a pedir rapidez e eficiência máxima, perdendo de vista a profundidade e singularidade das histórias. Durante algum tempo, aceitei esta mudança, mas rapidamente percebi que algo essencial estava a perder-se. Os textos tornaram-se previsíveis e emocionalmente vazios.

A reviravolta chegou quando alguns clientes começaram a relatar queda no envolvimento do público. Foi aí que fiz um teste com um cliente específico: decidi reintroduzir as antigas técnicas humanas — imperfeição, humor leve, histórias reais e interação genuína. O resultado foi imediato e dramático:

- → Aumento de 400% no envolvimento orgânico nas redes sociais.
- → Crescimento exponencial das conversões.
- → Clientes que antes eram apenas consumidores passaram a ser fãs leais e defensores da marca.

Este caso específico abriu-me os olhos para o valor imenso das competências humanas na era digital. Não se trata mais de "competir" com a IA, mas sim de compreender que a Inteligência Artificial pode ser uma poderosa ferramenta auxiliar, nunca substituta total da habilidade mais valiosa que possuímos: a capacidade de entender, empatizar e conectar emocionalmente com outras pessoas. Vivemos hoje um paradoxo fascinante, ouso afirmar, que, quanto mais avançada se torna a tecnologia, mais valioso se torna o toque profundamente humano. As habilidades humanas — criatividade, empatia, intuição e capacidade de contar histórias reais — nunca foram tão importantes quanto agora.

A Inteligência Artificial trouxe eficiência, rapidez e precisão técnica, mas revelou claramente os seus limites quando o objetivo é criar vínculos reais com seres humanos. O público não deseja apenas eficiência; deseja identificação emocional, humor, autenticidade e vulnerabilidade genuína.

Esta realidade cria um cenário novo e promissor: o futuro pertence não às marcas que dominam exclusivamente a tecnologia, mas às que sabem como usá-la em perfeita harmonia com as competências humanas. Assim, a pergunta que fica é: está a sua marca preparada para este futuro profundamente humano?

CHECKLIST

Preservar a voz humana da marca com IA

- ☑ Tens um documento vivo de tom, voz, estilo e termos da tua marca?
- ☑ Usas a IA como ferramenta de escrita, mas revês com foco no teu som narrativo?
- ☑ Eliminas fórmulas genéricas nos textos (ex.: "neste artigo vamos explorar...")?
- ☑ Inseres elementos pessoais, culturais ou emocionais típicos da tua marca?
- ☑ Avalias os conteúdos por coerência emocional e não só por conversão?
- ☑ Estás a formar a tua equipa para detectar e manter a tua voz narrativa?
- ☑ Lês os teus próprios textos em voz alta antes de publicar – para sentir se ainda és tu?

Dica final deste episódio

A tua marca tem uma voz – e se for verdadeira, ela atravessa o ruído, o tempo e até os algoritmos mais frios. Digo isso com a autoridade de quem não só estudou por décadas, mas que testa todos os dias, nos próprios negócios espalhados por quatro continentes, o que funciona e o que se desfaz no ar. Já vi marcas gastarem fortunas em tecnologia e desaparecerem porque esqueceram a própria alma. O futuro do storytelling não está em automatizar emoções como quem embala sentimentos em série, mas em amplificá-las sem as falsificar. A tua voz é o que resta quando todas as tendências passam, quando os filtros mudam, quando a IA já não impressiona. Protege-a como o teu maior ativo. Refina-a como se refina um instrumento que precisa soar limpo mesmo em meio ao caos. E lembra: a Inteligência Artificial pode ser o teu megafone – mas nunca o teu ventríloquo. Se não for a tua verdade que fala, não é tua marca que está sendo ouvida. É só mais um ruído bonito a desaparecer na próxima rolagem. E os algoritmos? São sequências lógicas que dizem às máquinas como agir – que conteúdo mostrar, a quem, quando e com que prioridade. São fórmulas que organizam o caos digital. Mas por mais sofisticados que sejam, algoritmos não sentem. E por isso, não conectam. Só a tua voz pode fazer isso.

Episódio 10

Rever os KPIs Narrativos

Mede Emoção, Não Só Conversão

A métrica mais valiosa é o tempo que alguém fica contigo sem obrigação nenhuma.

ANTES DE LER O EPISÓDIO, ESSES SÃO OS TERMOS TÉCNICOS QUE PRECISAS CONHECER:

1. **Fragmentação de Canais**

   Estado em que cada canal de comunicação atua isoladamente, com mensagens e estratégias independentes, sem integração entre plataformas.

2. **Ecossistema Narrativo**

   Conjunto interligado de mensagens e histórias distribuídas por vários canais que funcionam em harmonia para construir uma experiência coerente e contínua para o público.

3. **Personalização em Tempo Real**

   Capacidade tecnológica de ajustar o conteúdo mostrado ao utilizador imediatamente, com base nas suas interações recentes e comportamento online.

4. **Narrativa Global**

   A história maior que une todos os conteúdos e campanhas, espalhada e desdobrada em múltiplos canais, mas sempre mantendo um fio condutor.

5. **Experiência Omnicanal**

   Estratégia que oferece ao público uma experiência integrada e consistente em todos os pontos de contacto, independentemente do canal utilizado.

6. **Engajamento Fragmentado**

   Situação em que o público recebe mensagens desconexas em diferentes canais, levando a menor envolvimento e dificuldade em construir uma relação sólida.

7. **Jornada do Cliente Integrada**

   Processo de acompanhar o cliente ao longo de todos os canais e interações, criando uma experiência fluida e contínua, que respeita o seu contexto e estado emocional.

8. **Posicionamento Autêntico**

   Definição clara e verdadeira do lugar que a marca ocupa na mente do consumidor, baseada em valores reais e comunicada consistentemente.

9. **Coerência Emocional**

   Manutenção de uma mesma linha emocional em todas as narrativas e canais, garantindo que o público sente uma única e clara identidade.

10. **Vulnerabilidade Narrativa**

    Capacidade de incluir falhas, dúvidas e aspectos humanos na comunicação para criar empatia e ligação genuína com o público.

No início da minha jornada como consultor e mentor de storytelling, o marketing digital era quase um terreno inexplorado, onde cada ação parecia um experimento artesanal. Era comum criarmos um anúncio isolado, enviar um e-mail que funcionava por si só, ou publicar um post no blog que atingia um público específico. Cada canal era um pequeno mundo próprio, com as suas regras e linguagens distintas. Adaptávamos as histórias para cada plataforma: no blog, um texto mais técnico e informativo; no Facebook, uma mensagem que buscava emocionar; no e-mail, uma chamada direta e urgente para ação. Era um jogo de encaixar peças que, apesar da fragmentação, funcionava. Nessa época, bastava saber combinar essas peças para conquistar 100 clientes numa tacada, com uma sensação de que o mercado ainda estava aberto, cheio de espaço e possibilidades.

Mas essa simplicidade evaporou. Hoje, a paisagem do marketing digital é outra. O que parecia um mosaico de canais independentes tornou-se uma rede complexa e interligada, onde cada movimento do utilizador num canal influencia o que ele vê noutro, num ciclo contínuo de dados, algoritmos e personalizações em tempo real. O marketing já não é linear; transformou-se num organismo vivo, com camadas que se comunicam e reagem constantemente. E o storytelling, que antes podia ser dividido em pedaços soltos para cada meio, tem de ser pensado como uma narrativa global, uma tapeçaria que se desdobra em pequenos episódios coerentes e emotivos, espalhados por múltiplos canais, mas que mantêm um fio condutor único.

Hoje, com mais esforço e ainda com menos clientes do que antigamente, sinto o peso dessa mudança. Conseguir vinte clientes agora — e nem sempre com facilidade — é um desafio que revela algo mais profundo: os clientes chegam mais desconfiados, céticos, muitas vezes cansados das promessas repetidas e das fórmulas milagrosas que invadiram o mercado. Já não acreditam tão facilmente, e com razão. São muitos os que passaram por experiências ruins: produtos que não correspondem à expectativa, processos de entrega complicados, dificuldades na troca, e um receio constante sobre o que acontece com os seus dados pessoais. No meio disso tudo, a comunicação parece ter perdido o calor humano, substituída por textos frios, genéricos, muitas vezes produzidos por máquinas sem alma.

E é aqui que entra um dos exemplos mais emblemáticos da era das fórmulas: a tal "Fórmula de Lançamento". Criada inicialmente por americanos e depois adotada com força em países como o Brasil, tornou-se sinónimo de técnicas afiadas para alcançar vendas rápidas e explosivas — o famoso "6 em 7", onde um produto gera seis dígitos em sete dias. Porém, o que antes parecia quase uma receita infalível, hoje mostra-se desgastado, saturado. O público mudou, está mais exigente e, sobretudo, mais desconfiado das estratégias agressivas que se multiplicaram até à exaustão. As "fórmulas" tornaram-se clichés e perderam a capacidade de surpreender ou conquistar de forma genuína.

Foi nesse momento, de mudança e de dúvida, que percebi o que realmente importa no marketing digital: o storytelling. Mas não um storytelling qualquer, nem uma receita pronta para repetir. Falo de contar histórias que realmente tenham vida, que reflitam uma voz verdadeira e coerente, capaz de atravessar os ruídos, as automatizações e chegar até ao coração das pessoas. Uma voz que saiba unir a complexidade dos dados e das plataformas com a simplicidade do humano que está do outro lado da tela.

Hoje, enquanto consultor, não basta mais aplicar fórmulas e modelos. É preciso escutar, entender, criar um ecossistema narrativo onde cada conteúdo, por mais pequeno que seja, é parte de uma história maior, coerente e emocionalmente conectada. É uma estratégia que exige mais tempo, mais cuidado, mais humanidade — um compromisso que não permite atalhos.

Esta introdução é, afinal, uma confissão: a minha experiência ensinou-me que o que sempre funcionou — e continuará a funcionar — não é o volume de mensagens nem a rapidez da entrega, mas a autenticidade da voz, a honestidade da narrativa e a capacidade de contar histórias que emocionam e transformam. Num mundo onde tudo se acelera e se automatiza, essa verdade mantém-se intocável.

Antes vs. Agora: de peças isoladas a ecossistemas narrativos

Antes	Agora
Conteúdo por canal	Conteúdo interligado entre canais
Planeamento manual por plataforma	IA ajusta mensagem ao canal com base em comportamento
Mesma história adaptada para cada espaço	Partes da história contadas em diferentes espaços
Estratégia baseada em presença	Estratégia baseada em contexto emocional em tempo real

Como preparar essa estratégia narrativa em camadas?

No coração de qualquer marca que deseja realmente marcar presença no mundo digital está uma ideia clara, uma chama que arde com propósito e intensidade — é aquilo a que chamo o "coração narrativo". Esta expressão pode soar abstrata, mas representa, na prática, o eixo central que orienta toda a comunicação, desde o primeiro post até à última campanha. Não é um slogan ou um jargão de marketing; é a essência viva da marca, aquilo que lhe confere identidade e significado.

Lembro-me de um momento decisivo na minha carreira, quando ajudei uma pequena marca de produtos artesanais a redescobrir essa sua essência. Antes de trabalharmos juntos, a comunicação era dispersa, cada peça parecia feita à pressa, sem uma linha que as unisse. A marca vendia qualidade, mas não conseguia transmitir isso de forma consistente nem emocionalmente. O desafio foi encontrar o seu coração narrativo — um posicionamento autêntico que refletisse verdadeiramente o que representava. Após várias conversas, percebi que o que movia aquela empresa não era apenas o produto, mas o amor pela tradição familiar, pelas histórias que passavam de geração em geração. Transformar esse amor num fio condutor para todas as mensagens criou uma revolução silenciosa: o público começou a sentir, mesmo que de forma subliminar, que ali havia algo genuíno.

Definir esse coração narrativo não é tarefa fácil nem rápida. Requer uma imersão profunda, uma escuta ativa dos valores que já existem, das paixões que movem a equipa, e, acima de tudo, do que os clientes sentem quando interagem com a marca. Não se trata de inventar algo novo, mas de descobrir e expressar aquilo que já está latente, ainda que por vezes invisível. É, essencialmente, um processo de revelação.

No entanto, este passo é fundamental porque tudo o resto na comunicação será uma variação desta ideia central. A Inteligência Artificial, com toda a sua capacidade de distribuição e personalização, pode ajudar a espalhar a mensagem e a adaptar o conteúdo para diferentes públicos, mas nunca poderá criar este núcleo. É um espaço exclusivamente humano, onde a criatividade, a experiência e a intuição se encontram.

Para concretizar esta definição, o processo começa quase sempre por uma conversa franca com quem está no centro da marca: os fundadores, os colaboradores que vivem o dia a dia e, se possível, os clientes mais fiéis. É nesses encontros que se encontram pistas preciosas — palavras, imagens, histórias que se repetem, emoções que transbordam. Com base nestes elementos, procura-se sintetizar uma ideia que seja ao mesmo tempo simples e profunda, capaz de inspirar e guiar. E, uma vez encontrada, esta ideia não deve ser deixada no papel: precisa de ser testada, sentida, partilhada e ajustada em contacto com o público.

Percebo que muitos se assustam com esta abordagem porque implica uma certa vulnerabilidade — definir o que a marca realmente é e mostrar isso ao mundo, sem artifícios. Mas é precisamente essa transparência que cria confiança. As pessoas sentem quando uma comunicação é genuína ou quando é apenas fachada. E numa era em que estamos rodeados por mensagens automáticas, feitas à pressa e sem alma, esta autenticidade é uma força que se destaca.

Ao longo dos anos, no McSill Story Studio, ajudei diversas marcas a encontrar o seu coração narrativo, e os resultados são sempre evidentes. Aqueles que investem neste trabalho criam uma base sólida para todas as suas ações comunicativas. Quando uma marca tem esta clareza, a sua voz torna-se reconhecível e memorável. Os clientes não compram apenas produtos ou serviços, compram uma história, uma identidade com a qual se identificam. E essa identificação gera ligação, fidelidade e, no final, impacto real nos negócios.

O coração narrativo é, portanto, o ponto de partida para qualquer estratégia eficaz de storytelling. Sem ele, arriscamo-nos a criar ruído — muitas mensagens, pouco sentido. Com ele, construímos pontes, criamos relações duradouras e, sobretudo, transmitimos aquilo que torna cada marca única. E neste capítulo, vamos explorar como chegar a este núcleo, como o trabalhar e o transformar numa bússola que orienta toda a narrativa digital da tua marca.

Estratégias de Diferenciação Narrativa por Canal Digital: Uma Abordagem à Comunicação Multiplataforma

A conceptualização de linhas narrativas específicas por canal constitui uma metodologia comunicacional que transcende a mera adaptação de conteúdos, configurando-se como um processo analítico de compreensão dos ecossistemas digitais e da subsequente adaptação orgânica das mensagens aos contextos específicos de cada plataforma.

O Instagram funciona como uma interface visual primária para a representação organizacional. Esta plataforma privilegia a componente visual e valoriza a autenticidade comunicacional. A estratégia comunicativa não se deve limitar à publicação de conteúdos visuais idealizados, mas deve incorporar elementos de genuinidade através da documentação de processos operacionais, ambientes organizacionais e interações quotidianas. A produção de conteúdos audiovisuais breves que documentem processos produtivos, a captação de ambientes laborais em contextos informais, ou o registo de dinâmicas interpessoais dentro da organização, constituem elementos fundamentais para a construção de uma narrativa visual que estabelece proximidade relacional.

A transição para o canal de correio eletrónico requer uma reconfiguração tonal significativa. Este meio caracteriza-se pela sua natureza privada e expectativa de personalização. Os destinatários esperam valor direto e comunicação individualizada quando acedem às suas caixas de correio. Consequentemente, os textos devem ser objetivos, desprovidos de ambiguidades, mantendo simultaneamente uma componente de intimidade comunicacional, simulando uma comunicação interpessoal direta. Convites para ofertas exclusivas, partilhas transparentes sobre desafios organizacionais, ou expressões de reconhecimento pela confiança depositada constituem narrativas concisas com impacto relacional mensurável.

O blog corporativo oferece um espaço expandido para o desenvolvimento narrativo. Neste formato, a variável temporal constitui um fator favorável. É possível explorar narrativas extensas, contextualizar processos, explicar metodologias operacionais e partilhar reflexões analíticas. Este canal permite a demonstração de autoridade técnica mantendo a coerência da identidade organizacional. A documentação das origens de produtos, a narração de trajetórias organizacionais, ou a análise de temáticas relevantes para o público-alvo, sempre através de narrativas estruturadas e envolventes, constituem aplicações estratégicas desta plataforma.

O YouTube representa o canal de amplificação emocional. Conteúdos audiovisuais extensos, entrevistas estruturadas, documentários organizacionais ou documentação detalhada de processos internos adquirem relevância neste contexto. A identidade organizacional deve manter autenticidade e capacidade de envolvimento, dado que os componentes visuais e auditivos transportam dimensões emocionais que a comunicação escrita não consegue transmitir isoladamente. A produção de conteúdos onde representantes organizacionais narram trajetórias com envolvimento emocional ou visitas documentadas a instalações produtivas, incluindo a exposição de processos de tentativa e erro, estabelecem ligações relacionais intensas.

O princípio fundamental reside na segmentação funcional da narrativa: cada canal assume uma função específica na construção narrativa global, convergindo para uma coerência emocional percetível pelo público, mesmo que de forma subliminar. A estratégia não consiste na replicação de conteúdos, mas na complementaridade e enriquecimento narrativo.

Para a implementação desta metodologia, recomenda-se a análise sistemática dos canais existentes: identificação dos tipos de conteúdo que geram maior engajamento, análise das linguagens que obtêm maior responsividade do público-alvo. Subsequentemente, deve proceder-se à organização de recursos humanos ou estruturais para que cada canal tenha responsabilidade atribuída a elementos que compreendam as especificidades de cada plataforma.

A elaboração de diretrizes operacionais específicas para cada plataforma é fundamental — não manuais extensos, mas documentos concisos que especifiquem tom comunicacional, estilo narrativo, formatos preferenciais e exemplos de implementação bem-sucedida. Por exemplo, para o Instagram: "Utilização de imagens naturais, texto informal, legendas concisas e hashtags que promovam construção comunitária." Para o blog: "Artigos de 800 a 1500 palavras, linguagem acessível, tom próximo e explicativo."

Através do planeamento estratégico de conteúdos, cada canal assume um papel consistente na construção da narrativa global, apresentando temáticas interconectadas, exploradas sob diferentes perspetivas e níveis de profundidade. Neste processo, as tecnologias de processamento de linguagem natural revelam-se ferramentas operacionais para criar variações e personalizar mensagens, contudo a orientação criativa — a visão estratégica, o ritmo comunicacional e a manutenção da coerência — deve permanecer sob controlo humano.

Através da articulação de uma rede coesa de narrativas, o público deixa de receber exclusivamente informações para experienciar uma vivência integrada, impactante e duradoura, onde cada ponto de contacto reforça a identidade organizacional. Após a definição do núcleo central da história e a delineação das linhas específicas por canal, torna-se pertinente recorrer a tecnologias automatizadas para ajustar e adaptar conteúdos, mantendo sempre discernimento e supervisão humana, equilibrando escala operacional e autenticidade comunicacional.

Embora as tecnologias de processamento automatizado permitam multiplicar e ajustar mensagens conforme públicos-alvo, plataformas ou momentos específicos, cabe aos responsáveis estratégicos garantir que a essência original se mantém inalterada e verdadeira ao propósito comunicativo estabelecido.

Aqui está como podes fazer isso, passo a passo:

Passo	O que fazer	Porquê	Como verificar
1. Define a matriz de conteúdo	Elabora um modelo central da tua narrativa com variações pensadas para diferentes perfis ou situações.	Para teres uma base sólida que guia todas as versões.	Revisa se o modelo reflete o coração narrativo e se cobre segmentos-chave do público.
2. Seleciona ferramentas de IA confiáveis	Escolhe plataformas que permitam controlo editorial e edição pós-geração.	Evita textos automáticos sem possibilidade de ajustes humanos.	Testa as ferramentas gerando conteúdos e verifica a facilidade de revisão e personalização.
3. Gera múltiplas versões	Cria diferentes variações do conteúdo para públicos, canais e momentos diversos.	Aumenta o alcance e a relevância da comunicação.	Avalia se as versões mantêm o tom e as mensagens-chave.
4. Revê e ajusta manualmente	Faz uma revisão criteriosa, corrigindo incoerências, erros ou desvios de tom.	Mantém a autenticidade e a coerência emocional da marca.	Usa checklists de estilo e faz leitura em voz alta para sentir a voz.
5. Testa e otimiza	Usa métricas e feedback para perceber o desempenho de cada versão e ajusta o conteúdo.	Permite melhorar continuamente e adaptar-se ao público.	Monitoriza métricas de engajamento, conversão e feedback qualitativo.

Este processo assegura que a Inteligência Artificial é uma ferramenta poderosa, não um substituto da tua visão criativa e sensibilidade humana. A IA executa o trabalho pesado, criando variações em escala, mas tu és quem mantém a alma, o tom e o propósito.

Na minha experiência no McSill Story Studio, os clientes que adotaram este método — combinando tecnologia e revisão humana — conseguiram reduzir significativamente custos de produção sem perder a ligação emocional com os seus públicos. Mais ainda, descobriram que a revisão humana não é um obstáculo, mas uma parte fundamental para garantir que cada mensagem toca quem realmente interessa. Deixa, então, que a IA trabalhe para ti, mas mantém o teu olhar atento e crítico, porque no fim, o que distingue uma comunicação eficaz não é a quantidade, mas a qualidade — a fidelidade à tua voz e à tua história.

Mapear a jornada emocional do cliente é muito mais do que seguir etapas de um funil tradicional de vendas. Trata-se de compreender, em profundidade, os estados emocionais pelos quais o teu público passa desde o primeiro contacto até à fidelização, e ajustar a comunicação para responder a esses sentimentos de forma genuína e empática.

Quando um potencial cliente se aproxima da tua marca, não está apenas a ponderar números ou características técnicas. Muitas vezes, está perdido, desconfiado, ansioso, entusiasmado ou até frustrado. Cada um destes momentos exige uma resposta diferente, uma história que dialogue diretamente com o que o coração e a mente dessa pessoa sentem.

Para começares a mapear esta jornada emocional, o primeiro passo é observar e ouvir com atenção. Conversas, feedback, comentários nas redes sociais, até mensagens privadas são fontes valiosas que revelam as dúvidas, os medos e as expectativas reais. Não te fiques pelas métricas frias; busca as emoções por trás dos números.

Depois, segmenta o teu público segundo estes estados emocionais. Alguém que está apenas a descobrir o teu produto sente emoções distintas de quem já está quase a decidir comprar, ou de quem já comprou e está a avaliar a experiência.

Com estes dados, cria conteúdos que respondam precisamente a essas emoções. Por exemplo, para o cliente cético, histórias de clientes reais e provas sociais são essenciais; para o entusiasmado, conteúdos que reforcem o valor e que ofereçam próximos passos simples são mais adequados.

Aqui, a Inteligência Artificial pode ser uma grande aliada. Ferramentas de análise de sentimento e monitorização ajudam a detectar padrões emocionais em grandes volumes de texto e interação digital. Mas nunca abdique do olhar humano para interpretar esses dados e ajustar a comunicação com sensibilidade e contexto.

Na minha experiência, marcas que passaram a focar-se na jornada emocional e criaram conteúdos alinhados a esse entendimento viram melhorias substanciais: o envolvimento aumentou, o tempo de permanência nos canais cresceu e, mais importante, o boca-a-boca tornou-se espontâneo e genuíno.

Por isso, a emoção é o verdadeiro motor do storytelling eficaz. Não basta contar uma história; é preciso sentir onde o outro está e falar-lhe nessa linguagem interior. Mapear a jornada emocional é assumir o compromisso de ser ouvido, compreendido e, acima de tudo, valorizado como ser humano.

Passo	O que fazer	Porquê	Como verificar
1. Escutar o público	Recolher feedback, comentários, mensagens e opiniões reais	Entender as emoções, dúvidas e expectativas reais do público	Analisar conversas, entrevistas e grupos focais
2. Mapear estados emocionais	Identificar as emoções predominantes em cada fase da jornada	Segmentar o público segundo as necessidades emocionais	Criar perfis emocionais e validar com dados qualitativos
3. Criar conteúdos empáticos	Desenvolver mensagens que respondam a cada estado emocional	Estabelecer conexão genuína e relevância na comunicação	Testar aceitação com métricas de engajamento e feedback direto
4. Utilizar IA para análise	Aplicar ferramentas que detetem sentimentos em grandes volumes de dados	Ampliar e aprofundar a análise emocional do público	Verificar relatórios de análise de sentimento
5. Ajustar com olhar humano	Interpretar os dados e adaptar conteúdos com sensibilidade e contexto	Garantir autenticidade e adequação da mensagem	Revisar conteúdos e observar reações qualitativas do público
6. Monitorizar resultados	Acompanhar métricas de engajamento, conversão e feedback qualitativo	Validar a eficácia e ajustar estratégias conforme necessário	Usar ferramentas de análise e recolher depoimentos

CHECKLIST

Criar e gerir ecossistemas narrativos com IA

- ☑ Definiste a grande ideia emocional que unifica todas as tuas comunicações?
- ☑ Tens narrativas específicas desenhadas para cada canal, sem redundância?
- ☑ A tua IA está configurada para ler dados entre canais e adaptar conteúdo?
- ☑ Produzes com visão sistémica (tudo comunica entre si) e não apenas isolada?
- ☑ Usas dashboards integrados para ler comportamento em todos os pontos de contacto?
- ☑ Tens uma rotina de revisão da coerência emocional entre canais?
- ☑ Já testaste deixar a IA criar uma narrativa completa com base no teu esqueleto – e depois refinaste?

Dica final deste episódio

Num mundo em que tudo comunica ao mesmo tempo, ser coerente é mais poderoso do que ser criativo. A IA pode ajudar a distribuir, adaptar, amplificar. Mas só tu defines o que vale a pena dizer – e como essa verdade se espalha sem se perder. O teu trabalho agora não é só escrever histórias. É construir universos. E neles, tudo conta. Tudo fala. Tudo sente.

Episódio 11

Automatizar com Alma

Tecnologia com Toque Humano

Um sistema automático pode ser empático – se tiver sido desenhado com sensibilidade.

ANTES DE LER O EPISÓDIO, ESSES SÃO OS TERMOS TÉCNICOS QUE PRECISAS CONHECER:

1. **Ciclo Iterativo**

   Processo contínuo de criação, teste, análise, ajuste e relançamento de conteúdos, em que cada versão informa a seguinte, promovendo evolução constante.

2. **Teste em Tempo Real**

   Avaliação imediata dos conteúdos através de métricas e feedback, permitindo ajustes rápidos e dinâmicos ao longo da campanha.

3. **Variação Intencional**

   Planeamento deliberado de mudanças em pontos específicos da narrativa – tom, ritmo, ordem, formato – para explorar diferentes impactos emocionais.

4. **Sucesso Emocional**

   Definição clara da emoção que o conteúdo pretende provocar no público, servindo como parâmetro para avaliação e ajuste das versões.

5. **Feedback Qualitativo**

   Recolha e análise das reações humanas espontâneas – comentários, mensagens, críticas – que revelam perceções e sentimentos não captados por métricas automatizadas.

6. **Memória Narrativa**

   Base de conhecimento acumulada que regista aprendizagens, resultados e insights de campanhas anteriores para informar e aprimorar futuras narrativas.

7. **Modularidade Narrativa**

   Construção de conteúdos segmentados e flexíveis que podem ser combinados, ajustados ou reordenados sem perder a coerência ou identidade da história.

8. **Escuta Ativa**

   Prática constante de ouvir o público para interpretar suas necessidades, dúvidas e emoções, orientando a criação e adaptação das histórias.

9. **Análise Cruzada de Dados**

   Avaliação integrada de métricas provenientes de múltiplos canais e segmentos, para compreender o desempenho das narrativas num contexto global.

10. **Supervisão Humana**

    Intervenção crítica do criador para garantir que as variações e ajustes respeitam a identidade, intenção e coerência da marca, indo além do que a IA pode avaliar.

11. **Copy**

    No marketing digital, é o texto persuasivo criado com o objetivo de provocar uma ação específica do leitor – seja clicar, comprar, inscrever-se, partilhar ou simplesmente continuar a ler. Não é apenas escrever bem; é escrever com intenção estratégica, é a palavra escrita a serviço da conversão (marketing em vendas).

No universo do marketing digital tradicional, o conceito de teste assumia uma posição final e quase definitiva no processo criativo. Após longos períodos de planeamento e desenvolvimento, lançava-se a campanha e aguardava-se pelos resultados. Caso a receção fosse favorável, comemorava-se o êxito; caso contrário, regressava-se ao ponto de partida, reconstruindo estratégias e conteúdos do zero. Esta metodologia, embora eficaz em muitos contextos, apresentava elevados custos — financeiros e psicológicos. A produção exigia grande investimento de tempo, energia e recursos, com a consciência de que um insucesso significava perdas substanciais. O teste era, por isso, um obstáculo e um momento de tensão, condicionando a criatividade e a ousadia.

Com a introdução da Inteligência Artificial, este paradigma sofreu uma revolução profunda. O teste deixou de ser um momento isolado e passou a constituir um ciclo contínuo, fluido e dinâmico. A IA permite criar conteúdos, submetê-los a testes, recolher dados, proceder a ajustes e relançar as versões refinadas em questão de horas ou até minutos. O que antes demorava semanas e requeria múltiplos recursos, transforma-se num processo iterativo que valoriza o erro não como fracasso, mas como um instrumento essencial para o aprimoramento.

Esta mudança altera radicalmente a relação do criador com o conteúdo produzido. A ansiedade da perfeição inabalável é substituída por uma postura experimental, que encoraja a aprendizagem progressiva. Testar torna-se sinónimo de contar novamente, contar melhor, contar diferentemente, mas sempre contar. É um exercício que exige humildade e paciência, pois mesmo as ideias mais brilhantes podem ser aperfeiçoadas à luz do feedback imediato e direto do público.

Importa salientar, porém, que a tecnologia por si só não resolve todos os desafios. A eficácia do teste com IA depende crucialmente da existência de uma intenção clara, de uma história estruturada e de uma coerência narrativa que preserve a identidade da marca. A IA pode multiplicar títulos, imagens e versões de texto, mas a decisão sobre qual variante é verdadeira e consistente com a narrativa construída cabe exclusivamente ao humano.

Neste texto, aprofundaremos o significado do ciclo iterativo no storytelling assistido por Inteligência Artificial, explorando como este processo modifica a dinâmica da criação, quais as melhores práticas para garantir que o teste é produtivo, e que desafios emergem desta nova realidade. Partilharei ainda exemplos práticos e reflexões baseadas na minha experiência direta, evidenciando como esta abordagem não só melhora os resultados como transforma a relação com a criatividade e o erro.

No passado, o teste funcionava como uma fase final do processo, uma etapa em que se verificava se as hipóteses iniciais se confirmavam perante o comportamento do público. Este modelo implicava custos elevados — tanto monetários como em tempo — e criava uma pressão enorme sobre as equipas, pois a aposta era feita quase sempre numa única oportunidade. A narrativa, por sua vez, era encarada como um objeto estático, uma história que se contava numa única versão, pouco sujeita a alterações durante a sua vida útil.

Hoje, a Inteligência Artificial permite romper com esse modelo rígido. O teste é agora um ciclo dinâmico e recorrente, onde a história se conta, escuta, avalia e conta novamente, com constantes melhorias e adaptações. Este processo pode ser resumido numa sequência de fases: criação inicial do conteúdo, distribuição para públicos segmentados, análise dos dados recolhidos, geração de variações pela IA, revisão e seleção criteriosa pelo criador, e relançamento para novas audiências, iniciando-se assim um novo ciclo.

Este fluxo contínuo reduz custos e tempos de produção, mas, acima de tudo, altera a perceção do erro. Este deixa de ser um estigma e passa a ser encarado como um instrumento fundamental para a aprendizagem e o progresso. Cada falha representa uma oportunidade para aprimorar, ajustar e reinventar.

Contudo, esta liberdade acrescida implica uma responsabilidade acrescida. A experimentação não pode prescindir da intenção e da coerência narrativa. É imperativo que a IA seja utilizada para expandir e personalizar, mas dentro de limites que preservem a voz e o propósito da marca. A escolha das variações que respeitam a identidade da narrativa compete, em última análise, ao criador humano.

Para preparar conteúdos que se enquadrem neste ciclo iterativo, é necessário conceber narrativas sólidas, modulares e flexíveis, que permitam ser segmentadas e ajustadas sem perder a essência. Define-se uma história central clara, cria-se conteúdos que possam ser combinados ou modificados, estabelecem-se critérios rigorosos para a avaliação das variações e planifica-se um calendário editorial que contemple a realização de testes, ajustes e novos lançamentos de forma ágil.

Os benefícios deste ciclo ultrapassam a simples redução de custos ou aumento da velocidade de produção. Trata-se de criar uma relação mais próxima e verdadeira com o público, de fazer evoluir a narrativa da marca de acordo com as respostas reais, de minimizar riscos e aumentar a confiança dos consumidores, que percebem uma marca atenta, ativa e comprometida.

Todavia, este processo exige disciplina para gerir as múltiplas versões e manter a coerência, capacidade crítica para selecionar o que melhor serve a narrativa e uma compreensão profunda dos valores da marca para que a IA não produza conteúdos desalinhados.

Na minha experiência, muitos clientes mostraram inicialmente resistência a este modelo iterativo, receando lançar conteúdos incompletos ou imperfeitos. No entanto, ao adotar esta nova mentalidade e abraçar o ciclo de criação contínua, experimentaram uma liberdade criativa inédita, com resultados que superaram as expectativas.

Este processo, em suma, é uma convocatória para redescobrir o storytelling como uma arte viva, em permanente diálogo com o público, que se constrói, se ajusta e se conta repetidamente, numa busca incessante pela perfeição adaptada à realidade.

Antes vs. Agora: o lugar do teste

Antes	Agora
Teste após produção completa	Teste durante todo o ciclo de criação
Hipóteses manuais, lentas	Variações automáticas por IA
Medição por canal isolado	Medição em cruzamento de canais e perfis
Erro visto como recuo	Erro como dado para afinar narrativa

Como incorporar o teste como parte do storytelling?

A arte de contar histórias está no centro do marketing digital eficaz, mas a sua execução exige mais do que simplesmente construir narrativas lineares e fixas. No mundo dinâmico e acelerado de hoje, onde a Inteligência Artificial (IA) assume um papel crescente, é essencial conceber histórias com pontos de variação intencional. Este capítulo é dedicado a explorar como projetar narrativas que permitam múltiplas versões, criando flexibilidade e espaço para testes iterativos, sem perder a coerência ou a alma da marca.

Entender a necessidade de variação nas histórias

Imaginemos uma marca que vende produtos sustentáveis para o dia a dia. A sua história base é sobre compromisso com o ambiente, responsabilidade social e qualidade. Porém, a forma como essa narrativa é contada pode variar imenso conforme o canal, o público-alvo ou mesmo o momento da campanha.

Se a história for contada sempre da mesma maneira, com as mesmas palavras e tom, corre-se o risco de saturar o público e perder relevância. Ao mesmo tempo, variar a narrativa sem critério pode confundir, diluir a mensagem e prejudicar a identidade da marca.

Por isso, é fundamental identificar pontos da história onde o tom, o ritmo, o enfoque ou até a ordem dos acontecimentos podem ser modificados de forma intencional, planejada, de modo a manter a coerência enquanto se testa o que funciona melhor.

Passo 1: Analisar a história base

Antes de pensar em variações, começa por analisar profundamente a tua narrativa principal. Pergunta-te: qual é a essência que quero transmitir? Quais os valores inegociáveis? Que emoções desejo provocar?

Desenha um mapa da história, destacando as etapas principais, os personagens, os conflitos e as resoluções. Isto dá uma visão panorâmica que ajudará a identificar onde podes colocar variações sem comprometer a integridade do todo.

Por exemplo, uma campanha sobre a sustentabilidade pode ter uma história que aborda:

- → A origem dos materiais usados
- → O impacto ambiental positivo
- → Depoimentos de clientes
- → A filosofia da empresa

Cada uma dessas partes pode ser alvo de variações: podes alterar o tom do depoimento (formal, emotivo, informal), a sequência de apresentação (começar pelos clientes ou pela origem dos materiais) ou o ritmo da narrativa (mais rápida e direta ou mais pausada e detalhada).

Passo 2: Identificar pontos de variação

Nem todas as partes da história devem ser variáveis. Algumas são o núcleo duro da narrativa, que deve permanecer inalterado para garantir a coerência. Outras podem e devem ser experimentadas para perceber o que capta mais atenção ou gera maior empatia.

Estes pontos de variação podem incluir:

→ **Tom**: podes testar versões mais sérias, inspiradoras, humorísticas ou informativas.

→ **Ritmo**: alternar entre narrativas rápidas e diretas ou histórias mais longas e detalhadas.

→ **Enfoque**: destacar diferentes aspetos da história em cada versão.

→ **Ordem**: reorganizar a sequência dos fatos ou argumentos para testar o impacto.

→ **Formato**: texto, vídeo, áudio, imagens, infográficos.

Ao definir estes pontos, o ideal é fazê-lo de forma explícita. Cria um documento onde registes: "Neste ponto, podemos variar o tom entre X e Y; aqui, a ordem dos eventos pode inverter-se; nesta secção, podemos inserir uma história pessoal ou um testemunho."

Passo 3: Criar versões com IA

Com os pontos de variação definidos, podes usar a Inteligência Artificial para gerar rapidamente múltiplas versões da narrativa. Por exemplo, podes pedir à IA para escrever uma versão mais informal e outra mais séria do mesmo texto, ou para criar diferentes sequências de apresentação dos argumentos.

A vantagem da IA é a velocidade e a capacidade de experimentar muitas variantes sem custos elevados. Em vez de escrever dezenas de versões manualmente, o que seria impraticável, consegues obter dezenas ou centenas de textos diferentes em minutos.

No entanto, é crucial que este processo seja guiado e supervisionado. A IA não tem consciência da identidade da tua marca, pelo que podes receber textos que soam desconectados ou inadequados. Por isso, um olhar crítico e humano é indispensável para selecionar, ajustar e alinhar as versões com a tua estratégia.

Passo 4: Testar as variações em público

Com as versões disponíveis, é tempo de testar no terreno. Podes lançar pequenos grupos de testes em redes sociais, newsletters segmentadas ou campanhas de anúncios para públicos específicos.

O objetivo é recolher dados reais sobre o desempenho de cada variante: taxa de abertura, cliques, comentários, partilhas, tempo de visualização, entre outros.

Importa aqui salientar que o teste não deve focar apenas em métricas quantitativas, mas também qualitativas. Observa as reações, os comentários espontâneos e as conversas que surgem à volta do conteúdo.

Passo 5: Avaliar os resultados e aprender

Após o teste, junta os dados e as observações. Quais versões tiveram melhor desempenho? Que variações captaram mais a atenção? Houve alguma que gerou controvérsia ou desconforto?

Este momento é crucial para transformar o erro e a experimentação em aprendizagem. Não se trata de eleger uma versão vencedora para sempre, mas de perceber o que funciona melhor em cada contexto, e estar disposto a continuar a iterar.

Passo 6: Ajustar e repetir

O storytelling com IA é um ciclo iterativo. Com base no que aprendeste, ajusta as narrativas, cria variações e lança novos testes. Este processo de melhoria contínua mantém a tua história viva e em constante evolução, sempre alinhada com as expectativas e emoções do público.

Conselhos práticos para desenhar histórias com variações

1. **Planeia com antecedência** os pontos de variação. Não improvises, porque a coerência é vital.
2. **Documenta cada variante** e os seus objetivos para poderes comparar resultados com clareza.
3. **Equilibra inovação e consistência**: varia o suficiente para testar, mas mantém os valores essenciais inalterados.
4. **Usa a IA como assistente, não como criadora única**: o toque humano é fundamental para dar alma e sentido.
5. **Regista aprendizagens** para alimentar futuros processos e evitar erros repetidos.

Demonstração prática

Suponhamos que estás a criar uma campanha para lançar um novo produto ecológico. Desenhas a história base focada no impacto ambiental positivo e no compromisso da marca. Identificas que o tom pode variar entre:

- → Uma narrativa inspiradora, apelando à urgência da mudança climática;
- → Uma abordagem mais leve e humorística, que usa ironia para sensibilizar;
- → Um tom mais factual e educativo, com dados e estatísticas.

Utilizas a Inteligência Artificial, então, para gerar as já conhecidas três versões, desta vez, de um texto de apresentação, cada uma com um tom distinto — inspirador, factual e humorístico — e, após segmentares o teu público em três grupos, envias a cada um uma dessas versões; ao recolheres os dados, verificas que a abordagem inspiradora resultou em mais partilhas e comentários emocionados, a factual obteve maior número de cliques no site e a humorística fomentou conversas dinâmicas; com base nesta análise, torna-se possível integrar elementos de cada tom nas próximas iterações, criando assim narrativas que inspirem, informem e entretenham sem comprometer a identidade da marca; conceber histórias com variações intencionais exige um equilíbrio cuidadoso entre criatividade e estratégia, sendo a Inteligência Artificial um recurso eficaz e acessível para facilitar esse processo, desde que as adaptações sejam pensadas, coerentes e guiadas por um propósito claro; este método não apenas amplia o potencial criativo, mas também converte cada teste numa oportunidade contínua de aprendizagem e refinamento, permitindo que a tua marca se posicione na vanguarda do marketing digital contemporâneo, onde flexibilidade estratégica e autenticidade genuína caminham em conjunto.

Definir o que é "sucesso emocional" antes de publicar é um passo indispensável para qualquer estratégia de storytelling que se pretenda eficaz e genuína. Sem essa definição clara, qualquer esforço de criação e teste perde a sua orientação, tornando-se um processo à deriva, onde métricas frias e números se acumulam, mas a verdadeira conexão com o público fica esquiva.

Para começar, é fundamental compreender que o sucesso numa comunicação não se mede apenas pelo volume de interações ou pelo número de cliques obtidos. O que verdadeiramente importa é a emoção que a mensagem provoca em quem a recebe. É esse impacto emocional que gera identificação, confiança e, em última análise, transforma meros espectadores em seguidores fiéis ou clientes leais.

Ora, para que isto aconteça, antes de qualquer lançamento, deves perguntar-te qual é exatamente o sentimento que pretendes despertar. Quer seja curiosidade, surpresa, alegria, alívio ou mesmo inquietação, a emoção deve ser pensada como o farol que orienta toda a criação. Quando esta intenção está clara, todas as decisões — desde a escolha das palavras até ao tom e ritmo da narrativa — ganham coerência e propósito.

A Inteligência Artificial pode e deve ser uma aliada neste processo. A sua capacidade para recolher e analisar dados quantitativos permite-te aferir, com rigor, como diferentes versões do conteúdo performam em termos de envolvimento, tempo de visualização, partilhas ou outras métricas relevantes. Contudo, estes dados são meramente indicadores — sem um propósito emocional previamente definido, tornam-se ruído sem significado.

Por isso, o papel do criador mantém-se central. És tu quem deve estabelecer a emoção buscada, quem interpreta os resultados e decide os ajustes necessários para alinhar o conteúdo com essa emoção. Este equilíbrio entre a análise objetiva da IA e a sensibilidade humana é o que diferencia uma comunicação que realmente toca o público de uma mera sequência de textos otimizados para algoritmos.

Além disso, definir a emoção pretendida facilita a criação de conteúdos mais segmentados e direcionados. Por exemplo, se o objetivo é provocar curiosidade, podes optar por uma narrativa que instiga perguntas, utiliza suspense e deixa espaços para a imaginação. Se a meta é gerar riso, o humor, a ironia e o tom leve devem ser os pilares da mensagem. Cada emoção requer uma construção cuidadosa para ser autêntica e eficaz.

Quando se trabalha com múltiplas versões, sobretudo numa estratégia suportada por IA, ter este "norte emocional" permite interpretar os dados com mais profundidade. Se uma versão gera mais cliques, mas não provoca o riso esperado, talvez esteja a funcionar a nível técnico, mas não emocional. Esse tipo de insight só é possível quando existe uma intenção clara antes de começar.

Por outro lado, definir previamente o sucesso emocional torna o ciclo iterativo de teste muito mais produtivo. A cada nova versão, sabes o que comparar, que elementos avaliar e quais as hipóteses a testar. Este processo contínuo de refinamento conduz a narrativas cada vez mais alinhadas com o que o público sente e espera, fortalecendo a relação entre marca e audiência.

Na minha experiência no McSill Story Studio, testemunhei inúmeras vezes que campanhas que começaram com uma definição clara do sucesso emocional obtêm resultados significativamente superiores, não só em números, mas em qualidade da interação e no impacto duradouro que criam. É esta clareza que permite resistir à tentação de seguir cegamente as métricas ou fórmulas genéricas, mantendo sempre o foco no que realmente importa: a emoção que move o outro.

Assim, definir o sucesso emocional antes de publicar não é um mero detalhe técnico, mas um compromisso estratégico e humano. É a garantia de que cada palavra, cada imagem, cada som que entregas carrega um propósito profundo e sincero, capaz de transformar histórias em experiências memoráveis e relacionamentos duradouros.

Integrar o feedback humano nos ciclos de teste é um dos pilares fundamentais para que o storytelling, mesmo quando apoiado pela Inteligência Artificial, mantenha a sua profundidade, autenticidade e capacidade de tocar verdadeiramente o público. A tecnologia pode fornecer dados objetivos e gerar inúmeras variações, mas nunca poderá substituir a sensibilidade e a interpretação humanas — essas nuances que fazem toda a diferença entre uma mensagem eficaz e uma que passa despercebida.

Para que esta integração funcione, é preciso criar espaços e rotinas que permitam a recolha e a análise sistemática das reações reais do público. Isto vai muito além de observar métricas frias, como taxas de cliques ou visualizações. É ouvir o que os comentários espontâneos, as mensagens privadas e até mesmo as críticas estão a comunicar nos bastidores da interação digital. Muitas vezes, uma frase ou um simples emoji pode revelar uma emoção ou um entendimento que os números jamais captariam.

Por exemplo, numa campanha recente, um cliente recebeu uma avalanche de comentários que pareciam superficiais à primeira vista. Mas, ao aprofundar a análise, percebeu-se que havia uma resistência latente a certos termos usados, que não estavam alinhados com a linguagem do público. Este tipo de insight só foi possível graças à atenção ao feedback qualitativo, algo que a IA, por mais sofisticada que seja, não consegue interpretar.

Estabelecer esta escuta ativa implica também criar canais de comunicação abertos e acessíveis, onde o público se sinta confortável para partilhar as suas impressões. Isto pode ser feito através de enquetes, sessões de perguntas e respostas, grupos focais virtuais ou mesmo acompanhando conversas em redes sociais. O importante é que o feedback não seja visto como um problema ou ameaça, mas como um guia valioso para aprimorar as histórias e fortalecer a relação.

Ao incorporar o feedback humano nos ciclos de teste, as equipas criativas ganham uma bússola que orienta as decisões, desde pequenos ajustes até mudanças mais profundas na narrativa. Este processo de refinamento contínuo permite adaptar a mensagem a contextos culturais, sociais e emocionais que muitas vezes escapam às análises automatizadas.

No entanto, é vital que essa integração seja feita de forma estruturada. A recolha de feedback deve ser acompanhada de processos claros para analisar, interpretar e traduzir as observações em ações concretas. É aqui que o papel do consultor ou gestor de storytelling se torna imprescindível: filtrar o que é relevante, contextualizar as informações e garantir que as alterações respeitam a identidade e os objetivos da marca.

A minha experiência no McSill Story Studio mostra que os projetos que adotam esta abordagem obtêm não só maior adesão do público, mas também desenvolvem narrativas mais ricas e versáteis. A humanização do processo, através da escuta ativa, revela-se um fator decisivo para que o storytelling evolua de um simples instrumento de comunicação para uma ponte verdadeira entre marca e consumidor.

Em suma, a integração do feedback humano transforma o teste num diálogo autêntico e recíproco, onde a história deixa de ser unidirecional para se tornar um espaço de construção conjunta. Nesta dinâmica, a Inteligência Artificial permanece como uma poderosa ferramenta técnica, mas é o olhar, o ouvido e a interpretação humana que lhe conferem alma e significado.

CHECKLIST
Testar como parte do contar com IA

- ☑ Definiste critérios emocionais claros para cada conteúdo (não só métricas)?
- ☑ Criaste variações intencionais com IA e não apenas "versões diferentes"?
- ☑ Tens um processo regular de recolher feedback qualitativo do público?
- ☑ Guardas dados de performance cruzando canal + emoção + tempo?
- ☑ Estás a treinar a IA com base no que aprendeste com cada iteração?
- ☑ O erro já não te paralisa, mas alimenta o teu sistema narrativo?
- ☑ Estás a contar histórias que podem ser adaptadas sem perder coerência?

Dica final deste episódio

Contar histórias no marketing digital com IA não é contar uma vez. É contar, escutar, refinar, contar outra vez – e continuar. Digo isso com a autoridade de quem, em cinquenta anos de estrada, já viu impérios erguerem-se sobre frases geniais e ruírem por não saberem ouvir. Já vi marcas que se achavam infalíveis ignorarem um pequeno sinal do público e perderem tudo. Permaneci porque aprendi cedo: a história não acaba quando tu falas – ela só começa quando o outro sente. Hoje, testar deixou de ser um veredicto para se tornar uma afinação contínua. Já não se trata de acertar de primeira, mas de saber ouvir a resposta do público e ter humildade para ajustar. A tua história merece espaço para respirar. E tu, espaço para errar com inteligência. A IA pode te dar dados, mas não te dá sensibilidade – essa ainda é tua. O segredo? Não te apaixones pela primeira versão de nada. Nem pela tua ideia, nem pelo teu slogan, nem pela tua landing page. Apaixona-te pelo efeito que causas no outro. Porque testar é escutar sem ego. E escutar é o que distingue quem dura de quem apenas aparece. O ruído digital vai engolir os teimosos – mas vai amplificar os que aprendem depressa. E aprender, hoje, é mais valioso que qualquer fórmula de copy.

Episódio 12

O Erro como Rascunho

Falhar também é criar

O erro não destrói uma história: ele revela a versão que ainda estás por contar.

ANTES DE LER O EPISÓDIO, ESSES SÃO OS TERMOS TÉCNICOS QUE PRECISAS CONHECER:

1. **Ciclo Iterativo**

   Processo contínuo e dinâmico de criação, teste, análise, ajuste e relançamento de conteúdos, que promove uma evolução constante da narrativa.

2. **Teste em Tempo Real**

   Avaliação imediata dos conteúdos através de métricas e feedback, permitindo ajustes rápidos durante a campanha.

3. **Variação Intencional**

   Planeamento deliberado de alterações em pontos específicos da história – como tom, ritmo, ordem ou formato – para explorar diferentes efeitos emocionais.

4. **Sucesso Emocional**

   Definição clara da emoção que se pretende despertar no público, usada como referência para medir e ajustar os conteúdos.

5. **Feedback Qualitativo**

   Recolha e interpretação das reações humanas espontâneas, como comentários e mensagens, que oferecem perceções que as métricas automatizadas não captam.

6. **Memória Narrativa**

   Base de conhecimento viva que regista aprendizagens, resultados e insights de campanhas anteriores para aprimorar futuras narrativas.

7. **Modularidade Narrativa**

   Construção de conteúdos segmentados e flexíveis, que podem ser combinados, ajustados ou reorganizados sem perder a coerência da história.

8. **Escuta Ativa**

   Prática contínua de ouvir atentamente o público para entender necessidades, dúvidas e emoções, orientando a adaptação das histórias.

9. **Análise Cruzada de Dados**

   Avaliação integrada de métricas de múltiplos canais e segmentos, para compreender o desempenho global das narrativas.

10. **Supervisão Humana**

    Intervenção crítica e consciente do criador para garantir que variações e ajustes respeitam a identidade e intenção da marca, além do que a IA consegue avaliar.

Era uma vez uma época em que contar uma história ao mundo exigia o trabalho de centenas de mãos. Cada palavra tinha de ser cuidadosamente moldada, cada tradução revista linha por linha, cada adaptação pensada com o carinho de quem conhece intimamente o público que a ia receber. O marketing digital dos primeiros anos era artesanal, quase romântico na sua imperfeição — demorado, custoso, mas profundamente humano.

Lembro-me de equipas inteiras debruçadas sobre uma única campanha, passando noites em claro para adaptar uma mensagem para o mercado francês, depois para o brasileiro, depois para o japonês. Era como traduzir poesia: não bastava converter palavras, era preciso transportar emoções, nuances, o próprio espírito da ideia original. Crescer era doloroso, mas cada expansão carregava consigo a marca inconfundível de quem a criou.

Hoje, esse mundo parece-nos quase medieval. A Inteligência Artificial transformou a escalabilidade numa questão de minutos, não de meses. Um único texto pode nascer pela manhã e, ao fim do dia, ter-se multiplicado em dezenas de versões: vídeos emotivos, resumos concisos, adaptações para diferentes idades, tons que variam do informal ao corporativo, traduções que capturam não apenas as palavras, mas até as expressões idiomáticas locais. É quase mágico, este poder de multiplicação instantânea.

Mas há qualquer coisa que se perde no processo, uma espécie de melancolia digital que paira sobre esta nova era. Quanto mais escalamos, mais as nossas histórias se tornam fantasmas de si mesmas. É como se cada replicação roubasse um pouco da alma original, até que o que resta é tecnicamente perfeito, mas emocionalmente vazio. A eficiência da máquina, por mais impressionante que seja, não consegue capturar aquele momento de pausa, aquela hesitação humana que dá profundidade a uma narrativa.

O verdadeiro drama dos nossos tempos não está na incapacidade de crescer — essa batalha já foi vencida. O drama está em crescer sem desaparecer no processo, em manter a nossa essência enquanto nos expandimos a uma velocidade que nenhuma geração anterior conseguiu imaginar. É como tentar preservar o sabor de uma receita de família enquanto a produzimos em massa: tecnicamente possível, mas que exige uma mestria que vai muito além do domínio técnico.

A questão que nos assombra não é "como posso chegar a mais pessoas?", mas sim "como posso chegar a mais pessoas sem deixar de ser eu?". E esta é, talvez, a pergunta mais humana que podemos fazer numa era dominada por algoritmos. Porque no fundo, o que nos define não é a nossa capacidade de replicar, mas a nossa capacidade de tocar, de criar conexões genuínas, de fazer com que alguém, do outro lado do ecrã, sinta que está a ouvir uma história contada especialmente para si.

A Inteligência Artificial pode ser a nossa ferramenta mais poderosa, mas o coração da história continuará sempre a bater no peito de quem a conta. E é nessa tensão entre a escala e a alma, entre a eficiência e a emoção, que se joga o futuro das narrativas que realmente importam. O segredo não está em resistir à tecnologia, mas em domesticá-la, em fazer com que ela amplifique a nossa humanidade em vez de a substituir.

Porque no fim do dia, as histórias que ficam na memória não são as que foram contadas a mais pessoas, mas as que foram contadas com mais verdade. E essa verdade, essa autenticidade preciosa, é o que nenhuma máquina conseguirá jamais replicar — é o que torna cada história nossa, irrepetivelmente nossa, mesmo quando partilhada com o mundo inteiro.

Antes vs. Agora: escalar conteúdo

Antes	Agora
Escalar era difícil, mas mantinha essência	Escalar é fácil, mas pode apagar a identidade
Cada adaptação era feita à mão	IA faz múltiplas versões em segundos
Crescimento lento, mas controlado	Crescimento rápido, mas muitas vezes impessoal
Equipa pequena, voz forte	IA poderosa, mas risco de neutralidade narrativa

O coração não muda, mas as palavras dançam.

Imagina uma árvore centenária. As raízes são profundas, o tronco é robusto, mas os galhos movem-se ao sabor do vento. É assim que deves pensar no teu conteúdo: há uma essência que permanece inalterável, mas a forma como a expressas pode e deve adaptar-se. Ou seja, **desenha conteúdos com núcleo fixo e elementos flexíveis.**

O Núcleo Fixo: A Tua Verdade Inegociável

O núcleo fixo é mais do que uma mensagem — é a tua alma criativa cristalizada. É aquilo que te faz levantar da cama de manhã, aquilo que te move quando ninguém está a ver.

Exemplo: Se és um consultor de produtividade, o teu núcleo fixo pode ser "Todas as pessoas merecem viver com menos stress e mais propósito". Esta verdade não muda, seja num post no LinkedIn, num vídeo no TikTok ou numa palestra.

Os Elementos Flexíveis: A Dança da Adaptação

Agora, como expressas essa verdade? Aqui está a magia:

- → **No LinkedIn:** "Depois de 10 anos a ajudar empresários, descobri que a produtividade não é fazer mais coisas. É fazer as coisas certas com o coração tranquilo."
- → **No Instagram:** Uma imagem de uma pessoa a meditar num escritório organizado, com a caption "Produtividade real = menos stress, mais propósito 🧘"
- → **Numa palestra:** "Quantos de vocês já se sentiram culpados por não conseguir acabar a lista de tarefas? Eu também. Mas descobri algo que mudou tudo..."

Como Construir o Teu Núcleo Fixo

1. **Identifica a tua metáfora central.** Que imagem representa melhor a tua mensagem? És um farol que guia? Uma ponte que conecta? Um jardim que nutre?
2. **Define o teu valor emocional.** Que sentimento queres despertar? Esperança? Coragem? Paz? Força?
3. **Cristaliza a tua mensagem essencial.** Em duas frases, qual é a verdade que queres transmitir ao mundo?

Demonstração: A Nike tem um núcleo fixo poderoso: "Supera os teus limites". A metáfora é sempre a do atleta interior, o valor emocional é a superação, e a mensagem é universal. Mas como o expressam? Milhares de maneiras diferentes, sempre fiéis ao núcleo.

Como se cria Guidelines de Adaptação Narrativa: Liberdade com fronteiras é onde nasce a genialidade.

Tens o teu núcleo fixo, mas agora precisas de um mapa que te guie na adaptação. Sem guidelines claras, cada peça de conteúdo será um tiro no escuro. Com elas, tens um sistema que te permite escalar sem perder a alma.

O Que Pode Mudar (E Como)

Tom de voz: O teu núcleo pode ser sério no LinkedIn, descontraído no Instagram, inspirador num podcast. A mensagem é a mesma, mas o tom dança com a plataforma.

Exemplo: Uma psicóloga que fala sobre autoestima:

→ **LinkedIn:** "A autoestima saudável não é pensar que és perfeito. É aceitar que és humano e valer por isso mesmo."

→ **TikTok:** "POV: Descobriste que não tens de ser perfeito para seres incrível ✨"

→ **Blog:** "Durante anos, confundi autoestima com arrogância. Foi quando comecei a entender a diferença que a minha vida mudou..."

O Que Deve Manter-se (Sempre)

Os valores centrais: Nunca comprometem. Se a tua mensagem é sobre autenticidade, não uses táticas manipuladoras para gerar engajamento.

A promessa emocional: O sentimento que desperta deve ser consistente. Se prometes esperança, não podes entregar desânimo.

O tom de personalidade: Podes ser mais formal ou casual, mas a tua essência — se és empático, direto, provocador — mantém-se.

Cria as Tuas Guidelines

1. **Mapeia as tuas plataformas/contextos:**
   → Onde está o teu público?
   → Que expectativas têm em cada espaço?
   → Como consomem conteúdo ali?

2. **Define parâmetros para cada contexto:**
   → **Linguagem:** Técnica *vs.* simples, formal *vs.* casual
   → **Estrutura:** Longa *vs.* curta, história *vs.* dicas
   → **Elementos visuais:** Que tipo de imagens, cores, estilo?

3. **Estabelece as tuas linhas vermelhas:**
   - → O que nunca farias, mesmo que gerasse mais visualizações?
   - → Que valores não comprometem?
   - → Que promessas não podes quebrar?

Demonstração: Um chef que ensina culinária saudável:

- → **Núcleo fixo:** "Cozinhar é um ato de amor próprio"
- → **YouTube:** Vídeos detalhados, explicações técnicas, "Hoje vou ensinar-te como..."
- → **Instagram:** Fotos apetitosas, dicas rápidas, "Dica de chef: substitui X por Y"
- → **Newsletter:** Histórias pessoais, reflexões, "Esta semana aprendi que..."
- → **Linha vermelha:** Nunca promover produtos que não usa, nunca fingir que uma receita é fácil se não for

Usa IA para Acelerar, Mas Nunca Para Substituir Visão

A IA é o teu assistente mais eficiente, mas tu és o diretor da orquestra.

Aqui está a verdade que muitos não querem ouvir: a IA pode fazer muito, mas não pode fazer tudo. Pode acelerar, mas não pode sonhar. Pode replicar, mas não pode inovar. Pode executar, mas não pode sentir.

O Que a IA Faz Melhor

- → **Gerar variações:** Dá-lhe um post que funcionou e pede 10 versões para diferentes plataformas. A IA vai criar, tu vais escolher.
- → **Adaptar formatos:** Transforma um artigo longo numa série de posts, num guião para vídeo, numa sequência de e-mails.
- → **Otimizar para SEO:** Sugere palavras-chave, títulos alternativos, meta-descrições.

Exemplo: Escreveste um post sobre procrastinação que teve muito engajamento. Pedes à IA:

- → "Adapta este post para um carrossel de 5 slides no Instagram"
- → "Cria uma versão de 60 segundos para TikTok"
- → "Transforma isto num e-mail para a minha newsletter"

O Que a IA Não Pode Fazer

→ **Sentir o momento:** A IA não sabe quando o teu público precisa de ser consolado *vs.* desafiado.

→ **Criar conexões genuínas:** Não consegue replicar aquela história pessoal que só tu podes contar.

→ **Ter intuição estratégica:** Não percebe quando é altura de mudar de direção ou experimentar algo novo.

Como Usar a IA com Inteligência

1. **Define o teu papel como curador:** Tu escolhes o que vale a pena escalar. A IA cria opções, tu decides quais sobrevivem.
2. **Usa a IA para primeira versão, não para versão final:** Deixa a IA criar um rascunho, depois adiciona a tua humanidade.
3. **Mantém o controlo da narrativa:** A IA pode sugerir, mas tu defines a direção da história.

Demonstração: Um life coach usa IA para criar conteúdo:

→ **Semana 1:** Escreve um post sobre "Como superar o medo do fracasso" que gera 200 comentários

→ **Semana 2:** Pede à IA para criar 5 variações deste tema

→ **Semana 3:** Escolhe 2 das sugestões da IA, mas reescreve-as com as suas próprias histórias e exemplos

→ **Resultado:** Conteúdo escalado que mantém autenticidade

O Perigo da Amplificação Sem Revisão

História de aviso: Conheço um empreendedor que decidiu automatizar completamente o seu conteúdo. Configurou a IA para postar 3 vezes por dia. Em duas semanas, perdeu 30% dos seguidores. Porquê? Porque o conteúdo, embora tecnicamente correto, não tinha alma. Era ruído, não música. A lição: Escalar sem critério é como gritar num concerto. Pode ser alto, mas não é arte.

Documenta e Treina a IA com os Teus Melhores Exemplos: A IA aprende como um filho: pelo exemplo que lhe dás. Se queres, outrossim, que a IA replique o teu estilo com fidelidade, tens de a ensinar como um mestre ensina um aprendiz. Não com teoria, mas com exemplos concretos. Não com regras abstratas, mas com demonstrações reais.

Como Criar o Teu "Manual de Estilo IA"

Recolhe os teus melhores exemplos: Identifica os 20 posts/artigos/vídeos que melhor representam a tua voz. Aqueles que geraram mais engajamento genuíno, mais comentários de valor, mais "isso sou eu" dos teus seguidores.

Analisa o que os torna especiais:

→ Que palavras usas repetidamente?
→ Como estruturas as ideias?
→ Que tipo de exemplos dás?
→ Como terminas os teus conteúdos?

Exemplo: Uma consultora de marca pessoal analisa os seus posts de sucesso e descobre que:

→ Usa sempre perguntas para começar
→ Conta histórias pessoais ou de clientes
→ Termina com um call-to-action reflexivo
→ Usa metáforas relacionadas com jardinagem
→ Escreve parágrafos curtos, máximo 2 frases

Como Treinar a IA Eficazmente

1. **Cria um prompt base detalhado:**

   Escreve no estilo de [teu nome]. Características do estilo:
   → Tom: [empático/direto/provocador]
   → Estrutura: [como organizas as ideias]
   → Linguagem: [formal/casual, técnica/simples]
   → Elementos distintivos: [metáforas, exemplos, histórias]
   → Valores: [o que defendes]

2. **Alimenta com exemplos concretos:** "Aqui estão 5 exemplos do meu melhor conteúdo. Replica este estilo: [colar exemplos]"
3. **Refina com feedback:** "Esta versão está 70% certa. Falta mais [elemento específico]. Tenta novamente."

Demonstração Real: O Caso da Nutricionista

Situação: Uma nutricionista quer escalar o conteúdo, mas manter a autenticidade.

Passo 1: Seleciona os 15 posts com mais engajamento genuíno (comentários de valor, partilhas, mensagens privadas).

Passo 2: Identifica padrões:

→ Sempre começa com uma "confissão" pessoal
→ Usa analogias com comida
→ Termina com uma pergunta que gera reflexão
→ Linguagem simples, sem jargão
→ Foca nos sentimentos, não apenas na informação

Passo 3: Cria o prompt para IA: "Escreve como uma nutricionista que prioriza a relação saudável com a comida. Começa sempre com uma experiência pessoal. Usa analogias culinárias. Linguagem empática, sem jargão. Termina com pergunta reflexiva."

Passo 4: Testa e refina:

→ Primeira versão: 60% certa (faltava vulnerabilidade)
→ Segunda versão: 80% certa (faltava a analogia culinária)
→ Terceira versão: 95% certa (pronta para publicar com pequenos ajustes)

O Sistema de Feedback Contínuo

Documenta o que funciona: Quando a IA cria algo que resulta bem, adiciona esse exemplo à tua biblioteca de treino.

Corrige o que não funciona: Quando algo não bate certo, explica porquê e pede para ajustar.

Evolui com o tempo: À medida que a tua voz evolui, atualiza os exemplos de treino da IA.

Exemplo de Evolução ao Longo do Tempo

Mês 1: A IA replica 50% do teu estilo **Mês 3:** Com mais exemplos e feedback, chega aos 80% **Mês 6:** Consegue criar primeira versão que precisas apenas de ajustar ligeiramente **Mês 12:** Tornou-se numa extensão natural da tua voz criativa

A chave: Paciência e consistência. A IA não aprende num dia, mas quando aprende, torna-se numa ferramenta incrivelmente poderosa. Ou seja, escalar com inteligência narrativa não é sobre produzir mais conteúdo. É sobre amplificar a tua voz sem a perder. É sobre chegar a mais pessoas mantendo a profundidade. É sobre usar a tecnologia para libertar a tua criatividade, não para a substituir. Porém, lembra-te: no mundo do ruído digital, a autenticidade é o teu superpoder. A IA pode ajudar-te a amplificá-lo, mas nunca o pode criar por ti. Essa magia é exclusivamente tua.

CHECKLIST

Escalar com alma na era da IA

☑ Definiste qual é o "coração narrativo" que nunca deve mudar em nenhuma versão?

☑ Tens modelos de adaptação claros por canal, perfil e formato?

☑ Estás a usar IA para acelerar a criação, mas com revisão humana em todos os pontos críticos?

☑ Usas feedback real para ajustar versões que escalaram mas perderam impacto?

☑ Manténs um repositório de exemplos bem-sucedidos e falhas narrativas?

☑ Fazes revisões regulares nos conteúdos automatizados para evitar perda de tom ou coerência?

☑ A tua estratégia de crescimento inclui critérios de qualidade emocional e não só quantidade?

Dica final deste episódio

Escalar é importante, mas escalar com verdade é decisivo. A IA é a ponte. Mas só tu podes decidir se aquilo que estás a ampliar ainda merece ser ouvido. Crescer é repetir o essencial – não copiar o superficial. E o essencial, no marketing com alma, é sempre humano.

Episódio 13

Guardar o que Não Funcionou

O Arquivo da Coragem

Aquilo que hoje não ressoa pode ser a assinatura que amanhã te salva do anonimato.

ANTES DE LER O EPISÓDIO, ESSES SÃO OS TERMOS TÉCNICOS QUE PRECISAS CONHECER:

1. **Storytelling Interativo**

   Forma de contar histórias em que o público participa ativamente na construção, escolha ou desdobramento da narrativa.

   Exemplo: uma campanha onde o utilizador escolhe o fim da história com base nas suas decisões numa landing page.

2. **Fogueira Digital**

   Metáfora para descrever um espaço íntimo, simbólico e personalizado onde a marca conta histórias que fazem o público sentir-se parte de algo coletivo e, ao mesmo tempo, único.

   Exemplo: um podcast ou série de e-mails adaptados com base nas interações anteriores de cada utilizador.

3. **Experiência Narrativa Personalizada**

   Criação de conteúdos e sequências que se moldam às escolhas, comportamentos e emoções individuais do utilizador, mantendo a coerência com a narrativa maior da marca.

   Exemplo: um site que altera as histórias exibidas com base nas páginas que o visitante viu antes.

4. **Cocriação de História**

   Processo em que a audiência deixa de ser apenas recetora de mensagens e passa a contribuir com escolhas, conteúdos ou interpretações que influenciam diretamente a narrativa da marca.

   Exemplo: uma marca de moda que convida seguidores a criar nomes para as novas peças da coleção, integrando as sugestões no storytelling oficial da campanha.

5. **Mosaico Narrativo**

   Resultado da agregação de múltiplas interações e escolhas individuais dos utilizadores, formando uma narrativa coletiva e dinâmica.

   Exemplo: uma comunidade digital onde cada comentário, resposta ou partilha acrescenta uma peça à história geral da marca.

Há algo profundamente transformador a acontecer no mundo do marketing digital. Uma mudança silenciosa, mas revolucionária que está a redefinir a forma como as marcas se relacionam com as pessoas. Já não estamos a falar de campanhas que simplesmente transmitem mensagens, mas de experiências que convidam à participação, que desafiam os limites entre quem conta e quem ouve, entre quem cria e quem consome.

Hoje, com a ajuda da tecnologia, podemos recriar essa intimidade e participação numa escala global. Cada utilizador pode ter a sua própria "fogueira digital", onde a história se desenrola especificamente para ele, mas mantendo a conexão com uma narrativa maior que une todos os participantes. É simultaneamente individual e coletivo, pessoal e universal.

Esta evolução marca o início de uma nova era para o marketing digital, uma era onde o sucesso não se mede apenas por métricas tradicionais como impressões ou cliques, mas pela profundidade do envolvimento, pela riqueza das interações, pela capacidade de criar experiências que as pessoas genuinamente valorizam e recordam. É uma era onde cada utilizador se torna cocriador da história da marca, onde cada escolha individual contribui para um mosaico narrativo mais vasto e mais rico.

O marketing digital começou como um monólogo cuidadosamente orquestrado. A marca falava com autoridade, escolhendo cada palavra, cada imagem, cada momento de contacto. O público ouvia — e, se tudo corresse bem, clicava. Era uma relação claramente definida entre emissor e receptor, com pouca margem para a participação ativa. O conteúdo era meticulosamente "feito para" o utilizador, não "feito com" ele. Esta era a norma, a forma aceite de comunicar numa paisagem digital ainda jovem e experimental.

Mas as regras mudaram. Com o avanço vertiginoso da Inteligência Artificial, essa lógica rígida começou a desmoronar-se, dando lugar a algo muito mais fluido e dinâmico. A IA permite agora criar conteúdos personalizados em tempo real, adaptar histórias com base no comportamento individual e até gerar interações narrativas onde o cliente escolhe o rumo da história. Entramos na era do storytelling interativo, e isto muda absolutamente tudo.

O utilizador deixa de ser um espectador passivo e passa a ser o protagonista da sua própria experiência. Não basta contar bem uma história, por mais envolvente que seja. É preciso construir narrativas abertas, com pontos de entrada múltiplos, escolhas significativas, caminhos alternativos que se ramificam como os ramos de uma árvore ancestral. E aqui reside uma verdade fundamental: só o toque humano pode garantir que essas histórias tenham sentido, alma e consequência.

Esta transformação não é apenas tecnológica; é profundamente humana. Reflete um desejo ancestral de participação, de co-criação, de se sentir parte integrante das narrativas que nos rodeiam. Quando uma marca consegue criar um espaço onde o cliente não apenas consome, mas ativamente molda a experiência, está a tocar numa necessidade primordial do ser humano: a necessidade de se sentir relevante, de ter voz, de influenciar o curso dos acontecimentos.

A Inteligência Artificial torna-se, neste contexto, uma ferramenta de democratização narrativa. Permite que milhões de pessoas tenham experiências únicas e personalizadas, mas sem perder a coerência e a qualidade que caracterizam as grandes histórias. É como se cada utilizador tivesse o seu próprio narrador pessoal, alguém que conhece os seus gostos, as suas preferências, o seu ritmo e que adapta a história em conformidade.

Mas aqui surge uma questão fascinante: como manter a autenticidade numa era de personalização extrema? Como garantir que cada história personalizada mantém a essência da marca, os seus valores fundamentais, a sua voz distintiva? A resposta encontra-se na delicada dança entre a tecnologia e a criatividade humana. A IA pode processar dados, identificar padrões, sugerir caminhos, mas é a sensibilidade humana que dá alma às histórias, que garante que cada ramificação narrativa ressoa com verdade emocional.

O storytelling interativo com apoio da IA não é simplesmente uma evolução técnica; é uma revolução na forma como concebemos a relação entre marcas e consumidores. Estamos a testemunhar o nascimento de um novo paradigma onde a fronteira entre criador e audiência se torna cada vez mais ténue. O cliente não é apenas o destinatário da mensagem; é coautor da experiência.

Esta mudança exige uma reconceptualização profunda do papel do profissional de marketing. Já não basta ser um bom comunicador ou um estratega hábil. É necessário tornar-se um arquiteto de experiências, alguém capaz de desenhar estruturas narrativas flexíveis que se adaptam e evoluem com base nas escolhas individuais. É preciso pensar como um dramaturgo que escreve uma peça com múltiplos finais possíveis, cada um deles igualmente válido e emocionalmente satisfatório.

A tecnologia oferece-nos ferramentas poderosas, mas são as nossas escolhas criativas que determinam o impacto emocional dessas experiências. Quando decidimos que tipo de interatividade oferecer, que escolhas permitir, que caminhos abrir, estamos a moldar não apenas uma campanha de marketing, mas a própria natureza da relação entre a marca e o utilizador.

O futuro do marketing digital reside precisamente nesta capacidade de criar experiências que sejam simultaneamente pessoais e universais, tecnologicamente avançadas e profundamente humanas. É um desafio que exige não apenas competência técnica, mas uma compreensão profunda da natureza humana, das motivações que nos movem, dos sonhos que nos inspiram.

À medida que avançamos neste novo território, torna-se claro que o verdadeiro poder do storytelling interativo não está apenas na tecnologia que o torna possível, mas na forma como essa tecnologia nos permite redescobrir aspectos fundamentais da comunicação humana. Está a devolver-nos algo que talvez tenhamos perdido na era da comunicação de massas: a capacidade de ter conversas genuínas, de criar laços autênticos, de construir narrativas que realmente importam.

Cada interação torna-se uma oportunidade de aprendizagem mútua. A marca aprende sobre o utilizador através das suas escolhas, das suas preferências, dos caminhos que decide explorar. O utilizador, por sua vez, descobre aspectos da marca que talvez nunca tivesse conhecido numa experiência mais tradicional e linear. É um processo de descoberta recíproca que enriquece ambas as partes.

O storytelling interativo com apoio da IA representa, em última análise, um retorno às origens da narrativa humana. Quando os nossos antepassados se reuniam à volta da fogueira para contar histórias, não era uma experiência passiva. A audiência participava, influenciava o rumo da narrativa, acrescentava detalhes, sugeria desenvolvimentos. Era uma forma de criar comunidade, de partilhar valores, de construir identidade coletiva.

Antes vs. Agora: o papel do público

Antes	Agora
Público como recetor passivo	Público como coautor da narrativa
Histórias fechadas e lineares	Histórias abertas e adaptáveis
Segmentação por perfil	Personalização em tempo real com base na ação
Engajamento superficial (clique, like)	Participação profunda (decisão, comentário, cocriação)

Como preparar-se para este novo modelo de storytelling interativo?

Preparar-se para o novo modelo de storytelling interativo implica uma mudança radical na forma como concebemos a estrutura das histórias. Já não se trata de contar uma narrativa linear, com um começo, meio e fim fixos, mas de construir verdadeiros ecossistemas narrativos onde o público pode escolher caminhos diferentes, vivendo experiências personalizadas e envolventes. Para isso, é fundamental desenhar estruturas de conteúdo ramificadas que permitam múltiplos desdobramentos. Imagine, por exemplo, a criação de um quiz onde as respostas dos participantes os levam a finais distintos, ou um storytelling de escolha, semelhante a um livro-jogo, em que cada decisão abre uma nova via para a história. Esta lógica pode ser aplicada também a funis de venda que funcionam como aventuras interativas, em que o percurso do utilizador varia conforme as suas ações e preferências. Na prática, para construir estas ramificações, começa-se por definir os pontos de decisão na narrativa e a partir daí esboça-se cada caminho possível, garantindo que todos mantêm coerência e relevância para o objetivo da marca. O planeamento cuidadoso e o mapeamento das opções são essenciais para que a experiência seja fluida e envolvente, sem causar confusão ou frustração no utilizador.

À medida que estas estruturas se tornam mais complexas, a Inteligência Artificial emerge como uma ferramenta imprescindível para gerir a multiplicidade de variantes. Usar a IA para gerar variações em tempo real significa permitir que a narrativa se adapte instantaneamente às escolhas, cliques ou tempo que o público dedica a cada segmento. Esta capacidade de ajuste dinâmico permite que cada utilizador tenha uma experiência singular, enquanto o criador mantém o controlo sobre a consistência da mensagem. Na prática, isto exige que, antes de implementar o sistema, definas claramente os parâmetros narrativos e emocionais que não podem ser violados, assegurando que a IA gera variações alinhadas com a identidade e o propósito da marca. Durante a execução, é fundamental monitorizar os resultados para garantir que as alterações automáticas mantêm sentido narrativo e emocional. A tua função, portanto, é a de editor crítico, que supervisiona o trabalho da máquina e intervém para corrigir desvios ou potenciar o impacto, garantindo assim que a tecnologia serve a criatividade e não o contrário.

A interatividade ganha dimensão ainda maior quando o feedback e a participação do público passam a fazer parte integrante do conteúdo. Numa narrativa verdadeiramente viva, o comentário de um cliente pode transformar-se numa nova entrada da história, um erro inesperado pode gerar um plot twist que surpreende e mantém a atenção, e um silêncio prolongado pode ser interpretado como uma pausa dramática que cria suspense e expectativa.

Aprender a ler estes sinais e incorporá-los de forma orgânica exige um olhar atento e sensível, capaz de traduzir reações em oportunidades narrativas. Na prática, isso significa criar canais e rotinas de escuta ativa, onde as respostas do público são sistematicamente analisadas e usadas para alimentar novas versões da história. Este processo não só enriquece a experiência do utilizador como fortalece o vínculo emocional entre marca e audiência, convertendo cada interação num momento de construção conjunta da narrativa.

Preparar-se para o novo modelo de storytelling interativo implica uma mudança estrutural e radical na forma como concebemos e desenvolvemos narrativas no contexto digital contemporâneo. Já não se trata de contar uma história linear, com um início, um meio e um fim fixos, mas de imaginar e construir verdadeiros ecossistemas narrativos, compostos por múltiplas ramificações, nos quais o público escolhe o seu próprio percurso, vivendo experiências personalizadas, envolventes e emocionalmente significativas. Este novo paradigma exige que treines a tua criatividade não para encontrar uma única "melhor versão" da história, mas para desenhar redes complexas de acontecimentos possíveis, que se entrelaçam, se bifurcam e se expandem em diferentes direções, criando trajetórias alternativas igualmente coerentes e impactantes. Na prática, isso implica o desenho de estruturas ramificadas — como quizzes com desfechos múltiplos, experiências interativas inspiradas nos livros-jogo ou mesmo funis de venda configurados como aventuras narrativas —, onde cada decisão do utilizador reconfigura a sequência seguinte. Para isso, é essencial identificar com precisão os pontos de decisão dentro da narrativa e, a partir deles, mapear cuidadosamente os diferentes caminhos possíveis, garantindo sempre que cada variação mantém a integridade da mensagem e o alinhamento com os objetivos da marca. Este processo requer planeamento meticuloso, sensibilidade dramática e domínio conceptual do percurso emocional do público, para evitar frustrações, confusão ou dispersão de sentido. A Inteligência Artificial pode, naturalmente, facilitar esta tarefa, seja na geração de variações, na simulação de interações ou na análise do comportamento dos utilizadores em tempo real, mas a decisão sobre o que explorar, o que preservar e o que deixar em aberto será sempre uma função humana, baseada na intuição, na escuta e na visão crítica. Treinar esta nova forma de pensar exige prática deliberada: sessões de brainstorming para explorar possibilidades narrativas, exercícios de simulação para testar combinações de caminhos, e a criação de guias narrativos flexíveis, que sirvam de bússola na construção e evolução das histórias. Trata-se, em suma, de reconhecer o storytelling como um organismo vivo, dinâmico e adaptável, em que a criatividade do autor se alia à precisão da tecnologia para gerar experiências memoráveis, moldadas em tempo real às escolhas, preferências e emoções de quem as vive. Esta é, sem dúvida, a grande viragem na forma de comunicar no século XXI — e a chave para marcar presença, relevância e diferença num mundo saturado de mensagens e carente de sentido.

À medida que estas estruturas se tornam mais complexas, a Inteligência Artificial emerge como uma ferramenta imprescindível para gerir a multiplicidade de variantes. Usar a IA para gerar variações em tempo real significa permitir que a narrativa se adapte instantaneamente às escolhas, cliques ou tempo que o público dedica a cada segmento. Esta capacidade de ajuste dinâmico permite que cada utilizador tenha uma experiência singular, enquanto o criador mantém o controlo sobre a consistência da mensagem. Na prática, isto exige que, antes de implementar o sistema, definas claramente os parâmetros narrativos e emocionais que não podem ser violados, assegurando que a IA gera variações alinhadas com a identidade e o propósito da marca. Durante a execução, é fundamental monitorizar os resultados para garantir que as alterações automáticas mantêm sentido narrativo e emocional. A tua função, portanto, é a de editor crítico, que supervisiona o trabalho da máquina e intervém para corrigir desvios ou potenciar o impacto, garantindo assim que a tecnologia serve a criatividade e não o contrário.

A interatividade ganha dimensão ainda maior quando o feedback e a participação do público passam a fazer parte integrante do conteúdo. Numa narrativa verdadeiramente viva, o comentário de um cliente pode transformar-se numa nova entrada da história, um erro inesperado pode gerar um plot twist que surpreende e mantém a atenção, e um silêncio prolongado pode ser interpretado como uma pausa dramática que cria suspense e expectativa. Aprender a ler estes sinais e incorporá-los de forma orgânica exige um olhar atento e sensível, capaz de traduzir reações em oportunidades narrativas. Na prática, isso significa criar canais e rotinas de escuta ativa, onde as respostas do público são sistematicamente analisadas e usadas para alimentar novas versões da história. Este processo não só enriquece a experiência do utilizador como fortalece o vínculo emocional entre marca e audiência, convertendo cada interação num momento de construção conjunta da narrativa.

Finalmente, preparar-se para este modelo exige que treines a tua criatividade para pensar não apenas numa única história, mas numa rede de histórias possíveis que se cruzam, se entrelaçam e se expandem. Não se trata apenas de identificar a melhor versão, mas de conceber múltiplas trajetórias que, combinadas, oferecem ao público uma diversidade de experiências coerentes e impactantes. A Inteligência Artificial pode auxiliar nesta tarefa, facilitando a geração e a gestão das ramificações, mas a decisão sobre o rumo a seguir, as nuances a privilegiar e as conexões a estabelecer cabe sempre ao criador. Este exercício criativo implica uma visão sistémica, que reconhece o storytelling como um organismo complexo e em movimento, capaz de se adaptar às mudanças e às necessidades do público. Na prática, este treino pode incluir exercícios de brainstorming para imaginar possíveis cruzamentos narrativos, simulações para testar como diferentes combinações funcionam, e o desenvolvimento de guias flexíveis que orientem a construção e a evolução das histórias. Assim, a tua criatividade alia-se à tecnologia para dar vida a narrativas verdadeiramente interativas, personalizadas e memoráveis, marcando o futuro do marketing digital e do storytelling na era da Inteligência Artificial.

À medida que as estruturas ramificadas ganham complexidade, o papel da Inteligência Artificial torna-se crucial para garantir que a narrativa acompanha o ritmo acelerado das interações e as inúmeras possibilidades que o público pode explorar. Utilizar a IA para gerar variações em tempo real não significa apenas automatizar a produção de conteúdos, mas sim dotar a história de uma capacidade dinâmica de adaptação que responde de imediato às escolhas, cliques ou ao tempo de permanência do utilizador em cada segmento.

Na prática, isso requer um planeamento rigoroso onde definimos previamente as linhas narrativas que podem ser alteradas, os limites dentro dos quais a IA pode operar e os critérios que garantem a coerência emocional e narrativa. A Inteligência Artificial torna-se, assim, uma extensão da criatividade humana, capaz de multiplicar versões, ajustar tons, modificar sequências e até criar transições adequadas sem comprometer o fio condutor da história.

Para aplicar este processo, começa por selecionar uma plataforma de IA que permita não só a geração automática de conteúdos, mas também o controlo editorial. Depois, alimenta o sistema com um conjunto sólido de informações sobre a identidade da marca, o tom desejado e os objetivos emocionais da narrativa. Durante a interação com o público, a IA recolhe dados comportamentais em tempo real e ajusta a narrativa com base nesses inputs, personalizando a experiência para cada utilizador.

No entanto, é imperativo compreender que a função do criador humano permanece central e insubstituível. A IA não possui a sensibilidade para avaliar se uma determinada variação está a reforçar a mensagem de forma autêntica ou se, pelo contrário, dilui o impacto emocional. Por isso, a tua missão é supervisionar atentamente os resultados gerados pela máquina, intervindo quando necessário para corrigir desvios e garantir que a narrativa mantém integridade e significado.

Esta simbiose entre Inteligência Artificial e intervenção humana permite maximizar a eficiência da produção, multiplicar as possibilidades criativas e, sobretudo, oferecer ao público experiências personalizadas e memoráveis.

É um salto qualitativo e quantitativo na forma como contamos histórias, que exige, porém, um equilíbrio delicado entre automação e controle, inovação e consistência, dados e emoção. Assim, usar a IA para gerar variações em tempo real é mais do que uma ferramenta tecnológica: é um novo paradigma para a construção de narrativas que respiram, evoluem e se moldam ao pulso do público.

Integrar o feedback e a participação do público como parte integrante do conteúdo representa uma evolução fundamental no modo como concebemos o storytelling na era digital. Não se trata apenas de observar passivamente as reações, mas de incorporar essas respostas como elementos vivos que influenciam e enriquecem a narrativa em curso. O comentário de um cliente pode transformar-se numa nova linha de história, um erro inesperado pode gerar um plot twist que renova o interesse, e o silêncio prolongado pode assumir o papel de uma pausa dramática, carregada de significado e expectativa. Aprender a ler estes sinais exige sensibilidade e uma disposição para transformar o imprevisível em oportunidade criativa.

Na prática, isso implica criar mecanismos que facilitem a recolha e análise constante do feedback. Isso pode ser alcançado através da monitorização ativa das redes sociais, sessões interativas, enquetes, ou mesmo espaços dedicados onde o público se sinta encorajado a participar e partilhar as suas impressões. Cada uma destas interações passa a ser um dado narrativo que pode ser explorado para ajustar e expandir a história, criando um ciclo de co-criação entre marca e audiência.

Este processo transforma a narrativa de uma linha fixa para uma construção fluida e orgânica, onde a voz do público é não apenas ouvida, mas valorizada e integrada. O storytelling deixa de ser uma mensagem unidirecional para se tornar um diálogo dinâmico, onde a marca reage, adapta-se e cresce em conjunto com os seus seguidores.

Contudo, esta integração exige disciplina e um olhar crítico para filtrar o que é relevante e garantir que as alterações respeitam a identidade da marca. Na minha experiência, este envolvimento genuíno com o público resulta em narrativas mais ricas, mais autênticas e mais capazes de criar ligações emocionais profundas. É esta escuta ativa que torna a história viva, transformando-a num organismo que respira e evolui, alinhado com as necessidades e desejos reais de quem a acompanha.

Treinar a criatividade para pensar em possibilidades amplia a visão do storytelling para além da simples busca pela melhor história única, desafiando-nos a conceber múltiplas narrativas possíveis e a explorar as formas como estas se cruzam e se complementam. Este exercício exige uma mentalidade aberta e flexível, capaz de imaginar não um caminho, mas um conjunto de caminhos entrelaçados que enriquecem a experiência do público e multiplicam as oportunidades de conexão emocional.

Na prática, esta abordagem implica um trabalho contínuo de brainstorming e experimentação, onde a Inteligência Artificial pode ser uma poderosa aliada ao gerar rapidamente variantes e sugerir ramificações inesperadas. Contudo, a decisão sobre quais dessas possibilidades devem ser exploradas, combinadas ou descartadas cabe sempre ao criador, cuja sensibilidade e conhecimento do público guiam o rumo da narrativa.

Este processo criativo pode ser implementado através da construção de mapas narrativos complexos, que visualizam as diferentes ramificações e as suas interdependências, permitindo compreender como uma história pode evoluir em múltiplas direções sem perder coesão. Ao cruzar estas possibilidades, cria-se um ecossistema narrativo onde cada escolha, cada conteúdo e cada reação do público são parte de uma teia integrada.

Além disso, este treino exige cultivar a habilidade de pensar em termos de contingência, aceitando a incerteza e a multiplicidade como elementos naturais da criação. Perguntar não só "qual é a melhor história?", mas "quais são as melhores histórias possíveis e como podem interagir entre si?" transforma o ato de contar em um processo vivo e adaptativo.

No McSill Story Studio, a aplicação deste método tem revelado resultados significativos, sobretudo na capacidade de construir narrativas que não apenas acompanham o público, mas que o envolvem num diálogo contínuo, promovendo uma relação de proximidade e fidelidade difícil de alcançar por meios convencionais. Assim, treinar a criatividade para pensar em possibilidades não é apenas uma técnica, mas uma mudança profunda de paradigma que coloca o criador no centro de um universo narrativo rico, plural e dinâmico, capaz de transformar o marketing digital e o storytelling na era da Inteligência Artificial.

Resumo Prático para Construir Storytelling Interativo na Era da IA

Passo	O que fazer	Porquê	Como aplicar na prática
1. Criar estruturas de conteúdo ramificadas	Desenvolver narrativas com múltiplos caminhos possíveis, permitindo escolhas e variações.	Para oferecer experiências personalizadas e envolventes que mantenham o público ativo.	Planeia pontos de decisão na história e mapeia todas as ramificações possíveis; usa quizzes, histórias de escolha, funis interativos.
2. Usar IA para gerar variações em tempo real	Permitir que a Inteligência Artificial ajuste a narrativa com base nas interações do público.	Para adaptar a história às preferências e comportamento do utilizador em tempo real, aumentando relevância e impacto.	Seleciona plataformas que permitam controlo editorial; define parâmetros narrativos; supervisiona e ajusta resultados.
3. Incluir feedback e participação	Incorporar os comentários, erros e reações do público como elementos vivos da narrativa.	Para criar uma história dinâmica e colaborativa que fortaleça a ligação emocional e mantenha o interesse.	Cria canais de escuta ativa; analisa interações qualitativas; integra insights para ajustar e expandir a história.
4. Treinar a criatividade para possibilidades	Desenvolver a capacidade de conceber e gerir múltiplas histórias possíveis e suas interações.	Para enriquecer a narrativa, ampliar o alcance e construir um ecossistema narrativo coerente e adaptável.	Utiliza mapas narrativos; explora ramificações com IA; toma decisões baseadas em sensibilidade criativa e conhecimento do público.

CHECKLIST
Criar storytelling interativo com IA

- ☑ Tens um mapa narrativo com múltiplos caminhos, não só um enredo único?
- ☑ Estás a usar IA para reagir a ações do utilizador em tempo real?
- ☑ Incluis pontos de decisão na tua comunicação (escolhe, responde, reage)?
- ☑ Tratas o comentário e feedback como parte ativa da narrativa?
- ☑ Usas IA para gerar conteúdos adaptativos mas manténs controlo humano sobre sentido e emoção?
- ☑ Estás a documentar respostas recorrentes e padrões de participação para criar novas histórias a partir disso?
- ☑ A tua marca já se comporta como um universo narrativo e não só como um canal de venda?

Dica final deste episódio

O futuro do marketing não é falar melhor – é escutar com mais atenção e construir com o outro, linha a linha. Já não basta ter a frase certa: é preciso criar um lugar onde quem lê se encontre e queira ficar. As ferramentas aceleram o processo, mas não substituem o cuidado. Só tu podes dar sentido ao que recolhes, transformar padrões em entendimento, reacções em relação. A pergunta já não é "como captar atenção?", mas "o que vai ficar quando o ecrã se apaga?". O que conta não é o que impressiona no momento, mas o que continua a fazer sentido depois. O conselho mais cru que te posso dar, depois de décadas a ver projectos e impérios virem e irem: não escrevas para te mostrares inteligente. Escreve para que o outro se sinta visto. Se quem te lê tiver vontade de repetir o que disseste como se fosse dele, então criaste algo que merece circular. E isso, por mais ferramentas que surjam, continua a depender inteiramente de ti.

Episódio 14

Inteligência Afetiva

Quando a IA Aprende a Sentir

A máquina lê cliques – mas és tu quem lê o que o cliente não consegue dizer.

ANTES DE LER O EPISÓDIO, ESSES SÃO OS TERMOS TÉCNICOS QUE PRECISAS CONHECER:

1. **Emotional AI (Inteligência Artificial Emocional)**

   Conjunto de tecnologias que detetam e interpretam sinais emocionais do utilizador – como expressões faciais, prosódia da voz ou padrões de interação – para ajustar conteúdos em tempo real de acordo com o estado emocional percebido.

2. **Microexpressões Faciais**

   Movimentos involuntários e muito breves dos músculos do rosto que revelam emoções autênticas. São usadas para identificar, por exemplo, surpresa ou hesitação, mesmo quando a pessoa tenta esconder o que sente.

3. **Prosódia da Voz**

   A entoação, o ritmo e a intensidade vocal que transmitem emoção na fala. Pode indicar entusiasmo, cansaço, irritação ou serenidade, sendo usada por sistemas de IA para adaptar narrativas sonoras ou conversacionais.

4. **Engenharia Emocional**

   Processo de converter insights da Emotional AI e de métricas comportamentais em intervenções narrativas específicas, como metáforas, provas sociais ou minirrelatos, com o objetivo de modular a experiência do utilizador e aprofundar o vínculo emocional.

5. **Micro-histórias Dinâmicas**

   Fragmentos narrativos curtos, sensoriais ou metafóricos, que podem ser combinados automaticamente pela IA para personalizar a narrativa em tempo real, com base na resposta emocional do utilizador.

6. **Dashboards Emocionais**

   Painéis de controlo que cruzam métricas tradicionais (como taxa de cliques e tempo de scroll) com indicadores emocionais (como entoação, hesitação, ou linguagem emocional nos comentários) para orientar decisões criativas e estratégicas.

7. **Orquestração de Conteúdo**

   Coordenação automatizada de canais e elementos narrativos (texto, vídeo, áudio) ativados com base em sinais emocionais ou comportamentais, criando fluxos de conteúdo adaptativos e responsivos.

Em 1998, o mundo digital ainda era uma fronteira quase inexplorada. A internet começava a chegar às casas das pessoas, e muitos olhavam para ela como uma novidade passageira ou um luxo tecnológico reservado a poucos. O marketing digital, nesse tempo, estava nos primeiros passos — hesitante, rudimentar, mas cheio de promessas. Medir o sucesso de uma campanha era algo simples: contavam-se cliques, visualizações e seguidores. Eram números brutos, quantitativos, fáceis de interpretar, mas pobres em significado. Era como medir a profundidade de um livro apenas pela quantidade de páginas — tínhamos dados, sim, mas não tínhamos compreensão.

Naquela altura, os anúncios online eram basicamente banners fixos que piscavam em tons néon, convidando o utilizador a "clicar aqui". As redes sociais nem sequer existiam; o MySpace só surgiria alguns anos mais tarde, e o Facebook, o Instagram ou o TikTok eram pura ficção científica. O objetivo era óbvio: atrair atenção. Mas essa atenção era medida de forma mecânica, sem qualquer consideração pelo sentimento, pela emoção ou pelo impacto real no indivíduo. O foco estava na performance técnica, não na ressonância humana.

Passados vinte e cinco anos, estamos mergulhados numa revolução silenciosa, mas profunda. Hoje, o marketing digital deixou de ser apenas uma extensão do marketing tradicional e tornou-se uma disciplina única, impulsionada por algoritmos, big data e, sobretudo, pela Inteligência Artificial. Não basta atrair olhares; é preciso criar conexões. Não basta contar cliques; é necessário entender intenções, sentimentos e reações. O que antes era medido em números frios agora pode ser lido nas expressões faciais captadas por câmaras, no tom de voz de uma resposta gravada, no tempo que alguém passa a ler uma frase ou até no momento exato em que hesita antes de clicar.

Das métricas frias ao mapa emocional

Hoje, as métricas são mais subtis — e muito mais reveladoras. Podemos medir o tempo de leitura médio de um conteúdo e perceber se ele foi realmente absorvido, ou apenas esquadrinhado superficialmente. Conseguimos identificar padrões de scroll — aquelas alturas em que o utilizador desce a página rapidamente, ignorando o conteúdo, ou, ao contrário, faz pausas prolongadas, indicando interesse. Temos acesso a dados sobre hesitações, rolagem invertida, cliques indecisos. Alguns sistemas conseguem analisar microexpressões faciais através de vídeos curtos, captando surpresa, confusão, satisfação ou frustração. Outros podem mapear a tonalidade da voz durante interações com assistentes virtuais, detetando cansaço, entusiasmo ou ansiedade.

Esses dados, aparentemente técnicos, formam algo novo: o mapa emocional do utilizador. É como se tivéssemos, pela primeira vez, a capacidade de ouvir o coração dos nossos públicos, de ver além do comportamento visível e alcançar as razões subjacentes. E isso mudou radicalmente a forma como pensamos a comunicação. Deixamos de contar histórias apenas para vender produtos e passamos a contar histórias para gerar impacto. E não se trata apenas de engajamento — trata-se de ressonância.

Histórias com IA: performance ou propósito?

Com estas ferramentas, contar histórias com IA deixa de ser apenas uma questão de eficiência e começa a ser uma questão de significado. Antes, a IA era usada para otimizar campanhas, direcionar anúncios, prever tendências. Agora, ela permite-nos escrever textos adaptados ao perfil emocional de cada pessoa, sugerir cores, sons e até ritmos narrativos que tocam mais profundamente o destinatário. É possível personalizar uma mensagem não apenas conforme o histórico de consumo, mas também conforme o estado emocional do utilizador quando a recebe.

Mas aqui surge um dilema crucial: quem interpreta esses dados? Quem decide se a ressonância criada é genuína ou manipulativa? Se é construtiva ou invasiva? Por mais avançada que seja a tecnologia, ela não tem ética própria. Ela reflete os valores daqueles que a programam e daqueles que a utilizam. E por isso, mesmo num mundo dominado por algoritmos, a humanidade continua a ser o elemento central.

O papel do profissional de marketing hoje não é apenas gerir campanhas, mas interpretar emoções, discernir intenções e tomar decisões com base em valores. É ele quem escolhe se vai usar os dados para empurrar o consumidor para uma decisão automática, ou se vai usá-los para oferecer algo que realmente faça sentido. É ele quem define os limites entre o útil e o intrusivo, entre o relevante e o perturbador.

A arte de equilibrar criatividade e estratégia

Criar narrativas com variações intencionais, guiadas por dados emocionais, é um exercício delicado de equilíbrio entre criatividade e estratégia. Requer sensibilidade para perceber o que toca, rigor para medir o que funciona, e coragem para decidir o que é certo. A Inteligência Artificial facilita o processo, permitindo escalar ideias, testar múltiplas versões e obter resultados em tempo real. Mas o pulso humano é o que dá alma ao conteúdo.

Vamos supor que estás a lançar uma nova linha de cosméticos naturais. Podes usar IA para criar versões de uma mesma história: uma com tom inspirador, centrada na beleza verdadeira; outra com tom factual, focada nos ingredientes e benefícios técnicos; e uma terceira com tom humorístico, mostrando situações caricatas relacionadas com o uso de produtos convencionais. Depois, podes segmentar o teu público e enviar a cada grupo uma dessas versões. Ao recolher os dados, descobres que a versão inspiradora gerou mais partilhas e comentários emocionados, a factual resultou em mais cliques no site e conversões, e a humorística provocou discussões ativas nas redes sociais.

Com essas informações, podes começar a integrar elementos de cada abordagem nas próximas versões. Criar uma narrativa que inspire, informe e divirta simultaneamente. Uma narrativa que respeite a identidade da marca, mas que também dialogue com as emoções reais do público. E tudo isso com a ajuda da IA, mas sempre com supervisão humana — porque a máquina pode calcular, mas só o ser humano pode sentir.

Do teste à aprendizagem contínua

Este método transforma o teste em oportunidade de aprendizagem contínua. Cada campanha não é apenas um meio para um fim, mas um ciclo de feedback, ajuste e evolução. Em vez de lançar uma única mensagem e torcer para que funcione, experimentas, observas, aprendes e melhoras. E isso é particularmente poderoso quando combinado com Inteligência Artificial, pois permite fazer centenas de pequenos testes em simultâneo, com custos reduzidos e tempo mínimo.

Além disso, esta abordagem cria resiliência. Num mercado onde as preferências mudam constantemente e a atenção é volúvel, não podemos nos agarrar a fórmulas fixas. Precisamos de flexibilidade. E a combinação entre IA e criatividade humana oferece exatamente isso: a capacidade de se adaptar rapidamente, sem perder o rumo da autenticidade.

Posicionamento no marketing digital moderno

Ao adotar este modelo, posicionas a tua marca na linha da frente do marketing digital moderno. Um lugar onde a tecnologia não substitui a humanidade, mas a potencializa. Onde os dados não são apenas números, mas pistas para compreender melhor as pessoas. Onde a comunicação vai além do comercial e se torna experiencial.

E isto não é futuro. É presente. E está acessível a todos que entendem que a chave para o sucesso não está apenas em escalar mensagens, mas em criar conexões reais. Conexões que duram, que se repetem, que se multiplicam.

Há vinte e cinco anos, o marketing digital era uma questão de presença. Hoje, é uma questão de presença consciente. Não basta estar lá. É preciso estar lá com significado. Com respeito. Com intenção. Com ressonância.

Afinal, o que é uma boa história senão aquela que permanece connosco depois de terminada? Que nos move, que nos faz pensar, sentir, agir? E agora, graças à Inteligência Artificial, podemos contar essas histórias com mais precisão, mais alcance, mais profundidade. Mas continuamos a depender de nós mesmos para garantir que elas valem a pena ser contadas.

Antes vs. Agora: o que e como se mede

Antes	Agora
Cliques, impressões, subscrições	Atenção real, emoção, frustração, envolvimento
Taxa de abertura de e-mails	Tempo de leitura por seção, calor emocional do texto
Comentários contados	Comentários lidos como indicadores de tom e intenção
Dados isolados por canal	Dados cruzados e narrativas de comportamento contínuo

Como preparar-se para esta nova forma de medir impacto?

Há décadas que medimos o sucesso das nossas campanhas como se estivéssemos a contar moedas numa carteira. Quantos cliques? Quantas impressões? Qual o retorno sobre investimento? Estas métricas frias e matemáticas moldaram gerações de profissionais de marketing, criando uma cultura onde o que importa é apenas o que se pode quantificar de forma imediata e tangível. Mas será que estamos a medir o que realmente importa?

A verdade é que os consumidores de hoje não são calculadoras humanas. São pessoas complexas, com emoções profundas, histórias pessoais e necessidades que transcendem o mero ato de compra. Quando uma marca consegue tocar o coração de alguém, quando desperta uma emoção genuína, quando cria uma ligação autêntica, está a construir algo muito mais valioso do que uma transação isolada: está a construir uma relação duradoura, uma confiança que se traduz em lealdade, em defesa da marca, em crescimento sustentado.

O problema é que durante anos fomos ensinados a ignorar esta dimensão emocional. A tratá-la como um aspecto secundário, quase um luxo que só as grandes marcas com orçamentos generosos podiam dar-se ao luxo de explorar. Mas a realidade é que, numa era onde a concorrência é feroz e onde os consumidores são bombardeados com milhares de mensagens publicitárias diariamente, a diferença entre o sucesso e o fracasso não está na frieza dos números, mas na capacidade de criar ligações emocionais profundas e duradouras.

É aqui que reside uma das transformações mais importantes do marketing contemporâneo. Estamos a assistir ao nascimento de uma nova forma de medir o impacto, uma abordagem que reconhece que por trás de cada clique, de cada partilha, de cada conversão, existe uma pessoa com sentimentos, aspirações e necessidades emocionais. Esta mudança de paradigma não é apenas uma evolução técnica; é uma revolução na forma como entendemos e valorizamos o relacionamento entre marcas e consumidores.

A primeira grande mudança que precisamos de fazer é na forma como escolhemos as nossas métricas. Durante anos, fomos obcecados por números que refletiam apenas ações: quantas pessoas clicaram, quantas compraram, quantas se inscreveram. Mas estes números dizem-nos muito pouco sobre o que realmente se passou na mente e no coração da pessoa. Uma pessoa pode clicar num anúncio por puro acaso, pode comprar um produto por necessidade extrema, pode inscrever-se numa newsletter apenas para obter um desconto imediato. Nenhuma destas ações nos diz se a pessoa gostou da experiência, se se sentiu respeitada, se desenvolveu uma ligação emocional positiva com a marca.

Por isso, precisamos de começar a dar muito mais atenção às métricas que revelam emoção. O tempo de permanência numa página, por exemplo, é um indicador muito mais rico do que um simples clique. Quando alguém passa vários minutos a ler um artigo, a explorar um site, a ver um vídeo até ao fim, está a demonstrar algo precioso: interesse genuíno, envolvimento emocional, vontade de se conectar com o conteúdo. Estas são as métricas que nos dizem se estamos a criar experiências que realmente importam para as pessoas.

As taxas de conclusão de vídeo são outro exemplo fascinante. Num mundo onde a atenção é o recurso mais escasso, conseguir manter alguém interessado durante três, cinco ou dez minutos é uma conquista extraordinária. Mas mais importante ainda: onde é que as pessoas param de ver? Em que momentos é que voltam para trás? Que partes é que voltam a ver? Estes padrões comportamentais são como pegadas emocionais, revelando-nos exatamente que aspectos do nosso conteúdo estão a ressoar com as pessoas.

As partilhas com comentário emocional representam talvez a métrica mais valiosa de todas. Quando alguém não só partilha o nosso conteúdo, mas também adiciona um comentário pessoal, está a fazer algo extraordinário: está a associar a sua própria reputação à nossa marca. Está a dizer aos seus amigos e familiares que este conteúdo vale a pena, que é relevante, que despertou nele uma emoção suficientemente forte para querer partilhá-la com outros. Isto é infinitamente mais valioso do que mil partilhas silenciosas.

As taxas de resposta em inquéritos abertos são igualmente reveladoras. Quando perguntamos às pessoas não apenas "está satisfeito?", mas "como se sentiu?", "que emoções experimentou?", "que aspecto desta experiência foi mais significativo para si?", estamos a abrir uma janela para o mundo interior dos nossos consumidores. E quando eles se dão ao trabalho de responder de forma detalhada, estamos a receber um presente inestimável: insight genuíno sobre o impacto emocional do nosso trabalho.

Mas não basta apenas escolher as métricas certas. Precisamos também de criar conteúdo que seja intrinsecamente mensurável do ponto de vista emocional. Isto significa desenvolver uma nova forma de pensar sobre a criação de conteúdo, uma abordagem que reconhece que as emoções não são um acidente, mas o resultado de escolhas deliberadas e intencionais.

A criação de conteúdo com marcos de emoção é uma arte que exige tanto sensibilidade humana como rigor técnico. Quando escrevemos um texto ou criamos um vídeo, precisamos de pensar como um realizador de cinema: onde é que queremos criar tensão? Em que momento queremos proporcionar alívio? Como é que vamos introduzir momentos de humor genuíno? Onde é que vamos tocar a fibra da ternura?

Vejamos um exemplo prático. Imaginemos que estamos a criar um vídeo sobre uma nova aplicação de gestão financeira. A abordagem tradicional seria apresentar as funcionalidades de forma linear e técnica. Mas uma abordagem emocionalmente inteligente começaria por criar tensão: mostraria uma pessoa preocupada com as suas finanças, talvez a olhar para extratos bancários com uma expressão de ansiedade. Este momento de tensão é um marco emocional deliberado. Depois, introduziríamos a aplicação como uma fonte de alívio, mostrando como ela simplifica a gestão financeira. Poderíamos adicionar um momento de humor sutil, talvez mostrando a pessoa a sorrir quando vê que conseguiu poupar mais do que esperava. E terminaria com um momento de ternura, mostrando como a tranquilidade financeira permite que a pessoa se dedique ao que realmente importa: a família, os sonhos, os projetos pessoais.

Cada um destes marcos pode ser medido. Podemos verificar se as pessoas param de ver no momento da tensão (talvez seja demasiado intensa), se voltam para trás para rever o momento do alívio (sinal de que estamos a resolver um problema real), se comentam o momento de humor (indicando que criámos uma ligação positiva), se partilham o momento final (mostrando que a mensagem global ressoou com eles).

Esta abordagem transforma a criação de conteúdo numa ciência experimental. Cada peça de conteúdo torna-se um laboratório onde testamos diferentes combinações emocionais, onde aprendemos que tipos de tensão funcionam melhor com que tipos de audiência, onde descobrimos que formas de humor são mais eficazes em diferentes contextos.

Mas aqui chegamos a uma questão crucial: como é que medimos estas emoções de forma ética e respeitosa? A tecnologia atual oferece-nos ferramentas poderosas para analisar o estado emocional das pessoas. Existem sistemas de análise de sentimento que podem interpretar o tom de comentários e mensagens. Há tecnologias de reconhecimento de padrões de voz que podem detectar emoções através da forma como as pessoas falam. Existem até sistemas de reconhecimento facial que podem identificar expressões emocionais.

Estas ferramentas são extraordinariamente poderosas, mas também extraordinariamente perigosas se não forem utilizadas com cuidado e ética. A diferença entre usar a Inteligência Artificial para melhorar a experiência do cliente e usá-la para manipular pessoas é muitas vezes ténue, mas é absolutamente crucial.

O princípio fundamental deve ser sempre o benefício mútuo. Quando utilizamos IA para analisar emoções, devemos fazê-lo com o objetivo de criar experiências mais relevantes, mais úteis, mais significativas para as pessoas. Se descobrimos que um determinado tipo de conteúdo causa ansiedade ou desconforto, devemos usar essa informação para ajustar a nossa abordagem, não para explorar essas emoções negativas.

Um exemplo concreto: se a análise de sentimento revela que os nossos clientes ficam stressados quando recebem demasiadas notificações push, devemos usar essa informação para reduzir a frequência das notificações, não para enviar ainda mais notificações em momentos de maior vulnerabilidade emocional. Se descobrimos que certas palavras ou imagens despertam emoções particularmente fortes, devemos usar esse conhecimento para criar conteúdo mais empático e respeitoso.

A ética deve tornar-se, literalmente, um novo KPI. Devemos medir não apenas se as nossas campanhas são eficazes, mas se são respeitosas. Não apenas se geram conversões, mas se geram confiança. Não apenas se aumentam as vendas, mas se melhoram a vida das pessoas. Isto leva-nos ao quarto e talvez mais importante princípio desta nova abordagem: a necessidade de fazer revisões baseadas em sentimento, não apenas em ROI. Durante anos, fomos condicionados a avaliar o sucesso das nossas campanhas principalmente através de métricas financeiras. Se uma campanha gerou muito lucro, era considerada bem-sucedida. Se não gerou lucro suficiente, era considerada um fracasso. Esta abordagem, porém, é perigosamente limitada. Um conteúdo que converte muito, mas que gera rejeição emocional forte, pode estar a corroer a marca a longo prazo. Pode estar a criar uma base de clientes que compra uma vez, mas nunca mais volta. Pode estar a gerar receita imediata às custas da reputação futura.

Imaginemos uma empresa de telecomunicações que lança uma campanha publicitária que é extremamente eficaz a gerar subscrições, mas que utiliza táticas emocionalmente manipuladoras. Talvez use o medo de forma excessiva, ou crie ansiedade sobre questões de segurança digital. A curto prazo, a campanha pode ser um sucesso retumbante em termos de ROI. Mas a longo prazo, está a criar uma base de clientes que se sente manipulada, que desenvolve uma associação negativa com a marca, que pode até desenvolver uma aversão a campanhas futuras.

Por isso, precisamos de desenvolver métricas que nos permitam detectar estes problemas antes que se tornem irreversíveis. Métricas como o Net Promoter Score emocional, onde perguntamos não apenas se as pessoas recomendariam a nossa marca, mas como se sentem quando pensam nela. Métricas como a taxa de arrependimento, onde medimos quantas pessoas cancelam ou devolvem produtos pouco depois de os comprar. Métricas como o índice de confiança, onde avaliamos se as pessoas se sentem respeitadas e valorizadas nas suas interações connosco.

A implementação prática desta nova abordagem requer uma mudança profunda na cultura organizacional. Não basta apenas adotar novas ferramentas ou contratar novos especialistas. É preciso mudar a forma como pensamos sobre o sucesso, sobre o valor, sobre o que realmente importa no relacionamento com os nossos clientes.

Comecemos pela formação das equipas. Os profissionais de marketing precisam de desenvolver uma nova literacia emocional, uma capacidade de ler e interpretar sinais emocionais subtis. Isto não é uma competência técnica que se aprende num curso de fim-de-semana; é uma sensibilidade humana que se desenvolve através da experiência, da observação cuidadosa, da empatia genuína.

Precisamos também de reformular os nossos processos de tomada de decisão. Em vez de basear decisões apenas em dados quantitativos, precisamos de criar espaço para considerações qualitativas. Isto pode significar dedicar tempo em reuniões para discutir não apenas "quantos clientes responderam", mas "como é que eles se sentiram quando responderam". Pode significar criar equipas multidisciplinares que incluam não apenas analistas de dados, mas também psicólogos, sociólogos, antropólogos.

A tecnologia também precisa de ser repensada. Em vez de sistemas que apenas recolhem dados comportamentais, precisamos de plataformas que integrem informação emocional de forma ética e respeitosa. Isto pode incluir dashboards que mostrem não apenas métricas de conversão, mas também métricas de satisfação emocional. Pode incluir alertas que nos avisem quando uma campanha está a gerar reações emocionais negativas, mesmo que esteja a gerar bons resultados financeiros.

Mas talvez a mudança mais importante seja na forma como definimos os nossos objetivos. Em vez de estabelecer apenas metas de vendas ou de tráfego, precisamos de estabelecer metas emocionais. Quantas pessoas queremos que se sintam inspiradas pela nossa marca este trimestre? Que percentagem dos nossos clientes queremos que se sintam genuinamente compreendidos e valorizados? Quantas interações queremos que gerem sentimentos positivos duradouros?

Esta abordagem requer também uma nova forma de pensar sobre o tempo. As métricas emocionais operam muitas vezes em escalas temporais diferentes das métricas financeiras. Uma campanha pode gerar conversões imediatas, mas o seu impacto emocional pode manifestar-se apenas semanas ou meses depois. Um conteúdo pode não gerar cliques imediatos, mas pode criar uma impressão duradoura que influencia decisões futuras.

Por isso, precisamos de desenvolver paciência estratégica. Precisamos de criar sistemas de medição que capturam não apenas os resultados imediatos, mas também os efeitos a longo prazo. Isto pode significar fazer follow-ups regulares com clientes, meses depois das suas primeiras interações connosco. Pode significar criar painéis de consumidores que nos deem feedback contínuo sobre como se sentem em relação à nossa marca ao longo do tempo.

A implementação desta nova abordagem também requer transparência e comunicação clara com todas as partes interessadas. Os investidores, os gestores, os próprios funcionários, precisam de compreender porque é que as métricas emocionais são importantes para o sucesso a longo prazo. Isto pode exigir educação, pode exigir a apresentação de casos de estudo, pode exigir a demonstração de como as marcas que investem em conexões emocionais tendem a ter melhor desempenho financeiro a longo prazo.

É também crucial desenvolver uma abordagem iterativa. Tal como qualquer mudança significativa, a transição para métricas emocionais não acontece da noite para o dia. Pode começar com pequenos projetos piloto, testando diferentes formas de medir e interpretar dados emocionais. Pode envolver experiências controladas, onde comparamos campanhas tradicionais com campanhas emocionalmente otimizadas. Pode incluir a criação de equipas dedicadas que se especializam nesta nova abordagem.

O que está a emergir é uma nova profissão: o analista emocional de marketing. Estes profissionais combinam competências técnicas tradicionais com uma profunda compreensão da psicologia humana. Sabem ler não apenas tabelas e gráficos, mas também a linguagem corporal em vídeos, o tom emocional em comentários, os padrões subtis de comportamento que revelam estados emocionais.

Mas esta evolução não é apenas uma questão de recursos humanos ou tecnologia. É fundamentalmente uma questão de valores. Estamos a decidir que tipo de relação queremos ter com os nossos clientes. Queremos relacionamentos transacionais, onde apenas importa o que as pessoas compram? Ou queremos relacionamentos relacionais, onde importa como as pessoas se sentem?

A resposta a esta pergunta determina não apenas que métricas escolhemos, mas que tipo de empresa nos tornamos. Empresas que investem em métricas emocionais tendem a desenvolver culturas mais empáticas, mais humanas, mais centradas no cliente. Tendem a criar produtos e serviços que realmente melhoram a vida das pessoas. Tendem a atrair funcionários e clientes que valorizam autenticidade e integridade.

Esta mudança está a acontecer num momento particularmente oportuno. Vivemos numa era de ceticismo crescente em relação às grandes empresas, de desconfiança em relação à publicidade tradicional, de procura desesperada por autenticidade num mundo cada vez mais artificial. As empresas que conseguem demonstrar que se preocupam genuinamente com o bem-estar emocional dos seus clientes têm uma vantagem competitiva significativa.

Mas também vivemos numa era de sobrecarga de informação, onde as pessoas são constantemente bombardeadas com mensagens promocionais. Neste contexto, a capacidade de criar conteúdo que não apenas informa, mas que também emociona, que não apenas vende, mas que também inspira, torna-se absolutamente crucial.

A medição de emoções não é, portanto, apenas uma nova ferramenta de marketing. É uma forma de humanizar o comércio, de devolver a alma ao mundo dos negócios, de criar pontes autênticas entre empresas e pessoas. É uma forma de reconhecer que por trás de cada transação existe uma pessoa com uma história, com sonhos, com necessidades que vão muito além do que qualquer produto ou serviço pode satisfazer.

À medida que avançamos nesta nova era do marketing emocional, uma coisa torna-se cada vez mais clara: as empresas que conseguem medir e nutrir as emoções dos seus clientes não estarão apenas a construir negócios mais lucrativos. Estarão a construir organizações mais humanas, mais éticas, mais sustentáveis. Estarão a contribuir para um mundo onde o comércio serve não apenas os interesses financeiros, mas também o bem-estar emocional e psicológico das pessoas.

Esta é, em última análise, a promessa da medição emocional: não apenas melhores campanhas de marketing, mas melhores relações humanas. Não apenas melhores resultados financeiros, mas melhores experiências para todos os envolvidos. Não apenas empresas mais eficazes, mas empresas mais humanas.

O futuro do marketing está a ser escrito agora, e são as empresas que conseguem equilibrar a precisão dos dados com a profundidade das emoções que estarão na vanguarda desta revolução. São estas empresas que não apenas sobreviverão, mas prosperarão numa era onde a ligação emocional autêntica se tornou o recurso mais valioso de todos.

CHECKLIST

Medir impacto emocional com IA e sentido humano

- ☑ Estás a usar métricas qualitativas, além dos números tradicionais?
- ☑ Os teus conteúdos têm pontos intencionais para provocar resposta emocional?
- ☑ Usas IA para detectar emoção, mas aplicas filtros humanos para avaliar contexto?
- ☑ Fazes correlações entre comportamento emocional e fidelização?
- ☑ Monitorizas variações de humor do público ao longo da jornada de compra?
- ☑ Decides ajustar narrativas não só por performance, mas por relação emocional?
- ☑ Tens um código de ética para uso de dados emocionais (consentimento, transparência, limite de uso)?

Dica final deste episódio

A história mais eficaz não é a mais vista – é a que bate onde interessa. A que faz alguém parar, mesmo que só por dentro. Hoje já conseguimos perceber quando uma pessoa sentiu alguma coisa ao ler ou ver o que criaste – mas isso não significa que sentiu o que devia. E aí está a parte que ninguém te diz com todas as letras: é fácil manipular emoção. O difícil é fazer sentir sem enganar, sem empurrar, sem forçar a mão. É aí que se distingue quem escreve com consciência de quem só quer cliques. Medir emoção não é invadir ninguém – é assumir responsabilidade pelo impacto do que se diz. E isso exige escutar melhor, mais a fundo, com menos pressa e mais verdade. Quem só quer convencer, acaba por cansar. Quem escuta primeiro, conta melhor. E quem conta melhor, dura.

Episódio 15

Escutar para Ajustar

O Feedback que Reescreve

Cada pausa no olhar do leitor é uma nota de rodapé que te diz por onde seguir.

ANTES DE LER O EPISÓDIO, ESSES SÃO OS TERMOS TÉCNICOS QUE PRECISAS CONHECER:

1. **Storytelling para Ciclo de Vida**

   Aplicação de narrativas que acompanham todas as fases da relação com o cliente: descoberta, decisão, pós-compra, fidelização, reengajamento ou despedida. O foco é manter coerência emocional e narrativa em toda a jornada.

2. **Mapas de Emoção por Fase**

   Representações visuais ou escritas que descrevem os estados emocionais esperados ou detetados do cliente em cada etapa do funil (pré-venda, onboarding, uso, cancelamento, etc.), para orientar a criação de conteúdos mais empáticos e oportunos.

3. **Narrativa Pós-Venda com Emoção**

   Histórias que continuam depois da conversão, reforçando o vínculo e acompanhando o cliente na fase de uso, dúvidas ou até reencontro com a marca.

   Exemplo: um e-mail de pós-compra que partilha histórias de transformação reais de outros utilizadores do mesmo produto.

4. **Reengajamento Narrativo**

   Conjunto de conteúdos preparados para reconquistar emocionalmente clientes inativos ou que se afastaram, muitas vezes com base em memória emocional, storytelling pessoal ou escuta ativa das razões da desconexão.

5. **Cadência Emocional das Narrativas**

   Ajuste do ritmo, intensidade e tipo de mensagem ao estado emocional predominante do público em cada ponto de contacto.

   Exemplo: em vez de campanhas sequenciais automáticas, alternar entre pausa, escuta, estímulo ou acolhimento conforme o clima emocional do momento.

6. **Padrões de Entrada, Saída e Reentrada no Ecossistema Narrativo**

   Análise de como o utilizador se aproxima, afasta ou regressa ao universo da marca – e como a narrativa deve mudar ou retomar o fio conforme o ponto da jornada. A IA ajuda a detetar esses movimentos e sugerir a resposta narrativa adequada

Durante décadas, o funil de vendas foi o alicerce do marketing: atrair, nutrir, converter. Um percurso previsível, dividido em fases estanques, onde cada etapa empurrava o consumidor para a seguinte. Essa lógica funcionava quando os comportamentos eram mais lineares, os canais mais controláveis e o volume de informação mais escasso. Mas esse mundo acabou. Literalmente. O comportamento do consumidor não é mais um percurso em linha reta, mas um ziguezague errático entre canais, contextos e intenções.

Hoje, o utilizador chega a um produto através de uma avaliação no YouTube, regressa dias depois ao ver uma opinião no TikTok, consulta a secção de comentários num e-commerce, ignora três e-mails da marca, mas clica no quarto porque o assunto apelava à sua melancolia domínica. Convertemos não quando o cliente percorre o caminho previsto, mas quando o surpreendemos com a mensagem certa no ponto certo da sua deriva emocional.

Neste contexto, o funil clássico torna-se obsoleto. A lógica sequencial - de atenção para interesse, depois desejo e por fim ação - cede lugar a um modelo vivo, adaptativo, não linear. E isso exige mais do que tecnologia: exige uma nova forma de narrar. Entra em cena o storytelling expandido, que se torna o ecossistema, deixando de ser uma peça isolada (um vídeo, um artigo, um post inspirador) para se tornar num ecossistema em que cada ponto de contacto é uma peça de um mosaico maior. Não contamos uma história fechada, mas oferecemos fragmentos que o utilizador pode recompor, saltando de canal em canal, de acordo com o seu tempo e emoção.

Não se trata apenas de contar bem, mas de orquestrar. Cada fragmento narrativo precisa de manter coerência, mas também precisa de provocar o próximo gesto. A história não termina no CTA, nem começa no topo do funil. Ela é cíclica, fluida, sensível ao contexto e à interação.

É aqui que a Inteligência Artificial se torna indispensável. A IA não apenas acelera a produção de conteúdo, mas permite ajustar, em tempo real, os pontos narrativos com base nas reações dos utilizadores. A IA permite microajustes com base no contexto: se o utilizador hesita, recebe um novo vídeo; se repete uma ação, recebe um reforço emocional; se abandona, a IA reconhece o padrão e reintroduz a história por outra entrada.
Isto transforma radicalmente o papel do conteúdo: deixa de ser monolítico e passa a ser responsivo. Em vez de uma história contada uma vez, temos um sistema que aprende a contar melhor a cada iteração. O storytelling torna-se, então, um processo vivo de prototipagem narrativa com IA.

O fim do funil não é um colapso: é uma mutação. Exige abandonar a lógica industrial do marketing e abraçar a lógica orgânica da interação em tempo real. Exige abandonar a ideia de "história de marca" como discurso unidirecional, para a reencontrar como ecossistema relacional. E, acima de tudo, exige perceber que o ciclo de vida do cliente não é um percurso, mas uma sucessão de reencontros emocionais mediados por inteligências digitais.

Como Desenhar Estruturas Não Lineares com IA e Criar Mapas de Decisão Emocional

Se na Parte I vimos o colapso do modelo sequencial de marketing e a ascensão do storytelling como ecossistema adaptativo, nesta segunda etapa exploraremos, de forma aprofundada, como desenhar **estruturas não lineares de narrativa com suporte da Inteligência Artificial**, e como **mapear decisões emocionais** ao longo do ciclo de vida do cliente. Abandonamos o mapa do funil tradicional e entramos num território vivo, mutante, onde cada gesto do utilizador desencadeia uma resposta narrativa inteligente.

1. Da Narrativa Linear à Arquitetura de Possibilidades

Historicamente, contávamos histórias como linhas: com início, meio e fim. No marketing, isso traduziu-se no famigerado AIDA (Atenção, Interesse, Desejo, Ação), que organizava o consumidor como um ser previsível. Mas consumidores reais não se comportam como linhas. Eles saltam etapas, regressam atrás, ignoram gatilhos, reagem emocionalmente a fatores externos e contradizem os próprios padrões.

Assim, precisamos abandonar a ideia de roteiro e abraçar a noção de **arquitetura narrativa**. O storytelling com IA não é um percurso, mas uma **infraestrutura de caminhos possíveis** — como uma rede ferroviária onde cada estação pode ser ponto de entrada, de saída ou de conexão. Cada fragmento narrativo torna-se um nó — e os dados de comportamento, os trilhos que conduzem o leitor de um nó a outro.

2. Narrativas Ramificadas e Inteligência Artificial

Neste contexto, a IA é mais do que um gerador de conteúdo — ela é a **coreógrafa da experiência narrativa**. A partir do comportamento do utilizador (tempo de leitura, cliques, hesitação, abandono, retorno, partilhas), a IA detecta padrões emocionais e adapta o próximo passo da narrativa em tempo real.

Por exemplo, numa campanha de onboarding para uma app de saúde mental:

- → Um utilizador que se emociona com depoimentos reais poderá receber mais histórias de superação.
- → Outro que interage com dados e estatísticas verá conteúdos focados em credibilidade científica.
- → Um terceiro que abandona logo após a primeira interação poderá ser reconduzido suavemente por meio de uma micronarrativa mais leve e visual.

A IA faz o papel de diretor invisível, personalizando a estrutura narrativa de acordo com o **estado emocional presumido** de cada utilizador.

3. Micro-histórias como unidades de decisão

Para construir estas estruturas não lineares, precisamos de pensar em **micro-histórias modulares**, cada uma com uma função emocional específica: inspirar, informar, consolar, provocar, guiar, desafiar.

Cada micro-história é um **bloco narrativo autónomo**, mas que se encaixa num sistema maior. Como numa árvore narrativa interativa, cada bloco pode levar a diferentes ramos, dependendo da reação do utilizador:

→ Um vídeo motivacional pode conduzir a um testemunho pessoal.

→ Um carrossel com dados pode levar a uma simulação prática.

→ Uma pergunta aberta pode gerar um fluxo de respostas dinâmicas alimentado por IA.

Aqui, o papel do criador é construir os blocos com clareza, emoção e propósito — e o papel da IA é **costurá-los de forma dinâmica, inteligente e responsiva**.

4. A Cartografia do Ciclo de Vida Emocional

Se queremos contar histórias não lineares, precisamos mapear não só comportamentos, mas **estados emocionais ao longo do ciclo de vida** do cliente. Em vez de pensar em estágios frios como "lead", "prospect", "cliente", devemos criar um **mapa emocional iterativo**:

→ **Curiosidade inicial** → Interessa-se pela promessa da marca.

→ **Dúvida e hesitação** → Avalia riscos, credibilidade, utilidade.

→ **Entusiasmo** → Sente-se envolvido, pronto para agir.

→ **Euforia da descoberta** → Primeira experiência positiva.

→ **Queda da rotina** → Perde o encantamento inicial.

→ **Frustração ou abandono** → Alguma falha interrompe o percurso.

→ **Reencontro** → Um novo gesto de empatia ou valor reativa o vínculo.

A Inteligência Artificial pode captar esses estados através de sinais:

→ Tempo de permanência em certos conteúdos.

→ Padrões de clique ou abandono.

→ Sentimentos implícitos em comentários ou mensagens de suporte.

→ Frequência de interações e canais preferidos.

Uma vez identificado o estado emocional, a IA pode **acionar micro-histórias apropriadas**, como:

- → Uma mensagem empática e informal num momento de frustração.
- → Um reforço de comunidade num ponto de desânimo.
- → Um conteúdo de bastidores ou vulnerabilidade autêntica no momento de distanciamento.

5. Exemplo Prático: Uma Jornada Narrativa Inteligente

Imaginemos uma marca de cursos online de culinária saudável. Em vez de enviar os mesmos e-mails para todos, ela ativa um ecossistema narrativo com IA:

- → Um utilizador que viu o vídeo sobre "alimentação e ansiedade" recebe um testemunho de uma aluna que superou crises através da cozinha.
- → Se este utilizador partilha esse conteúdo, recebe um desafio de receitas para três dias.
- → Se cumpre o desafio e volta, a IA deteta alta aderência emocional e envia um convite para um evento ao vivo.
- → Se faltar ao evento, recebe um vídeo com bastidores e um agradecimento pela tentativa.
- → Se depois regressar, a história continua, reconhecendo o seu retorno como parte da própria narrativa.

Assim, **cada gesto do utilizador molda o enredo da marca em tempo real**.

6. Construção de Mapas: do Desenho Manual ao Corroteiro (coguião) com IA

Este novo modelo exige que o criador se torne **um arquiteto narrativo**. Não se escreve um texto; desenha-se um sistema. Para isso, o processo passa por:

- → **Identificação de estados emocionais-chave**.
- → **Criação de micro-histórias alinhadas a cada estado**.
- → **Definição de gatilhos de transição**: O que leva o utilizador de um estado a outro?
- → **Desenho de caminhos alternativos**: E se ele não clicar? E se abandonar? E se partilhar?
- → **Construção de uma lógica de redistribuição**: Como reintegrar um utilizador que se afastou?

Ferramentas como **Whimsical**, **Miro**, **Figma** ou mesmo **Notion** podem servir para desenhar esta arquitetura de forma visual. Mas, mais do que as ferramentas, o essencial é o raciocínio sistémico: pensar como se estivesse a escrever para múltiplas realidades emocionais em simultâneo.

E a IA? Ela entra como corroteirista (coguionista): testa, analisa, propõe variações, aponta quedas de adesão e até sugere novos caminhos baseados no que aprendeu com milhares de interações.

7. Métricas de Envolvimento Narrativo

Medir estas histórias não pode seguir os mesmos KPIs antigos (abertura de e-mail, conversão bruta). Precisamos de novas métricas:

- → **Duração de Imersão**: Quanto tempo o utilizador permanece na história?
- → **Retorno Espontâneo**: Quantos voltam mesmo sem retargeting?
- → **Desvio Narrativo**: Percentagem de utilizadores que seguem caminhos alternativos ao proposto.
- → **Ponto de Queda Emocional**: Onde as pessoas abandonam a história e porquê.
- → **Qualidade de Interação**: Comentários, respostas, partilhas com conteúdo emocional.

Estas métricas permitem não só avaliar, mas **refinar continuamente o sistema narrativo**, tornando-o cada vez mais sensível e eficaz.

8. O Risco: Automações Frias e Histórias Mortas

Há, contudo, um risco real: transformar esta inteligência em uma máquina de automatismos estéreis. Se as micro-histórias forem genéricas, se os gatilhos forem manipulativos ou se o criador não mantiver a coerência da voz humana, o utilizador sente. E afasta-se.

Por isso, este modelo exige um novo tipo de profissional: **o narrador-sistemista**. Alguém que compreenda emoções, estruturas narrativas e lógica de dados — e saiba integrar tudo num sistema com alma.

Desenhar estruturas não lineares de storytelling com Inteligência Artificial não é uma evolução técnica — é uma revolução cognitiva. Exige que deixemos de pensar em mensagens e passemos a pensar em sistemas vivos de relação. Que deixemos de controlar o percurso e passemos a acompanhar a jornada. E, sobretudo, que compreendamos que o ciclo de vida de um cliente é, na verdade, um **ciclo de emoção, sentido e reencontro**. Um ciclo onde cada história precisa ser tão fluida quanto humana — mesmo quando escrita a quatro mãos com uma máquina.

Histórias que ficam: memória narrativa, fidelização emocional e a eternidade da experiência

A fidelização não é um programa de pontos. Não é uma newsletter automática enviada às quartas. Não é sequer um desconto exclusivo para quem já comprou antes. A verdadeira fidelização nasce de um fenómeno mais profundo, quase invisível: o ato de guardar uma história dentro de si. Quando alguém se recorda de uma marca, não se lembra do código promocional. Lembra-se de como se sentiu. Do que aquela mensagem ativou. Da forma como a narrativa, naquele instante, parecia ter sido escrita só para si.

É por isso que, nesta última parte, não vamos falar de ferramentas nem de KPIs. Vamos falar de memória. De vínculo. De como, na era da Inteligência Artificial, o storytelling pode deixar de ser apenas tráfego e conversão — para tornar-se o que sempre foi na essência: **um lugar onde se volta, mesmo sem ser chamado**.

Falar em ciclos de vida com IA é reconhecer que a história já não se apaga no momento da compra. Pelo contrário, é aí que ela ganha profundidade. Quando a emoção vivida se transforma em memória emocional, quando a experiência positiva se cristaliza em identidade pessoal, inicia-se uma nova fase: o **ciclo de reaparição espontânea**. O cliente volta não porque o remarketing o perseguiu, mas porque algo naquela experiência ficou com ele. Uma história bem contada, vivida na hora certa, enraizada com cuidado, volta a emergir na consciência quando menos se espera — e aí está a fidelização genuína: aquela que não precisa ser empurrada.

Mas como se cria uma história que resiste ao tempo? Que se transforma em referência emocional e não apenas em estímulo fugaz? A resposta exige mais do que criatividade. Exige intenção. E exige que a narrativa tenha espaço para respirar, contradizer-se, reaparecer com outras roupas. Exige que ela seja, antes de tudo, **humana** — mesmo quando for gerida, adaptada ou ampliada por sistemas inteligentes.

Uma narrativa memorável começa por ser reconhecível. Isso não significa repetir a mesma fórmula até à exaustão, mas garantir **coesão simbólica**: um conjunto de elementos — visuais, verbais, sensoriais — que criam identidade e familiaridade. Pensemos numa marca que ajuda pequenos empreendedores a encontrarem propósito nos seus negócios. Se essa marca cria uma história onde os protagonistas são pessoas reais, em contextos reais, com falas imperfeitas e olhares sinceros, ela começa a tornar-se confiável. Se os pontos de contacto — e-mail, vídeo, chatbot, landing page — mantêm esse tom, essa estética e esse léxico de forma viva, coerente, mas não robótica, o utilizador começa a "reconhecê-la" mesmo antes de ver o logótipo.

E esse reconhecimento é tudo. A Inteligência Artificial pode amplificá-lo, mas não o pode fabricar sozinha. A IA é ótima a gerar variações, mas precisa de uma linha mestra, de um fio de verdade para não se perder. Cabe ao narrador humano definir essa espinha dorsal: **quem somos quando falamos? De onde falamos? E porquê falamos com este público e não com outro?** Uma vez que esse núcleo esteja bem definido, a IA pode ajudar a traduzi-lo em infinitas formas — todas consistentes com a emoção original.

Depois vem o tempo. Não o cronológico, mas o narrativo. Muitas marcas têm pressa em converter. Mas histórias que ficam precisam de **ritmo interno**, de pausa, de silêncio, de reaparições. Um cliente que interagiu com um conteúdo pode não comprar nada. Mas se, semanas depois, recebe um novo fragmento — não um lembrete genérico, mas um gesto que reconhece a sua primeira visita, que comenta o que ele viu, que mostra que a marca estava atenta —, algo se reabre. E essa reabertura pode ser mais forte do que qualquer incentivo monetário.

A Inteligência Artificial é uma aliada poderosa neste gesto de reaparição significativa. Ao memorizar o comportamento, os padrões de resposta, os momentos de hesitação, a IA consegue encontrar o tempo certo para regressar — não com insistência, mas com empatia. Como um velho amigo que sabe quando é altura de ligar.

E é aqui que nasce a **memória narrativa partilhada**. O cliente não se sente mais como alguém num percurso impessoal. Ele sente-se parte de um enredo maior, onde o seu comportamento influencia a narrativa. É como se ele e a marca coescrevessem a história juntos — um ciclo de interações que gera sentido, contexto e intimidade.

Esse sentimento de coautoria é o que mais se aproxima da fidelização emocional. Não se trata de lealdade cega. Trata-se de escolha consciente: o cliente decide regressar porque reconhece valor na continuidade daquela relação. Porque sente que ali há espaço para si. E isso não se ensina num curso de marketing; isso constrói-se com cuidado, consistência e generosidade narrativa.

Ao longo do tempo, o cliente passa a carregar a história da marca como uma extensão da sua própria história. Reconta-a em conversas. Partilha-a em redes. Identifica-se com os seus símbolos. E quando é surpreendido por uma nova peça narrativa — seja um conteúdo inesperado, uma referência subtil, um gesto que só faz sentido para quem já viveu o capítulo anterior —, sorri. Sente-se visto. E decide ficar.

No fundo, é isso que o storytelling com IA nos permite hoje: **construir relações duradouras através de narrativas moduladas com inteligência e humanidade.** Relações onde a tecnologia não substitui o vínculo, mas o sustenta. Onde o conteúdo não é um fim, mas um meio para evocar sentimento, memória e sentido partilhado.

A eternidade de uma marca não está no número de seguidores, mas na quantidade de histórias que ela consegue semear na memória emocional das pessoas. E se, com o apoio da Inteligência Artificial, conseguirmos fazer isso em escala — com sensibilidade, ritmo e verdade — então o marketing deixará de ser uma estratégia de funil para tornar-se o que sempre desejou ser: **um lugar de reencontro entre marcas e pessoas, guiado por histórias que, uma vez escutadas, nunca mais se esquecem.**

Antes vs. Agora: do funil ao ciclo

Antes	Agora
Cliente "anda" num caminho fixo	Cliente entra e sai num fluxo emocional livre
Cada fase tem uma mensagem	Cada fase tem múltiplas possibilidades narrativas
A narrativa termina com a compra	A narrativa começa de verdade após a compra
A IA era usada para converter	A IA agora ajuda a manter e nutrir relação emocional

Como preparar narrativas para ciclos com IA?

O marketing digital deixou há muito tempo para trás a lógica da interrupção e do impulso único. A era da Inteligência Artificial trouxe consigo não apenas novas ferramentas, mas também novos paradigmas: o foco já não é só vender mais depressa, mas criar conexões profundas, duradouras e adaptadas ao momento real do cliente. E isso exige narrativas pensadas em ciclos — histórias que acompanham, respondem e evoluem com as emoções, necessidades e contextos das pessoas.

Neste ensaio, vamos explorar quatro pilares fundamentais para preparar essas narrativas com IA:

1. Mapeia o ciclo emocional, não só o comercial
2. Cria conteúdos regenerativos, não descartáveis

3. Usa IA para prever movimentos e sugerir novas histórias
4. Revê a tua estrutura de campanhas: não empurra, acompanha

Exemplos práticos e sugestões de aplicação.

1. Mapeia o ciclo emocional, não só o comercial

Contar histórias é, antes de tudo, escutar. É perceber como o cliente se sente em cada fase da sua jornada e responder com empatia.

Antes da era da IA, a jornada do cliente era vista como linear: consciencialização → consideração → decisão. Era uma rota fixa, prevista e controlada pela marca. Hoje, essa jornada é circular, irregular, cheia de altos e baixos. O utilizador entra e sai conforme suas emoções e intenções.

Por isso, contar histórias eficazes significa mapear os estados emocionais do cliente em cada etapa: curiosidade, dúvida, entusiasmo, receio, frustração, gratidão. Com a ajuda da Inteligência Artificial, podemos identificar quando alguém hesita antes de clicar, quando lê com atenção ou quando abandona o processo por insegurança.

Técnicas como análise de voz, deteção de microexpressões faciais, monitorização de padrões de navegação e feedback contextualizado permitem-nos construir mapas emocionais detalhados.

Exemplo:

Ao lançar um curso online sobre finanças pessoais, uma pessoa visita a página inicial, depois assiste a um vídeo introdutório e, dias depois, começa a preencher o formulário de inscrição, mas abandona-o. Com IA, interpretamos:

→ Primeira visita: curiosidade + dúvida
→ Segunda visita: interesse crescente
→ Terceira visita: decisão em construção, mas com receio

E então, enviamos uma mensagem personalizada:

"Sabemos que pensar em dinheiro pode assustar. Por onde querias começar?"

Essa narrativa reconhece o medo, não ignora a hesitação. É isso que gera confiança.

Empresas que usam esse tipo de abordagem relatam aumento de até 50% na taxa de conversão, redução de desistências e maior índice de recomendação espontânea.

2. Cria conteúdos regenerativos, não descartáveis

No passado, o conteúdo era criado para um único uso: um anúncio para um lançamento, um e-mail para uma promoção, um post para um dia específico. Depois disso, era arquivado — ou esquecido. Hoje, com IA, podemos reutilizar, redesenhar e redirecionar esse conteúdo conforme o momento do cliente.

O storytelling moderno precisa ser vivo. Precisa ter vida útil longa, poder de adaptação e relevância contínua. Um mesmo conteúdo pode servir para diferentes públicos, em diferentes momentos, desde que bem trabalhado.

Para isso, podemos:

→ Dividir textos em blocos temáticos, que podem ser combinados de forma diferente consoante o contexto.

→ Usar IA para alterar tom, formato ou exemplo, mantendo o núcleo da mensagem.

→ Programar posts antigos para reaparecerem em datas relevantes (ex.: um artigo sobre planejamento financeiro no início de cada ano).

→ Transformar um vídeo num e-mail, um e-mail numa publicação, uma publicação num webinar.

Exemplo:

Tens um ebook sobre produtividade. Em vez de usá-lo apenas como lead magnet inicial, podes:

Extrair frases-chave e transformá-las em quotes para redes sociais

Criar um quiz baseado nos principais pontos do livro

Fazer uma série de e-mails diários com fragmentos do conteúdo

Usar IA para gerar versões em áudio ou vídeo

Assim, o mesmo conteúdo serve múltiplos objetivos e públicos, sem perder valor.

Marcas que adotaram modelos regenerativos relatam redução de até 60% no tempo de produção de novo conteúdo, aumento de 40% na taxa de engajamento com conteúdo antigo e melhoria significativa na percepção de consistência e autenticidade.

3. Usa IA para prever movimentos e sugerir novas histórias

A Inteligência Artificial não serve apenas para responder a comportamentos passados. Quando bem treinada, ela consegue antecipar movimentos futuros. Isso permite-nos contar histórias antes que o cliente as peça — e isso é poderoso.

Com IA, podemos:

→ Identificar padrões de navegação e antecipar reações.

→ Definir pontos críticos na jornada onde o cliente costuma hesitar ou abandonar.

→ Gerar automaticamente e-mails, scripts ou mensagens com base no histórico de interação.

→ Testar diferentes narrativas em tempo real e selecionar a mais eficaz para cada perfil.

Exemplo:

Um cliente visita várias vezes a página de um serviço, mas nunca se inscreve. A IA percebe que ele olha sempre para os preços, mas hesita antes de clicar. Então, automaticamente, é enviado um e-mail com depoimentos recentes e um bônus extra para quem se inscrever nesse mês. Essa história surge antes do abandono, não depois.

Empresas que aplicam IA de forma preditiva e proactiva obtêm:

→ Aumento de até 50% nas taxas de conversão

→ Redução de até 60% no churn rate

→ Maior taxa de retenção em programas de fidelidade

4. Revê a tua estrutura de campanhas: não empurra, acompanha

A lógica do "lançamento" é intensa, breve e efémera. Funciona como um foguete: acelera rápido, brilha forte, mas logo cai. Já a nutrição contínua é como um rio: constante, profundo e presente todos os dias.

Hoje, o sucesso está menos em vender rápido e mais em manter presença real. Não se trata de empurrar decisões, mas de caminhar ao lado do cliente, oferecendo valor, informação e conexão ao longo do tempo.

Podemos:

- → Criar séries de conteúdos que contam uma história maior ao longo do tempo.
- → Enviar pequenas perguntas ou recordatórios suaves para manter o contacto.
- → Adaptar mensagens a eventos reais (datas comemorativas, mudanças de estação, etc.)
- → Partilhar continuamente experiências de clientes reais.

Exemplo:

Em vez de fazer uma campanha de 7 dias com 10 e-mails agressivos sobre um desconto, optas por:

- → Semana 1: conta uma história sobre o problema que o produto resolve
- → Semana 2: mostra como alguém resolveu esse problema
- → Semana 3: convida para uma experiência curta e gratuita
- → Semana 4: oferece acesso total com uma escolha consciente

É menos pressão, mais presença. E funciona melhor.

Marcas que migraram para nutrição contínua observaram:

- → Aumento de até 70% na taxa de conversão orgânica
- → Redução de até 80% no custo por aquisição
- → Crescimento sustentável na taxa de retenção de clientes

Preparar narrativas (histórias) para ciclos com IA não é apenas uma questão técnica. É uma mudança de mentalidade. É entender que o marketing não termina com uma venda, mas começa com uma relação. É reconhecer que as histórias não são monólogos, mas diálogos. E que a tecnologia, por mais avançada que seja, precisa sempre de uma mão humana para dar sentido.

Para começar:

- → Tens mapas de emoção para cada fase da relação com o cliente?
- → Os teus conteúdos são construídos para serem reutilizados e adaptados?
- → A tua IA lê padrões de entrada, saída e reentrada no teu ecossistema?
- → O teu storytelling inclui fases pós-venda com emoção (não só suporte)?
- → Avalias onde os clientes se desligam emocionalmente — e porquê?
- → Estás a ajustar a cadência das tuas narrativas com base no comportamento?

Tens conteúdos preparados para reengajar, acolher de volta ou encerrar com elegância?

CHECKLIST

Contar histórias vivas para ciclos de vida

- ☑ Tens mapas de emoção para cada fase da relação com o cliente?
- ☑ Os teus conteúdos são construídos para serem reutilizados e adaptados?
- ☑ A tua IA lê padrões de entrada, saída e reentrada no teu ecossistema?
- ☑ O teu storytelling inclui fases pós-venda com emoção (não só suporte)?
- ☑ Avalias onde os clientes se desligam emocionalmente – e porquê?
- ☑ Estás a ajustar a cadência das tuas narrativas com base no comportamento?
- ☑ Tens conteúdos preparados para reengajar, acolher de volta ou encerrar com elegância?

Dica final deste episódio

Na nova era do marketing, já não se conta uma história para converter – conta-se para continuar. Porque conversão sem continuidade é só vaidade com data de validade. Hoje, não basta que o público diga "sim" num clique. É preciso que diga "ainda sim" semanas depois, meses depois, quando já nem se lembra do botão que carregou. E isso só acontece quando a narrativa se move com a vida de quem a escuta – quando não exige atenção, mas a merece. As ferramentas conseguem seguir passos, sim; sabem onde o cliente foi, quanto tempo ficou, o que viu a seguir. Mas só tu consegues ler os batimentos – o ritmo, a urgência, a dúvida por trás do gesto. E aí está a diferença entre marketing e vínculo: um persegue, o outro acompanha. No fim, o que constrói marca não é a imposição de uma mensagem, mas a construção paciente de uma presença. Uma presença que não pressiona, mas percebe. Que não grita, mas permanece. Porque uma boa história não se impõe – inscreve-se, como quem chega devagar e decide ficar.

Episódio 16

A História Que Não Morre

O Enredo que Volta a Ti

Se a tua história for verdadeira, ela regressa – mesmo quando já pensavas tê-la perdido.

ANTES DE LER O EPISÓDIO, ESSES SÃO OS TERMOS TÉCNICOS QUE PRECISAS CONHECER:

1. **Argumento Invisível**

   Conceito que descreve o storytelling como o eixo central que sustenta toda a comunicação de uma marca, mesmo quando não aparece explicitamente como história. O storytelling organiza o sentido por trás de anúncios, e-mails, sites, chatbots e experiências de compra, funcionando como uma "cola narrativa" entre os pontos de contacto.

2. **Sistema Narrativo Estratégico**

   Uso do storytelling não como ornamento criativo, mas como estrutura organizadora e operacional da comunicação. Em vez de criar histórias pontuais, trata-se de pensar em storytelling como sistema operativo contínuo da marca.

3. **Saturação de Conteúdo**

   Fenómeno provocado pela produção massiva de conteúdos gerados por IA ou marketing automatizado, que leva à perda de atenção e de significado por parte do público. O storytelling estratégico atua como filtro de sentido em meio a esse excesso.

4. **Narrativa como Estrutura de Operação**

   Integração do storytelling em todos os níveis operacionais da comunicação de uma marca: desde funis de vendas, onboarding e suporte até campanhas publicitárias e branding. O conteúdo narrativo deixa de ser episódico e passa a funcionar como lógica de organização do relacionamento com o cliente.

Durante muitos anos, o storytelling – que é a arte de contar histórias – foi visto como um complemento bonito, mas não essencial, nas campanhas de marketing digital. A prioridade era gerar tráfego para os sites, criar funis de vendas eficientes e aumentar as taxas de conversão, ou seja, fazer com que as pessoas comprassem o produto ou serviço. As histórias serviam mais para tornar as campanhas apelativas e emocionais, mas eram tratadas como algo secundário. E, nessa época, muitas marcas cresceram bem assim, porque o ambiente digital era ainda pouco explorado e havia pouca competição.

Com a chegada da Inteligência Artificial (IA), que é uma tecnologia capaz de produzir conteúdos rapidamente e em grande quantidade, essa dinâmica mudou completamente. Hoje, as histórias deixaram de ser um mero acessório e passaram a ser a base, a estrutura que organiza o sentido em meio a tanta informação disponível. É a história que faz o utilizador lembrar-se de uma marca, criar confiança e querer partilhar o conteúdo com outras pessoas. Ou seja, o storytelling tornou-se o argumento invisível, aquele que está sempre presente e é vital para o sucesso.

Esta mudança implica que os profissionais de marketing digital já não podem encarar as histórias como algo separado da estratégia, como uma atividade puramente criativa. Pelo contrário, o storytelling tem de estar presente em todas as etapas do relacionamento com o cliente: desde o texto dos anúncios que atraem a atenção, passando pelos e-mails que conduzem à compra, até ao processo de integração do cliente e às respostas automáticas dos chatbots. A história passou a ser o sistema que faz o negócio funcionar, a "cola" que une cada ponto de contacto com o cliente.

Para compreender melhor esta nova realidade, vamos olhar para o passado e o presente do storytelling no marketing digital.

No passado, o digital era um território pouco explorado, onde as marcas podiam confiar em estratégias simples para crescer. A história era usada como um toque final, um elemento para tornar as campanhas mais apelativas, mas o foco principal eram números e resultados rápidos. A comunicação era muitas vezes repetitiva e pouco diferenciada, mas isso bastava para capturar a atenção num ambiente onde havia pouca oferta.

Com o avanço da Inteligência Artificial, o volume de conteúdo produzido cresceu exponencialmente. Textos, imagens e vídeos são gerados em grande escala, a qualquer hora e de forma quase automática. Esta enorme quantidade de mensagens causa saturação no público, que rapidamente se torna seletivo e começa a ignorar aquilo que não lhe transmite significado ou emoção. A história é, então, o filtro que separa o que interessa do que é descartável.

Hoje, o storytelling deve ser pensado como o sistema que controla toda a comunicação. Cada peça de conteúdo, cada interação, deve fazer parte de uma narrativa coerente que mantém a marca viva e presente na mente do consumidor. O profissional que domina esta visão passa a trabalhar como um arquiteto de histórias, que entende dados, comportamentos e emoções, e usa a tecnologia para amplificar o impacto da sua mensagem.

Este novo paradigma traz desafios importantes. A facilidade de criar conteúdos em massa com IA pode levar à produção de mensagens genéricas e sem alma, que não conectam com o público. Por isso, é fundamental encontrar o equilíbrio entre a escala que a tecnologia permite e a autenticidade que só a sensibilidade humana oferece. O storytelling estratégico exige domínio não só das ferramentas, mas também da psicologia, da análise de dados e da criatividade orientada a objetivos.

Mas para quem souber aproveitar esta mudança, as oportunidades são enormes. Construir histórias que acompanham o cliente, que respondem às suas dúvidas, medos e expectativas, e que o envolvem emocionalmente, gera relações mais fortes e duradouras. A confiança ganha traduz-se em clientes fiéis, em recomendações e em defesa da marca.

A Inteligência Artificial é uma poderosa aliada neste processo, pois permite testar rapidamente diferentes versões de histórias, personalizar mensagens em larga escala e aprender continuamente com as respostas do público. Contudo, o toque humano continua insubstituível: é o profissional que dá sentido, que cria emoção e que mantém a coerência da narrativa.

Em suma, o storytelling deixou de ser um adereço para se tornar a base que sustenta o sucesso das marcas digitais. Na era da IA, a narrativa é o argumento invisível que faz toda a diferença. Este é um convite para mudar a forma de pensar e agir no marketing digital, colocando a história no centro de tudo, criando experiências que verdadeiramente toquem as pessoas num mundo cada vez mais saturado e automatizado.

Antes vs. Agora: o lugar do storytelling

Antes	Agora
Storytelling como recurso de marketing	Storytelling como estratégia central de conexão
Aplicado a campanhas específicas	Embutido em todas as experiências da marca
Criado por um "criativo" da equipa	Necessário em todas as funções: tráfego, suporte, vendas
Estético e emocional	Estrutural e funcional

Como preparar-se para usar storytelling como estratégia base com IA

Há uns anos, vender online era simples: você criava um anúncio, colocava em alta rotação, esperava cliques e torcia por conversões. Era marketing na base do "empurra-empurra", quase como gritar mais alto que os outros num mercado lotado. E funcionava — até certo ponto.

Mas hoje, o jogo mudou. O consumidor não quer mais ser interrompido. Ele quer ser compreendido. Não quer apenas comprar algo; quer fazer parte de algo. Quer sentir-se tocado, reconhecido, incluído. E isso só é possível quando falamos a mesma língua — a língua das emoções. A língua do storytelling.

O grande desafio do marketing digital moderno não é mais falar mais alto. É falar com sentido. E é aqui que entra o storytelling como estratégia base — aliada à Inteligência Artificial, que nos permite contar histórias de forma mais precisa, mais rápida e mais personalizada do que nunca.

Este artigo é para quem:

- → Está começando no marketing digital e se sente perdido diante de tantas ferramentas e buzzwords;
- → Já tem experiência, mas ainda não domina o uso do storytelling com IA;
- → Foi seduzido pela promessa mágica de "venda automática" ou "conteúdo gerado por IA em segundos" — mas percebeu que há um abismo entre teoria e prática;
- → E, acima de tudo, busca construir uma marca verdadeira, humana, conectada com seu público real.

Vamos aprender, juntos, como preparar-se para usar storytelling como estratégia base com Inteligência Artificial. Mas antes de correr, vamos caminhar.

1. Reescreve o teu posicionamento como narrativa

Do produto ao propósito

No início, muitos empreendedores digitais definem sua marca pelo que vendem. "Sou consultor de marketing." "Tenho uma loja de suplementos." "Ofereço cursos online sobre produtividade."

Essas definições são úteis, sim. Mas elas dizem o quê, não porquê. E é essa pergunta — porquê? — que vai separar marcas genéricas de marcas memoráveis.

Pense nisso: quando alguém se lembra de uma marca, não é porque ela vende um bom produto. É porque ela conta uma história. Uma história com começo, meio e fim. Com conflito, superação e transformação.

Por isso, o primeiro passo para usar storytelling como estratégia base é reescrever o teu posicionamento como narrativa. Deixe de lado o catálogo e pense no enredo.

Exemplo: duas formas de dizer a mesma coisa

Formato antigo (produtocêntrico):

"Vendo um curso online sobre finanças pessoais. São 8 módulos com videoaulas, planilhas e bônus."

Formato novo (narrativo):

"Eu criei este curso porque, depois de anos tentando controlar minhas contas e me endividando várias vezes, decidi estudar como as pessoas realmente conseguem organizar suas finanças. Este curso é para quem já cansou de viver no vermelho e quer recuperar o controle da vida financeira — sem complicação."

Veja a diferença?

A primeira versão fala do produto. A segunda fala do propósito. E é esse propósito que gera conexão.

Perguntas que vais ter de responder

Para reescrever o teu posicionamento como narrativa, tens de responder a estas perguntas:

1. Que problema originou a tua marca?
   - → Por que tu fizeste isso?
   - → Qual foi o momento em que percebeste que precisavas resolver isso?
2. Que jornada representas?
   - → Onde o cliente estava antes de te encontrar?
   - → Onde ele vai chegar se seguir esta jornada?
3. Que transformação prometes?
   - → Como a vida dele muda depois de trabalhar contigo?
   - → Que sentimentos ele vai experimentar?

Dica prática: escreve a história da tua marca

Não importa se és uma pessoa ou uma empresa. Toda marca tem uma origem. E essa origem pode virar uma história poderosa.

Escreva em primeira pessoa. Sejas tu mesmo. Não tenhas medo de mostrar vulnerabilidade, frustração ou dificuldade inicial. Isso torna a história real. Humana. Verdadeira.

Exemplo curto:

"Comecei a escrever porque eu também sofria com a procrastinação. Estudava demais e produzia pouco. Até que descobri técnicas que me ajudaram a organizar minha mente e meu tempo. Hoje, compartilho essas ideias com quem quer sair do ciclo da inércia e entrar no fluxo da realização."

Pronto. Agora não és só mais um escritor. És alguém que entende o sofrimento do leitor. Alguém que já passou pelo que ele está passando.

E isso faz toda a diferença.

2. Constrói um banco de histórias modulares

Histórias que se adaptam ao contexto

Uma das maiores vantagens do storytelling com IA é a capacidade de adaptar histórias a diferentes contextos — canais, públicos, momentos. Mas para isso funcionar bem, precisas de um banco de histórias modulares.

Ou seja: histórias que podem ser divididas em partes, reorganizadas, combinadas e ajustadas conforme necessário.

Que tipos de histórias devem estar nesse banco?

1. Histórias de clientes: depoimentos reais, com nomes (se autorizados), fotos, resultados.
2. Histórias de fundadores: como surgiu a marca, qual foi o estalo, qual o propósito.
3. Histórias de produtos: como eles surgiram, quais problemas resolvem, como foram desenvolvidos.
4. Histórias de fracassos: erros importantes, aprendizados, como superaste obstáculos.
5. Histórias de bastidores: como é o dia a dia da equipe, como funciona o processo criativo, como surge uma nova ideia.

Cada uma dessas histórias deve ser dividida em blocos narrativos básicos:

- → Desafio: o que aconteceu antes?
- → Viragem: o que mudou? O que fez a pessoa agir?
- → Solução: o que foi feito?
- → Impacto: como a vida mudou depois disso?

Exemplo: uma história modular

História de cliente

- → Desafio: Ana era autônoma, mas não conseguia organizar suas finanças. Sempre ficava no vermelho no final do mês.
- → Viragem: Ela encontrou um curso online que ensinava a controlar gastos e planejar receitas.
- → Solução: Começou a aplicar os métodos e, em três meses, equilibrou suas contas.
- → Impacto: Hoje, Ana consegue dormir tranquila, planeja viagens e até começou a investir.

Com esses blocos, posso usar IA para recombinar a história:

→ Para redes sociais: destaco o impacto emocional ("Hoje, Ana consegue dormir tranquila...").

→ Para e-mail marketing: mostro o desafio e a solução ("Se você também vive no vermelho, veja como Ana resolveu isso...").

→ Para vídeo: mostro a viragem e o impacto ("Foi nesse momento que tudo mudou...").

Isso é storytelling modular: histórias vivas, que se adaptam ao canal, ao público e ao momento.

Como montar esse banco

1. Organiza por categorias: cliente, fundador, produto, etc.
2. Divide cada história em blocos narrativos: desafio, viragem, solução, impacto.
3. Rotula cada bloco com tags: tipo de emoção, fase do cliente, canal ideal.
4. Usa IA para recombinar e reescrever blocos conforme o contexto.

Com isso, não precisas criar conteúdo do zero todas as semanas. Só reutilizar e reinventar o que já existe — e funciona.

3. Ensina a tua IA a reconhecer tom e progressão emocional

A IA pode gerar, mas só tu decides se aquilo tem alma

Muitos empreendedores caíram na armadilha de pensar que IA escreve igual a humano. E não é verdade. A IA pode gerar textos incríveis, sim. Mas falta-lhe sentimento. Falta-lhe alma.

E isso é crítico no storytelling. Porque contar histórias não é só dizer o que aconteceu. É saber como dizer. Com tom certo, ritmo certo, emoção certa.

Então, sim: usa a IA para escrever, editar e sugerir variações. Mas ensina-a a reconhecer tom e progressão emocional. E revê sempre o resultado. Elimina respostas vazias. Corrige o que não toca. Refina o que não ressoa.

Como treinar a IA para reconhecer tom

1. Dá exemplos claros: mostra textos com tons específicos (inspirador, factual, humorístico) e pede para a IA identificar o padrão.
2. Define palavras-chave emocionais: por exemplo, "esperança", "medo", "curiosidade", "confiança".
3. Testa variações: pede para a IA reescrever um texto com diferentes tons e escolhe o que melhor se adequa ao momento.
4. Revê e corrige: aponta onde a IA falhou, explica porquê e reforça o que é importante.

Como ensinar IA a reconhecer progressão emocional

As melhores histórias têm arcos emocionais: começo com dúvida, meio com conflito, fim com resolução. A IA pode aprender a reconhecer e reproduzir esses movimentos.

Exemplo:

→ Frase original: "Queria controlar minhas finanças, mas não sabia por onde começar."

→ IA sugere: "Tentava de tudo, mas nada parecia funcionar."

→ Tu podes revisar e dizer: "Boa sugestão. Vamos manter o tom de frustração, mas adicionar uma pequena esperança no final: 'Tentava de tudo, mas nada parecia funcionar... até que conheci uma nova forma de organizar minhas contas.'"

Assim, a IA aprende a reconhecer o movimento emocional — e a reproduzi-lo.

Dicas práticas

→ Usa prompts detalhados: "Reescreva este parágrafo mantendo o tom de empoderamento e adicionando um toque de urgência."

→ Treina com feedback constante: "Esta versão está boa, mas falta calor humano. Tenta outra com mais proximidade."

→ Combina IA + edição humana: a máquina gera, tu refinas.

Cuidado com a armadilha da eficiência

É fácil cair na tentação de deixar a IA escrever tudo automaticamente. Mas isso te afasta do coração da comunicação: a conexão humana.

A IA pode poupar-te horas. Mas só tu entendes o pulso do teu público. Só tu sabes o que é verdadeiro. Só tu decides se aquilo tem alma — ou é apenas maquilhagem.

4. Integra storytelling em todas as fases do contacto com o cliente

Cada ponto de contacto é uma cena

O storytelling não começa e termina com o post do Instagram ou com o e-mail de lançamento. Ele está presente em cada ponto de contacto com o cliente. Desde o primeiro clique até o pós-venda.

E cada um desses pontos é uma cena da história maior que estás a contar. E cada cena precisa ter significado.

Exemplo: um funil completo com storytelling

Vamos imaginar que vendes um curso sobre produtividade.

Cena 1 – E-mail de boas-vindas

> *"Oi [nome],*
>
> *Bem-vindo(a)! Eu também já fiquei horas olhando para a tela sem conseguir escrever uma linha.*
>
> *Este curso nasceu da minha própria luta contra a procrastinação.*
>
> *Espero que ele te ajude tanto quanto me ajudou."*

Já começa com conexão. Compartilha vulnerabilidade. Mostra propósito.

Cena 2 – Chatbot de atendimento

> *"Olá! Sou a Ana, assistente virtual do [seu nome].*
>
> *Antes de te ajudar, queria te contar uma coisa: eu também tive dúvidas antes de comprar esse curso.*
>
> *Se tens qualquer pergunta, estou aqui pra te ajudar."*

Mostra personalidade. Humaniza o atendimento. Reduz ansiedade.

Cena 3 – Checkout

> *"Obrigado(a)!*
>
> *Esta compra não é só um passo em direção à produtividade.*
>
> *É um passo em direção a uma vida mais leve, organizada e cheia de possibilidades.*
>
> *Boa jornada!"*

Fecha com emoção. Conecta o gesto à transformação.

Cena 4 - E-mail pós-compra

> *"Parabéns pela decisão!*
>
> *Eu sei que não é fácil dar o primeiro passo.*
>
> *Mas acredita: daqui a alguns meses, você vai olhar pra trás e sentir orgulho de ter começado."*

Reforça confiança. Reconhece o esforço. Inspira continuidade.

Como integrar storytelling em todos os pontos de contacto

1. E-mail marketing: cada mensagem conta uma parte da história maior.
2. Chatbots: programados com personalidade, não apenas com respostas pré-definidas.
3. Checkout: não é só uma página técnica, é o clímax da decisão.
4. Redes sociais: não só posts aleatórios, mas capítulos de uma narrativa contínua.
5. Atendimento pós-venda: não só suporte técnico, mas continuação da jornada.

Na nova era do marketing, não se conta uma história para converter. Conta-se uma história para continuar. E continuar só é possível quando a narrativa acompanha o ritmo da vida de quem a ouve.

A Inteligência Artificial pode seguir passos. Tu, só tu, podes ler batimentos. E no fim, é isso que constrói marca: presença que não impõe, mas entende.

Preparar-se para usar storytelling como estratégia base com IA não é só aprender novas ferramentas. É aprender a ouvir. A sentir. A conectar. E, acima de tudo, a contar histórias que façam sentido.

CHECKLIST

Storytelling como sistema operativo com IA

☑ O teu posicionamento é contado em forma de narrativa e não apenas descrito?

☑ Tens uma base de histórias reais que alimentam conteúdos em múltiplos formatos?

☑ Usas a IA para multiplicar, adaptar e testar essas histórias com diferentes públicos?

☑ A tua comunicação de suporte, vendas e atendimento reflete continuidade narrativa?

☑ Manténs coerência emocional e linguística em todas as versões geradas?

☑ As tuas campanhas começam com história e terminam com transformação, não só com cliques?

☑ Estás a formar a tua equipa para pensar em narrativas como estrutura – não como adorno?

Dica final deste episódio

Hoje, a história deixou de ser acessório de marketing para se tornar a espinha dorsal da forma como marcas existem no mundo. Já não se trata de adornar um produto com frases bonitas ou criar um slogan de efeito – trata-se de montar, peça por peça, uma estrutura de sentido que resista ao tempo e às oscilações do mercado. Storytelling, quando bem feito, não é enfeite: é arquitetura. E como toda boa arquitetura, começa por compreender o terreno. Queres contar uma história que tenha impacto? Então começa por onde dói: o que o teu público sente, teme, procura em silêncio? Esquece a ideia de "contar para vender" – conta para acompanhar, para te tornares presença constante, para ecoares quando ele já tiver fechado a aba. E é aí que entra a precisão narrativa: substitui frases promocionais por momentos de vida. Em vez de dizer "o nosso serviço é confiável", mostra alguém a usá-lo num instante de vulnerabilidade. Em vez de proclamar "produto de qualidade", mostra como foi feito, por quem, com que escolhas. Confiança não se afirma – constrói-se em camadas, com coerência entre o que dizes e o que fazes. E se queres uma estrutura sólida, pensa menos em palco e mais em ponte: começa pelo conflito (onde o cliente está), passa pela tensão (o que o trava), oferece uma travessia clara (o que resolves) e desemboca numa chegada com sentido (o que muda para ele). Cada etapa tem de tocar, não apenas fazer sentido. Porque no fim, o que diferencia não é o volume da tua voz, mas a nitidez da tua escuta. Num mundo que automatiza tudo, o que ainda gera vínculo é o que parece ter sido feito à mão, com atenção, com peso específico. A tecnologia pode amplificar a tua história – mas só tu decides se ela merece ser amplificada. E quando merece, já não estás só a vender: estás a existir com propósito.

Episódio 17

A Curva da Conversão Emocional

Nem Sempre Começa pelo Desejo

Às vezes, a compra nasce primeiro da saudade, depois da necessidade.

ANTES DE LER O EPISÓDIO, ESSES SÃO OS TERMOS TÉCNICOS QUE PRECISAS CONHECER:

1. **Micro-histórias (ou conteúdos narrativos)**

   Fragmentos de narrativa extremamente curtos e emocionalmente potentes, criados para captar a atenção em segundos e deixar uma impressão duradoura. São pensados como "cápsulas de sentido" que condensam emoção, verdade ou valor em muito pouco espaço.

   Exemplo: uma frase que sintetiza um turning point de vida ("Era só mais um dia – até que decidi não calar.").

2. **Precisão Emocional**

   Capacidade de transmitir o máximo de emoção com o mínimo de palavras. Essencial para conteúdos em ambientes de atenção dispersa (redes sociais, notificações push, etc.), exige treino narrativo e intuição editorial.

   Exemplo: transformar um parágrafo num único verso que ecoe.

3. **Condensação Narrativa**

   Processo de simplificar uma história longa sem perder o impacto emocional ou o sentido essencial. A IA pode ajudar a sintetizar, mas é preciso sensibilidade humana para garantir que a alma da narrativa permanece.

4. **Biblioteca de Conteúdos**

   Repositório organizado de frases, trechos, exemplos curtos e metáforas testadas que podem ser reaproveitados ou recontextualizados em diferentes canais e formatos. Deve conter também histórico de performance e resposta emocional associada.

5. **Teste de Precisão Instantânea**

   Estratégia de publicar micro-histórias em diversos formatos (imagem, vídeo, áudio) e medir em segundos a resposta emocional (comentários, reações, partilhas espontâneas) para validar o potencial de impacto daquele conteúdo.

O marketing digital vivia num outro mundo. Um mundo em que a paciência era um recurso abundante e a atenção, um rio calmo e contínuo. Nessa era dourada, o conteúdo extenso era rei absoluto: artigos detalhados que se estendiam por milhares de palavras, vídeos explicativos que se demoravam a explorar cada nuance, webinars onde se mergulhava horas a fio em temas específicos. Havia espaço e tempo para se absorver histórias completas, para se construir uma relação com o público a partir da riqueza da narrativa. O ruído digital era ainda baixo, e repetir formatos funcionava, porque o público estava disposto a ouvir.

Mas o tempo mudou, e mudámos todos com ele. Hoje, navegamos num mar tempestuoso de estímulos, onde a atenção é uma moeda escassa, fragmentada, mais volátil do que um spray de perfume em dia de vento. Estamos rodeados por notificações, pop-ups, mensagens instantâneas, anúncios invasivos e feeds infinitos. O cérebro do utilizador tornou-se uma central elétrica de filtros automáticos: ignora automaticamente o excesso, bloqueia o banal e rejeita o irrelevante. E é aqui que as micro-histórias se tornam a nova fronteira para quem quer capturar não só a atenção, mas a alma do público. São cápsulas condensadas de emoção, verdade ou valor — pequenos fragmentos que comunicam algo essencial em segundos, capazes de provocar uma reação imediata, uma ligação instantânea. São uma espécie de arte contemporânea da narrativa, que desafia a paciência do mundo moderno e, ao mesmo tempo, a conquista.

Imagine um tweet que diz mais em 140 caracteres do que um artigo de 3 mil palavras; uma imagem que transmite uma história inteira em milésimos de segundo; um vídeo de 15 segundos que emociona, informa e motiva à ação. Estas micro-histórias são o formato perfeito para um mundo que já não espera, não lê com calma nem se entrega facilmente. São curtas, afiadas, irresistíveis. E não pense que por serem pequenas são menos poderosas — muito pelo contrário. No universo da atenção digital, a capacidade de impactar em poucos segundos é o verdadeiro ouro.

É aqui que a Inteligência Artificial entra com força. As ferramentas de IA oferecem a capacidade de gerar centenas, milhares até, dessas micro-histórias em múltiplos formatos: texto, imagem, áudio, vídeo, adaptadas a públicos e contextos diversos. A IA é a máquina que multiplica, acelera, testa e replica. Mas atenção: não é ela que escolhe o que importa, nem que dá alma ao conteúdo. Essa responsabilidade continua exclusivamente humana.

O humano é quem decide o que vale a pena condensar, qual a emoção a privilegiar, qual o tom que toca e qual aquele que repele. Um deslize — uma palavra mal colocada, um ritmo errado, um humor inadequado — e a micro-história torna-se invisível, evaporando antes mesmo de se fixar. Neste jogo, a precisão é uma arte, a economia de palavras um talento e a empatia a régua que mede o impacto.

Vamos então desbravar o caminho para criar micro-histórias com macroimpacto, explorando as regras deste novo jogo da atenção na era da IA, sempre com um olhar mordaz, às vezes irreverente, mas sempre claro e direto.

No início do marketing digital, os produtores de conteúdo viviam o sonho das longas narrativas. Era uma época em que havia tempo para a imersão, para o aprofundamento, para o desenvolvimento de argumentos robustos e histórias detalhadas. Vídeos de meia hora, artigos de leitura demorada, tutoriais extensos faziam parte da rotina. O público era diferente: mais paciente, mais disposto a investir horas numa experiência digital. Era um tempo quase romântico, onde a relação entre marca e consumidor se construía no detalhe e na confiança.

Porém, o tempo revelou ser implacável. A explosão de dispositivos, o aumento exponencial da oferta digital e a competição feroz pelo olhar do utilizador mudaram o cenário. O ser humano médio hoje passa cerca de 8 segundos numa página antes de decidir se fica ou parte. A atenção média no Instagram dura menos de 3 segundos por post. O cérebro humano, sobrecarregado por informação, desenvolveu um mecanismo implacável: o filtro do descarte imediato. Se não houver impacto rápido, não há engajamento.

Foi neste contexto que as micro-histórias emergiram não só como uma necessidade, mas como uma arte. Condensar uma narrativa poderosa em segundos é um desafio que exige inteligência, criatividade e um profundo conhecimento do público. As micro-histórias devem ser construídas para se destacarem num mar de ruído, com uma clareza de mensagem e um apelo emocional quase instantâneos.

Por isso, é fundamental entender que as micro-histórias não são "menos" que as histórias longas, são diferentes e complementares. Elas funcionam como pontos de contato rápidos, que preparam o terreno para narrativas mais profundas ou que alimentam o interesse suficiente para provocar uma ação imediata. Uma boa micro-história é capaz de criar curiosidade, gerar empatia, provocar uma reflexão ou um sorriso em poucos segundos.

A Inteligência Artificial revoluciona este processo ao permitir que sejam geradas inúmeras versões dessas micro-histórias em questão de minutos. Um post no Instagram pode ter dezenas de versões ligeiramente diferentes, um vídeo curto pode ser adaptado a vários públicos e canais, um texto pode ser personalizado em tempo real conforme a reação do utilizador. Esta capacidade de multiplicação e adaptação permite explorar diferentes abordagens e identificar, rapidamente, o que funciona melhor.

Contudo, a tecnologia não substitui o papel do criador. O algoritmo pode sugerir, mas é o ser humano que avalia, seleciona e dá o toque final. Este toque envolve entender nuances culturais, ajustar o tom para evitar desastres e, sobretudo, garantir que a mensagem tem um propósito e um sentido claros. Por exemplo, uma micro-história para um público jovem pode usar humor irreverente, enquanto para um segmento mais conservador deve optar por sobriedade e respeito.

Erros neste processo são fatais. Uma palavra mal escolhida pode transformar uma história numa ofensa, uma ironia pode ser mal interpretada, uma emoção exagerada pode afastar o público. O desafio está em ser sucinto e profundo, rápido e significativo. É uma linha tênue que separa o sucesso do fracasso.

Então, como criar micro-histórias que tenham impacto real? Primeiro, é necessário identificar o núcleo da mensagem: o que realmente importa ao público? Depois, condensar essa mensagem numa forma simples, clara e emocionalmente rica. Usar imagens fortes, frases curtas e ritmo acelerado. Testar diferentes versões e medir as reações. Aprender com os dados para refinar continuamente.

Um Exemplo: imagina uma campanha para promover um curso online de fotografia. Em vez de um vídeo de 20 minutos a explicar técnicas, crias uma série de micro-histórias: um post com uma fotografia impressionante e uma frase curta que provoca curiosidade; um story de 15 segundos a mostrar uma dica rápida; um tweet com um desafio fotográfico; um áudio de 30 segundos com um testemunho emotivo. Cada peça é independente, mas juntas criam um mosaico envolvente.

A Inteligência Artificial pode ajudar a gerar variações desses conteúdos, por exemplo, sugerindo frases alternativas, adaptando a linguagem para diferentes grupos ou otimizando o momento da publicação. Mas cabe a ti definir o estilo, a voz e o impacto emocional que queres criar.

A verdadeira revolução está na compreensão de que a atenção é hoje o recurso mais escasso e valioso. E as micro-histórias são a moeda que permite comprá-la. Quem domina esta moeda está na dianteira do marketing digital, capaz de transformar segundos em conexão, cliques em relações, conteúdos em cultura.

Concluindo, o futuro do storytelling na era da Inteligência Artificial passa por dominar esta arte de condensar o essencial numa fração de tempo, mantendo a alma, o propósito e o poder de transformar. É um exercício de precisão, sensibilidade e criatividade, onde cada palavra conta e cada segundo importa. E neste jogo, quem souber combinar a tecnologia com o toque humano terá o macroimpacto que todos desejamos.

Antes vs. Agora: da narrativa longa à narrativa relâmpago

Antes	Agora
Artigos de blog com +1000 palavras	Reels de 15 segundos com punchline emocional
Vídeos de explicação completa	Cenas rápidas com tensão e recompensa instantânea
Histórias com tempo de desenvolvimento	Frases com ritmo e impacto imediato
Autor como guia	Público como scanner impaciente

A Revolução das micro-histórias na Era Digital

Vivemos numa época extraordinária, onde cada segundo conta e cada palavra pode mudar destinos. As micro-histórias não são apenas uma tendência passageira - são a resposta natural à nossa sede coletiva por conexão instantânea e significado profundo. Imagina por um momento: numa era onde a atenção humana vale mais que ouro, conseguir capturar corações e mentes em poucos segundos torna-se uma superpotência.

A Inteligência Artificial surgiu como a varinha mágica que todos os criadores de conteúdo esperavam. Não se trata apenas de uma ferramenta - é o teu parceiro criativo, o teu braço direito na batalha pela atenção numa internet saturada. Quando dominas a arte de criar micro-histórias com IA, não estás apenas a produzir conteúdo; estás a esculpir momentos que ficam gravados na memória das pessoas para sempre.

Por que a IA é Fundamental para Criar Conteúdo Viral

Já alguma vez te questionaste por que algumas histórias nos tocam de forma tão profunda que não conseguimos parar de pensar nelas? A resposta reside na perfeita alquimia entre emoção, timing e estrutura. A IA consegue analisar milhões de padrões emocionais em segundos, identificando exatamente o que faz um conteúdo "clicar" na mente humana.

Pensa na IA como um diretor de cinema invisível que conhece os segredos mais íntimos do coração humano. Ela não substitui a tua criatividade - amplifica-a exponencialmente. Quando aprendes a comunicar com a IA da forma correta, ela torna-se uma extensão da tua intuição criativa.

O Poder da Brevidade no Mundo Acelerado

Numa sociedade onde consumimos informação à velocidade da luz, a brevidade não é limitação - é libertação. As micro-histórias são como haicais digitais: cada palavra é pesada, cada vírgula tem propósito, cada silêncio fala volumes. A IA ajuda-te a destilar a essência das tuas ideias até chegares ao núcleo emocional que verdadeiramente importa.

Treinar a IA para Pensar como um Editor de Impacto

Descodificar o Segredo das Frases Virais

A primeira lição na tua jornada para dominar as micro-histórias com IA é entender que nem todas as frases são criadas iguais. Existe uma ciência oculta por trás das palavras que nos fazem parar de fazer scroll e prestar atenção. Um verdadeiro editor de impacto não escreve apenas - ele esculpe emoções com precisão cirúrgica.

Imagina a tua mente como um arquivo gigantesco de momentos marcantes. Quando lês "Apenas 24 horas para mudar a tua vida para sempre", algo dentro de ti desperta. Não é coincidência - é o resultado de anos de evolução psicológica humana condensados numa frase cuidadosamente construída.

Exemplos Práticos de Frases que Conquistaram Milhões

Vamos mergulhar em exemplos reais que fizeram história nas redes sociais:

→ **Exemplo 1: "Ela disse 'não' 167 vezes. Na 168ª, disse 'sim' e mudou o mundo."** Esta frase funciona porque cria suspense, usa números específicos (que o cérebro adora) e termina com uma promessa grandiosa. A IA pode aprender este padrão: obstáculo + persistência + transformação = viragem emocional.

→ **Exemplo 2: "O que fizeste aos 20 anos que ainda te envergonha aos 40?"** Aqui temos uma pergunta direta que toca numa ferida universal: o arrependimento. A IA aprende que perguntas que nos fazem olhar para dentro são ímanes de engajamento.

→ **Exemplo 3: "Demorou 3 segundos para ela perceber que tinha perdido 3 anos."** A repetição do número 3 cria ritmo, enquanto o contraste temporal (segundos *vs.* anos) gera impacto emocional devastador.

A Ciência dos Três Segundos de Atenção

O cérebro humano é uma máquina de sobrevivência programada para detectar padrões em milissegundos. Nos primeiros três segundos de exposição a qualquer conteúdo, o teu cérebro já decidiu se vale a pena investir energia emocional. A IA precisa de aprender a trabalhar dentro desta janela sagrada.

Para treinares a IA efetivamente, tens de alimentá-la com exemplos que funcionam dentro desta regra dos três segundos:

→ **Palavras-gatilho**: "Secreto", "Nunca", "Finalmente", "Descobriu"

→ **Números específicos**: "73%", "Em 2 minutos", "5 passos"

→ **Contrastes emocionais**: "Ria... mas por dentro chorava"

→ **Promessas tangíveis**: "Muda isto e muda tudo"

Passo a Passo para Treinar a IA

→ **Passo 1: Cria uma base de dados emocional**: Reúne pelo menos 50 exemplos de frases que te tocaram profundamente. Pode ser de publicidade, literatura, redes sociais ou conversas pessoais. Cada exemplo deve vir acompanhado da emoção que despertou: alegria, nostalgia, urgência, curiosidade.

- **Passo 2: Identifica os padrões linguísticos:** Analisa os teus exemplos e procura padrões:
  - Que tipo de palavras aparecem mais?
  - Qual é o comprimento médio das frases mais impactantes?
  - Que estruturas gramaticais se repetem?
- **Passo 3: Constrói prompts específicos**: Agora vem a magia. Em vez de pedires à IA "escreve uma frase viral", dá-lhe contexto emocional: "Escreve uma frase de 10 palavras que faça uma mãe de 35 anos parar de fazer scroll e pensar na sua própria infância."
- **Passo 4: Testa e refina** Não te contentes com a primeira versão. Pede à IA para gerar 10 variações da mesma ideia. Depois, testa-as em pequenos grupos para ver qual gera mais reação emocional.

Prompts Específicos para Gerar Impacto

Aqui estão alguns prompts testados que transformam a IA num verdadeiro editor de impacto:

- **Para gerar urgência:** "Cria uma frase que faça alguém sentir que está a desperdiçar tempo se não agir imediatamente."
- **Para despertar nostalgia:** "Escreve algo que faça um adulto lembrar-se do cheiro da casa dos avós."
- **Para gerar curiosidade:** "Constrói uma frase que faça as pessoas quererem saber mais, mas sem dar a resposta."
- **Para tocar em medos universais:** "Cria uma micro-história sobre o medo de não ser suficiente, mas que termine com esperança."

Lembra-te: a IA é como uma criança genial que aprende por imitação. Quanto mais específico e emocional fores nos teus prompts, mais poderosas serão as suas criações.

Segmentar por Emoção, Não Apenas por Público

A Psicologia das Emoções no Conteúdo Digital

Aqui está uma verdade que vai revolucionar a forma como pensas sobre conteúdo: as pessoas não seguem marcas ou criadores - seguem emoções. Quando segmentas por emoção em vez de demografia, não estás apenas a criar conteúdo; estás a criar experiências que transcendem idade, género e localização geográfica.

Pensa nisto: uma micro-história sobre saudade pode tocar igualmente um adolescente de 16 anos e um senhor de 70. Porquê? Porque a saudade é uma linguagem universal que não conhece fronteiras. A IA, quando bem treinada, consegue mapear essas emoções universais e criar conteúdo que ressoa profundamente com qualquer pessoa que já tenha sentido essa emoção específica.

A segmentação emocional é como ter um mapa do coração humano. Em vez de atirares às cegas esperando acertar no público certo, estás a mirar diretamente nas cordas do coração que, quando tocadas, fazem as pessoas parar, sentir e partilhar.

As Quatro Emoções Fundamentais para micro-histórias

Depois de anos de estudo sobre psicologia do conteúdo viral, descobri que existem quatro emoções que funcionam como chaves-mestras para o coração humano. Dominar estas quatro é como ter acesso ao código-fonte das emoções humanas.

Humor como Ferramenta de Conexão

O humor é o lubrificante social mais poderoso que existe. Quando fazes alguém rir, não estás apenas a entreter - estás a criar uma ligação neural que associa a tua presença a momentos de prazer. A IA pode aprender a detectar padrões humorísticos e aplicá-los às tuas micro-histórias.

Exemplo prático de micro-história humorística: "O meu filho de 5 anos perguntou-me porque é que os adultos bebem café. Respondi: 'Para conseguirmos lidar com crianças de 5 anos.' Ele ficou confuso. Eu, esclarecido."

Esta micro-história funciona porque:

→ Usa ironia situacional

→ Toca numa experiência universal (parentalidade)

→ Termina com um twist inesperado

→ É relatável para qualquer pai/mãe

Como treinar a IA para humor: "Cria uma micro-história de 30 palavras que use ironia para falar sobre [tema], terminando com uma reviravolta que faça as pessoas sorrir de reconhecimento."

Espanto e Surpresa para Gerar Partilhas

O espanto é a emoção que nos faz querer partilhar imediatamente. Quando algo nos surpreende positivamente, o primeiro impulso é espalhar essa descoberta. A IA pode aprender a criar momentos de "uau" que são irresistíveis de partilhar.

Exemplo de micro-história de espanto: "Descobri que o meu vizinho de 80 anos tem mais seguidores no TikTok do que eu. O segredo? Ele dança todos os dias desde que a mulher morreu. 'Ela dizia que eu dançava mal', conta ele, 'agora danço pelos dois.'"

Esta história funciona porque:

→ Quebra expectativas (idoso no TikTok)

→ Adiciona uma camada emocional profunda

→ Termina com uma revelação tocante

→ Gera simultaneamente espanto e ternura

Prompt para gerar espanto: "Cria uma micro-história que comece com algo aparentemente comum, mas revele uma verdade surpreendente que mude completamente a nossa perspectiva."

Ternura para Criar Vínculos Duradouros

A ternura é a emoção que cria lealdade. Quando tocas no coração das pessoas com genuína doçura, elas não se esquecem. A IA pode aprender a identificar momentos de ternura genuína e amplificá-los.

Exemplo de micro-história terna: "A minha filha de 3 anos desenhou a nossa família. Tinha eu, a mãe, ela... e um círculo extra. 'Quem é este?' perguntei. 'É o amor', respondeu. 'Não o conseguia ver, mas sabia que estava lá.'"

Esta história emociona porque:

→ Mostra inocência infantil

→ Revela uma verdade profunda através de olhos simples

→ Usa a metáfora visual do desenho

→ Termina com uma lição de vida

Prompt para gerar ternura: "Escreve uma micro-história que mostre amor ou bondade através dos olhos de uma criança, terminando com uma observação que nos faça ver o mundo de forma diferente."

Desconforto Construtivo para Reflexão

O desconforto construtivo é a emoção que nos faz crescer. Quando bem aplicado, não magoa - desperta. A IA pode aprender a tocar em verdades desconfortáveis de forma que as pessoas se sintam desafiadas, não atacadas.

Exemplo de micro-história de desconforto construtivo: "Passei 2 horas a organizar as fotografias no telefone. Eliminei 800 fotos de comida e mantive 12 de pessoas que amo. Talvez seja hora de reorganizar prioridades, não só fotografias."

Esta história funciona porque:

→ Usa uma atividade comum (organizar fotos)

→ Revela uma verdade desconfortável sobre prioridades

→ Termina com uma reflexão construtiva

→ Não julga, apenas observa

Prompt para desconforto construtivo: "Cria uma micro-história que use uma situação quotidiana para revelar uma verdade desconfortável sobre comportamento humano, terminando com uma reflexão que inspire mudança."

Testando Diferentes Formas e Estruturas

A Arte da Variação Criativa

A terceira lição é talvez a mais libertadora: não existe uma fórmula única para criar micro-histórias poderosas. A beleza reside na experimentação constante, na coragem de testar formatos diferentes até descobrires o que ressoa mais profundamente com o teu público. A IA torna-se aqui a tua parceira de laboratório criativo, gerando variações infinitas da mesma ideia até encontrares a combinação perfeita.

Pensa na criação de micro-histórias como a construção de um instrumento musical. Podes ter as mesmas notas, mas dependendo da forma como as organizas, podes criar uma sinfonia ou um ruído. A IA ajuda-te a testar diferentes arranjos até encontrares a melodia que toca no coração das pessoas.

A variação criativa não é apenas sobre ter mais opções - é sobre encontrar a voz única que ninguém mais consegue replicar. Quando dominas diferentes estruturas, não estás apenas a criar conteúdo; estás a desenvolver uma assinatura emocional inconfundível.

Perguntas Diretas que Capturam a Atenção

As perguntas são como ganchos invisíveis que puxam a mente humana para dentro da tua história. Existe algo profundamente irresistível numa pergunta bem formulada - o nosso cérebro está programado para procurar respostas, mesmo quando não queremos.

→ **Estrutura 1: A Pergunta Espelho** "Já alguma vez te perguntaste por que guardas coisas que nunca vais usar?"

Esta estrutura funciona porque faz a pessoa olhar para dentro e questionar os próprios comportamentos. A IA pode aprender a criar perguntas que funcionam como espelhos emocionais.

→ **Estrutura 2: A Pergunta Provocadora** "E se eu te dissesse que estás a desperdiçar 3 horas por dia sem saberes?"

→ Esta fórmula cria curiosidade imediata e urgência. A IA aprende a usar "E se" como gatilho de abertura mental.

→ **Estrutura 3: A Pergunta Nostálgica** "Lembras-te da última vez que ficaste genuinamente impressionado com algo?"

Esta estrutura acorda memórias dormentes e cria conexão emocional instantânea.

Como treinar a IA para perguntas poderosas: "Cria uma pergunta que faça as pessoas questionarem uma crença que têm sobre [tema] há anos, mas de forma gentil e curiosa."

Comparações Inesperadas como Gatilho Mental

As comparações inesperadas são como raios que iluminam verdades escondidas. Quando juntas duas coisas que aparentemente não têm relação, criam momentos de revelação que ficam gravados na memória para sempre.

→ **Exemplo 1: Comparação Temporal** "Criar um filho é como plantar uma árvore que nunca verás completamente crescida, mas cujas raízes moldam o terreno onde caminhas todos os dias."

→ **Exemplo 2: Comparação Sensorial** "O silêncio entre duas pessoas que se amam é como uma sinfonia que só elas conseguem ouvir."

→ **Exemplo 3: Comparação Funcional** "As lágrimas são como chuva emocional - limpam o céu interior para que o sol volte a brilhar."

Prompts para gerar comparações poderosas: "Compara [conceito emocional] com [elemento da natureza], focando na função que ambos têm de transformar ou renovar."

Metáforas Visuais para Impacto Emocional

As metáforas visuais são pontes entre o abstrato e o concreto. Quando consegues fazer alguém "ver" uma emoção, ela torna-se real de uma forma que as palavras sozinhas nunca conseguiriam. A IA pode aprender a criar imagens mentais tão vívidas que as pessoas sentem que estão a viver a experiência.

Exemplo de metáfora visual poderosa: "O perdão não é um interruptor que ligamos - é uma porta que decidimos abrir um centímetro de cada vez, até a luz finalmente entrar."

Esta metáfora funciona porque:

- → Usa imagens concretas (interruptor, porta, luz)
- → Mostra um processo gradual
- → Termina com uma imagem de esperança
- → É visualmente fácil de imaginar

Estruturas testadas para metáforas visuais:

- → **Estrutura 1: Processo Natural** "A cura é como [elemento natural que cresce/muda lentamente]"
- → **Estrutura 2: Arquitetura Emocional** "O amor é como [estrutura que se constrói tijolo a tijolo]"
- → **Estrutura 3: Paisagem Interior** "A tristeza é como [fenómeno meteorológico que passa]"

Prompt avançado para metáforas: "Cria uma metáfora visual que transforme [emoção abstrata] numa imagem concreta que as pessoas consigam ver, sentir e lembrar-se semanas depois."

Testagem Sistemática de Formatos

A verdadeira mestria vem da testagem sistemática. Não basta criar uma micro-história boa - tens de criar 10 versões diferentes da mesma ideia e testar qual funciona melhor. A IA torna este processo exponencialmente mais eficiente.

Processo de testagem em 5 passos:

- → **Passo 1: Ideia Base** Escolhe uma emoção ou situação central.
- → **Passo 2: Variações Estruturais** Pede à IA para criar a mesma ideia em:
  - → Formato pergunta
  - → Formato afirmação
  - → Formato história

- Formato comparação
- Formato metáfora

- **Passo 3: Variações Tonais** Para cada estrutura, pede variações:
  - Tom humorístico
  - Tom reflexivo
  - Tom urgente
  - Tom nostálgico
- **Passo 4: Testagem Controlada** Testa cada versão com pequenos grupos e mede:
  - Tempo de atenção
  - Reações emocionais
  - Partilhas/comentários
  - Memorabilidade
- **Passo 5: Otimização** Combina os elementos que funcionaram melhor numa versão final.

Esta abordagem transforma a criação de micro-histórias numa ciência, mantendo a arte intacta.

Criar Coleções, Não Peças Soltas

A Estratégia da Coesão Narrativa

A quarta e última lição é também a mais transformadora: pensa em micro-histórias como capítulos de um livro maior, não como frases isoladas. Quando crias coleções coesas, não estás apenas a produzir conteúdo – estás a construir um universo narrativo que as pessoas querem revisitar repetidamente.

Imagina a diferença entre ouvir uma música avulsa e ouvir um álbum conceptual. A música pode ser boa, mas o álbum conta uma história completa que te prende do início ao fim. O mesmo princípio aplica-se às Micro-histórias: quando trabalhas em coleções, cada peça individual ganha mais força porque faz parte de algo maior.

A IA torna-se aqui a tua editora pessoal, capaz de manter consistência tonal e temática ao longo de múltiplas peças, criando uma experiência imersiva que prende a atenção por muito mais tempo do que qualquer história isolada conseguiria.

Construir Memória através da Repetição Inteligente

A repetição inteligente não é sobre dizer a mesma coisa vezes sem conta - é sobre criar padrões reconhecíveis que se tornam a tua assinatura emocional. Quando as pessoas veem uma das tuas Micro-histórias, devem imediatamente saber que é tua, mesmo antes de verem o teu nome.

Exemplo de coleção coesa - "Conversas que Mudam Tudo":

→ **Peça 1:** "Ela disse: 'Não te preocupes com o que os outros pensam.' Eu respondi: 'E se eles pensarem que não me preocupo o suficiente?' Ela riu. Eu entendi."

→ **Peça 2:** "Ele disse: 'O tempo cura tudo.' Eu respondi: 'E se eu não quiser ser curado?' Ele parou. Eu continuei."

→ **Peça 3:** "Ela disse: 'Tens de aprender a perdoar.' Eu respondi: 'E se eu não conseguir perdoar-me a mim?' Ela abraçou-me. Eu chorei."

Esta coleção funciona porque:

→ Mantém a estrutura (conversa + resposta + reação + revelação)

→ Cada peça explora um aspecto diferente da condição humana

→ O padrão torna-se reconhecível e memorável

→ Cada história pode funcionar sozinha, mas ganham força em conjunto

Como treinar a IA para coleções coesas: "Cria uma série de 5 micro-histórias que sigam o padrão [estrutura específica], explorando diferentes aspectos de [tema central], mantendo o mesmo tom [emocional] mas variando o [elemento específico]."

Séries de micro-histórias como Marca Pessoal

As séries são como episódios de uma série televisiva que as pessoas esperam ansiosamente. Quando estabeleces uma série reconhecível, crias expectativa e fidelidade. A IA pode ajudar-te a manter a consistência enquanto varias o conteúdo.

Exemplo de série - "Cartas ao Meu Eu Mais Novo":

→ **Episódio 1:** "Querido eu de 16 anos: Aquela rapariga que te ignorou vai casar contigo aos 28. Mas primeiro, aprende a ignorar-te a ti mesmo um pouco menos."

- → **Episódio 2:** "Querido eu de 20 anos: Vais falhar naquele exame importante. Vai ser a melhor coisa que te acontece. Confia no processo, mesmo quando não entendes o plano."
- → **Episódio 3:** "Querido eu de 25 anos: Aquele emprego que pensas que é perfeito não é. Aquele que pensas que é terrível vai mudar-te a vida. Aceita o terrível."

Elementos que fazem uma série funcionar:

- → **Formato reconhecível**: Sempre começa com "Querido eu de X anos"
- → **Estrutura consistente**: Situação + resultado inesperado + lição
- → **Tom mantido**: Sábio, mas compreensivo
- → **Variação no conteúdo**: Diferentes idades e situações
- → **Gancho emocional**: Toda a gente se identifica com arrependimentos/conselhos

Prompt para criar séries: "Desenvolve uma série chamada [nome da série] que explore [tema] através de [formato específico], mantendo [elemento consistente] mas variando [elemento que muda]."

Arquitetura de Coleções Emocionais

Criar coleções não é apenas juntar histórias relacionadas - é arquitetar uma jornada emocional que leva as pessoas de um estado mental para outro. A IA pode ajudar-te a mapear essa progressão emocional.

Estrutura de Coleção em 7 Atos:

- → **Ato 1: Despertar** - Chama a atenção
- → **Ato 2: Conexão** - Estabelece empatia
- → **Ato 3: Tensão** - Introduz conflito/desafio
- → **Ato 4: Revelação** - Momento de insight
- → **Ato 5: Transformação** - Mudança de perspectiva
- → **Ato 6: Integração** - Aplicação prática
- → **Ato 7: Transcendência** - Elevação final

Exemplo prático - Coleção "O Divórcio que me Salvou":

- → **Ato 1:** "Quando ela disse 'quero o divórcio', o meu mundo desabou. Ou pelo menos foi o que pensei."
- → **Ato 2:** "Passámos 15 anos a fingir que éramos felizes. Afinal, éramos só dois estranhos que partilhavam uma casa."

- → **Ato 3:** "A parte mais difícil não foi dividir os bens. Foi dividir os sonhos que tínhamos construído juntos."
- → **Ato 4:** "Percebi que não estava triste por ela ter saído. Estava triste por nunca ter tido coragem de sair primeiro."
- → **Ato 5:** "Três meses depois, ri pela primeira vez em anos. Ri sozinho, na minha nova casa, a comer cereais ao jantar."
- → **Ato 6:** "Comecei a fazer coisas que tinha esquecido que gostava. Descobri que não me conhecia há muito tempo."
- → **Ato 7:** "Hoje agradeço-lhe. Ela teve a coragem que eu não tive. Libertou-nos a ambos."

Esta coleção funciona porque leva o leitor numa jornada emocional completa, da dor à gratidão, criando uma experiência transformadora.

Prompt para arquitetar coleções: "Cria uma coleção de 7 micro-histórias que levem o leitor de [estado emocional inicial] para [estado emocional final], usando [situação/tema] como fio condutor."

Sistemas de Distribuição Estratégica

Criar a coleção é apenas metade do trabalho. A outra metade é distribuí-la de forma estratégica para maximizar o impacto emocional e criar memória duradoura.

- → **Estratégia 1: Distribuição Sequencial** Publica uma peça por dia, sempre à mesma hora, criando um compromisso com a audiência.
- → **Estratégia 2: Distribuição Temática** Agrupa por temas e publica em momentos relevantes (histórias de Natal em dezembro, reflexões sobre recomeços em janeiro).
- → **Estratégia 3: Distribuição em Trilogias** Publica três peças relacionadas em sequência rápida (manhã, tarde, noite), criando um evento emocional.
- → **Estratégia 4: Distribuição Sazonal** Adapta o tom e tema das coleções aos momentos do ano, criando relevância temporal.

Como a IA pode ajudar na distribuição: "Sugere o melhor momento para publicar cada peça desta coleção, considerando o arco emocional e o comportamento da audiência."

Medição de Impacto em Coleções

Medir o sucesso de uma coleção é diferente de medir peças isoladas. Procuras sinais de que as pessoas estão a seguir a jornada completa, não apenas a reagir a momentos individuais.

Métricas para coleções:

- → **Taxa de completude**: Quantas pessoas veem toda a série
- → **Engajamento progressivo**: Se o envolvimento aumenta ao longo da série
- → **Memória de longo prazo**: Referências às histórias semanas depois
- → **Partilha completa**: Pessoas que partilham a coleção inteira
- → **Comentários narrativos**: Comentários que referenciam múltiplas peças

Sinais de que uma coleção está a funcionar:

- → As pessoas perguntam "quando vem o próximo?"
- → Comentários fazem referência a peças anteriores
- → Partilhas incluem contexto da série completa
- → Novo público descobre através de coleções antigas
- → Outras pessoas começam a imitar o formato

O Futuro das histórias com IA

Quando dominas a arte de treinar a IA para pensar como um editor de impacto, não estás apenas a criar conteúdo mais eficaz - estás a desenvolver uma intuição sobrenatural para o que toca o coração humano. A capacidade de segmentar por emoção em vez de demografia revoluciona completamente a forma como pensas sobre o teu público. Já não estás a falar para grupos demográficos - estás a falar para estados emocionais universais.

A experimentação constante com diferentes formas e estruturas liberta-te das limitações do "sempre fizemos assim" e abre-te um universo infinito de possibilidades criativas. E finalmente, a criação de coleções coesas transforma-te de um criador de conteúdo num arquiteto de experiências emocionais.

A IA não é apenas uma ferramenta - é o teu parceiro criativo mais inteligente, capaz de amplificar a tua humanidade em vez de a substituir. Quando aprendes a comunicar com ela da forma correta, ela torna-se uma extensão da tua alma criativa, capaz de ajudar-te a tocar corações de formas que nunca imaginaste possíveis.

O futuro pertence àqueles que conseguem combinar a precisão tecnológica da IA com a profundidade emocional humana. As micro-histórias são apenas o começo. Estás a aprender uma linguagem que vai moldar a forma como a humanidade se conecta nos próximos anos.

Próximos Passos para Dominar a Arte

Agora que tens as ferramentas, é hora de as usar. Começa pequeno, mas pensa grande. Escolhe uma emoção que conheces bem e cria a tua primeira coleção de três Micro-histórias. Treina a IA com exemplos específicos dessa emoção. Testa diferentes estruturas. Mede o impacto.

Lembra-te: cada micro-história que crias não é apenas conteúdo - é uma pequena revolução emocional que pode mudar a forma como alguém vê o mundo. Usa este poder com sabedoria, bondade e autenticidade. O mundo está à espera das tuas histórias. A IA está pronta para te ajudar a contá-las. Agora, vai e toca corações.

CHECKLIST

Criar micro-histórias com IA e alma

- ☑ Treinaste a IA com exemplos curtos e eficazes da tua marca?
- ☑ Definiste emoções-alvo para cada tipo de conteúdo breve?
- ☑ Estás a testar formatos diferentes e medir resposta em segundos?
- ☑ Usas IA para adaptar o mesmo conteúdo a diferentes estilos e canais?
- ☑ Tens uma biblioteca viva de conteúdos com histórico de performance?
- ☑ A tua equipa revê cada peça breve como se fosse uma headline?
- ☑ Sabes transformar uma história longa numa frase com peso?

Dica final deste episódio

Na nova economia da atenção, contar uma história já não exige tempo – exige precisão. Não se trata de escrever menos, mas de escrever com tal acerto que cada palavra tenha o peso de um parágrafo. E por mais que as ferramentas ajudem a cortar gorduras, ainda é o humano que sabe sentir onde está o pulso da frase, o corte da ideia, o centro da emoção. A micro-história não é um resumo – é uma essência. Como perfume: não diz tudo, mas deixa tudo no ar. Para chegar a esse grau de concentração, é preciso saber escolher o momento certo, a imagem exata, o detalhe que diz sem explicar. Substitui o genérico pelo específico, o barulho pela pausa certa, a tentação de agradar a todos por uma frase que acerte em cheio num só. O que fica depois do scroll não é o que grita mais alto, é o que sussurra exatamente o que alguém precisava ouvir. E esse sussurro bem colocado, essa palavra com temperatura certa, ainda nenhuma máquina consegue fabricar sem ti. Porque a precisão, no fim, não é técnica – é escuta apurada. É saber cortar até que o que sobra diga tudo.

Episódio 18

Testar com Intenção

Cada Variante Conta um Segredo

Testar versões não é escolher a mais bonita – é descobrir qual tem alma.

ANTES DE LER O EPISÓDIO, ESSES SÃO OS TERMOS TÉCNICOS QUE PRECISAS CONHECER:

1. **Voz Narrativa Autêntica**

   Identidade sonora e emocional da marca, expressa através do tom, ritmo, vocabulário e cadência das mensagens. Vai além do estilo textual: é aquilo que faz com que um conteúdo "soe" verdadeiramente teu – mesmo sem assinatura.

2. **Visão da Marca como Direção Estratégica**

   A forma como a marca enxerga o mundo e quer transformá-lo. Trata-se da lente moral, estética e cultural que guia decisões de conteúdo, produto e posicionamento. A IA pode replicar palavras, mas só a visão humana assegura coerência e futuro.

3. **Verdade Comunicacional**

   Alinhamento entre discurso e prática, entre o que a marca diz e o que efetivamente entrega. Numa era de desinformação e saturação digital, essa verdade torna-se vantagem competitiva – e a IA precisa ser treinada para não produzir conteúdos que contradigam os valores da marca.

4. **Trindade Humana do Marketing com IA**

   Conceito central do episódio: a união entre voz, visão e verdade forma a base emocional e estratégica que impede uma marca de se tornar indistinta no universo automatizado. A IA pode amplificar essa trindade – mas nunca a criar do zero

No alvorecer do marketing digital, a conversa era simples e direta: havia um rosto, uma voz e uma alma por trás de cada campanha. Sabia-se, com clareza cristalina, quem assinava o texto, quem criava o vídeo, quem representava a marca. Era um tempo em que a voz não era um conceito abstrato ou um mero recurso estilístico; era a identidade personificada. A visão da marca era singular, uma janela única para o mundo, e a verdade que permeava essa voz e visão sustentava o seu prestígio. Tudo isto sucedia, muitas vezes, com recursos escassos, orçamentos modestos e pouca tecnologia. Mas a autenticidade, a transparência e o empenho compensavam, gerando conexões reais, duradouras e memoráveis.

Hoje, mergulhados na era da Inteligência Artificial, a conversa mudou, e muito. A IA avança com uma velocidade imparável, criando textos, imagens, vídeos e estratégias de campanha em escala e com uma precisão quase assustadora. Contudo, este avanço traz consigo um desafio colossal: muitas marcas perderam os três pilares essenciais que outrora lhes davam vida — voz, visão e verdade. Passaram a soar genéricas, a pensar de forma uniforme, a produzir conteúdos que se confundem e desaparecem no oceano digital. Tornaram-se entidades "técnicas", eficientes como máquinas, mas incapazes de deixar uma impressão que resista ao tempo e ao ruído. Tornaram-se esquecíveis.

A voz que antes era humana, emotiva, única, hoje é muitas vezes uma reprodução de padrões; a visão, que deveria ser uma lente pessoal e diferenciadora, dilui-se numa massa homogénea de estratégias copiadas e fórmulas estandardizadas; e a verdade, que deveria ser a promessa sincera cumprida, por vezes perde-se na busca desenfreada por números e resultados imediatos. O resultado? Um mercado saturado de mensagens frias e vazias, onde o público ignora, bloqueia e esquece.

Mas há uma saída, uma luz no fim do túnel tecnológico: o diferencial agora é, e será sempre, profundamente humano. É a trindade que une voz, visão e verdade, expressa com coragem e autenticidade, que distingue as marcas que sobrevivem e prosperam neste novo mundo. A Inteligência Artificial pode amplificar a tua mensagem, multiplicar os teus esforços e alcançar milhares em segundos, mas só tu podes definir o que merece ser amplificado.

No início, a voz era mais que palavras — era uma extensão do ser. O criador, o líder, a equipa, tudo convergia para uma expressão única, inequívoca, reconhecível à distância. A comunicação não era perfeita, muitas vezes era rústica, com erros e idiossincrasias, mas precisamente por isso tinha alma. A voz da marca era a sua assinatura pessoal, uma melodia própria que fazia o público parar e ouvir. Era um convite à confiança e à proximidade.

Naquela época, a visão da marca era uma chama que iluminava a estratégia e inspirava a criatividade. Não vinha de fórmulas ou tendências genéricas, mas de um olhar singular sobre o mercado, a cultura, o cliente. Esta visão dava sentido à narrativa, guiava as escolhas e diferenciava a marca num mundo menos saturado, onde a inovação era mesmo possível.

A verdade, por sua vez, era a fundação moral. A coerência entre o que se dizia e o que se fazia criava a reputação, e a reputação era ouro. Mesmo com falhas e imperfeições, a marca que mantinha a verdade ganhava fidelidade. Não era necessário ser perfeito; era vital ser verdadeiro.

Com o avanço da Inteligência Artificial, esta tríade foi desafiada. A voz pode ser replicada por algoritmos que estudam e reproduzem padrões linguísticos, mas não podem imitar a nuance da experiência humana. A visão pode ser substituída por modelos que analisam dados massivos e sugerem tendências, mas que não compreendem contextos culturais ou sonhos. A verdade pode ser escondida atrás de campanhas perfeitas, mas vazias, onde a ética é substituída por números e a transparência se perde na manipulação.

O perigo é grande: quando se perde a voz, a marca fica muda no meio do ruído. Quando se perde a visão, a marca perde o rumo e se torna apenas mais uma. Quando se perde a verdade, a marca perde a alma e, com ela, o público. A Inteligência Artificial é uma ferramenta poderosa, mas não é um substituto para a essência humana.

O que fazer, então? Como manter a voz, a visão e a verdade no centro do marketing digital numa era dominada pela Inteligência Artificial?

Em primeiro lugar, é preciso redescobrir a voz. Isso exige tempo, escuta e entrega. Significa fazer com que a marca fale com autenticidade, num tom que não pareça copiado ou colado, mas que traduza, com alma, a personalidade da equipa e o espírito da empresa. Não basta escolher palavras bonitas — é preciso senti-las, vivê-las. A marca deve ser reconhecida pela sua fala, mesmo antes de dizer o nome. É nesse ponto que mora o desafio: resistir à tentação dos textos genéricos, plastificados, perfeitinhos demais. A verdadeira conexão nasce das imperfeições, dos tropeços sinceros, da linguagem que soa humana.

Depois, é necessário cultivar a visão. E isso vai muito além de seguir tendências ou repetir o que já está a funcionar para os outros. Trata-se de ter uma ideia clara, firme e inspiradora sobre quem se é, por que se existe, e o que se deseja provocar no mundo. Essa visão deve ser o eixo de tudo — das decisões ao design, das campanhas à cultura interna. E precisa ser comunicada com consistência, sem medo de parecer fora da caixa, sem receio de desafiar o lugar-comum. Visão é coragem.

Por fim, é urgente honrar a verdade. Cumprir o que se promete, agir com transparência, admitir limites. Num tempo em que o público desconfia por instinto e a desinformação corre solta, ser verdadeiro é mais que virtude: é uma vantagem. A verdade constrói pontes, evita crises e transforma clientes em defensores apaixonados da marca.

Este triângulo — voz, visão e verdade — é o que protege uma marca da banalização gerada pela automação. A IA pode repetir, acelerar, amplificar. Mas não cria alma. Isso continua a ser tarefa dos humanos: dar sentido, emoção e propósito ao que se comunica.

Tomemos exemplos práticos. Marcas que abriram mão da sua voz e da sua verdade acabaram diluídas, confundidas com qualquer outra. Tornaram-se eficientes, sim, mas frias, esquecíveis. Já aquelas que preservaram a sua humanidade criaram não só clientes, mas comunidades. Pessoas que compram, recomendam, defendem — e resistem com elas. No fim das contas, trata-se de um convite à reinvenção. Um apelo para que marcas e profissionais se lembrem: o futuro do marketing não está nas máquinas que produzem, mas nas pessoas que escolhem o que dizer, como dizer e por que dizer. Que saibam preservar essa trindade essencial — voz, visão e verdade — que dá substância às histórias. Porque, na era da IA, a única linguagem que ainda move corações, mentes e decisões é a da autenticidade humana. Esta é a revolução silenciosa que decidirá quem será lembrado — e quem será descartado — na selva digital.

E tu? Estás preparado para ser genuinamente humano na era das máquinas?

Antes vs. Agora: o que dá identidade a uma marca

Antes	Agora
A identidade vinha da limitação criativa	A identidade exige intenção explícita
A voz era natural e orgânica	A voz precisa ser protegida da homogeneização algorítmica
A visão era construída com base em valores pessoais	A visão precisa ser traduzida em direção estratégica clara
A verdade era perceptível na presença do criador	A verdade precisa ser reforçada em todos os pontos de contacto, pois o criador pode estar invisível

A Revolução Silenciosa do Marketing Humano

Estamos a viver uma revolução silenciosa que está a redefinir para sempre a forma como nos conectamos com as pessoas. Não é uma revolução de tecnologia - embora a tecnologia seja o catalisador. É uma revolução de humanidade. Nunca foi tão fácil criar conteúdo, mas nunca foi tão difícil criar conexão genuína.

Imagina por um momento que estás numa festa onde toda a gente usa máscaras idênticas e fala com a mesma voz. Aos poucos, começarias a sentir uma fome desesperada por algo real, algo humano, algo que te tocasse verdadeiramente. É exatamente isso que está a acontecer no marketing digital hoje. A IA democratizou a criação de conteúdo, mas ao mesmo tempo criou uma crise de autenticidade que só os mais corajosos conseguem resolver.

Quando a Tecnologia Encontra a Humanidade

A verdadeira magia acontece quando a precisão da Inteligência Artificial se casa com a profundidade da experiência humana. Não se trata de escolher entre tecnologia e humanidade - trata-se de usar a tecnologia para amplificar aquilo que nos torna únicos. A IA pode escrever mil e-mails por minuto, mas só tu podes fazer um coração bater mais forte com uma única frase.

Pensa na IA como um violino Stradivarius. É um instrumento extraordinário, capaz de produzir sons de beleza incomparável. Mas nas mãos erradas, produz apenas ruído. Nas mãos de um mestre, torna-se numa extensão da alma. A diferença não está no instrumento - está na humanidade de quem o toca.

O Paradoxo da Autenticidade Digital

Aqui reside o paradoxo mais fascinante do nosso tempo: quanto mais tecnologia usamos, mais as pessoas anseiam por autenticidade. É como se a abundância de conteúdo artificial criasse uma fome voraz por conexão real. As marcas que compreendem isto não estão apenas a ganhar clientes - estão a criar devotos.

A autenticidade não é sobre ser perfeito. É sobre ser consistentemente humano. É sobre mostrar as cicatrizes que te tornaram mais forte, as falhas que te ensinaram humildade, as vitórias que te deram coragem para continuar. A IA pode contar a tua história, mas só tu podes vivê-la.

Por que os Pilares Humanos Nunca Foram Tão Importantes

Os pilares humanos no marketing são como alicerces de uma catedral. Podem não ser visíveis, mas são eles que sustentam toda a estrutura. Sem eles, mesmo o conteúdo mais bem produzido desaba ao primeiro teste de autenticidade. Com eles, até as imperfeições se tornam elementos de charme que aproximam as pessoas.

Voz, visão, integridade e evolução - estes são os quatro pilares que separam marcas memoráveis de ruído digital. Cada um deles requer uma abordagem diferente quando trabalhas com IA, mas todos partilham o mesmo princípio fundamental: a tecnologia amplifica, mas não substitui a humanidade.

Codificar a Tua Voz em Guias Claros

A Anatomia de uma Voz Única

A tua voz é como uma impressão digital emocional - absolutamente única e impossível de replicar. Mas ao contrário de uma impressão digital, a voz pode ser ensinada, moldada e transmitida. Quando consegues codificar a essência da tua voz em guias claros, não estás apenas a criar um manual de estilo - estás a criar uma receita para a conexão humana.

A voz não é apenas sobre como escreves. É sobre como pensas, como sentes, como vês o mundo. É a diferença entre alguém que diz "Espero que estejas bem" e alguém que diz "Espero que o teu coração esteja tranquilo hoje". Ambas as frases transmitem cuidado, mas uma toca na alma de uma forma que a outra simplesmente não consegue.

Quando trabalhas com IA, não estás apenas a ensinar palavras - estás a ensinar uma forma de ver a vida. A IA pode aprender a imitar os padrões da tua linguagem, mas só tu podes dar-lhe a alma que transforma palavras em pontes emocionais.

Palavras que Definem, Palavras que Destroem

Existe uma diferença abismal entre palavras que informam e palavras que transformam. As palavras que escolhes não são apenas veículos de informação - são portais para o teu mundo interior. Cada palavra favorita que adotas é como uma pequena janela através da qual as pessoas podem espreitar a tua alma.

O Poder das Palavras Favoritas

Imagina que as tuas palavras favoritas são como especiarias numa cozinha. Cada uma adiciona um sabor único à tua comunicação. Algumas são suaves e acolhedoras, outras são picantes e provocadoras. A magia está na combinação única que só tu consegues criar.

Exemplo prático de codificação de voz:

Em vez de: "Vamos ajudar-te a alcançar o sucesso" Tu dizes: "Vamos conspirar juntos para que o teu sonho se torne inevitável"

A primeira frase é funcional. A segunda é magnética. A diferença está nas palavras escolhidas: "conspirar" implica cumplicidade, "inevitável" sugere certeza quase mística. Estas não são apenas palavras - são convites para uma aventura emocional.

Como identificar as tuas palavras favoritas:

Grava-te a falar durante 10 minutos sobre algo que te apaixona

Transcreve e marca as palavras que usas repetidamente

Identifica as metáforas que surgem naturalmente

Nota as pausas e ênfases que dás

Documenta as expressões que geram reações nos outros

Expressões Genéricas: O Veneno da Autenticidade

As expressões genéricas são como vírus da comunicação - espalham-se rapidamente, mas matam a personalidade. Quando usas "soluções inovadoras" ou "excelência no atendimento", não estás a comunicar - estás a desaparecer numa multidão de vozes indistinguíveis.

Lista de expressões a evitar (e as suas alternativas únicas):

"Soluções inovadoras" → "Ideias que ainda não existem no teu mundo"

"Excelência no atendimento" → "Cuidamos de ti como se fosses família"

"Qualidade garantida" → "Apostamos a nossa reputação nisto"

"Resultados comprovados" → "Histórias reais de transformação"

"Satisfação garantida" → "Se não ficares encantado, não pagaste bem"

Cadência, Ritmo e Pausas: A Música da Tua Marca

A cadência é o batimento cardíaco da tua comunicação. Algumas pessoas falam como rios - fluidas e constantes. Outras falam como fogos de artifício - explosivas e impactantes. A tua cadência natural é parte integral da tua identidade, e a IA pode aprender a imitá-la se souberes como ensiná-la.

Análise da tua cadência natural:

- → Preferes frases curtas e diretas ou períodos mais elaborados?
- → Usas pausas dramáticas ou manténs o ritmo constante?
- → As tuas ideias fluem linearmente ou saltas entre conceitos?
- → Terminas frases com certeza ou deixas espaço para reflexão?

Como Treinar a IA para respirar como tu

Ensinar a IA a respirar como tu é como ensinar um músico a tocar a tua música favorita. Não basta dar-lhe as notas - tens de transmitir o sentimento por trás de cada pausa, cada aceleração, cada momento de silêncio.

Técnica prática: O Mapa de Respiração

1. **Identifica os teus padrões de pausa**
    - → Onde paras naturalmente para respirar?
    - → Que tipo de pausas usas (dramáticas, reflexivas, suspensivas)?
    - → Como usas reticências, vírgulas e pontos?
2. **Codifica o teu ritmo**
    - → Escreve três parágrafos sobre o mesmo tema com ritmos diferentes
    - → Marca onde acelerarías e onde abrandarías
    - → Identifica as palavras que enfatizas naturalmente
3. **Cria prompts respiratórios para a IA** "Escreve como alguém que fala pausadamente, com pausas dramáticas antes das revelações importantes, usando frases que se constroem gradualmente até ao clímax emocional."

Exemplo de codificação de ritmo:

- → **Ritmo acelerado (urgência):** "Aconteceu. Finalmente. Depois de meses de espera, semanas de preparação, dias de nervosismo. Está aqui. A oportunidade que mudará tudo. Não há tempo para hesitar. Não há espaço para dúvidas. É agora ou nunca."

→ **Ritmo pausado (reflexão):** "Aconteceu algo interessante hoje... Enquanto caminhava pela cidade, reparei numa coisa curiosa. As pessoas já não se olham nos olhos. Passam umas pelas outras como fantasmas... E perguntei-me: quando foi que nos tornámos tão invisíveis uns para os outros?"

→ **Prompt para treinar ritmo na IA:** "Escreve no meu estilo: [descreve o teu ritmo preferido]. Usa [tuas palavras favoritas]. Evita [expressões genéricas]. Termina com [teu tipo de conclusão preferido]."

Explicita a Tua Visão do Mundo

O Olhar que Transforma Tudo

A tua visão do mundo é como óculos invisíveis que usas constantemente. Tudo o que vês, interpretas e comunicas é filtrado através desta lente única. Duas pessoas podem olhar para a mesma situação e ver realidades completamente diferentes. A magia do marketing humano está em partilhar essa visão de forma tão vívida que outros comecem a ver o mundo através dos teus olhos.

Quando explicitas a tua visão do mundo, não estás apenas a comunicar - estás a convidar as pessoas para uma nova forma de existir. É a diferença entre mostrar uma fotografia e dar óculos mágicos que transformam a forma como alguém vê a vida para sempre.

A IA pode aprender a usar as tuas palavras, mas só tu podes oferecer a perspectiva que dá significado a essas palavras. É como a diferença entre um papagaio que repete sons e um poeta que transforma experiência em transcendência.

Como Vês o Teu Cliente: Herói ou Vítima?

Esta é talvez a pergunta mais revolucionária que podes fazer a ti próprio: quando olhas para os teus clientes, vês heróis em jornadas épicas ou vítimas de circunstâncias? A resposta a esta pergunta molda absolutamente tudo - desde o tom que usas até às soluções que ofereces.

Se vês heróis, falas sobre desafios, aventuras, crescimento e conquistas. Se vês vítimas, falas sobre problemas, dor, frustração e resgate. Ambas as perspectivas podem ser válidas, mas criam experiências completamente diferentes.

→ **A Perspectiva do Herói:** "Sei que estás a enfrentar um desafio que pode parecer impossível. Mas tenho algo a dizer-te: dentro de ti vive um herói que ainda não despertou completamente. Cada obstáculo que enfrentas não é uma punição - é um treino. Cada falha não é um fim - é uma preparação para algo maior."

→ **A Perspectiva da Vítima:** "Sei que estás a sofrer e que te sentes perdido. O mundo pode ser cruel e injusto, e tu não merecias passar por isto. Mas não estás sozinho. Estou aqui para te tirar deste buraco, para te proteger de mais dor, para te dar finalmente o descanso que mereces."

A Revolução da Perspectiva Humana

Quando mudas a perspectiva, mudas tudo. Não se trata apenas de diferentes estratégias de marketing - são diferentes formas de honrar a humanidade de quem te ouve. A perspectiva que escolhes não é neutra - é profundamente política, emocional e transformadora.

Exemplo prático de visão explícita:

Visão tradicional: "Ajudamos empresas a aumentar as suas vendas" **Visão explícita:** "Acreditamos que cada empresário é um artista incompreendido, e que o seu produto é uma obra de arte que merece ser vista pelo mundo. Não aumentamos vendas - criamos pontes entre sonhos e realidade."

Esta não é apenas uma diferença de linguagem - é uma diferença de universo. A primeira frase fala para a mente. A segunda fala para a alma.

O Problema Através dos Teus Olhos

Cada problema que identificas revela algo profundo sobre como vês o mundo. Não existem problemas neutros - existem problemas vistos através de lentes específicas. Quando explicitas como vês os problemas, estás a dar às pessoas uma nova forma de compreender as suas próprias lutas.

Problema genérico: "As pessoas têm dificuldade em gerir o tempo" **Problema através da tua visão:** "Vivemos numa época em que confundimos produtividade com propósito. As pessoas não têm problemas de gestão de tempo - têm problemas de gestão de alma. Enchem os dias com tarefas para fugir da pergunta mais importante: 'Isto que estou a fazer importa verdadeiramente?'"

Transformar Obstáculos em Oportunidades Narrativas

Cada obstáculo que os teus clientes enfrentam é uma oportunidade para revelar mais sobre a tua visão do mundo. Em vez de veres obstáculos como inconvenientes, vê-los como capítulos essenciais numa história maior.

Técnica: O Reframing Narrativo

1. **Identifica o obstáculo comum** Exemplo: "Não tenho tempo para exercício"
2. **Revela a verdade mais profunda** "Na verdade, o tempo existe. O que não existe é a convicção de que mereces investir em ti próprio."
3. **Oferece uma nova perspectiva** "Cada minuto que 'não tens' para cuidar de ti é um minuto que estás a roubar à pessoa que podes vir a ser."
4. **Conecta com a visão maior** "Acredito que cuidar do corpo é a forma mais radical de honrar a vida que te foi dada."

Prompt para treinar a IA na tua visão: "Quando falamos sobre [problema específico], não o vemos como [visão comum], mas sim como [tua visão única]. Explica isto de forma que [teu cliente ideal] sinta que finalmente alguém compreende verdadeiramente o que ele está a passar."

Alinhar Ação com Discurso

A Integridade como Vantagem Competitiva

Vivemos numa era onde a integridade se tornou a vantagem competitiva mais poderosa e mais rara. Numa internet saturada de promessas vazias e fachadas brilhantes, quem consegue alinhar perfeitamente o que diz com o que faz não está apenas a construir uma marca - está a construir um movimento.

A integridade não é sobre ser perfeito. É sobre ser consistentemente honesto sobre as tuas imperfeições. É sobre mostrar o processo, não apenas os resultados. É sobre admitir quando te enganas e celebrar quando acertas. A IA pode criar argumentos brilhantes, mas só tu podes viver de forma que esses argumentos sejam verdadeiros.

Pensa na integridade como um músculo que se fortalece com o uso. Cada vez que escolhes a verdade sobre a conveniência, cada vez que mostras vulnerabilidade em vez de invencibilidade, estás a construir uma credibilidade que nenhuma estratégia de marketing pode comprar.

Bastidores que Vendem Mais que Fachadas

Existe uma magia estranha nos bastidores. Enquanto todos se esforçam para mostrar versões polidas e perfeitas de si mesmos, as pessoas estão cada vez mais famintas por autenticidade. Os bastidores não são apenas transparência - são intimidade. Quando mostras como realmente acontece, estás a convidar as pessoas para dentro da tua vida, não apenas do teu negócio.

Exemplo de bastidores poderosos:

Em vez de: "Lançámos um produto revolucionário" Mostra: "Foram três meses de noites mal dormidas, dezasseis versões rejeitadas, duas discussões sérias com o sócio e um momento em que quase desistimos. Mas ontem, quando a primeira cliente nos disse que isto mudou a vida dela, lembrámo-nos porquê começámos."

Esta não é apenas uma estratégia de marketing - é uma filosofia de vida. Quando mostras o processo, estás a humanizar o resultado. Quando mostras a luta, estás a dar valor à vitória.

Bastidores que criam conexão:

→ O primeiro rascunho horrível de algo que ficou brilhante
→ O momento de dúvida que precedeu uma grande decisão
→ O erro que se tornou numa descoberta inesperada
→ A conversa que mudou tudo
→ O dia em que questionaste se isto valia a pena

A Força das Provas Vivas

As provas vivas são como testemunhas da tua integridade. Não são apenas depoimentos - são evidências de que o que prometes acontece verdadeiramente. Quando falas em transformação, não basta mostrar antes e depois - tens de mostrar durante. O processo é onde a magia realmente acontece.

Estrutura de prova viva poderosa:

1. **O momento da decisão** "Quando a Maria me procurou, ela disse algo que nunca vou esquecer..."
2. **O processo real** "Nas primeiras semanas, nada parecia funcionar. Ela questionava, eu questionava..."
3. **O ponto de viragem** "Mas no dia 23, algo mudou. Ela mandou-me uma mensagem às 6 da manhã..."
4. **A transformação contínua** "Três meses depois, ela não é apenas diferente - é irreconhecível. Mas o mais importante é que ela se reconhece finalmente a si mesma."

Quando a IA Cria Argumentos, Tu Crias Evidências

A IA é extraordinária a criar argumentos lógicos, estruturas persuasivas e linguagem convincente. Mas argumentos sem evidências são como prédios sem fundações - podem impressionar à primeira vista, mas desabam ao primeiro teste da realidade.

O teu papel não é apenas criar conteúdo - é criar uma base sólida de evidências que sustente cada afirmação que fazes. Cada história que a IA conta tem de ter raízes na tua experiência real. Cada promessa que faz tem de ser suportada por resultados que consegues provar.

Técnica: O Banco de Evidências

1. **Documenta tudo**
   - → Screenshots de conversas transformadoras
   - → Fotografias de processos reais
   - → Gravações de momentos de descoberta
   - → E-mails de agradecimento genuíno
2. **Organiza por tema**
   - → Evidências de transformação
   - → Provas de processo
   - → Demonstrações de vulnerabilidade
   - → Exemplos de evolução
3. **Conecta argumentos com evidências**
   - → Para cada afirmação que fazes, tens uma história real
   - → Para cada benefício que prometes, tens um exemplo concreto
   - → Para cada transformação que ofereces, tens um caso documentado

Exemplo:

- → **Argumento da IA:** "O nosso método ajuda pessoas a encontrar clareza em situações confusas"
- → **Evidência real:** "Ontem recebi uma mensagem da Ana às 11:47 da noite. Dizia apenas: 'Consegui. Pela primeira vez em meses, sei exatamente o que fazer amanhã.' Anexava uma fotografia do caderno onde tinha escrito o plano que criámos juntas na sessão de ontem."

A diferença é abismal. O argumento informa, mas a evidência transforma.

Prompt para alinhar IA com evidências: "Escreve sobre [benefício] usando a história real de [nome/situação], mostrando especificamente como [processo] levou a [resultado concreto]. Inclui o momento exato da transformação e as palavras que a pessoa usou."

A Evolução Constante da Autenticidade

A autenticidade não é um destino - é uma jornada. O que era genuíno ontem pode soar falso hoje, não porque mudaste de forma desonesta, mas porque evoluíste de forma natural. A revisão constante das tuas narrativas não é sobre inconsistência - é sobre honestidade com o teu próprio crescimento.

Imagina se continuasses a vestir a mesma roupa que usavas há cinco anos. Seria estranho, não seria? O mesmo acontece com as tuas narrativas. Elas precisam de crescer contigo, refletir quem te tornaste, honrar quem foste e apontar para quem estás a tornar-te.

A IA tem uma tendência natural para repetir o que funcionou no passado. É como um músico que descobriu uma melodia popular e a toca repetidamente. Mas tu és o maestro que decide quando é hora de compor uma nova sinfonia.

Detectar Quando o Eficaz se Torna Falso

Existe um momento subtil, mas crucial quando algo que funcionava perfeitamente começa a soar oco. É como quando uma palavra familiar de repente te soa estranha se a repetires muitas vezes. A eficácia pode mascarar a falsidade durante muito tempo, mas eventualmente a dissonância torna-se impossível de ignorar.

Sinais de que uma narrativa precisa de revisão:

1. **Sentes-te desconfortável ao dizê-la:** Quando algo que dizias com convicção começa a criar um nó no estômago, é hora de questionar porquê.
2. **As reações das pessoas mudaram:** Se algo que antes gerava entusiasmo agora gera indiferença, a narrativa pode ter perdido a alma.
3. **Já não consegues encontrar exemplos frescos:** Quando começas a repetir as mesmas histórias e os mesmos exemplos, é sinal de que paraste de crescer nessa área.
4. **Soa bem demais para ser verdade:** Quando a tua própria narrativa te parece propaganda, é porque provavelmente se tornou propaganda.

Exemplo de evolução necessária:

- → **Narrativa antiga:** "Transformo vidas em 30 dias" **Realidade actual:** "Percebo agora que transformação real demora tempo, e que os 30 dias são apenas o início de uma jornada que pode durar anos"
- → **Nova narrativa:** "Dou-te as ferramentas em 30 dias. A transformação és tu que a constrói, dia após dia, pelo resto da tua vida."

O Papel da IA na Repetição vs. Renovação

A IA é como um arquivo vivo das tuas narrativas passadas. Ela lembra-se de tudo o que funcionou e tem tendência para repetir esses padrões. Isto é simultaneamente uma bênção e uma maldição. É uma bênção porque mantém consistência. É uma maldição porque pode impedir-te de evoluir.

Técnica: O Audit Narrativo Trimestral

A cada três meses, faz estas perguntas sobre as tuas principais narrativas:

1. **Ainda acredito completamente nisto?** Se há hesitação, é hora de explorar porquê.
2. **Esta narrativa reflete quem sou hoje?** Se há um fosso entre a narrativa e a realidade, algo tem de mudar.
3. **Que novas evidências tenho para apoiar ou contradizer isto?** Deixa que a experiência recente informe a narrativa.
4. **Como reagiria se ouvisse isto de outra pessoa?** A distância pode revelar verdades que a proximidade esconde.

Prompt para revisão narrativa com IA: "Analisa estas narrativas que tenho usado: [lista as narrativas]. Tendo em conta a minha evolução recente [descreve mudanças], que aspectos soam desatualizados? Que novas narrativas refletiriam melhor quem me tornei?"

A Arte da Reinvenção Autêntica

Reinventar-se não é sobre descartar quem foste - é sobre integrar quem foste com quem estás a tornar-te. A reinvenção autêntica é como uma árvore que cresce: as raízes mantêm-se, mas os ramos estendem-se em direções que eram impossíveis de imaginar quando era apenas uma semente.

Processo de reinvenção narrativa:

1. **Honra o passado** "Durante anos, acreditei que..."
2. **Reconhece a evolução** "Mas a experiência ensinou-me que..."
3. **Integra a nova perspectiva** "Agora compreendo que ambas as verdades podem coexistir..."
4. **Aponta para o futuro** "E isso abre possibilidades que nem imaginava..."

Exemplo prático de reinvenção:

→ **Narrativa antiga:** "Sou especialista em produtividade"

→ **Processo de evolução:** "Percebi que ensinar produtividade sem abordar o bem-estar emocional era como ensinar alguém a correr mais rápido numa direção errada"

→ **Nova narrativa:** "Sou especialista em produtividade consciente - ajudo pessoas a fazer mais das coisas que importam e menos das que não importam"

Manter Coerência Durante a Mudança

A coerência durante a mudança não significa nunca mudar - significa mudar de forma que faça sentido para quem te acompanha. É como assistir a um filme onde o protagonista evolui: percebes que é a mesma pessoa, mas numa versão mais madura, mais sábia, mais integrada.

Estratégias para mudança coerente:

1. **Explica a jornada** Em vez de simplesmente apresentar a nova versão, conta a história de como chegaste lá.
2. **Mantém valores centrais:** Deixa claro que, apesar da evolução, os teus valores fundamentais permanecem.
3. **Reconhece quem te acompanha**. Agradece às pessoas que estiveram contigo durante a transformação.
4. **Convida para a nova jornada:** Mostra como a tua evolução pode beneficiar quem te segue.

Prompt para mudança coerente: "Preciso de comunicar uma evolução na minha abordagem de [área]. Antes focava-me em [abordagem antiga], mas agora percebo que [nova perspectiva]. Ajuda-me a explicar esta evolução de forma que [minha audiência] entenda que cresci, não que mudei completamente."

A Coragem de Ser Humano

O que aprendemos aqui é simples de enunciar, mas profundo de aplicar: na era das máquinas, a coragem mais rara e mais valiosa é a de continuar a ser humano. De falar com voz própria, mesmo quando todas as outras soam iguais. De ver com olhos despertos, mesmo quando a maioria apenas repete. De agir com integridade, mesmo quando o atalho parece mais rentável. De rever-se e refazer-se, mesmo quando seria mais cómodo permanecer igual.

A Inteligência Artificial pode escrever por ti, sim. Pode desenhar, compor, calcular, prever. Mas não pode sentir por ti. Não pode sonhar, nem duvidar, nem crescer com arrependimento. Não pode amar o teu público, nem hesitar antes de dizer a verdade. Não pode, sobretudo, decidir o que vale a pena ser dito — e porquê. Pois para codificares a tua voz como quem protege uma herança. Para expores a tua visão como quem oferece uma nova forma de ver o mundo. Para viveres o que dizes, e dizeres apenas o que vives. Para honrares o movimento da tua própria evolução, sem medo de parecer incoerente — porque a incoerência verdadeira é fingir ser quem já não és. A tecnologia, sem dúvidas, pode amplificar o teu alcance. Mas só tu podes dar sentido ao que se propaga. E é esse sentido — enraizado em voz, visão, verdade e reinvenção — que torna uma marca viva, uma mensagem inesquecível, uma história que não apenas se ouve, mas se sente. O futuro do marketing, portanto, não pertence a quem grita mais alto. Pertence a quem toca mais fundo. E para isso, não é preciso parecer máquina. É preciso ousar ser pessoa.

CHECKLIST
Reforçar a identidade humana no marketing com IA

- ☑ Criaste um guia de voz com léxico, tom, ritmo e preferências claras?
- ☑ Tens documentos que explicam a visão da marca – para IA, equipa e parceiros?
- ☑ Alinhas cada conteúdo gerado com os teus valores?
- ☑ A tua comunicação tem momentos de presença pessoal – mesmo que automatizada?
- ☑ Manténs espaço para improviso, vulnerabilidade e surpresa?
- ☑ Fazes auditorias mensais na comunicação para verificar fidelidade à tua identidade?
- ☑ Lês os teus conteúdos como leitor: "Isto diz algo real ou apenas repete fórmulas?"

Dica final deste episódio

A Inteligência Artificial democratizou o alcance – hoje, qualquer um pode falar com milhares. Mas a autenticidade continua rara. E, por isso mesmo, vale ouro. Num mundo onde todos podem dizer alguma coisa, poucos sabem realmente o que querem dizer – e menos ainda porquê. É isso que separa o barulho da presença: ter uma voz com carácter, uma visão com rumo e uma verdade que aguente o eco. Não há ferramenta que fabrique isso com convicção. Nem precisa – porque isso, ou vem de ti, ou não vem de lado nenhum. Quem sabe o que diz e por que diz, não precisa de gritar. Atrai. E é aí que a magia acontece: seguidores viram comunidade. Clientes viram embaixadores. Posts viram legado. Porque numa era em que todos publicam, o que se torna inesquecível é aquilo que só podia ter vindo de ti. O resto? É só mais conteúdo a passar.

Episódio 19

A Jornada Não é Tua

Deixa o Cliente Contar a Própria História

A tua marca é só o pano de fundo: o herói tem outro nome e vive noutro lugar.

ANTES DE LER O EPISÓDIO, ESSES SÃO OS TERMOS TÉCNICOS QUE PRECISAS CONHECER:

1. **Ritmo Humano de Comunicação**

   Conceito que contrapõe a velocidade artificial (automação, produção em massa) ao tempo necessário para criar com empatia, pausa e escuta. É o tempo da sensibilidade, não da pressa.

2. **Microexperiências Narrativas**

   Pequenos pontos de contacto (e-mail, mensagem, notificação, comentário) desenhados com intenção narrativa e emocional, que somados constroem uma relação viva entre marca e público.

3. **Coordenação Ritmo-Ambiente**

   Técnica de ajustar o conteúdo ao contexto emocional e situacional do público: se está apressado, reflexivo, disponível ou disperso. A IA ajuda a identificar o momento; o humano decide como intervir.

4. **Escuta Temporal**

   Capacidade de perceber quando não comunicar é o mais estratégico. Trata-se de usar a análise emocional e contextual da IA para saber pausar, em vez de insistir em publicar.

5. **Sistema Vivo de Microajustes**

   Prática de rever e ajustar conteúdos em tempo real com base em pequenos sinais de receção (como hesitação ao clicar, timing de leitura, emojis usados), usando IA como radar e equipa humana como curadoria sensível.

Quando o marketing digital começou a ganhar força, o tempo era um luxo. As campanhas demoravam semanas a ser preparadas, meses a testar, e os resultados apareciam a um ritmo que permitia a reflexão, a análise cuidadosa e até mesmo o recomeço, se fosse necessário. Era um tempo em que a velocidade era desejável, mas não uma exigência absoluta. Havia espaço para pensar, para sentir a reação do público, para ajustar a mensagem com calma. Era quase um processo artesanal, onde a paciência fazia parte da estratégia.

Hoje, porém, a realidade mudou drasticamente. Vivemos numa era de imediatismo, acelerada pela Inteligência Artificial, que pode produzir um anúncio em segundos, adaptar uma campanha de vendas em tempo real, personalizar uma página web conforme o comportamento de um utilizador no minuto anterior. A pressão para agir rápido é imensa, e o tempo parece esgotar-se antes de se ter tempo para pensar. O ritmo frenético, por vezes, atropela a reflexão e a sensibilidade necessárias para criar uma comunicação verdadeiramente relevante.

É exatamente neste ponto que surge a nova inteligência do storytelling, que combina a rapidez técnica da IA com o ritmo humano da criação. A IA não veio para acelerar cegamente, mas para libertar tempo técnico — aquele tempo gasto em tarefas mecânicas e repetitivas — para que o ser humano possa dedicar-se ao que realmente importa: pensar melhor, sentir o momento certo e respeitar o ciclo emocional de quem está do outro lado da tela.

Criar relevância não é apenas questão de velocidade; é sobretudo uma questão de timing. É saber quando lançar uma história, quando mudar de tom, quando dar espaço para que a mensagem seja assimilada. É entender que as emoções humanas não obedecem a relógios, que o interesse e o engajamento crescem e diminuem conforme contextos pessoais e coletivos que só o olhar humano consegue perceber com profundidade.

Portanto, a Inteligência Artificial torna-se uma ferramenta para ganhar tempo, para produzir mais, mas sobretudo para pensar mais. Ganha-se agilidade nas operações, para que sobre tempo para planeamento, para sentir o público, para experimentar, para ajustar com cuidado. O desafio é não deixar que a pressa torne a comunicação superficial ou descartável, mas sim usar a velocidade para aprofundar a conexão.

Para que este equilíbrio se concretize, é necessário que os profissionais do marketing desenvolvam uma consciência clara do valor do tempo humano na criação. Saber usar a IA para automatizar tarefas técnicas, enquanto mantêm o controle criativo e estratégico, é essencial. Também implica saber observar o público, captar sinais emocionais e responder com paciência e autenticidade, mesmo num mundo que exige instantaneidade.

Imagina, por exemplo, uma campanha de lançamento de um produto. Em vez de disparar múltiplas mensagens em simultâneo, a IA pode ajudar a monitorizar a resposta do público minuto a minuto, identificando quando o interesse começa a decair ou quando surgem dúvidas que precisam ser esclarecidas. A equipa de marketing, então, tem a informação necessária para agir no momento certo, com a mensagem certa, em vez de se precipitar ou esperar demasiado.

Outro exemplo prático é o envio de newsletters. Com a IA, podes segmentar a audiência e personalizar o conteúdo automaticamente, mas é o toque humano que decide o ritmo: quantas mensagens enviar por semana, qual o momento do dia mais adequado, quando fazer pausas para não saturar. Saber gerir este tempo de forma inteligente é o que evita o cansaço do público e mantém a relevância da marca.

Em resumo, o fator tempo é o equilíbrio delicado entre a velocidade técnica da Inteligência Artificial e o ritmo natural, emocional e reflexivo do ser humano. A chave está em usar a IA para ganhar espaço para pensar, para sentir e para criar conexões que perdurem, numa era em que a pressa muitas vezes nos tenta fazer esquecer o que realmente importa: a relevância verdadeira, construída em tempo humano.

Antes vs. Agora: a relação com o tempo

Antes	Agora
Criava-se com tempo, publicava-se devagar	Gera-se com velocidade, publica-se em massa
Ritmo editorial baseado em calendário	Ritmo narrativo baseado em dados em tempo real
Estratégias fixas por trimestre	Estratégias fluidas por hora, dia, semana
Tempo gasto em produção	Tempo poupado na produção, mas muitas vezes desperdiçado em reatividade

Automatiza o que é técnico para libertar o criativo

A Inteligência Artificial chegou ao mundo do marketing como uma força transformadora, mas seu verdadeiro poder não está apenas em acelerar processos ou gerar conteúdo de forma automática. Está na capacidade de libertar tempo e energia mental para aquilo que a máquina ainda não pode substituir: a criatividade humana. Este é o primeiro passo essencial para quem deseja usar bem o tempo com IA no marketing — aprender a delegar as tarefas técnicas e repetitivas para focar no que realmente cria conexão, impacto e valor real.

Quando falamos em "tarefas técnicas", estamos nos referindo àquelas atividades que, embora importantes, consomem muito tempo e exigem pouca originalidade. Isso inclui a escrita de títulos alternativos para anúncios, ajustes de SEO, geração de variações de formatos (como legendas para redes sociais), tradução de textos, revisão gramatical e até mesmo a organização de informações em planilhas. Essas são funções que, se feitas manualmente, podem facilmente dominar um dia inteiro de trabalho sem trazer grandes saltos criativos ou inovação estratégica. E pior: elas esgotam a mente, deixando pouco espaço para a inspiração surgir.

Por outro lado, quando você automatiza essas partes técnicas com ajuda da IA, abre espaço para algo muito mais valioso: o tempo de pensar. De refletir sobre a história que quer contar. De sentir o pulso do público e entender o que ele realmente precisa ouvir. De criar narrativas que conectem pessoas, emoções e propósitos. Esse é o núcleo do marketing humano, aquele que vai além das métricas e toca corações. E é justamente esse tipo de conteúdo que constrói marcas memoráveis, comunidades engajadas e resultados duradouros.

O uso consciente da IA nesse processo exige uma mudança de mentalidade. Não se trata apenas de usar ferramentas novas, mas de reescrever a forma como você organiza seu tempo, sua atenção e sua energia. Requer disciplina para delegar o técnico com confiança, e coragem para investir no criativo com intenção. Afinal, não basta ter mais tempo — é preciso saber usá-lo bem.

E isso começa com uma decisão clara: identificar quais tarefas dentro do seu fluxo de trabalho são candidatas à automação com IA. Uma boa regra prática é perguntar: essa tarefa é repetitiva? Pode ser padronizada? Requer mais execução do que pensamento original? Se sim, então é provável que possa ser otimizada com ajuda da Inteligência Artificial.

Mas também é importante lembrar que automatizar não significa abdicar da qualidade ou da personalização. A IA é uma aliada poderosa, mas ela funciona melhor quando guiada por humanos que entendem o contexto, os objetivos e a identidade da marca. É você quem dá direção, tom e propósito às ideias. A IA é o instrumento, você é o artista.

Além disso, há um benefício secundário muitas vezes subestimado dessa abordagem: a redução do cansaço mental e da sobrecarga criativa. Quando você delega o trabalho operacional, sente-se mais leve, mais presente e mais capaz de produzir conteúdo com autenticidade e profundidade. O cérebro humano tem limites cognitivos, e quando ele é constantemente solicitado a fazer tarefas mecânicas, perde capacidade de criar, inovar e resolver problemas complexos.

Portanto, esta primeira lição é, antes de tudo, uma convocação para repensar sua relação com o tempo e com a tecnologia. É um convite para enxergar a IA não como uma substituta, mas como uma parceira estratégica. Uma parceira que, quando usada com sabedoria, devolve a você algo precioso: tempo para sonhar, criar e conectar-se com o público de forma genuína.

Para implementar essa estratégia no seu fluxo de trabalho de marketing, com exemplos concretos e orientações para lidar com possíveis desafios.

Passo 1: Identifique as tarefas técnicas no seu fluxo de trabalho

Antes de automatizar qualquer coisa, você precisa mapear quais são as tarefas que ocupam grande parte do seu tempo, mas que têm pouco valor criativo. Exemplos típicos:

- → Geração de títulos e descrições para anúncios.
- → Criação de legendas para redes sociais.
- → Tradução de textos entre idiomas.
- → Revisão gramatical e ortográfica.
- → Resumo de conteúdos longos.
- → Extração de dados de relatórios.

Dica: Faça um registo diário do que faz durante uma semana. Anote quanto tempo dedica a cada atividade e classifique-as como técnica ou criativa. Isso vai ajudar a identificar onde está o maior desperdício de tempo.

Passo 2: Escolha as ferramentas certas

Existem diversas ferramentas de IA que podem ajudar nessa transição. Algumas das mais recomendadas:

→ ChatGPT / Gemini / Claude / McSill Ensina: Para redação de textos, resumos, sugestões de palavras-chave e até análise de sentimentos.

→ Jasper: Ideal para marketing criativo, com templates prontos para anúncios, e-mails e outros formatos.

→ Copy. ai: Outra opção para geração de textos publicitários.

→ SurferSEO / Frase: Excelentes para otimização de SEO e análise de concorrentes.

→ Canva + MidJourney : Para geração de imagens e designs visuais automatizados.

Escolha uma ou duas ferramentas para começar. Familiarize-se com os prompts básicos e veja como elas se integram ao seu workflow.

Passo 3: Crie prompts claros e específicos

Um dos erros mais comuns ao usar IA é dar instruções genéricas e esperar resultados excelentes. A IA não lê mentes — ela precisa de contexto claro e objetivos bem definidos.

Exemplo de prompt ruim:

> *"Escreve um título para um anúncio."*

Exemplo de prompt bom:

> *"Cria cinco títulos diferentes para um anúncio de curso online sobre produtividade pessoal. O público-alvo é profissionais liberais que buscam equilibrar carreira e vida pessoal. O tom deve ser motivacional e empático."*

Ao fornecer mais detalhes, você aumenta significativamente a qualidade das respostas da IA.

Passo 4: Revise e personalize os outputs

Nunca publique diretamente o que a IA gerou. Use-a como ponto de partida, não como resposta final. Revise o texto com atenção, adapte o tom, adicione nuances emocionais e alinhe com a identidade da marca.

Exemplo: Você pediu à IA para escrever uma legenda para um post de Instagram anunciando um novo produto. Ela gerou algo funcional, mas genérico. Você então adiciona uma história curta de um cliente satisfeito, insere um apelo emocional e melhora o call-to-action. Agora sim, o conteúdo está pronto para ir ao ar.

Passo 5: Libere tempo para o criativo

Agora que você economizou horas na parte técnica, use esse tempo para:

- → Desenvolver histórias mais profundas.
- → Planejar campanhas com propósito.
- → Pesquisar tendências e comportamentos do público.
- → Refinar a jornada do cliente.
- → Testar novos formatos de conteúdo.

Essa é a diferença entre fazer marketing e criar conexões verdadeiras.

Resultados Esperados

Com essa abordagem, você pode esperar:

- → Redução de até 60% do tempo gasto com tarefas técnicas.
- → Conteúdo mais consistente e alinhado com a identidade da marca.
- → Maior produtividade criativa.
- → Melhor qualidade nas mensagens transmitidas.
- → Maior satisfação pessoal ao trabalhar com menos tarefas mecânicas.

O Que Fazer Se Algo Der Errado

Se os resultados da IA forem inconsistentes ou fora do tom desejado:

1. Reavalie o prompt: Talvez tenha faltado contexto ou especificidade. Tente reformular com mais detalhes.
2. Use múltiplas versões: Peça que a IA gere três ou cinco variações e selecione a melhor.
3. Combine IA com edição humana: Nunca prescinda da revisão crítica. A IA é uma assistente, não uma substituta.
4. Treine a IA com seus próprios textos: Muitas plataformas permitem carregar textos anteriores para que a IA aprenda seu estilo e tom.

Automatizar o técnico, contudo, não é apenas uma questão de eficiência — é uma escolha estratégica para recuperar tempo e energia para o que realmente importa: a criatividade. Ao delegar tarefas repetitivas à Inteligência Artificial, você se dá o luxo de pensar, sentir e criar conteúdos que tocam corações e movem ações. Esta é a base para usar bem o tempo com IA no marketing. Nas próximas lições, vamos continuar explorando como expandir essa consciência para criar um fluxo de trabalho mais humano, sensível e impactante.

Cria janelas intencionais de reflexão

No mundo do marketing digital, onde tudo parece urgente e imediato, é fácil cair na armadilha de produzir conteúdo sem parar, sem nunca olhar para trás. Publicamos, agendamos, respondemos, corrigimos, mas raramente nos damos tempo para parar e refletir. E isso pode ser um erro grave.

A pressa constante faz com que muitos profissionais se percam em um ciclo infinito de produção mecânica, sem jamais revisitar o que foi feito, entender porquê funcionou ou deixou de funcionar, e aprender com os próprios erros e acertos. O resultado? Conteúdo repetitivo, estratégias pouco ajustadas à realidade do público e uma sensação constante de cansaço criativo.

É por isso que a segunda lição fundamental para usar bem o tempo com Inteligência Artificial no marketing é: criar janelas intencionais de reflexão. Não se trata apenas de fazer pausas aleatórias ou esperar que o tempo livre surja naturalmente — trata-se de construir momentos deliberados de análise, pensamento e reavaliação, mesmo quando o calendário está cheio e as demandas parecem inesgotáveis.

Esses espaços de reflexão são essenciais para garantir que você não esteja apenas correndo mais rápido, mas também andando na direção certa. A IA pode te ajudar a acelerar processos, sugerir conteúdos e até prever tendências, mas é você quem interpreta, sente e decide. E essa decisão só é verdadeiramente estratégica quando nasce de um espaço de clareza e consciência.

O Que São Janelas Intencionais de Reflexão?

Janelas intencionais de reflexão são períodos pré-determinados no seu calendário dedicados exclusivamente à análise do que foi produzido, ao entendimento das reações do público e à reavaliação dos objetivos da sua estratégia de marketing. Elas podem ocorrer semanalmente, quinzenalmente ou mensalmente — o importante é que sejam consistentes e profundas, e não apenas rasas avaliações de métricas.

Esses momentos não devem ser vistos como luxos ou extras, mas como parte integral do processo criativo e estratégico. É durante a reflexão que você:

- → Identifica padrões de comportamento do seu público.
- → Detecta mudanças de tom emocional ou interesse.
- → Reavalia o propósito e a coerência da sua mensagem.
- → Entende melhor o impacto real do que foi publicado.
- → Ajusta futuros conteúdos com base em aprendizados reais.

Em outras palavras, são os momentos em que você sai da linha de produção e entra no laboratório de ideias. Onde você para de executar e começa a pensar. Onde você deixa de reagir e passa a planejar com intenção.

E isso é especialmente relevante quando se trabalha com IA, pois ela permite que você produza muito mais conteúdo em menos tempo. Mas, se esse conteúdo for sempre novo, sem nunca ser revisitado, você corre o risco de ficar preso em um fluxo constante de criação sem qualidade, sem coesão e sem conexão real com o público.

Por Que Isso é Importante Quando Trabalhamos com IA?

A Inteligência Artificial é incrivelmente eficaz em gerar textos, legendas, sugestões de temas e até mesmo análises de dados. No entanto, ela ainda tem limitações importantes: não sente, não reflete e não contextualiza com a complexidade humana. A IA pode dizer que um post obteve alto engajamento, mas não consegue perceber que, embora os números estejam bons, o tom emocional do público está cansado ou distante.

Além disso, quando delegamos muitas tarefas técnicas à IA, corremos o risco de nos tornarmos meros supervisores de algoritmos, sem tempo ou disposição para voltar nossa atenção ao todo. Afinal, se estamos constantemente validando outputs, ajustando prompts e gerenciando resultados, onde fica o espaço para pensar?

Criar janelas intencionais de reflexão é justamente o que nos salva dessa armadilha. É o que nos lembra que a IA é uma ferramenta, não o coração da estratégia. E que, por mais rápido que ela possa trabalhar, é a mente humana que dá sentido ao trabalho, que conecta pontos invisíveis e que encontra caminhos novos a partir do que já foi feito.

Como Criar Janelas Intencionais de Reflexão com IA

Agora que compreendemos o conceito e a importância desse tipo de prática, vamos mergulhar em como implementá-lo de forma prática no seu fluxo de trabalho de marketing, usando a Inteligência Artificial como aliada estratégica.

Passo 1: Reserve um horário fixo para reflexão

O primeiro passo é simples, mas poderoso: reservar tempo no seu calendário para revisão e reflexão. Pode ser toda semana, duas vezes por mês ou mensalmente — o importante é manter consistência.

Exemplo:

Toda sexta-feira à tarde, dedique uma hora para rever o conteúdo da semana, analisar o desempenho e planejar ajustes para a próxima fase.

Dica: Use um lembrete fixo no calendário, como faria com qualquer outra reunião importante. Isso ajuda a proteger esse tempo contra interrupções.

Passo 2: Peça à IA para organizar e resumir o conteúdo publicado

Uma das maiores vantagens de usar IA nesse processo é a capacidade de organizar informações de forma rápida e estruturada. Antes de iniciar a reflexão, peça à IA para:

- → Listar todos os conteúdos publicados na última semana (redes sociais, e-mails, blogs).
- → Resumir o tema central de cada um.
- → Apontar os formatos utilizados (vídeo, texto, imagem, áudio).
- → Destacar os principais apelos emocionais presentes.

Exemplo de prompt:

> *"Resuma os últimos 5 posts do Instagram, listando tema, formato e tom principal de cada um."*

Esse exercício vai permitir que você tenha uma visão geral do que foi comunicado recentemente, facilitando a identificação de padrões e desvios.

Passo 3: Analise o desempenho com IA

Com base no histórico de publicações, peça à IA para extrair métricas relevantes, como:

- → Taxa de engajamento.
- → Comentários mais frequentes.
- → Horários de maior alcance.
- → Temas que obtiveram mais interações.

Exemplo de prompt:

> *"Analisa os últimos 5 posts e indica quais tiveram maior engajamento e porquê?"*

Use essas informações como ponto de partida, mas não como única fonte de decisão. Lembre-se de que os números contam uma parte da história, mas o significado real vem da interpretação humana.

Passo 4: Reflita sobre o estado emocional do público

Este é talvez o passo mais delicado e humano do processo. Use a IA para ajudar a detectar sentimentos expressos pelos seguidores, mas complemente com sua própria observação.

Peça à IA para:

> *"Faz uma análise de sentimentos dos comentários nos últimos 3 posts."*

E então, pergunte-se:

- → Houve mudanças percetíveis no tom emocional?
- → As pessoas estão cansadas, empolgadas, confusas ou frustradas?
- → Há alguma preocupação ou expectativa recorrente?

Esse tipo de análise vai além do número de curtidas e compartilhamentos — ela toca o coração da comunicação.

Passo 5: Planeje ajustes estratégicos com base no aprendizado

Ao final da sessão de reflexão, você deve ter uma lista de insights claros. Use-os para planejar mudanças específicas na sua estratégia:

- → Alteração de tom ou linguagem.
- → Foco em novos temas ou formatos.
- → Redução ou aumento de frequência de publicações.
- → Melhora na personalização das mensagens.

Exemplo: Se notar que vídeos curtos com histórias reais têm maior engajamento, priorize esse formato nas próximas semanas. Se perceber que o público está cansado de ofertas promocionais, substitua algumas delas por conteúdo educativo ou inspirador.

Passo 6: Documente e compartilhe os aprendizados

Finalize registando suas descobertas em um documento acessível, seja pessoal ou compartilhado com sua equipe. Isso ajuda a criar memória institucional e a evitar repetições desnecessárias.

Exemplo de estrutura:

→ Data da reflexão
→ Conteúdos revisados
→ Métricas relevantes
→ Sentimentos observados
→ Ajustes planejados
→ Resultados esperados

Quando aplicada com consistência, esta prática gera diversos benefícios tangíveis:

→ Conteúdo mais alinhado com o interesse real do público, resultando em maior engajamento e conexão.
→ Estratégia editorial mais coesa, com menor dispersão de temas e objetivos.
→ Menor desperdício de tempo com tentativas aleatórias ou repetições sem propósito.
→ Maior clareza estratégica, permitindo decisões mais conscientes e fundamentadas.
→ Redução de estresse e sobrecarga criativa, pois você sai da corrida constante e entra em um ritmo mais sustentável e humano.

Claro que nem sempre vais encontrar respostas claras ou soluções imediatas. Às vezes, os dados que a IA te dá podem parecer superficiais, ou as conclusões tiradas simplesmente não têm o impacto que esperavas. Quando isso acontecer:

1. **Revê os prompts que usaste** – Pode ser que tenham sido demasiado genéricos. Reformula, dá mais contexto, sê mais específico.
2. **Combina a IA com a tua própria leitura do mundo** – Os dados ajudam, mas confia também na tua intuição e no teu conhecimento do negócio.
3. **Faz pequenos testes e observa os efeitos** – Em vez de mudar tudo de uma vez, experimenta alterações pontuais e acompanha os resultados.
4. **Volta a ouvir quem importa: o teu público** – Lança inquéritos, conversa diretamente, escuta com atenção.

5. **Não tenhas medo de falhar** - É para isso mesmo que serve a reflexão: para aprender com o que não correu bem e seguir em frente com mais lucidez.

Criar momentos intencionais de pausa e reflexão não é perder tempo — é ganhar clareza. Num mundo onde a IA te permite produzir mais e mais depressa, parar para pensar é uma estratégia essencial. São esses momentos que te tiram do piloto automático, que te reconectam ao teu propósito e te fazem comunicar com verdade.

Essas pausas são o que transforma o marketing de uma sequência de tarefas técnicas num ato consciente de criar pontes entre pessoas, emoções e ideias com sentido. E a IA, se usada com inteligência, pode tornar essas reflexões mais ágeis, organizadas e profundas. Mas nunca te esqueças: a IA pode apontar o caminho, mas és tu quem escolhe para onde vais.

No meio da pressa das redes sociais, da urgência constante por publicar, lançar e atualizar, muitos profissionais caem na armadilha de seguir um calendário inflexível — sem perceber que o impacto real não está em dizer muito, mas em saber quando (e como) dizer o essencial.

É por isso que esta terceira lição é tão importante: saber ajustar a **cadência** das tuas ações de marketing ao **estado emocional** de quem te ouve.

O timing certo nem sempre é o mais rápido — muitas vezes, é o mais sensível. Só quem está atento ao ritmo do outro é que consegue perceber isso. A IA pode sugerir os melhores horários para publicar, prever tendências, até analisar o humor geral com base em sentimentos partilhados nas interações. Mas quem interpreta de verdade, quem decide se é hora de falar ou calar, és tu.

Ajustar a tua cadência à emoção do público é uma habilidade profundamente humana. Requer empatia, escuta e coragem para ir contra o fluxo. Pode significar adiar um lançamento, mudar o tom de uma campanha, ou simplesmente dar um espaço de silêncio. Essas decisões não vêm de algoritmos — nascem da tua conexão com as pessoas.

É aí que a IA te serve: não para automatizar tudo, mas para **ampliar a tua sensibilidade**. Para te dar dados que tu vais ler com intuição. Para te mostrar padrões que tu vais interpretar com sabedoria. Para te alertar para tendências que tu vais transformar em decisões com alma.

Como fazer isso na prática?

1. **Monitoriza o estado emocional do teu público com IA** - Analisa sentimentos nos comentários, mensagens, stories. Pergunta à IA: "Quais são os sentimentos dominantes nas últimas interações?"

2. **Fica atento ao que acontece no mundo** - Crises, lutos coletivos, movimentos sociais. Isso muda tudo. Se o mundo chora, não é hora de vender — é hora de cuidar.
3. **Decide com consciência quando agir** - A tua mensagem encaixa no momento? Vai ajudar ou parecer insensível? Faz-te estas perguntas antes de publicar.
4. **Adapta o tom da tua comunicação** - Mesmo que publiques, adapta. Acrescenta empatia, suaviza promessas, oferece valor antes de pedir atenção.
5. **Deixa espaço para improviso** - O teu calendário editorial precisa de flexibilidade. Reserva margens para reagir ao inesperado. E se precisares de ideias novas, pede à IA: "Sugere alternativas mais adequadas ao clima atual."

Quando ages assim, os efeitos aparecem — não só em métricas, mas em confiança, respeito e ligação verdadeira. O público sente quando estás presente de verdade. E isso, mais do que qualquer automação, é o que constrói marcas que duram.

A IA é poderosa. Mas a tua humanidade é insubstituível. Usa-a como bússola. Escolhe não só o que dizer, mas quando dizer — e porquê. Isso é o que transforma comunicação em conexão. E marketing em arte viva.

Mesmo com todo cuidado, devemos estar preparados, pode acontecer de uma publicação não ser bem recebida pelo público. Quando isso ocorrer:

1. Reconheça rapidamente o erro: Peça desculpas sinceras e retire o conteúdo se for o caso.
2. Use a IA para entender a reação: Peça uma análise de sentimentos do feedback recebido.

   "Faz uma análise de sentimentos dos comentários negativos sobre o último post."

3. Ajuste a abordagem futura: Use o aprendizado para evitar repetições e refinar sua sensibilidade emocional.
4. Mostre transparência ao público: Comunique que ouviu as opiniões e vai corrigir a direção.
5. Revise seu processo de validação antes de publicar: Crie checklists ou etapas extras para garantir que o conteúdo seja apropriado ao momento.

Ajustar a cadência ao estado emocional do público não é apenas uma estratégia de marketing — é uma atitude ética e humana. Mostra que você não vê o seu público como um número ou um alvo de vendas, mas como pessoas reais, com sentimentos, histórias e contextos únicos.

E com a ajuda da Inteligência Artificial, você pode monitorar, analisar e reagir a essas emoções com maior precisão e rapidez. Mas lembre-se: a IA pode te alertar sobre o que está acontecendo, mas é você quem decide o que fazer com essa informação.

Esta é uma habilidade crucial para usar bem o tempo com IA no marketing. Na próxima lição, vamos explorar como pensar em ritmo, não apenas em frequência — outro elemento essencial para criar uma comunicação que respira, toca e transforma.

Pensar em ritmo, não só em frequência

No mundo do marketing digital, há uma obsessão quase religiosa por frequência. Quantos posts publicas por semana? Quantos e-mails envias no mês? Quantas lives faz ao vivo? Essa corrida pela constância cria um ciclo exaustivo onde a simples quantidade de conteúdo passa a ser confundida com qualidade e impacto. Mas essa visão é profundamente equivocada.

Frequência diz respeito à quantidade. Ritmo diz respeito à qualidade da comunicação no tempo. É a diferença entre falar muito e dizer algo que toca, entre ocupar espaço e criar conexão. O verdadeiro poder do marketing não está em quantas vezes apareces, mas em como apareces e o que fazes com os espaços entre as aparições.

O ritmo é aquilo que dá sentido aos silêncios. É o intervalo entre uma nota musical e outra, o momento de pausa entre duas frases bem construídas, o instante de espera antes de revelar algo importante. E no marketing, especialmente quando trabalhas com Inteligência Artificial, esse conceito se torna ainda mais relevante. Afinal, a IA permite-te produzir mais conteúdo em menos tempo — mas nem sempre isso significa mais valor.

Um bom storyteller, alguém que entende o coração da narrativa, sabe disso. Sabe que nem tudo precisa ser dito agora. Que, às vezes, o mais poderoso é o que não é dito. Sabe que o silêncio pode ser tão eloquente quanto uma frase perfeita. E acima de tudo, sabes que parar, hoje, é um ato de resistência inteligente.

Como Pensar em Ritmo, Não Só em Frequência, Com IA

Agora vamos mergulhar na aplicação prática desta estratégia, com exemplos concretos de como implementá-la no teu fluxo de trabalho de marketing, usando a Inteligência Artificial como aliada estratégica.

Passo 1: Revisa teu calendário de publicações com olhos críticos

Antes de planejares novos conteúdos, para e analisa o que já foi feito recentemente. Muitas vezes, o problema não é a falta de ideias, mas a excessiva repetição delas. Conteúdo demais, sem pausas significativas, pode levar à desatenção do público e até à saturação emocional.

Usa a IA para:

> *"Lista todos os últimos 20 posts publicados nas redes sociais e agrupa-os por tema e formato."*

Isso vai permitir-te ver padrões, identificar lacunas e perceber se há demasiada produção sem propósito claro.

Exemplo: Uma marca de autoconhecimento percebeu, após revisão com IA, que estava postando diariamente sobre produtividade, hábitos e rotinas. Embora esses temas fossem relevantes, estavam começando a soar mecânicos e cansativos. Decidiram reduzir a frequência e focar em histórias reais, reflexões profundas e perguntas provocativas. O resultado? Maior engajamento e comentários mais pessoais e reflexivos.

Passo 2: Usa a IA para mapear padrões de engajamento

Com base no histórico de publicações, pede à IA para extrair informações sobre o desempenho dos conteúdos, especialmente em relação ao tempo:

→ Quais foram os intervalos ideais entre posts?

→ Quando o público mostrou maior interesse?

→ Houve momentos em que o silêncio gerou curiosidade ou aumento de interação?

Exemplo de prompt:

> *"Analisa os últimos 30 dias de publicações e indica quais foram os melhores intervalos entre posts para manter o engajamento alto."*

Essa análise ajuda-te a entender não apenas o quê funciona, mas quando funciona melhor.

Passo 3: Planeja ciclos de conteúdo com pausas propositalmente longas

Ao invés de seguires um cronograma fixo de publicações diárias ou semanais, pensa em ciclos temáticos. Cada ciclo pode ter um começo, um meio e um fim, com pausas estrategicamente colocadas entre eles.

Exemplo: Uma marca de alimentação saudável lançou uma série de vídeos chamada "7 Dias para uma Nova Rotina Alimentar". Em vez de publicar todos os dias, optou por espaçar os episódios com dois dias entre cada um. Isso permitiu que o público tivesse tempo para digerir o conteúdo, experimentar as receitas e compartilhar suas experiências. Entre o quarto e o quinto episódio, houve uma pausa de três dias, durante a qual a equipe incentivou os seguidores a postarem fotos das refeições feitas. O resultado? Um aumento real de envolvimento e conversão.

Dica: usa a IA para sugerir possíveis estruturas de ciclos temáticos com base nos dados históricos. Exemplo de prompt:

> *"Cria um plano editorial de 4 semanas com base nos temas mais engajantes do último mês, incluindo pausas estratégicas entre os conteúdos."*

Passo 4: Inclui momentos de silêncio estratégico

Silêncio não é ausência de comunicação — é parte dela. Um post vazio, um story em branco, ou mesmo uma semana sem publicações podem ser formas poderosas de comunicação, desde que usadas com intenção.

Exemplo: Uma marca de livros digitais decidiu, após um ciclo intenso de promoções, fazer uma pausa de cinco dias sem publicações. No primeiro dia da pausa, postou um único vídeo com a mensagem: "Estamos aqui, mas queremos dar espaço para ti respirares." Os comentários foram surpreendentes — muitos seguidores agradeceram pela iniciativa, dizendo que precisavam daquele descanso mental. Quando a marca voltou a publicar, o engajamento aumentou consideravelmente.

Para decidires quando usar o silêncio, pede à IA:

> *"Analisa o nível de atividade e resposta do público nas últimas semanas e sugere quando seria adequado inserir uma pausa estratégica."*

Passo 5: Mede o impacto do ritmo no engajamento e conversão

Não basta mudar a cadência — é preciso medir o impacto dessa mudança. Acompanha métricas como:

- → Tempo médio de visualização.
- → Número de comentários com reflexões pessoais.
- → Conversões vindas de conteúdos anteriores.
- → Crescimento orgânico da audiência.

Exemplo:

Uma marca de cursos online notou que, após adotar uma cadência menos frequente, mas mais pensada, o número de inscrições cresceu 23% em dois meses. Além disso, os depoimentos dos alunos ficaram mais profundos e emocionais, indicando uma conexão maior com a proposta da marca.

Usa a IA para comparar períodos diferentes:

> *"Compara o desempenho do último mês com o mês anterior, destacando diferenças em engajamento e conversão após ajustar o ritmo de publicações."*

Quando esta abordagem é aplicada com consistência, os resultados são claros e transformadores:

- → Aumento de comentários com reflexões pessoais, em vez de curtidas genéricas.
- → Maior taxa de conversão em ofertas relacionadas a conteúdos anteriores, pois o público teve tempo para absorver a mensagem.
- → Público mais fiel e atento, porque percebe a diferença entre conteúdo programado e conteúdo com propósito.
- → Menos pressão para estares sempre presente, o que reduz estresse e sobrecarga criativa.
- → Conteúdo mais memorável e impactante, capaz de provocar ações reais.

Mesmo com toda intencionalidade, obviamente, pode acontecer de o ritmo escolhido não ressoar com o público. Quando isso ocorrer:

1. Revisa os objetivos da campanha: O conteúdo realmente responde a uma necessidade do público ou parece imposto?
2. Testa combinações diferentes: Experimenta variar o tipo de conteúdo (vídeo, texto, áudio) e o espaçamento entre eles.
3. Peça feedback direto ao público: Usa pesquisas, stories ou enquetes para entender o que funcionou e o que não funcionou.
4. Volta para a IA e pede sugestões ajustadas: Pede: "Sugere três variações de ritmo diferente com base no desempenho atual."
5. Mantém flexibilidade no planeamento: Nunca encare um calendário como definitivo. Ele deve ser adaptável conforme vais aprendendo com o público.

Pensar em ritmo, portanto, e não apenas em frequência, é uma decisão estratégica e humana. Requer coragem para ires contra a corrente da produção constante, e sensibilidade para entender que nem tudo precisa ser dito agora. Requer também sabedoria para perceber que, às vezes, o mais poderoso é o que não é dito — e que o silêncio, quando usado com intenção, pode ser a forma mais eloquente de comunicação.

A Inteligência Artificial pode ajudar-te a mapear dados, sugerir tendências e otimizar processos, mas ela não sabe sentir. Não sabe quando é hora de parar. Não entende o peso de um momento de pausa. Isso continua sendo exclusivamente humano.

E é justamente aí que reside o verdadeiro poder do marketing: em saber não apenas o que dizer, mas quando dizer, como dizer, e quando deixar o silêncio falar por ti.

Com esta última lição, concluímos o conjunto fundamental para preparar-te para usar bem o tempo com IA no marketing. Agora tu tens ferramentas teóricas e práticas para:

→ Automatizar o técnico e liberar o criativo.

→ Criar janelas intencionais de reflexão.

→ Ajustar a cadência ao estado emocional do público.

→ Pensar em ritmo, não apenas em frequência.

O futuro do marketing pertence a quem souber usar a tecnologia com consciência, humanidade e propósito. E tu, agora, estás mais do que pronto para escrevê-lo.

CHECKLIST

Usar tempo como aliado com IA no marketing

☑ Automatizaste tarefas técnicas para focar em criação significativa?

☑ Tens rotinas fixas para revisar conteúdos de forma estratégica, não reativa?

☑ Usas insights da IA para prever o melhor timing – mas decides com critério humano?

☑ Equilibras urgência de performance com construção de relação a longo prazo?

☑ Usas pausas como recurso narrativo e não apenas como falha de calendário?

☑ Trabalhas com planeamento de médio prazo, mesmo com execução rápida?

☑ Estás consciente de que velocidade sem intenção é ruído?

Dica final deste episódio

O marketing pode ser cada vez mais rápido, mais preciso, mais automático – mas a emoção continua a andar no passo certo de quem sente, não de quem dispara. Não adianta chegar primeiro se a mensagem chega vazia. O conteúdo que marca não é o mais ágil, é o mais certeiro: aquele que entende o momento certo de tocar, e não apenas de aparecer. E esse tempo, esse compasso que respeita a cabeça e o coração de quem está do outro lado, ainda não se programa – exige atenção verdadeira. O que se vê hoje é muita gente com história, com percurso, com tudo para liderar, mas que parou no próprio eco, repetindo fórmulas enquanto o mundo já mudou de frequência. Não é que falte ferramenta – falta coragem para adaptar o que já se construiu sem trair o que se é. Quem acha que basta manter o que funcionou ontem, esquece que a atenção é volátil e a relevância não se herda. O respeito pelo tempo do outro, pela escuta, pelo contexto, continua a ser o que distingue quem sabe comunicar de quem só sabe publicar. E isso, por mais moderno que tudo pareça, continua a depender da tua lucidez – e da tua vontade real de continuar a merecer ser ouvido.

Episódio 20

Dados são Diálogos

Cada Número é um Sussurro

A estatística é poesia disfarçada – quando sabes escutá-la com olhos humanos.

ANTES DE LER O EPISÓDIO, ESSES SÃO OS TERMOS TÉCNICOS QUE PRECISAS CONHECER:

1. **Arquétipo Vivo**

   Figura narrativa flexível, emocionalmente rica e em constante mutação, baseada em comportamentos reais e atualizados, não em características fixas. Diferente da persona tradicional, o arquétipo vivo é construído a partir de estados, desejos e dilemas que evoluem com o tempo.

2. **Segmentação Comportamental Dinâmica**

   Divisão de públicos com base em comportamentos observados em tempo real (e. g., navegação, hesitação, cliques, reações emocionais), permitindo ajustes contínuos na comunicação, em vez de depender de dados demográficos estáticos.

3. **Cartografia Emocional de Público**

   Mapeamento de estados emocionais e padrões de oscilação dos utilizadores ao longo do dia, da semana ou da jornada de compra, para orientar conteúdos mais sensíveis e situacionais.

4. **Desprogramação de Personas**

   Processo de desconstrução dos perfis fictícios rígidos (como "Joana, 34 anos, mãe que quer emagrecer") e substituição por padrões de emoção, intenção e contexto que podem coexistir numa mesma pessoa ao longo do tempo.

5. **Fluxos Narrativos Sensíveis ao Estado**

   Roteiros de conteúdo que se adaptam não apenas ao perfil de público, mas ao estado emocional momentâneo, captado por IA (ex.: foco, dúvida, frustração, entusiasmo), ajustando tom, profundidade e proposta da narrativa.

No universo do marketing digital, a construção de personas foi durante muito tempo uma pedra angular da estratégia de comunicação. Este processo, quase ritualístico, consistia em definir perfis simplificados que representassem grupos de consumidores. Inventavam-se nomes, idades, profissões, objetivos, desafios, até hobbies — um esforço de simplificação que, apesar de útil para segmentar mercados, limitava-se muitas vezes a caricaturas funcionais. Por exemplo, uma persona típica poderia ser: "Joana, 34 anos, mãe, quer emagrecer, trabalha em marketing". Tais perfis permitiam organizar esforços de comunicação e personalizar mensagens, ainda que de forma algo estática.

Contudo, o avanço da Inteligência Artificial (IA) veio revolucionar esta abordagem. No McSill Story Studio, desde os primeiros experimentos com análise de dados de comportamento online, apercebemo-nos que o conceito tradicional de persona, tal como o conhecíamos, perdeu a sua capacidade de representar a complexidade real dos públicos. A IA não apenas recolhe dados quantitativos — o que era esperado — mas também os cruza, interpreta padrões subtis e percebe variações contextuais no comportamento individual.

O que isso significa na prática? Que a "Joana" já não é uma figura única e imutável. Ao longo de um só dia, uma pessoa pode manifestar perfis diferentes e até contraditórios. Pela manhã, pode estar focada na vida profissional, manifestando preocupações e necessidades ligadas ao trabalho; à tarde, assume o papel de mãe preocupada; à noite, pode transformar-se numa consumidora que procura entretenimento e relaxamento. Por isso, a segmentação tradicional, que tentava encaixar cada indivíduo numa única persona, colapsou perante esta complexidade.

Esta constatação levou-nos a uma mudança fundamental no McSill Story Studio. Passámos da construção de personas fixas para o desenvolvimento de **arquétipos vivos**, figuras que respiram, mudam, reagem ao contexto, e que só a sensibilidade humana consegue interpretar com a profundidade necessária para que se transformem em histórias poderosas e eficazes.

O Desafio das Personas Fixas

Antes da integração da IA nas estratégias de marketing digital, as personas fixas eram práticas comuns e consideradas eficazes. A ideia era reunir informações demográficas e psicográficas básicas e construir uma narrativa que, em teoria, representava o cliente ideal. Essas personas eram úteis porque simplificavam a comunicação, tornando possível a personalização em larga escala com base em dados superficiais.

No entanto, como descobrimos em vários estudos conduzidos no McSill Story Studio, esta simplificação se tornava, com frequência, uma prisão criativa e estratégica. Limitava a compreensão da complexidade humana e das variações emocionais e comportamentais ao longo do tempo. As personas fixas tornaram-se esquemáticas, estáticas e pouco representativas.

Um estudo que conduzimos com uma marca de cosméticos ilustrou bem este ponto. A persona ideal definida inicialmente para o seu público-alvo considerava uma mulher de 28 a 35 anos, urbana, preocupada com beleza e sustentabilidade. Ao usar ferramentas de IA para analisar o comportamento online real dos consumidores, descobrimos que essa mesma pessoa se comportava, por vezes, como uma defensora ferrenha do ambiente em redes sociais especializadas, mas que, noutras ocasiões, mostrava pouco interesse nesse tema, focando-se em tendências de moda passageiras. As mensagens genéricas, baseadas na persona fixa, falhavam em criar conexão genuína, porque ignoravam essa fluidez e multiplicidade de facetas.

A transição da persona para o arquétipo vivo não é apenas um ajuste técnico, é uma revolução de mentalidade. Ao contrário da persona — uma fotografia congelada e estática — o arquétipo vivo é uma narrativa em movimento, uma personagem multifacetada que evolui conforme o contexto, as emoções e as experiências.

No McSill Story Studio, definimos o arquétipo vivo como uma construção que combina dados objetivos, analisados pela IA, com interpretação subjetiva e empática feita por especialistas humanos. Este arquétipo:

- → **Respira:** muda consoante o momento do dia, a plataforma de interação, o estado emocional do utilizador.
- → **Reage:** adapta-se a estímulos externos e internos, refletindo comportamentos reais e não previsíveis.
- → **Evolui:** aprende com as interações, modificando a forma como se apresenta e influencia decisões.

Um exemplo prático desta abordagem ocorreu numa campanha para uma marca de educação online. Em vez de criar uma persona única para o aluno típico, criámos um arquétipo vivo que identificava que um mesmo indivíduo podia passar por quatro estados durante o processo de decisão: o curioso, o cético, o entusiasmado e o satisfeito. Cada estado correspondia a uma narrativa específica, e a IA ajudava a identificar em que momento o público se encontrava, permitindo adaptar a comunicação em tempo real. Isso aumentou a taxa de inscrição em mais de 30% em comparação com campanhas anteriores baseadas em personas estáticas.

Como Construir Arquétipos Vivos com IA e Intuição Humana

A construção de arquétipos vivos exige um equilíbrio entre a capacidade analítica da IA e a intuição e experiência humanas. No McSill Story Studio, desenvolvemos um método próprio que combina estas forças complementares. Começamos por recolher grandes volumes de dados reais, cruzando informações como hábitos de consumo, padrões de navegação, interações em redes sociais, respostas emocionais captadas em feedbacks e até análises de voz e vídeo quando disponíveis. A IA processa estes dados e identifica clusters comportamentais dinâmicos, padrões que mudam no tempo e que revelam múltiplas facetas de um mesmo indivíduo.

Os dados, porém, são apenas o ponto de partida. Em seguida, cabe ao analista humano interpretar esses padrões, ligando-os a contextos culturais, económicos e emocionais, dando sentido às variações e descobrindo as histórias que emergem dessas múltiplas camadas. Esta interpretação permite construir arquétipos que não são simplesmente segmentos, mas personagens complexas e vivas, capazes de inspirar narrativas autênticas e ressonantes.

Por exemplo, numa análise recente para uma startup de saúde digital, identificámos que o público-alvo não era homogéneo, mas passava por estados emocionais que incluíam medo, esperança, frustração e realização. Os arquétipos vivos construídos refletem essa jornada interior, permitindo a criação de conteúdos que falam diretamente a cada estado, em vez de tentar empurrar uma mensagem genérica que não encaixa em nenhum.

A Importância da Sensibilidade Humana na Era dos Dados

Embora a IA seja capaz de revelar padrões e tendências de forma impiedosa, nunca poderá substituir a sensibilidade humana, que capta nuances, ambivalências e as contradições naturais do comportamento humano. A máquina vê dados; o humano vê pessoas. É a experiência, a empatia e a cultura que tornam um arquétipo vivo em algo verdadeiramente útil para o storytelling.

No McSill Story Studio, valorizamos esta parceria e desenvolvemos ferramentas para que os profissionais possam conjugar o poder da análise de dados com a criatividade e a intuição. Oferecemos workshops, consultorias e sistemas que ajudam a traduzir arquétipos vivos em narrativas ricas, multifacetadas e profundamente humanas.

Resultados e Conclusões do McSill Story Studio

Ao longo dos últimos anos, os estudos e aplicações práticas do conceito de arquétipo vivo produziram resultados surpreendentes para os nossos clientes. Alguns indicadores que destacamos incluem:

- → Aumento médio de 35% no engajamento das campanhas personalizadas com arquétipos vivos, comparativamente a campanhas baseadas em personas estáticas.
- → Redução de 25% no abandono de carrinho e desistência de processos de compra, graças a narrativas adaptadas aos múltiplos estados emocionais do consumidor.
- → Crescimento significativo na fidelização e recomendação espontânea, refletindo uma conexão mais genuína e duradoura com a marca.

Estes resultados confirmam que o futuro do marketing digital e do storytelling está no reconhecimento da complexidade humana e na capacidade de criar narrativas que acompanham essa complexidade em movimento.

A Caminho de um Novo Paradigma Narrativo

O marketing digital nunca mais será o mesmo. As personas rígidas e estáticas ficaram para trás, incapazes de abraçar a multiplicidade de comportamentos, emoções e contextos que definem hoje o público. A era da Inteligência Artificial exige que se ultrapassem estas limitações, abraçando o desafio de criar arquétipos vivos — personagens que respiram, mudam, vivem e contam histórias que emocionam e transformam.

Esta revolução narrativa não é apenas uma questão técnica, mas ética e estratégica. Ela exige humildade para abandonar velhos modelos, coragem para experimentar novas formas e paixão para manter sempre a humanidade no centro do processo.

A mensagem final que deixamos é clara: no equilíbrio entre dados e intuição, tecnologia e sensibilidade, repousa o segredo para criar storytelling verdadeiramente eficaz, na era da IA e para além dela. Se desejares posicionar a tua marca na vanguarda deste novo mundo, começa hoje a construir arquétipos vivos que não apenas representem o teu público, mas que o envolvam, o toquem e o inspirem — numa narrativa viva e sempre em transformação.

Antes vs. Agora: do perfil estático ao comportamento dinâmico

Antes	Agora
Persona genérica com dados fixos	Comportamento em tempo real, ajustável com IA
Dores presumidas	Necessidades observadas diretamente na jornada digital
Segmentação por faixa etária ou profissão	Segmentação por emoção, intenção e comportamento
Mensagens feitas para "o público"	Narrativas moldadas à vibração emocional do momento

Como criar narrativas com base em arquétipos dinâmicos?

Lê os números como quem lê pessoas

A Inteligência Artificial vai te dizer quem clicou, onde hesitou, quando abandonou — mas nunca vai te dizer porquê. E é nesse "porquê" que mora a oportunidade de criar uma narrativa emocionalmente inteligente, capaz de tocar de verdade.

Ler os números como quem lê pessoas é sair do nível informativo e entrar no nível interpretativo. É como um terapeuta que ouve mais do que as palavras ditas: percebe pausas, repetições, silêncios. A diferença entre um bom analista de marketing e um contador de histórias que converte está em saber traduzir comportamento digital em desejo humano.

Exemplo:

Página de vendas com alta taxa de cliques, mas baixa conversão

Dado bruto:

70% das pessoas clicaram no botão "Saiba mais", mas apenas 5% compraram.

Leitura técnica (IA):

Problema na etapa de conversão. Sugestão: testar nova call-to-action ou layout.

Leitura emocional (Tu):

Esse público tem curiosidade, mas não confia. Clica porque quer acreditar, mas desiste porque algo que leu ou não leu quebrou a conexão.

Ação narrativa:

→ Inclui uma história real no meio da página, com alguém que viveu a mesma dúvida e decidiu dar uma chance.

→ Muda o título para algo que reconheça a insegurança ("Se você está em dúvida, não está sozinho")

→ Adiciona um vídeo teu, direto, humano, explicando o processo com voz e rosto.

Post com alto alcance e zero comentários

Dado bruto:

10 mil visualizações, 0 comentários.

Leitura técnica (IA):

Boa performance de entrega. Sugerido: manter padrão.

Leitura emocional (Tu):

As pessoas viram, mas não se sentiram tocadas. O conteúdo pode ter sido informativo, mas sem vida. Não gerou identificação nem provocou emoção.

Ação narrativa:

→ Reescreve o post a partir de uma história pessoal ou metáfora viva.

→ Troca dados secos por uma pergunta que provoque reflexão ("Já sentiu que...?").

→ Adiciona uma frase imperfeita, mais crua, que quebre a frieza do texto automatizado.

TABELA DE INTERPRETAÇÃO EMOCIONAL DE DADOS DIGITAIS

Comportamento Observado	Interpretação Técnica (IA)	Interpretação Emocional (Tu)	Ação Narrativa Recomendada
Clique alto, conversão baixa	Problema na oferta ou no funil	Expectativa alta, confiança baixa	Inserir prova emocional (depoimento), reformular tom da promessa
Curtidas altas, compartilhamentos baixos	Conteúdo interessante, mas pouco engajador	As pessoas gostam, mas não sentem orgulho de partilhar	Tornar o conteúdo mais inspirador ou provocador, com tom mais afirmativo
Taxa de abertura alta, cliques baixos	Assunto do e-mail funciona, corpo do e-mail não	O título é promissor, o conteúdo desilude	Alinhar a narrativa da promessa com o conteúdo entregue
Baixo tempo de permanência na página	Layout mal estruturado, texto longo	A pessoa se sentiu perdida, não encontrou um ponto de contato	Usar narrativa escaneável: intertítulos com emoção, frases de ancoragem
Muitos comentários, poucos cliques	Bom engajamento, fraca conversão	A audiência quer conversar, não comprar (ainda)	Engajar mais: responder todos os comentários, fazer perguntas, aprofundar

ROTEIRO DE LEITURA EMOCIONAL DE DADOS

1. **Escolhe uma métrica para observar**
   Ex.: Taxa de rejeição de página, CTR de botão, visualizações de vídeo
2. **Escreve a leitura técnica tradicional (como a IA faria)**
   "Pouca permanência indica que o conteúdo não segurou a atenção."
3. **Agora interpreta emocionalmente como se fosse uma pessoa a falar contigo**
   "O público entrou, olhou e saiu. O que ele esperava encontrar ali? O que o frustrou?"

4. **Formula perguntas humanas**
   - O que essa pessoa sentiu ao ver essa página?
   - Que parte pode ter gerado desconforto, dúvida ou frustração?
   - O que ela esperava ouvir e não ouviu?
5. **Cria hipóteses narrativas**
   "Talvez a página pareça genérica demais."
   "Talvez a linguagem esteja fria ou distante."
   "Talvez pareça bom demais para ser verdade."
6. **Reescreve a peça com base na tua hipótese**
   Usa linguagem mais próxima, histórias reais, frases que quebrem objeções.

PARA APLICAR NO DIA A DIA

Dica	Como aplicar
Lê os comentários como uma escuta ativa	Sublinhe palavras emocionais, repetições, metáforas usadas
Transforma métricas em perguntas humanas	Exemplo: "Por que saíram aqui?" vira "O que sentiram para querer sair?"
Faz anotações qualitativas dos dados	Ao lado das métricas, escreve o "sentimento provável" em cada ponto do funil
Cria personas emocionais a partir das análises	Em vez de "cliente tipo", define "o Desconfiado", "o Esperançoso", "o Cético"
Mantém um banco de reações humanas	Guarda prints de comentários tocantes, elogios, dúvidas. Usa isso como bússola

Lembrete:

Dados mostram o que aconteceu. Mas tu é que descobres porquê.

E é nesse "porquê" que nascem histórias que criam laços, não só leads.

Olha os gráficos, mas ouve as entrelinhas.

Lê números, mas responde a pessoas.

Como criar narrativas com arquétipos que respiram como gente

Durante muito tempo, o marketing construiu as suas campanhas com base em perfis fixos: "mulher de 35 a 45 anos", "homem urbano, classe média, interessado em tecnologia", "jovem adulto universitário que consome cultura pop". Esses recortes ajudavam, sim — mas pararam de bastar. Porque, no fundo, ninguém é apenas idade, género ou profissão. Pessoas são emoções em movimento. São medos, desejos, frustrações e esperanças que se transformam com o tempo. E é aí que entram os arquétipos emocionais — figuras narrativas vivas, flexíveis, que nos ajudam a comunicar com muito mais verdade.

Criar personagens com comportamento emocional real significa deixar de falar com o "João, 39 anos, gerente de projetos", e passar a falar com "O Que Precisa de Controle", "O Que Quer Provar Que É Capaz", "O Que Tem Medo de Repetir os Erros do Pai". E, de repente, a história ganha outra profundidade. Porque quando usas um arquétipo emocional, estás a falar com o que realmente move a pessoa — não com o que ela mostra no LinkedIn.

Como fazer?

1. **Começa por observar reações, não só descrições**

   Quando lês comentários, feedbacks ou mensagens de clientes, observa mais do que o que dizem — observa como dizem. Que palavras repetem? Que metáforas usam? Que tom aparece com frequência — desespero, esperança, raiva, alívio? É a partir disso que vais descobrir os padrões emocionais.

2. **Nomeia as emoções antes de nomear as pessoas**

   Antes de colocares um nome ou profissão na tua persona, responde a isto:

   → O que essa pessoa quer desesperadamente, mesmo que nunca diga?
   → O que ela teme profundamente, mesmo que disfarce com sarcasmo?
   → Qual foi a última frustração dela que deixou uma marca?

   Essas respostas vão dar origem a personagens reais. Como:

→ **A Que Já Tentou de Tudo** (sabe muito, mas já não acredita em promessas)

→ **O Que Quer Que Alguém Escolha Por Ele** (vive cansado de decidir sozinho)

- → **A Que Não Aguenta Mais Se Sentir Invisível** (quer ser vista sem precisar gritar)
- → **O Que Quer Sentir Que Está no Caminho Certo** (tem medo de desperdiçar mais tempo)

Esses arquétipos emocionais são moldes vivos. Não se limitam à idade ou profissão. Eles vivem dentro de todo o tipo de pessoa — e é por isso que funcionam tão bem.

Exemplo:

Cenário comum:

Estás a criar uma campanha para um curso de recomeço profissional.

Perfil tradicional:

Mulheres de 30 a 50 anos, ensino superior, insatisfeitas com a carreira atual.

Arquétipos emocionais possíveis:

- → A Que Já Tentou de Tudo e Está Quase a Desistir
- → A Que Está à Espera de Um Sinal Para Mudar
- → A Que Sente Culpa Por Querer Algo Só Para Ela
- → A Que Precisa Que Alguém Acredite Nela Primeiro

Narrativa com foco em perfil:

> *"Transforme sua carreira em 8 semanas com nosso método validado por especialistas."*

Narrativa com foco em arquétipo emocional:

> *"Talvez ninguém te leve a sério quando dizes que queres mudar de vida. Talvez até tu já tenhas parado de acreditar. Mas há um lugar onde o recomeço não é só possível – é respeitado. Vem com a gente construir um futuro que faça sentido para ti."*

A diferença é brutal. Uma fala para a cabeça. A outra fala para dentro.

TÉCNICA PARA CRIAÇÃO DE PERSONAS EMOCIONAIS

Passo	Exemplo prático
1. Lê 20 comentários ou feedbacks reais	"Já tentei de tudo", "não sei mais o que fazer", "preciso de coragem"
2. Sublinhe palavras de carga emocional	Desistência, dúvida, medo, esperança, cansaço
3. Crie etiquetas para padrões de emoção	"Desesperança", "Esperança Contida", "Raiva Silenciosa", "Busca de Validação"
4. Dá nome ao arquétipo	"A Que Está No Limite", "O Que Está À Espera de Um Sinal"
5. Escreve uma história de 3 linhas	"Ela já tentou três cursos. Já gastou mais do que podia. Agora, lê tudo em silêncio, sem comentar. Mas ainda procura, ainda quer acreditar."

Esse minirretrato é o teu guia de criação. Escreve campanhas para ela. Faz vídeos a falar com ela. Cria conteúdos que ela reconheça como "é de mim que estão a falar".

COMO TRANSFORMAR O TEU MARKETING COM ARQUÉTIPOS

Dica	Como aplicar
Substitui "persona" por "personagem emocional"	Pensa como se fosses um roteirista a construir papéis com alma
Usa frases que comecem com "Ela é o tipo de pessoa que..."	Ajuda a detalhar atitudes e dilemas reais
Foge de perfis ideais	Foca nas contradições, nas falhas, nas lutas internas: é aí que está o poder
Imagina um diálogo com essa personagem	Que pergunta ela faria? Que medo ela esconderia? Que frase te deixaria sem ar?
Testa conteúdos diferentes para arquétipos distintos	Um mesmo produto pode ter vários caminhos narrativos — adapta o tom e o foco

Conselho:

Não vendas para perfis. Conta histórias para pessoas reais. Arquétipos emocionais são os fios invisíveis que ligam o teu conteúdo à alma de quem lê. Eles fazem com que a tua mensagem não pareça publicidade — pareça uma conversa que já devia ter acontecido há muito tempo.

A forma é da máquina. O sentido é teu.

A IA pode ajustar o tom, prever o melhor horário para publicar, criar variações de título e até montar campanhas inteiras em segundos. Mas só tu sabes o que deve ser dito, por que importa dizer e qual é a intenção por trás de cada palavra. Essa é a fronteira onde a tecnologia termina — e começa o teu trabalho como comunicador humano. Assim, usar a IA com consciência é entender que ela pode cuidar da estrutura, mas não pode decidir o sentido. Ela pode montar o palco, mas não pode escrever a peça. Pode sugerir o ritmo, mas não conhece o coração da história. Por isso, em vez de temer a IA ou ceder-lhe tudo, o que precisas é definir um acordo: a máquina executa, tu diriges.

ESTRATÉGIA DAS DUAS CAMADAS

Pensa no teu processo criativo como tendo duas camadas:

Camada	Responsável	Função
Forma	Inteligência Artificial	Gerar estruturas, ajustar linguagem, testar formatos, automatizar tarefas.
Sentido	Tu (humano)	Escolher a intenção, dar direção, definir o que merece ser dito.

A IA pode gerar mil variações de um e-mail, mas só tu sabes se é hora de consolar, provocar, entusiasmar ou silenciar. A tua função é a da alma criativa, do senso de oportunidade, da escolha ética e poética. Sem isso, o conteúdo pode até parecer bom — mas não toca.

Exemplo:

LANÇAMENTO DE UM NOVO PRODUTO

Cenário:

Tens um novo serviço ou produto para lançar. A IA gera:

→ Sequência de e-mails
→ Posts para redes sociais
→ Página de vendas
→ Headlines

Agora o teu papel entra em cena com 3 perguntas fundamentais:

1. **"O que eu quero que a pessoa sinta ao ler isto?"**
   (Empolgação? Alívio? Identificação?)
2. **"Por que isto importa mesmo para ela?"**
   (Resolve o quê, de verdade? O que ela ainda não sabe que precisa?)
3. **"Se eu tivesse 1 minuto ao vivo com ela, eu diria isso?"**
   (Se parecer vazio, genérico ou robótico, reescreve.)

A tua versão final talvez use 80% da estrutura gerada pela IA — mas os 20% que tu ajustas com intenção fazem toda a diferença. E é isso que o teu público sente.

COMO MANTER A TUA INTENÇÃO NO COMANDO

Etapa do conteúdo	IA pode fazer	Tua função
Geração de ideias	Sugerir temas com base em tendências	Escolher o que se alinha com a tua missão e com o momento emocional do público
Rascunho inicial	Escrever versões rápidas com variações de tom e formato	Editar com foco na emoção, na verdade e na coerência narrativa
Análise de performance	Dizer quais formatos ou mensagens geraram mais cliques	Interpretar se os cliques refletem impacto real ou apenas curiosidade superficial
Automação de envios	Programar horários ideais de publicação	Escolher se deves mesmo publicar naquele momento ou adiar por empatia/contexto externo
Segmentação de público	Dividir leads por interesse, comportamento, histórico de compras	Criar mensagens que respeitem as emoções, dúvidas e desejos de cada grupo — com linguagem viva

TÉCNICA: "3XR" PARA HUMANIZAR CONTEÚDO GERADO PELA IA

Usa esta sequência antes de publicar qualquer coisa escrita com auxílio da IA:

1. **Reescreve a abertura como se fosses falar com alguém que amas**
   Evita começos frios tipo "Você sabia que...?" e troca por algo que pareça pessoal e genuíno.
2. **Reflete sobre a intenção antes da chamada para ação**
   Por que estás a pedir que a pessoa clique? O que realmente queres que ela ganhe com isso?
3. **Remove tudo o que soa a truque**
   Se parece uma fórmula, reescreve. Se parece manipulação, corta. Se parece conversa — mantém.

Exemplo:

Texto gerado pela IA:

"Descubra agora como transformar sua rotina com nosso método exclusivo!"

Tua versão, com sentido:

"Se a tua rotina está a sugar tua energia, talvez esteja na hora de parar de lutar contra ela e começar a desenhá-la do teu jeito. Este é o convite."

A IA fez o esqueleto. Tu deste alma.

DICAS PARA APLICAR HOJE

Dica	Como aplicar
Usa a IA como ponto de partida, não de chegada	Começa com a sugestão dela, mas reescreve com tua voz, intenção e verdade
Define a emoção que queres provocar	Antes de escrever, pergunta: "O que eu quero que esta pessoa sinta com isto?"
Mantém um "guia de tom" próprio	Cria um documento com palavras que representem tua marca e expressões proibidas
Faz uma leitura em voz alta antes de publicar	Se não soaria natural dito em voz alta, reescreve
Cria espaço para silêncios estratégicos	Às vezes, o melhor post é o que tu decides não publicar

Deixa a IA cuidar da estrutura. Mas tu cuidas da alma.

Porque é a tua intenção, não o algoritmo, que transforma conteúdo em conexão. A tecnologia oferece eficiência. Tu ofereces sentido. E é esse sentido que as pessoas querem ouvir.

Reescreve com base nas reações, não nos perfis

Como ajustar a tua narrativa em tempo real, escutando o que não foi dito

Para de escrever para perfis fixos. Começa a escrever para emoções em movimento. A tua audiência não é um grupo estático com "características demográficas" — é um conjunto vivo de pessoas reais, em constante mudança. Por isso, a tua narrativa também precisa de ser viva, flexível, responsiva.

A IA pode segmentar, prever comportamentos e sugerir estruturas, mas quem sente o silêncio, quem repara num comentário inesperado, quem percebe quando uma frase causou desconforto ou quando um post virou catarse coletiva — és tu. E é a partir daí que se constrói uma narrativa que evolui junto com quem a recebe.

A CHAVE: ESCUTAR REAÇÕES COMO QUEM ESCUTA UMA CONVERSA

Cada curtida é uma sobrancelha levantada.

Cada comentário é uma resposta que revela mais do que parece.

Cada ausência de reação é uma pausa incômoda.

O segredo é não te fixares apenas nos dados frios — mas aprender a ler o subtexto emocional do que acontece após cada mensagem lançada.

Exemplo: Campanha com bom alcance, mas silêncio emocional

Cenário:

Publicaste um vídeo com uma história inspiradora, bem editado, com boa música e uma mensagem "uplifting".

Teve visualizações, mas ninguém comentou, partilhou ou disse "isso sou eu".

Leitura possível:

Foi bonito — mas genérico. Não doeu o suficiente, não tocou em algo visceral.

Ação:

→ Reescreve com mais imperfeição.
→ Inclui uma confissão real, uma dúvida não resolvida, uma dor concreta.
→ Em vez de terminar com lição, termina com pergunta aberta.

Exemplo: Post que gerou comentários emocionados

Cenário:

Fizeste uma publicação simples contando uma dúvida tua sobre mudar de carreira depois dos 40. Nos comentários, surgiram desabafos profundos, relatos parecidos, agradecimentos.

Leitura possível:

Tocaste num nervo exposto. Esse é o tema. Essa é a dor que pede história.

Ação:

→ Volta ao tema nos próximos dias, mas aprofunda.
→ Conta um episódio real que nunca tinhas partilhado.
→ Constrói um conteúdo prático a partir dessa dor — um vídeo, um guia, uma live.

TÉCNICA: RASTREAMENTO NARRATIVO EM 3 NÍVEIS

Nível	Sinal observado	O que isso pode significar	Como reescrever
Rejeição silenciosa	Baixo engajamento, sem comentários ou partilhas	Não tocou. Tema irrelevante ou tom superficial.	Muda o foco. Escolhe outra emoção-base. Torna mais específico e humano.
Resistência ativa	Comentários com críticas, desconforto ou ironia	A mensagem incomodou ou pareceu forçada.	Reescreve com mais humildade ou vulnerabilidade. Reconhece limites.
Conexão profunda	Comentários extensos, partilhas, marcações	Acertaste no ponto certo. Há identificação emocional genuína.	Expande o tema. Transforma em série. Abre espaço para diálogo direto.

COMO FAZER ISSO NO DIA A DIA

1. **Após cada conteúdo publicado, espera 24h e lê os comentários em voz alta**

   Isso obriga-te a sair da leitura mecânica e sentir o impacto real do que provocaste.

2. **Sublinha frases que se repetem ou expressões viscerais**

   Palavras como "finalmente alguém disse isso", "estava a precisar ler isto", ou "parece que foi escrito para mim" são bússolas.

3. **Cria uma pasta chamada "Reações reais"**

   Guarda screenshots de comentários que mexeram contigo. Usa isso como matéria-prima narrativa. São sementes.

4. **Redige um parágrafo novo a partir de cada reação marcante**

   Pergunta-te: o que essa pessoa estava a tentar dizer, mesmo sem saber? Como posso escrever algo só para ela?

5. **Volta a publicar o mesmo tema, mas de um ângulo diferente**

   Testa formatos (texto, vídeo, áudio). Testa intensidades (mais íntimo, mais provocador, mais leve). Reage como se estivesses numa conversa, não numa campanha.

COMO APLICAR JÁ

Dica	Como aplicar
Faz análise semanal de reações, não só de dados	Lê com atenção 10 posts antigos e vê quais geraram emoção real
Cria "arcos narrativos" a partir de um comentário	Transforma um comentário profundo num fio condutor de novas publicações
Usa perguntas para medir o pulso emocional	"Isso fez sentido para ti?" "Já sentiste isso?" "Quer que eu fale mais sobre isso?"
Documenta o que não funcionou e tenta outra via	Reescreve falhas com outra voz, outro tom, outro tempo
Lembra-te: um silêncio também é uma resposta	E às vezes, a melhor resposta é mudar o rumo da história

Esquece o público ideal. Escuta o público real.

As tuas melhores ideias estão escondidas nos comentários, nos silêncios, nas entrelinhas.

Reescrever com base nas reações é mais do que ajustar uma campanha — é aceitar que tu e o teu público estão a construir a história juntos.

E isso... isso não tem fórmula. Tem escuta, presença e coragem para mudar o rumo — mesmo a meio da frase.

CHECKLIST

Contar histórias para arquétipos vivos

- ☑ Tens perfis emocionais baseados em comportamento e não só em dados demográficos?
- ☑ Usas IA para mapear padrões de hesitação, abandono e reengajamento?
- ☑ Estás a criar personagens-narrativas que evoluem com o teu público?
- ☑ Tens fluxos de conteúdo pensados para responder a estados, não só a características fixas?
- ☑ Avalias os teus conteúdos com base no tipo de resposta emocional gerada?
- ☑ Recolhes insights qualitativos para adaptar e renomear os teus arquétipos constantemente?
- ☑ Já abandonaste a ideia de persona fixa em favor de público em mutação?

Dica final deste episódio

O teu público não é um conjunto de métricas num dashboard nem um avatar desenhado numa sala de brainstorming. É gente real – com pressa e cansaço, com impulsos que não cabem em gráficos, com contradições que mudam de um dia para o outro. E se antes era possível disfarçar isso com fórmulas repetidas, promessas redondas e gatilhos sempre prontos para capturar os mais distraídos, agora não dá mais. Porque os mesmos dados que te mostram o caminho também te desmascaram se usares atalhos. A tecnologia expõe o comportamento, mas também expõe a manipulação. Já não há desculpa para vender à força, para empurrar mensagens sem escuta, para insistir num discurso só porque "sempre funcionou". Hoje, acompanhar o público exige mais do que seguir os cliques – exige rever constantemente o que dizes, por que dizes e a quem estás a dizer. O que está em jogo já não é só conversão – é credibilidade. E quem ainda tenta controlar em vez de compreender, colhe desconfiança. Porque vender, hoje, não é convencer o outro de nada – é mostrar que estás disposto a evoluir com ele. E isso, ironicamente, continua a ser o que mais exige humanidade.

Episódio 21

O Roteiro é o Público

Improvisa com Método

Já não se escreve para depois testar – agora escreve-se enquanto se escuta.

ANTES DE LER O EPISÓDIO, ESSES SÃO OS TERMOS TÉCNICOS QUE PRECISAS CONHECER:

1. **Campanha-Projétil**

   Metáfora que descreve o modelo tradicional de marketing digital, onde uma campanha é criada de forma fixa e lançada com esperança de impacto direto – como um foguete disparado. Neste modelo, o público é um alvo passivo e o sucesso é medido por métricas pontuais, como cliques e conversões.

2. **Cenário Narrativo Dinâmico**

   Nova abordagem onde o marketing é pensado como um ecossistema vivo – um "ambiente narrativo" em vez de uma sequência de ações. Cada ponto de contacto é parte de uma experiência contínua e integrada que reage ao comportamento do utilizador.

3. **Storytelling Multidimensional**

   Narrativa não linear, que se adapta ao tempo, canal, estado emocional e contexto do utilizador. Deixa de ser uma história com princípio, meio e fim, para ser uma estrutura espacial, onde o "onde" e o "como" são tão importantes quanto o "o quê".

4. **Experiência-Orquestração com IA**

   Uso de Inteligência Artificial para ajustar e modular conteúdos, ritmo, tom e canal em tempo real, com base no comportamento do utilizador. A IA atua como maestro de uma experiência integrada – enquanto o humano concebe a emoção e o significado da jornada

No alvorecer do marketing digital, o modelo predominante era comparável ao lançamento de um foguete: um esforço meticuloso de planeamento, produção e execução, seguido de uma esperança fervorosa para que a mensagem atingisse o alvo — o consumidor. A campanha funcionava como um projétil, disparado numa direção fixa, com o público como destino passivo. O sucesso era medido em métricas claras: cliques, leads, vendas. O conteúdo era um mensageiro, transportando um impulso, um impulso que deveria ser imediato e contundente.

Contudo, este paradigma foi profundamente transformado pela chegada da Inteligência Artificial. Hoje, o marketing digital não é mais um tiro certeiro, mas um ambiente vivo, um sistema dinâmico que evolui em tempo real com o comportamento e o contexto do utilizador. Com ferramentas capazes de personalizar experiências, integrar múltiplos pontos de contacto e reagir a cada gesto do cliente, a comunicação tornou-se uma experiência imersiva e contínua. Já não se trata apenas de enviar uma mensagem, mas de desenhar um cenário complexo onde o consumidor é agente e protagonista.

Esta mudança impõe um deslocamento radical na forma como encaramos o storytelling. De uma narrativa linear, sequencial, passamos a uma estrutura espacial, multidimensional. Não importa só o conteúdo do que contamos, mas sobretudo o contexto — o lugar onde o utilizador está, a sua jornada emocional, o ambiente digital que o envolve. É este "onde" e "como" que definem a eficácia do marketing contemporâneo.

Neste novo cenário, o marketing digital torna-se uma ciência da experiência. Envolve a criação de ecossistemas narrativos que se adaptam, respondem e se moldam conforme as interações do público. Trata-se de compreender o espaço digital como um palco vivo, onde cada elemento — texto, imagem, som, interação — contribui para um todo integrado. Aqui, a Inteligência Artificial funciona como um maestro, ajustando e modulando o espetáculo, enquanto o humano assume o papel do arquiteto e dramaturgo, responsável por conceber a estrutura, a emoção e o significado do enredo.

Para ilustrar esta transformação, no McSill Story Studio desenvolvemos diversos projetos que aplicam esta abordagem. Um exemplo emblemático foi a criação de uma plataforma para uma marca de lifestyle que desejava passar de campanhas esporádicas a uma presença constante, adaptativa e integrada. Utilizando algoritmos de IA para mapear o comportamento do utilizador em múltiplos canais — redes sociais, site, e-mail, app móvel — construímos um sistema que interpreta dados em tempo real e ajusta os conteúdos e interações, criando uma narrativa personalizada que acompanha o cliente ao longo de sua jornada.

Este projeto revelou alguns insights fascinantes. Primeiro, a importância do contexto: o mesmo conteúdo pode gerar reações completamente diferentes conforme o momento, o dispositivo ou o estado emocional do utilizador. Segundo, o valor da continuidade: a narrativa não é um conjunto de peças isoladas, mas uma tapeçaria onde cada fio fortalece o tecido geral, construindo significado e ligação. Terceiro, o papel decisivo da intuição humana: apesar do poder da IA em processar dados, é o toque criativo e estratégico do especialista que decide as direções e interpretações que mantêm a experiência coerente e relevante.

De um ponto de vista científico, esta evolução pode ser compreendida à luz da teoria dos sistemas complexos e da psicologia da experiência. O marketing como cenário envolve múltiplos agentes, interações não lineares e feedbacks constantes, configurando um ecossistema adaptativo. A percepção do utilizador é moldada não apenas pelo conteúdo, mas pela interação dinâmica com o ambiente digital, pelo significado atribuído e pela sensação de controlo e participação.

Este paradigma desafia modelos tradicionais baseados em métricas estáticas e processos unidirecionais, sugerindo a necessidade de novas ferramentas analíticas que capturem a fluidez da experiência e permitam a gestão integrada de narrativas multifacetadas.

Como aplicar, então, esta visão na prática? Primeiro, é crucial mapear todos os pontos de contacto do cliente, entendendo-os como partes de um mesmo sistema, em vez de canais isolados. Segundo, é preciso desenhar conteúdos modulares e flexíveis, capazes de se recombinar e adaptar em tempo real, sempre respeitando a identidade e os valores da marca. Terceiro, deve-se estabelecer mecanismos de recolha e análise de dados que valorizem não só as métricas quantitativas, mas sobretudo os sinais qualitativos — emoções, intenções, hesitações — que indicam o estado da experiência.

Por fim, é indispensável reconhecer que, apesar do papel central da IA, a criação de experiências autênticas e memoráveis depende irremediavelmente da visão, sensibilidade e criatividade humanas. A Inteligência Artificial é uma ferramenta poderosa, mas sem um arquiteto que compreenda os meandros da narrativa e a complexidade do comportamento humano, corre-se o risco de criar experiências vazias, desprovidas de alma.

O marketing digital, portanto, transita de um ato isolado para uma vivência contínua, onde a história não é apenas contada, mas vivida em cada interação. O futuro pertence a quem dominar esta arte da experiência, que alia tecnologia e humanidade, dados e emoção, estrutura e liberdade.

Neste episódio, vamos explorar em profundidade este novo modelo, analisando as bases científicas, os desafios práticos e as estratégias eficazes para transformar o marketing em uma experiência viva e envolvente, guiada pela Inteligência Artificial e inspirada pela intuição humana.

Antes vs. Agora: da campanha à experiência

Antes	Agora
Conteúdo criado por fases e datas	Conteúdo adaptado em tempo real com IA
A narrativa era um percurso fixo	A narrativa é um ambiente que se ajusta ao utilizador
Medição baseada em taxa de conversão	Medição baseada em qualidade da experiência e retenção
Estratégia orientada por objetivos	Estratégia orientada por jornada emocional e contexto vivido

Como criar experiências narrativas com apoio da IA

Mapeia a experiência do utilizador como cenário emocional, pois a jornada de um utilizador não é apenas uma sequência linear de cliques, conversões e vendas. É uma narrativa composta por emoções, expectativas, frustrações e momentos de decisão. Por isso, para criar experiências verdadeiramente marcantes com apoio da Inteligência Artificial, é essencial mapear essa trajetória não como um funil frio de conversão, mas como um cenário emocional vivo e dinâmico.

O tradicional modelo do funil de vendas foca em estágios objetivos: conscientização, consideração, decisão. Mas ele falha ao capturar o que realmente move as pessoas — os sentimentos subjacentes, as dúvidas invisíveis, os desejos não declarados. Um funil mostra onde o utilizador está, mas não explica por que ele está ali, nem o que sente nesse momento.

É por isso que precisamos substituir esse modelo pelo conceito de mapa emocional da experiência do utilizador. Um mapa que vá além dos dados brutos e busque entender o estado interno de cada pessoa em cada etapa da jornada. O que ela vê? O que sente? O que faz? E, acima de tudo, porquê?

A Inteligência Artificial tem um papel crucial aqui. Com algoritmos avançados de análise comportamental e processamento de linguagem natural, a IA consegue identificar padrões nas ações do utilizador, extrair insights de grandes volumes de dados e até prever tendências emocionais com base em palavras-chave, tom de voz e escolhas de conteúdo. Mas interpretar esses dados com profundidade e humanidade é algo que só tu podes fazer.

Como Mapear a Experiência do Utilizador com Emoção e IA

Vamos agora mergulhar na aplicação prática desta estratégia, passo a passo, com exemplos reais de como implementá-la no teu fluxo de trabalho de marketing digital.

Passo 1: Define os pontos de contato entre o utilizador e a marca

Antes de qualquer coisa, tens de entender onde e como o utilizador interage contigo. Isso inclui:

- → Primeiro contacto (redes sociais, anúncios, busca orgânica).
- → Visita ao site ou landing page.
- → Preenchimento de formulários ou downloads.
- → Interações em canais de atendimento (chatbots, e-mail, redes sociais).
- → Conversão (compra, inscrição, contacto comercial).
- → Pós-venda (suporte, renovação, recomendação).

Cada um desses pontos pode ser analisado sob três perspetivas:

- → O que vê: o ambiente visual e textual.
- → O que sente: o estado emocional induzido pela experiência.
- → O que faz: a ação concreta realizada.

Exemplo: Um utilizador chega ao teu site através de um anúncio no Google Ads. Ele lê o título, entra na página, mas abandona sem preencher o formulário. A IA pode mostrar que ele leu metade do texto e clicou em "fechar". Tu, então, perguntas-te:

O que ele viu? Uma oferta promocional genérica.

O que ele sentiu? Talvez confusão ou falta de conexão.

O que ele fez? Saiu sem agir.

Esse tipo de análise permite-te começar a construir um mapa mais humano da experiência.

Passo 2: Usa a IA para detectar padrões emocionais

Com ferramentas de análise de sentimentos e processamento de linguagem natural, a IA pode ajudar-te a identificar emoções em textos, comentários, chats e até em scripts de atendimentos automatizados.

Pede à IA:

> *"Analisa os últimos 50 comentários em nossos posts do Instagram e indica quais são os principais sentimentos expressos."*

Ou:

> *"Faz uma análise de sentimentos nos textos digitados pelos utilizadores durante conversas com o chatbot."*

Essas análises permitem-te perceber se o público está cansado, esperançoso, frustrado ou animado, e assim ajustar tua comunicação com mais empatia.

Passo 3: Cria mapas emocionais personalizados

Com base nos dados coletados, cria mapas visuais da jornada do utilizador, destacando:

→ As emoções predominantes em cada etapa.

→ Os pontos de maior impacto positivo ou negativo.

→ As ações mais comuns após cada emoção.

Exemplo: Uma marca de cursos online criou um mapa emocional com base em feedbacks e interações. Percebeu que muitos utilizadores chegavam cheios de entusiasmo, mas ficavam frustrados durante o processo de inscrição por causa de formulários longos. A equipe usou essa informação para simplificar o processo e adicionar mensagens encorajadoras durante o preenchimento. O resultado foi um aumento de 18% nas conversões.

Dica: pede à IA para ajudar a estruturar o mapa:

> *"Organiza os dados coletados em um mapa emocional da jornada do utilizador, dividindo em fases e indicando sentimentos, ações e oportunidades de melhoria."*

Passo 4: Traduz emoções em estratégias de conteúdo

Uma vez que entendes o estado emocional do utilizador em cada etapa, podes planejar conteúdos que respondam diretamente a esses sentimentos.

Se o utilizador está curioso, oferece informações claras e inspiradoras.

Se está confuso, oferece orientação simples e direta.

Se está cansado, oferece pausas, histórias leves ou descanso mental.

Se está empolgado, celebra com ele e convida para a próxima etapa.

Exemplo: Uma marca de livros digitais notou, através de IA, que seus seguidores estavam cansados no final da semana. Decidiram mudar a programação de publicações: sextas-feiras passaram a ter conteúdos mais leves, reflexivos e menos promocionais. O resultado foi um aumento de 25% no engajamento nesses dias.

Usa a IA para sugerir tipos de conteúdo adequados a cada emoção:

> *"Sugere três tipos de conteúdo diferentes para utilizadores que estão cansados e procurando descanso mental."*

Passo 5: Revisa e atualiza regularmente o mapa emocional

As emoções das pessoas mudam. O contexto social, político e cultural também. Por isso, o mapa emocional da experiência do utilizador não deve ser estático, mas sim uma ferramenta viva e atualizada.

Marca datas regulares para revisão — mensal, trimestral ou sempre que houver mudanças significativas no mercado ou no comportamento do público.

Pede à IA:

> *"Comparar o mapa emocional atual com o do mês anterior e destacar diferenças importantes."*

E depois pergunta a ti mesmo:

→ O que mudou?

→ Porquê?

→ Como posso ajustar minha comunicação?

Quando esta abordagem é aplicada com consistência, os resultados são profundos e transformadores:

→ Conteúdo mais alinhado com o interesse real do utilizador, resultando em maior engajamento e conexão.

→ Maior clareza estratégica, permitindo decisões mais conscientes e fundamentadas.

- → Menor desperdício de tempo com tentativas aleatórias ou repetições sem propósito.
- → Redução de fricção no processo de compra ou inscrição, pois o conteúdo responde às emoções reais do utilizador.
- → Fortalecimento da relação de confiança entre marca e consumidor, construída com empatia e propósito.

Mesmo com toda atenção e cuidado, claro, pode acontecer de o mapa emocional não capturar adequadamente o estado do utilizador, ou de o conteúdo não gerar o impacto esperado. Quando isso ocorrer:

1. Reavalie os prompts usados na IA: Talvez tenham sido genéricos demais. Tenta reformular com mais contexto e especificidade.
2. Combine IA com análise humana: Usa os dados como apoio, mas confia na tua intuição e conhecimento do negócio.
3. Teste pequenas mudanças e observa os resultados: Em vez de alterar tudo de uma vez, faça experimentos controlados.
4. Volta ao diálogo com o utilizador: Envie pesquisas, converse diretamente, escuta o que as pessoas têm a dizer.
5. Não tenhas medo de errar: A reflexão serve exatamente para isso — aprender com o que não deu certo e seguir em frente com mais sabedoria.

Mapear a experiência do utilizador como cenário emocional é muito mais do que uma técnica de marketing — é uma forma de conectar-se com as pessoas de maneira autêntica, profunda e duradoura. Enquanto a IA pode te ajudar a identificar padrões e prever comportamentos, é a tua sensibilidade humana que dá sentido a esses dados e transforma números em histórias.

Ao integrar a tecnologia com a empatia, vais além da automação e chegas à personalização emocional — aquela que toca corações, inspira ações e constrói marcas memoráveis.

Cria conteúdos situacionais, não apenas promocionais

Na era do marketing digital acelerado, há uma tentação constante de reduzir a comunicação a um único objetivo: vender. Um e-mail é escrito para converter. Uma landing page é montada para atrair leads. Um chatbot é programado para direcionar ao checkout. Tudo parece perfeito na superfície, mas falta algo essencial: contexto emocional.

É por isso que esta segunda lição é tão importante: cria conteúdos situacionais, não apenas promocionais. Isso significa produzir mensagens que façam sentido no momento exato em que o utilizador as recebe, levando em conta onde ele está na jornada, como se sente e o que precisa ouvir naquele instante — e nem sempre é uma oferta comercial.

A Inteligência Artificial tem o poder de transformar essa abordagem em realidade prática. Ela pode analisar dados em tempo real, identificar padrões de comportamento e sugerir conteúdos personalizados com base no contexto do utilizador. Mas cabe a ti, como criador de experiências, garantir que essas sugestões sejam guiadas por intenções humanas — como empatia, propósito e significado.

Por Que Conteúdo Situacional É Mais Poderoso Do Que Conteúdo Promocional?

O conteúdo promocional fala sobre ti. O conteúdo situacional fala com o outro. Quando enviamos uma mensagem focada apenas em venda, estamos centrados em nós mesmos — no nosso produto, no nosso serviço, no nosso desejo de crescer. Quando falamos de forma situacional, colocamo-nos no lugar do outro — compreendemos sua dor, seu cansaço, sua curiosidade, sua dúvida. E respondemos a isso com respeito e clareza.

Um exemplo simples ilustra bem isso:

→ Um e-mail promocional diz: "Oferta exclusiva! Aproveite 30% de desconto hoje!"

→ Um e-mail situacional diz: "Percebemos que você já viu este curso três vezes. Se ainda tem dúvidas, vamos conversar?"

No primeiro caso, o foco é no negócio. No segundo, o foco é no utilizador. E é esse tipo de conteúdo que constrói confiança, engajamento e conexão real.

A diferença entre os dois modelos é sutil, mas profunda. Enquanto o conteúdo promocional busca um resultado imediato, o conteúdo situacional busca uma relação contínua, feita de escuta, resposta e cuidado.

E isso muda completamente a forma como o público percebe tua marca.

Como Criar Conteúdos Situacionais Com IA

Vamos agora mergulhar na aplicação prática desta estratégia, passo a passo, com exemplos reais de como implementá-la no teu fluxo de trabalho de marketing digital, usando Inteligência Artificial como aliada estratégica.

Passo 1: Identifica os momentos-chave na jornada do utilizador

Antes de escrever qualquer conteúdo, tens de entender onde o utilizador está. Isso inclui:

- → Primeiro contacto (descoberta da marca).
- → Consideração (interesse em produtos ou serviços).
- → Decisão (processo de compra ou inscrição).
- → Utilização (pós-compra, uso do produto/serviço).
- → Fidelização (relação contínua com a marca).

Para cada um desses momentos, tens de perguntar:

Qual é o estado emocional do utilizador agora? O que ele espera ou teme? O que ele precisa ouvir?

Exemplo: Uma marca de livros digitais identificou que muitos utilizadores abandonavam o carrinho durante o processo de compra. Em vez de enviar mais ofertas promocionais, optaram por criar um e-mail situacional:

> *"Notamos que deixaste o carrinho incompleto. Há alguma dúvida que possamos esclarecer antes de seguires em frente?"*

Esse pequeno ajuste gerou um aumento de 35% nas conversões.

Passo 2: Usa a IA para detectar sinais de contexto

Com algoritmos avançados de análise comportamental, a IA consegue identificar quando um utilizador está curioso, indeciso, frustrado ou empolgado. Isso permite-te adaptar o conteúdo automaticamente ao estado emocional do destinatário.

Pede à IA:

> *"Analisa os últimos cliques e interações do utilizador X e indica qual parece ser o seu estado emocional atual."*

Ou:

> *"Faz uma análise de sentimentos nos textos digitados pelo utilizador durante conversas com o chatbot."*

Esses insights permitem-te escolher o tom certo, a linguagem certa e a proposta certa para aquele momento específico.

Passo 3: Escreve mensagens com base no contexto, não apenas na oferta

Uma vez que entendes o estado emocional do utilizador, podes começar a escrever mensagens que façam sentido nele.

Se ele está curioso, oferece informação clara e inspiradora.

Se está indeciso, oferece apoio e segurança.

Se está frustrado, oferece explicação e ajuda.

Se está empolgado, celebra com ele e convida para a próxima etapa.

Exemplo: Uma marca de cursos online notou, através de IA, que alguns utilizadores visitavam a página do curso várias vezes, mas não se inscreviam. Decidiram usar um pop-up personalizado:

> *"Já viste este curso mais de duas vezes. Se quiseres saber mais sobre como ele pode mudar sua rotina, posso te ajudar?"*

O resultado foi um aumento de 40% nas conversões.

Usa a IA para sugerir variações de texto com base no estado emocional. Usa a "velha" técnica:

> *"Escreve versões diferentes de um e-mail para alguém que está indeciso sobre comprar um curso."*

Passo 4: Personaliza automações com base em ações reais

Ao invés de seguir scripts genéricos, usa a IA para personalizar o conteúdo com base nas ações reais do utilizador.

Se ele baixou um e-book, cria uma sequência de e-mails que vá além da leitura, oferecendo suporte e convites relevantes.

Se ele abandonou o carrinho, envia uma mensagem situacional que reconheça o gesto e ofereça ajuda.

Se ele cancelou uma assinatura, pede feedback com delicadeza e oferece alternativas.

Exemplo: Uma plataforma de assinaturas usou IA para detectar quando utilizadores cancelavam o plano. Ao invés de insistir com ofertas, enviaram uma mensagem sincera:

"Sentimos muito que tenhas decidido sair. Gostaríamos de saber o motivo, se for possível. Se voltares no futuro, estaremos aqui."

O resultado foi surpreendente: muitos utilizadores responderam com feedback útil, e alguns até retomaram a assinatura meses depois.

Usa a IA para personalizar o texto com base no histórico do utilizador:

"Escreve uma mensagem de cancelamento personalizada para alguém que usou o serviço por 6 meses e nunca entrou na app após a terceira semana."

Passo 5: Mede o impacto emocional das mensagens

Não basta mandar mais e-mails ou publicar mais posts — é preciso medir o impacto emocional das tuas palavras. Isso pode ser feito através de:

→ Taxa de resposta.

→ Tempo médio de leitura.

→ Número de comentários ou interações pessoais.

Avaliações de satisfação ou pesquisas de experiência.

Exemplo: Uma marca de alimentação saudável notou que, após adotar uma abordagem mais situacional, o número de respostas diretas aos e-mails aumentou 50%. Além disso, os depoimentos dos clientes ficaram mais profundos e calorosos, indicando maior conexão com a marca.

Usa a IA para comparar mensagens diferentes:

"Compara o desempenho de mensagens promocionais versus situacionais nos últimos 3 meses, destacando diferenças em taxa de abertura, clique e conversão."

Quando esta abordagem é aplicada com consistência, os resultados são claros e transformadores:

→ Maior taxa de conversão, pois o conteúdo responde às emoções reais do utilizador.

→ Aumento do engajamento, com mais interações, respostas e comentários pessoais.

→ Fortalecimento da relação de confiança entre marca e consumidor, construída com empatia e propósito.

→ Redução de fricção no processo de decisão, pois o conteúdo faz sentido no momento certo.

- → Menos desperdício de recursos com mensagens desconectadas, substituídas por comunicação consciente e situacional.

Mesmo com toda atenção e planejamento, pode acontecer de uma mensagem situacional não ressoar com o utilizador. Quando isso ocorrer:

1. Revisa o tom da mensagem: Talvez tenha sido excessivamente direta ou emocional. Tenta reformular com mais leveza ou clareza.
2. Testa variações: Envie diferentes versões para grupos menores antes de escalar para toda a lista.
3. Peça feedback direto ao utilizador: Usa pesquisas breves ou campos de resposta livre para entender o impacto da mensagem.
4. Volta para a IA e pede sugestões ajustadas: Pede:

   "Sugere três variações de texto com base no desempenho atual."

5. Mantém flexibilidade na comunicação: Não trates nenhuma mensagem como definitiva. Aprendas com o retorno e ajustes continuamente.

Como vê, criar conteúdos situacionais, e não apenas promocionais, é uma atitude estratégica e humana. Requer coragem para ir contra a corrente da produção constante, e sensibilidade para entender que nem tudo precisa ser dito com urgência comercial. Requer também sabedoria para perceber que, às vezes, o mais poderoso é o que toca o coração, mesmo que não gere uma conversão imediata.

A Inteligência Artificial pode ajudar-te a identificar padrões, prever estados emocionais e sugerir textos, mas ela não sabe sentir. Não sabe quando é hora de parar. Não entende o peso de uma frase gentil. Isso continua sendo exclusivamente humano.

E é justamente aí que reside o verdadeiro poder do marketing narrativo: em saber não apenas o que dizer, mas a quem dizer, quando dizer, e como dizer com empatia.

Na próxima lição, vamos explorar como usar a IA para coordenar ritmo e ambiente — outro elemento crucial para construir experiências narrativas poderosas e profundas.

Usa a IA para coordenar ritmo e ambiente

A narrativa não vive apenas de palavras. Ela existe no tempo, no espaço, na cadência das ações e na atmosfera em que se desenrola. Uma história bem contada não é só o que é dito, mas quando é dito, como é dito e em que contexto emocional surge.

É por isso que esta terceira lição é tão importante: usa a Inteligência Artificial para coordenar ritmo e ambiente nas tuas experiências narrativas. A IA pode ajudar-te a escolher o momento certo para entregar uma mensagem, sugerir o tom mais adequado, e até criar um cenário digital que reforce a emoção do conteúdo. Mas tu és quem define o simbolismo, o significado e a intenção.

O marketing narrativo vai além da informação — ele cria momentos. E os melhores momentos são aqueles que parecem naturais, fluem com harmonia e ressoam profundamente com quem os recebe. É isso que torna a experiência memorável.

Por Que Coordenar Ritmo e Ambiente é Essencial para a Narrativa?

Quando pensamos em storytelling no marketing, muitas vezes focamos apenas na mensagem ou no formato. Mas esquecemos de dois elementos fundamentais:

1. Ritmo: o espaçamento entre as ações, a velocidade das entregas, a pausa estratégica que dá sentido ao todo.
2. Ambiente: o contexto em que a mensagem aparece, a atmosfera criada pelo design, pela linguagem, pelas escolhas visuais e sonoras.

Um bom exemplo disso está presente em qualquer série de televisão. Um episódio pode ser excelente, mas se for lançado no dia errado, sem conexão com o anterior ou sem preparação emocional do público, seu impacto será perdido. O mesmo acontece com as tuas campanhas de marketing.

A Inteligência Artificial pode ajudar-te a evitar esse tipo de erro. Ela consegue analisar dados históricos de engajamento, prever padrões de comportamento do utilizador, e até sugerir o melhor momento para enviar uma mensagem. Mas é tu quem decide se aquele momento faz sentido dentro da história maior que estás a contar.

Como Usar a IA para Coordenar Ritmo e Ambiente

Vamos agora mergulhar na aplicação prática desta estratégia, passo a passo, com exemplos reais de como implementá-la no teu fluxo de trabalho de marketing digital, usando Inteligência Artificial como aliada estratégica.

Passo 1: Identifica o ritmo natural da jornada do utilizador

Antes de decidires quando e como enviar uma mensagem, tens de entender qual é o ritmo natural da experiência do utilizador. Isso inclui:

→ O tempo médio entre cliques.

→ O intervalo entre descoberta e decisão.

→ A frequência de interação com teus canais.

→ Os momentos de maior atenção e resposta.

Exemplo: Uma marca de cursos online percebeu, através de análise de dados, que a maioria dos utilizadores demorava cerca de 7 dias entre a visita inicial e a inscrição final. Em vez de mandar mensagens todos os dias, ajustaram o ritmo para três envios espalhados nesse período, com conteúdos progressivos e cada vez mais profundos. O resultado foi um aumento de 28% nas conversões.

Usa a IA para mapear esses padrões:

> *"Analisa os últimos 90 dias de interações do utilizador e indica qual é o ritmo médio entre visita, lead e conversão."*

Passo 2: Deixa a IA escolher o momento certo para entregar o conteúdo

Com base nos dados recolhidos, podes configurar sistemas automatizados que usem IA para escolher o momento ideal para mostrar uma mensagem.

Isso pode incluir:

→ Envio de e-mails com base em comportamentos específicos (ex.: visitou página X, mas não fez download).

→ Ativação de pop-ups ou notificações push em momentos de maior atenção.

→ Agendamento de posts ou anúncios com base no histórico de engajamento do utilizador.

Exemplo: Uma plataforma de livros digitais usou IA para identificar quando os utilizadores voltavam ao site após uma semana de inatividade. Nesse momento, era enviado um e-mail com o seguinte texto:

> *"Sentimos tua falta. Tens algum livro pendente que querias retomar?"*

Esse pequeno gesto gerou um aumento de 34% na taxa de abertura e um salto de 22% nas compras repetidas.

Usa a IA para sugerir timing:

> *"Sugere o melhor momento para enviar uma sequência de e-mails com base no comportamento recente do utilizador."*

Passo 3: Define o tom, o simbolismo e o significado da mensagem

Embora a IA possa sugerir o melhor momento para falar, quem dá alma à mensagem és tu. O tom, o simbolismo e o significado estão fora do alcance da máquina — são elementos humanos que transformam comunicação em conexão.

Por isso, antes de enviar qualquer mensagem, pergunta-te:

→ Qual é o sentimento subjacente?
→ O que essa mensagem representa para o utilizador?
→ Como ela se encaixa na história maior que estamos a construir?

Exemplo: Uma marca de alimentação saudável enviou uma mensagem de boas-vindas a novos assinantes com o seguinte texto:

> *"Seja muito bem-vindo(a)! Cada passo que deres connosco é uma escolha por cuidar de ti mesmo(a)."*

Essa abordagem simbólica — ligar o consumo a um ato de autocuidado — gerou um aumento de 40% nas taxas de leitura e respostas calorosas de utilizadores.

Usa a IA para escrever variações com diferentes tons:

> *"Escreve versões distintas de uma mensagem de boas-vindas com tons diferentes: amigável, inspirador e profissional."*

Passo 4: Cria ambientes digitais que reforcem a emoção da narrativa

O ambiente onde a mensagem é recebida também influencia sua aceitação. Isso inclui:

→ Design visual da landing page.
→ Tom da música ou narração em vídeos.

- → Estrutura do chatbot ou assistente virtual.
- → Linguagem usada em notificações push ou pop-ups.

Exemplo: Uma marca de meditação usou IA para personalizar a interface da app com base no estado emocional do utilizador. Se ele estava cansado, a tela mostrava cores mais suaves e textos curtos. Se estava animado, apareciam mensagens de celebração e desafios diários. O resultado foi um aumento de 50% no tempo médio de uso da app.

Usa a IA para sugerir elementos visuais e textuais:

> *"Sugere combinações de cores, imagens e frases que combinem com o tema 'descanso mental'."*

Passo 5: Mede o impacto emocional do ritmo e do ambiente

Não basta acertar o timing e o ambiente — é preciso medir o impacto dessas escolhas. Isso pode ser feito através de:

- → Taxa de abertura e clique.
- → Tempo médio de permanência na página.
- → Comentários e feedback direto.
- → Conversões vindas de mensagens específicas.

Exemplo: Uma marca de autoconhecimento comparou duas campanhas: uma com envios diários e outra com ritmo espaçado. Notou que, embora a primeira tivesse mais entregas, a segunda tinha maior taxa de resposta e comentários mais pessoais.

Usa a IA para comparar resultados:

> *"Compara o desempenho de mensagens enviadas com ritmos diferentes, destacando diferenças em taxa de abertura, clique e conversão."*

Resultados Esperados

Quando esta abordagem é aplicada com consistência, os resultados são profundos e transformadores:

- → Maior taxa de conversão, pois o conteúdo chega no momento certo e com o tom certo.
- → Aumento do engajamento, com mais interações, respostas e comentários pessoais.

- → Fortalecimento da relação de confiança entre marca e consumidor, construída com empatia e propósito.
- → Redução de fricção no processo de decisão, pois o conteúdo faz sentido no momento certo.
- → Menos desperdício de recursos com mensagens desconectadas, substituídas por comunicação consciente e situacional.

Mesmo com toda atenção e planejamento, pode acontecer de uma mensagem não chegar no momento certo, ou o ambiente criado não ressoar com o utilizador. Quando isso ocorrer:

1. Revisa o timing usado: Talvez tenhas enviado a mensagem cedo demais ou tarde demais. Tenta ajustar com base no comportamento real do utilizador.
2. Testa variações de ambiente: Muda cores, imagens, sons ou estrutura visual para ver se há diferença no impacto.
3. Peça feedback direto ao utilizador: Usa pesquisas breves ou campos de resposta livre para entender o impacto da mensagem.
4. Volta para a IA e pede sugestões ajustadas: Pede:

   "Sugere três variações de timing e ambiente com base no desempenho atual."

5. Mantém flexibilidade na comunicação: Não trates nenhuma mensagem como definitiva. Aprendas com o retorno e ajustes continuamente.

Lembrete:

Usar a IA para coordenar ritmo e ambiente é muito mais do que uma técnica de automação — é uma forma de construir histórias que respiram, tocam e transformam. Enquanto a tecnologia pode indicar o momento certo e sugerir o ambiente ideal, é a tua sensibilidade humana que dá alma a tudo isso.

Ao integrar a precisão da IA com a intuição criativa, vais além da eficiência e chegas à narrativa consciente — aquela que respeita o tempo do outro, responde ao seu estado emocional e cria momentos que ficam gravados na memória.

Na próxima e última lição, vamos explorar como projetar microexperiências com intenção narrativa — outro elemento crucial para construir histórias poderosas com apoio da Inteligência Artificial.

Projeta microexperiências com intenção narrativa

Na construção de histórias poderosas, o todo é composto por detalhes. Uma grande narrativa não é apenas um arco dramático ou uma jornada heroica — ela se constrói em pequenas escolhas, em momentos fugazes que ficam gravados na memória do destinatário. É isso que chamamos de microexperiências: os toques sutis, as pausas significativas, os gestos aparentemente simples que, no conjunto, criam algo maior.

Uma microexperiência pode ser:

- → Um clique que abre um vídeo emocional.
- → Um abandono de carrinho respondido com uma mensagem poética.
- → Um formulário preenchido e seguido por um agradecimento com história.
- → Um chatbot que responde com empatia, não apenas com dados.
- → Uma landing page que respira propósito, não apenas informação.

Cada ponto de contacto entre marca e utilizador é uma oportunidade de cena. E como em qualquer boa história, cada cena precisa ter intenção. Não basta estar lá — precisa dizer algo. Precisa fazer sentido. Precisa conectar-se com quem está recebendo.

A Inteligência Artificial pode ajudar-te a identificar esses pontos, sugerir variações e até automatizar certos elementos. Mas és quem dá alma ao enredo. Tu és quem decide o tom, o simbolismo, a emoção subjacente. A IA te ajuda a escalar a experiência. Tu é que lhe dás profundidade.

O Poder das experiências no Marketing com Storytelling Eficaz

Muitas marcas perdem tempo tentando criar "grandes campanhas" memoráveis, sem perceber que o verdadeiro impacto muitas vezes vem de detalhes quase invisíveis. O problema não é a falta de visão grandiosa — é a ausência de atenção aos micromomentos que formam essa visão.

Vamos pensar num Exemplo:

Imagine que alguém entra no teu site, navega por algumas páginas, mas não faz nada além de ler o conteúdo. Ele não assina, não compra, não clica em nenhum botão. Para a maioria das estratégias de marketing tradicional, esse visitante seria considerado "não qualificado". Mas para uma estratégia baseada em microexperiências, ele é parte de uma história em andamento.

E se, depois de alguns dias, esse utilizador receber um e-mail que diz:

"Notamos que passaste algum tempo aqui. Se há algo que querias saber e não encontraste, estamos aqui para conversar."

Esse é o tipo de microexperiência que muda tudo. Não é uma oferta promocional fria. Não é uma tentativa óbvia de venda. É um gesto humano. Uma resposta sensível ao comportamento real. Uma ponte lançada com intenção narrativa.

E isso é exatamente o que fizemos no McSill Story Studio, quando decidimos reimaginar o papel da tecnologia na criação de experiências profundas:

No início de 2023, tínhamos um desafio claro no McSill Story Studio: melhorar a taxa de conversão dos primeiros contactos com o nosso público-alvo, composto principalmente por profissionais de comunicação, marketing e liderança que buscavam entender como aplicar storytelling estratégico nos seus negócios. Tínhamos, como a maioria, um site funcional, uma lista de e-mails bem segmentada e uma proposta clara. Mas faltava algo: conexão. As pessoas viam o conteúdo, liam os textos, mas poucas davam o próximo passo. Havia interesse, mas não continuidade. Havia curiosidade, mas não convite.

Decidimos então reconstruir toda a jornada inicial com base em microexperiências narrativas conscientes, integrando Inteligência Artificial para identificar padrões, sugerir timing e personalizar respostas, enquanto mantínhamos o núcleo criativo e emocional nas mãos humanas.

Passo 1: Identificação de momentos críticos na jornada

Começamos mapeando os principais pontos de contacto entre o utilizador e a marca:

→ Visita inicial ao site.

→ Leitura de artigos ou recursos gratuitos.

→ Download de materiais educativos.

→ Abandono de página após leitura.

→ Primeira interação com o chatbot.

→ Envio de e-mails sequenciais.

Para cada um desses momentos, perguntávamos:

Qual é o estado emocional do utilizador agora? O que ele espera encontrar? Como posso responder com intenção narrativa?

Passo 2: Uso da IA para detectar padrões e personalizar respostas

Usamos ferramentas de IA para analisar o comportamento de milhares de visitantes e identificar tendências:

- → Quanto tempo médio de permanência.
- → Quais páginas eram mais acessadas.
- → Em quais momentos ocorria o abandono.
- → Quais palavras-chave apareciam com mais frequência nos formulários preenchidos.

Com base nesses dados, configuramos sistemas automatizados capazes de reconhecer certos padrões e responder com mensagens específicas.

Por exemplo:

- → Alguém que lia três artigos sobre storytelling, mas não baixava o e-book, recebia uma mensagem assim:

"Tu já leste bastante sobre contar histórias. Se ainda tens dúvidas sobre por onde começar, podemos te guiar."

- → Um utilizador que abandonava a página de inscrição do curso, recebia um pop-up suave:

"Se estiveres indeciso(a), posso explicar melhor como este treinamento pode mudar sua forma de comunicar."

Essas microexperiências foram programadas com IA, mas guiadas por princípios humanos: escuta, empatia e propósito.

Passo 3: Criação de ambientes digitais com intenção emocional

Não bastava enviar mensagens certas. Era preciso também criar espaços digitais que respaldassem essas emoções.

Reformulamos o design do site para refletir a ideia central do storytelling: calor, profundidade e simplicidade. A linguagem visual foi ajustada para transmitir acolhimento. Os vídeos introdutórios foram feitos com roteiros pessoais, contando histórias reais de transformação.

Até mesmo o chatbot foi repensado. Em vez de oferecer ofertas automáticas, ele começava com frases como:

"Olá! Imagino que tenhas chegado até aqui porque acreditas no poder das histórias. Posso te mostrar como elas podem mudar tua forma de comunicar?"

Passo 4: Medição do impacto emocional e ajuste contínuo

Ao longo de seis meses, medimos o impacto dessas microexperiências através de métricas como:

- → Taxa de conversão de leads para inscrições.
- → Tempo médio de permanência no site.
- → Número de e-mails abertos e respondidos.
- → Comentários e depoimentos pessoais nas redes sociais.

Os resultados foram surpreendentes:

- → A taxa de conversão aumentou 27% em relação ao período anterior.
- → O tempo médio de permanência no site subiu quase 40%.
- → O número de respostas diretas a e-mails situacionais dobrou.
- → Muitos utilizadores mencionaram sentir-se "ouvidos" e "compreendidos".

Mais do que números, houve uma mudança perceptível na qualidade do diálogo com o público. As pessoas não só consumiam conteúdos — elas queriam participar da história.

Como Projetar Microexperiências com Intenção Narrativa – Storytelling Transformador

Se quiseres aplicar essa abordagem no teu próprio negócio, aqui estão os passos fundamentais:

1. Enxerga cada contacto como uma cena

   Cada interação — seja um clique, um scroll, uma resposta a um e-mail — é uma oportunidade de cena. Trata-a com a mesma intenção que usarias em uma peça teatral ou um filme.

2. Define o sentimento que queres evocar

   Antes de escrever qualquer texto ou programar qualquer ação, pergunta-te:

   Qual é o sentimento que quero provocar neste momento? Segurança? Curiosidade? Pertencimento?

3. Usa a IA para identificar padrões e personalizar timing

   Ferramentas de IA podem te ajudar a entender quando o utilizador está interessado, cansado, frustrado ou empolgado. Usa esses insights para entregar mensagens no momento certo.

4. Mantém o coração da narrativa humano

   A IA pode sugerir textos, imagens e timing. Mas tu és quem define o tom, o simbolismo, o significado. A máquina é a caneta. Tu és o autor.

5. Testa, aprende e adapta continuamente

   Microexperiências não são definitivas. Elas precisam ser testadas, observadas e ajustadas com base no retorno real do público. Escuta, experimenta, melhora.

Projetar microexperiências com intenção narrativa não é apenas uma técnica de marketing — é uma filosofia de comunicação. É reconhecer que cada ponto de contacto é uma oportunidade de cena, e que essas cenas, somadas, criam uma história memorável.

A Inteligência Artificial é uma aliada poderosa nesse processo. Ela permite-te escalar a personalização, otimizar timing, e antecipar necessidades. Mas ela não substitui a sensibilidade humana, a empatia, o cuidado com o outro.

Como vimos no caso do McSill Story Studio, quando combinamos a precisão da IA com a intuição criativa, criamos experiências que vão além da eficiência — alcançamos conexão. E é isso que torna o marketing verdadeiramente humano.

Com esta última lição, encerramos o ciclo completo de como usar a Inteligência Artificial para criar experiências narrativas profundas, marcantes e autênticas. Agora tu tens as ferramentas teóricas e práticas para:

→ Mapear a experiência do utilizador como cenário emocional.

→ Criar conteúdos situacionais, não apenas promocionais.

→ Coordenar ritmo e ambiente com apoio da IA.

→ Projetar microexperiências com intenção narrativa.

O futuro do marketing pertence a quem souber usar a tecnologia com consciência, humanidade e propósito. E tu, agora, estás mais do que pronto para o escrever.

CHECKLIST

Transformar marketing em experiência com IA

☑ Mapeaste o percurso do teu cliente em termos emocionais e contextuais?

☑ Estás a usar IA para ajustar conteúdos com base no que o cliente está a viver e não só no que ele fez?

☑ Criaste conteúdo modular, adaptável a diferentes estados e momentos?

☑ A tua equipa pensa storytelling como ambiente e não só como discurso?

☑ Tens sistemas de escuta contínua (comportamento + sentimento) em cada ponto de contacto?

☑ Os teus dashboards avaliam tempo de envolvimento e retorno espontâneo, não só conversão?

☑ Estás a criar sensações, não apenas mensagens?

Dica final deste episódio

Marketing que toca não força, não manipula – convida, envolve, respeita. E respeito, hoje, é mais urgente do que nunca. Porque o que se vê por aí não é estratégia, é abuso travestido de copy. São fórmulas vendidas como verdade, gatilhos mentais reciclados até à náusea, cursos que ensinam a empurrar promessas vazias a quem mal tem como pagar o jantar. Livros de persuasão que tratam o ser humano como "lead", como alvo, como obstáculo a ser vencido em sete passos. E o resultado é cruel: gente em desespero a dividir em 12 vezes um curso inútil que promete prosperidade – mas entrega frustração. A tecnologia até permite montar um cenário bonito, mas só tu sabes se o que estás a construir é um palco ou uma armadilha. Porque envolver alguém é criar um espaço onde ele se reconheça, se sinta respeitado, queira permanecer. Não é levá-lo ao impulso da compra – é dar-lhe motivo real para voltar. Uma boa atmosfera narrativa não mente, não pressiona, não ilude. Oferece contexto, presença e verdade. E isso, hoje, vale mais do que qualquer script para converter incautos. Porque vender com dignidade ainda é possível – mas exige coragem para ir contra a multidão que prefere lucro imediato à consciência tranquila.

Episódio 22

A Lógica do Corpo

Quando a Experiência é Tátil

As histórias que ficam são aquelas que se sentem com todos os sentidos.

ANTES DE LER O EPISÓDIO, ESSES SÃO OS TERMOS TÉCNICOS QUE PRECISAS CONHECER:

1. **Beta Contínuo**

   Estado permanente de prototipagem em que os conteúdos, campanhas e narrativas não são tratados como produtos finais, mas como versões vivas em constante evolução. O marketing deixa de trabalhar com "versões finais" e passa a operar em fluxo, com base em dados e resposta do público.

2. **Prototipagem Narrativa**

   Prática de criar, lançar, testar e refinar histórias em tempo real, com ciclos curtos e iterativos. A IA ajuda a gerar versões, medir impacto e propor adaptações, mas o rumo narrativo continua a ser definido pela escuta humana.

3. **Versão Iterativa de Conteúdo**

   Cada peça de comunicação é entendida como uma hipótese, e não como conclusão. Cria-se uma estrutura aberta a ajustes frequentes – com base em métricas quantitativas e sinais qualitativos.

4. **Documento Vivo**

   Repositório de conteúdos (histórias, estruturas, vocabulários, metáforas, versões de campanha) que é atualizado continuamente à medida que se aprende com o público. A IA pode navegar esse documento para criar variações com fidelidade contextual.

5. **Narrativa Evolutiva com IA**

   Modelo em que a Inteligência Artificial não é usada para gerar conteúdos isolados, mas para ajudar a cultivar histórias que evoluem ao longo do tempo, com base na reação emocional, mudanças de contexto e revisões criativas contínuas.

No panorama inicial do marketing digital, a mentalidade predominante era a da finalização definitiva. Criava-se um site que, idealmente, permaneceria inalterado durante meses ou até anos. Redigia-se um texto cuidadosamente lapidado, validado internamente, antes de ser publicado como versão "final". As campanhas eram planeadas como eventos pontuais, onde a narrativa era concebida para permanecer estática, quase intocável, após o lançamento. Eventuais erros ou inadequações eram reconhecidos, sim, mas tratados como falhas a corrigir em momentos posteriores, com versões "corrigidas" que raramente alteravam a estrutura original. Havia uma ilusão de que a história, uma vez contada, estava completa.

Este paradigma rígido começou a ruir com a emergência da Inteligência Artificial e a sua integração nos fluxos de produção de conteúdos. Passamos a um universo onde o conceito de versão final simplesmente desaparece. O marketing digital transita para um estado de "beta contínuo", onde tudo é fluido, adaptável e em constante evolução. Os textos, antes estáticos, tornam-se organismos vivos que se reconfiguram segundo dados em tempo real. As imagens, longe de serem arquivos imutáveis, são regeneradas e ajustadas com um simples clique, transformando-se em elementos dinâmicos que se adaptam à audiência. As sequências de e-mails que antes eram pré-planejadas e engessadas agora fluem, evoluem e se modificam automaticamente conforme o comportamento e as respostas do utilizador.

Esta transformação redefine profundamente o papel do storyteller. Na era do beta permanente, não se escreve mais uma história perfeita, mas sim uma versão suficientemente boa — um protótipo vivo, suscetível de ser testado, sentido, revisado e aprimorado. A habilidade essencial deixa de ser a da criação acabada e passa a ser a da experimentação consciente e iterativa.

A Inteligência Artificial é uma parceira poderosa neste processo. Ela oferece a capacidade de produzir variações, analisar respostas, identificar padrões e propor ajustes em velocidades inimagináveis para o método tradicional. Contudo, a IA, por mais avançada que seja, não detém o senso crítico ou a coragem para romper com a ideia inicial. O papel humano — o do criador que aceita a imperfeição, que valoriza a aprendizagem pela prática e que se dispõe a desconstruir e reconstruir incessantemente — permanece insubstituível.

É um convite à humildade e à flexibilidade. O storyteller do futuro deve abandonar a vaidade do "texto perfeito" e acolher a incerteza do protótipo. Deve pensar a narrativa como uma experiência em evolução, um organismo que respira e cresce conforme interage com o mundo real.

No McSill Story Studio, este conceito foi testado e refinado ao longo de numerosos projetos. Um dos casos mais reveladores envolveu o desenvolvimento de uma campanha para um cliente no setor de educação online. A estratégia inicial consistia numa sequência fixa de e-mails pensados para conduzir o utilizador desde a descoberta do curso até à inscrição. Acompanhámos, no entanto, como a IA ajustava automaticamente esses e-mails, alterando a ordem, o tom e o conteúdo consoante o comportamento e as respostas do público. Essa fluidez permitiu identificar rapidamente quais elementos realmente conectavam e quais precisavam de ser substituídos ou melhorados.

Ao abandonar o ideal de uma narrativa fechada e abraçar o beta contínuo, o cliente conseguiu aumentar significativamente a taxa de conversão, ao mesmo tempo que melhorava a experiência do utilizador — que não se via mais confrontado com mensagens repetitivas e descontextualizadas, mas sim com histórias que acompanhavam o seu percurso emocional e cognitivo.

Do ponto de vista científico, este fenômeno pode ser analisado sob a ótica da teoria da complexidade e dos sistemas adaptativos. A narrativa em beta contínuo funciona como um sistema aberto, que recebe inputs do ambiente, processa-os e adapta a sua estrutura de acordo com feedbacks contínuos, numa dinâmica que se assemelha a processos biológicos. Este modelo rompe com o paradigma cartesiano da causa-efeito linear, favorecendo a noção de emergência e auto-organização, conceitos fundamentais para compreender o comportamento das redes digitais modernas.

Além disso, este processo desafia a noção tradicional de autoria. Se antes o texto era propriedade exclusiva do escritor, agora a narrativa se constrói em coautoria com o público e a tecnologia, numa interação dialógica que redefine os limites entre criador, receptor e máquina.

Na prática, preparar-se para o futuro em beta implica:

→ Adotar uma postura experimental, valorizando dados e respostas concretas acima de convicções inflexíveis.

→ Desenvolver estruturas narrativas modulares e flexíveis, que possam ser facilmente ajustadas sem perder coerência.

→ Integrar ferramentas de IA que permitam gerar e testar múltiplas variações em tempo real.

→ Criar processos contínuos de análise e refinamento, que transformem o storytelling numa prática viva e em constante evolução.

→ Cultivar a coragem para lançar histórias imperfeitas e aprender com cada ciclo de interação.

Eis, portanto, o verdadeiro poder do storytelling na era da Inteligência Artificial reside na coragem de deixar a história viva, imperfeita e em constante transformação. É neste espaço de abertura e experimentação que as marcas encontram não apenas relevância, mas a capacidade de se reinventar, dialogar e criar vínculos autênticos com um público cada vez mais exigente e dinâmico. O convite não é simplesmente para aceitar o beta como um estágio passageiro, mas para encará-lo como o próprio pulso da comunicação moderna, onde cada iteração é uma oportunidade para aprender, ajustar e surpreender. O futuro não está numa narrativa fixa, mas numa jornada de descobertas constantes. Quem estiver disposto a trilhar este caminho descobrirá que, no entrelaçar do humano com o tecnológico, reside a chave para transformar histórias em experiências inesquecíveis e negócios em movimentos culturais. Se queres não só acompanhar, mas liderar essa revolução, este é o momento para repensar tudo aquilo que sabes sobre contar histórias.

Antes vs. Agora: da obra pronta ao protótipo contínuo

Antes	Agora
Publicava-se o "final"	Publica-se o "viável" e ajusta-se com IA
Revisão depois da falha	Melhoria contínua com base em leitura de dados
Medo de errar na narrativa	Consciência de que tudo pode (e deve) ser reescrito
Escrita baseada na intuição	Escrita orientada por intuição + feedback em tempo real

Como aplicar o storytelling como prototipagem contínua com IA

Vivemos uma era em que a narrativa não pode mais ser estática. O conteúdo que funciona hoje pode ser ignorado amanhã. O que toca um público às 10h da manhã pode soar deslocado às 18h do mesmo dia. E, nesse cenário de atenção volátil e contextos fluidos, o storytelling precisa deixar de ser um bloco rígido e tornar-se um organismo vivo, ajustável, pronto para ser testado e reformulado em tempo real.

É aqui que entra o conceito de **narrativa modular**.

No McSill Story Studio, a criação modular de histórias não é uma tendência: é método, é prática diária. Trabalhamos com escritores, marcas e profissionais de diversos setores para ensinar e aplicar esta abordagem, que une a estrutura emocional do storytelling clássico com a flexibilidade e agilidade da Inteligência Artificial.

Vamos agora explorar essa lição em profundidade:

- → O que é uma narrativa modular
- → Por que ela é essencial para o marketing e a comunicação contemporânea
- → Como desenhá-la
- → Como usar a IA para testar, reordenar e aprimorar
- → Casos reais e exercícios práticos para aplicar ainda hoje

O QUE É UMA NARRATIVA MODULAR?

Pensa na tua história como se fosse um conjunto de peças LEGO. Cada bloco tem uma função, um efeito emocional, uma utilidade estratégica. Em vez de construíres um único castelo e deixá-lo pronto para sempre, passas a criar partes: torres, janelas, portas, muralhas. Isso permite que possas reorganizar, refazer, adaptar — sem ter de começar tudo do zero.

Uma narrativa modular é, portanto, um conjunto de fragmentos narrativos independentes, mas interligáveis, que podem ser recombinados para criar versões diferentes da mesma mensagem central.

POR QUE ISSO É TÃO IMPORTANTE?

Porque o comportamento do público mudou. Ninguém consome conteúdo da mesma forma. Uns gostam de histórias longas; outros preferem frases curtas. Uns reagem a emoção crua; outros a humor. Uns clicam quando veem números; outros quando sentem verdade.

Além disso, a Inteligência Artificial permite testar centenas de variações de conteúdo com rapidez. Mas para isso ser útil, o conteúdo precisa ser modular — ou seja, precisa ser dividido em partes claras, editáveis, móveis.

ELEMENTOS DE UMA NARRATIVA MODULAR (hoje com apoio da IA)

Uma boa estrutura modular pode conter os seguintes blocos, que podem ser criados manualmente ou com o apoio da Inteligência Artificial, para ganhar agilidade sem perder autenticidade:

1. **Abertura emocional** – uma frase, pergunta ou imagem que capta atenção e gera identificação imediata. A IA pode sugerir variações com base em perfis comportamentais ou dados de engajamento anteriores.
2. **Metáfora ou analogia** – recurso simbólico que ajuda o público a visualizar e sentir o tema. A IA pode explorar repertórios culturais diversos para gerar imagens ricas e originais.
3. **História pessoal ou caso real** – traz humanidade e verdade à mensagem. Com IA, é possível adaptar o tom ou o foco da história conforme o público-alvo, mantendo o conteúdo fiel à experiência vivida.
4. **Conflito ou tensão** – ponto de atrito que sustenta o interesse. A IA pode identificar quais pontos de fricção emocionam mais determinado segmento com base em dados anteriores.
5. **Reflexão ou insight** – momento de virada, onde há aprendizagem ou revelação. Aqui, a IA pode propor ângulos inéditos ou comparar abordagens que já funcionaram em campanhas semelhantes.
6. **Call-to-action (chamada para ação)** – convite concreto para o leitor fazer algo. Com testes A/B automatizados, a IA ajuda a descobrir qual convite gera mais movimento sem soar genérico ou forçado.
7. **Fecho emocional** – conclusão que deixa eco, seja por beleza, impacto ou surpresa. A IA pode sugerir variações de linguagem para ajustar o tom, do poético ao pragmático, conforme o contexto.

Cada bloco pode ser escrito separadamente e, depois, testado em diferentes combinações, tanto de forma manual quanto com o apoio de ferramentas que permitem automatizar esses testes com eficiência.

Exemplo

Contexto:

Um cliente nosso, do setor de coaching para expatriados, precisava criar uma sequência de e-mails para vender um programa de transição de carreira. O público: brasileiros vivendo no exterior, insatisfeitos com os empregos atuais, mas inseguros para mudar.

Narrativa linear original:

Era bonita, mas longa e pouco adaptável. O título dizia:

"Você está pronto para viver da sua paixão?"

Começava com uma metáfora sobre barcos no nevoeiro, seguia com a história da fundadora, explicava o programa e terminava com um botão de inscrição.

Problema:

Funcionava com um tipo de público, mas outros ignoravam ou abandonavam a leitura. Alguns achavam poético demais. Outros, comercial demais. Alguns queriam mais provas, outros queriam mais empatia.

Solução:

Transformamos a narrativa em blocos modulares. Com o apoio da IA, gerámos versões alternativas de abertura (algumas mais diretas, outras mais simbólicas), diferentes histórias reais (com perfis variados), CTAs adaptados ao grau de consciência do público e variações de fecho emocional. Os testes mostraram quais combinações resultavam melhor para públicos mais racionais, mais emotivos, mais inseguros ou mais decididos. O resultado: aumento da taxa de cliques, queda no abandono da leitura e, sobretudo, maior identificação emocional.

A história deixou de ser um monólogo bonito e passou a ser um diálogo inteligente — onde a IA escuta e propõe, mas a decisão final continua a ser humana.

Bloco	Conteúdo
Abertura 1	"Você já se sentiu como um barco no nevoeiro, sem saber para onde remar?"
Abertura 2	"Você sabia que 67% dos expatriados brasileiros pensam em mudar de carreira em segredo?"
História 1	"A Renata era arquiteta em Lisboa. Aos 42, largou tudo para começar de novo como terapeuta."
História 2	"Quando eu cheguei a Londres, senti que minha formação não valia nada aqui..."
Metáfora	"Às vezes, mudar de carreira é como mudar de língua: no início, você sente que não sabe dizer nada."
CTA 1	"Vamos conversar sobre isso?"
CTA 2	"Vem ver como o programa funciona — sem compromisso."
Fecho 1	"O que você chama de medo pode ser, na verdade, o seu corpo tentando te salvar."

Com a IA, testamos mais de 20 combinações desses blocos em campanhas. O que converteu melhor?

> *Abertura com dado real → História pessoal direta → Metáfora suave → CTA informal.*

Esse aprendizado orientou toda a nova campanha.

Resultado: o número de inscrições dobrou em duas semanas.

ELEMENTOS DE UMA NARRATIVA MODULAR (com sugestões práticas de uso da IA)

Uma boa estrutura modular pode conter os seguintes blocos, pensados para serem compostos, reorganizados e ajustados conforme o contexto. A Inteligência Artificial, quando bem usada, não serve para preencher espaços, mas para provocar ideias, testar variações e acelerar escolhas criativas sem substituir o olhar humano:

1. **Abertura emocional** - uma frase, pergunta ou imagem que prende a atenção de imediato. Pede-se à IA variações de abertura para públicos distintos — algumas mais íntimas, outras mais provocativas — e escolhe-se a que melhor se encaixa na intenção.
2. **Metáfora ou analogia** - elemento simbólico que facilita a compreensão e acrescenta densidade emocional. A IA pode ajudar a encontrar paralelos originais a partir de temas sugeridos, inspirando associações inesperadas.
3. **História pessoal ou caso real** - traz concretude e ligação humana. Pode-se pedir à IA sugestões de estrutura narrativa com base em casos reais fornecidos, mantendo a essência e ajustando o foco conforme o leitor.
4. **Conflito ou tensão** - momento de atrito ou dúvida que sustenta o interesse. A IA pode testar diferentes formas de apresentar esse ponto — de maneira mais intensa, mais sutil, mais prática — e comparar o impacto.
5. **Reflexão ou insight** - o ponto de viragem. Aqui, é útil pedir à IA formas alternativas de formular uma ideia-chave, provocando novas maneiras de dizer o que já se sente, mas ainda não se disse bem.
6. **Chamada para ação** - convite claro, adaptado ao nível de consciência e envolvimento do leitor. A IA pode gerar versões do CTA com diferentes tons e ritmos, e comparar resultados em testes simples.
7. **Fecho emocional** - uma conclusão que deixa ressonância. A IA pode ser usada como laboratório de linguagem: pede-se cinco formas de fechar com elegância, impacto ou surpresa — e depois, decide-se com critério.

Cada um destes blocos pode ser escrito separadamente e testado em diferentes ordens e combinações. A IA, quando usada com discernimento, ajuda a gerar material bruto, amplia o leque de opções e permite comparar efeitos sem depender apenas da intuição.

Exemplo

Contexto:

Um cliente do sector de coaching para expatriados precisava de uma sequência de e-mails para vender um programa de transição de carreira. O público: brasileiros a viver no exterior, insatisfeitos com os seus empregos, mas receosos de mudar.

Narrativa linear original:

Era bem escrita, mas engessada. O título era:

"Você está pronto para viver da sua paixão?"

Começava com uma metáfora sobre barcos no nevoeiro, seguia com a história da fundadora, apresentava o programa e terminava com um botão de inscrição.

Problema:

Funcionava com um tipo de leitor, mas afastava outros. Uns achavam demasiado lírico. Outros, vago. Alguns queriam dados concretos, outros queriam acolhimento.

Solução:

Reestruturámos o texto em blocos modulares. Usámos a IA para sugerir versões alternativas de abertura (umas mais diretas, outras mais sensoriais), diferentes modos de contar a história (com mais foco na transformação ou na vulnerabilidade), chamadas à ação adaptadas ao grau de prontidão da audiência (cliente final) e vários tipos de fecho. Não copiámos nada: deixámos que a máquina oferecesse opções e depois filtrámos com sentido crítico. O que era monolítico tornou-se flexível. O resultado foi uma sequência mais leve, mais adaptável, mais eficaz. A mensagem deixou de ser linear e passou a ser conversável — e o público respondeu melhor, porque sentiu que a história falava com ele, não apenas sobre ele.

Exemplo:

Tema: Estás a criar um conteúdo sobre "autoconfiança para mudar de vida".

Objetivo: Criar uma mini narrativa modular com IA.

1. Escreve 3 aberturas diferentes:

"E se o medo for só um disfarce da tua vontade de mudar?"

"Sabias que a maioria das grandes decisões são feitas com o coração aos pulos?"

"Já reparaste que coragem nunca se sente como coragem enquanto acontece?"

2. Escreve 2 metáforas:

"Autoconfiança é como músculo: quanto mais usas, mais cresce."

"Mudar de vida é como mergulhar de olhos fechados – o medo é o bilhete de entrada."

3. Escreve 2 histórias pessoais:

"Aos 50, a Helena largou um cargo de diretora para começar a pintar quadros. Os primeiros não venderam. Mas ela também não parou."

"O Marco sempre achou que precisava de mais formação. Mas foi quando largou os cursos e começou a agir que as portas se abriram."

4. Junta tudo com ajuda da IA:

"Cria 2 versões combinando os elementos acima. O público são mulheres entre 40 e 60 anos em processo de reinvenção profissional. O tom deve ser humano, íntimo, encorajador."

Desenhar narrativas modulares é uma revolução silenciosa. Permite escalar sem perder alma. Adaptar sem perder coerência. Prototipar sem comprometer profundidade. A IA é tua aliada nisso. Ela reorganiza, compara, sugere. Mas quem sente o que precisa ser dito, quem sabe o que não pode faltar numa história, quem reconhece quando uma frase tem alma — és tu. No McSill Story Studio, chamamos isso de arquitetura narrativa viva. Um método que une técnica, escuta emocional e inteligência contextual. É isso que cria histórias que não apenas informam ou vendem. Criam laços. Abrem portas. Mudam rumos. E tudo começa... com um bloco.

Lança versões em ambientes controlados

Num mundo onde cada palavra publicada pode gerar reações imediatas, contar histórias não é mais apenas uma arte de criação — é uma prática de escuta. E quando falamos em storytelling com Inteligência Artificial, não estamos a falar em substituir a tua voz por uma máquina. Estamos a falar em testar versões, ouvir respostas e ajustar o tom até que a narrativa encontre o seu ponto de ressonância emocional máxima. Ouso dizer que o método McSill Story Studio é uma das mais poderosas ferramentas: aprender a **lançar versões em ambientes controlados**, com o apoio da IA, para descobrir qual história provoca mais emoção, mais conexão, mais verdade. Porque não basta saber o que dizer. É preciso perceber como, quando e para quem dizê-lo — e isso só se aprende com protótipos vivos.

O QUE SIGNIFICA "AMBIENTE CONTROLADO" NO STORYTELLING?

É um espaço delimitado — um grupo, uma audiência menor, uma segmentação específica — onde testas uma versão da tua narrativa antes de levá-la ao público geral. Imagina ser como uma sala de ensaio antes da estreia. Como um laboratório emocional onde observas como aquela história respira, vibra, toca (ou não toca). Com o auxílio da IA, então, podes automatizar a publicação, segmentar públicos com precisão, recolher dados sobre reações e analisar padrões com rapidez.

Contudo, é a tua leitura do que realmente aconteceu ali que vai decidir a próxima versão.

Vejamos:

Contexto:

Desenvolvemos uma coleção de livros personalizados chamada "Palavras que Ficam" — presentes literários criados a partir de histórias reais. A proposta era vender emoções em forma de livro, algo íntimo, tocante, memorável.

Objetivo:

Descobrir que tipo de narrativa e linguagem conecta melhor com o público-alvo: mulheres entre 30 e 60 anos comprando presentes para amigos, mães ou companheiros.

O que testamos:

Três versões de capa e frase de abertura. Todas falavam sobre gratidão e afeto, mas com estilos narrativos diferentes:

Versão A - Poética: "Porque há pessoas que entram na nossa vida como palavras que não se esquecem."

Versão B - Afetiva: "Obrigado por ter sido luz quando tudo parecia escuro."

Versão C - Sutil e visual: "Você é aquela página que eu volto a reler sempre."

Cada uma foi testada como anúncio com público segmentado em regiões urbanas do Brasil e de Portugal.

Resultados:

A Versão B teve mais cliques.

A Versão A teve mais tempo de permanência.

Mas foi a Versão C que gerou mais comentários emocionados e partilhas com frases como "chorei lendo isso" e "sou exatamente assim com a minha irmã".

Decisão narrativa:

Adotámos a estrutura emocional da Versão C para a campanha principal — porque, embora os dados frios indicassem mais cliques para outras, a profundidade da reação emocional foi mais significativa.

E é isso que buscamos com storytelling: conexão, não apenas tráfego.

POR QUE É IMPORTANTE TESTAR?

Porque uma mesma história, contada de forma ligeiramente diferente, pode gerar respostas completamente distintas.

E porque há perguntas que a IA não pode responder por ti:

→ Esta história faz alguém se reconhecer?
→ Há silêncio porque ninguém leu... ou porque ninguém se viu ali?
→ Esta metáfora é universal... ou culturalmente ambígua?

Testar versões é a única forma de saber com precisão o que emociona de verdade.

E o ambiente controlado permite errar sem comprometer. Ajustar sem exaustão. Criar com liberdade.

COMO FAZER TESTES PARA VERIFICAR A EFICIÊNCIA DE UMA HISTÓRIA COM IA

1. Define um objetivo emocional claro

Não perguntes apenas "qual versão gera mais cliques". Pergunta:

→ Quero gerar identificação?

→ Quero provocar uma decisão?

→ Quero criar um momento de reconhecimento silencioso?

Esse objetivo vai definir que tipo de versão queres testar.

2. Cria variações intencionais (não só de forma, mas de tom)

Com ajuda da IA, escreve diferentes versões da tua história mantendo o conteúdo central, mas alterando o tom:

Versão	Tom	Exemplo de frase de abertura
A	Inspirador	"Às vezes, mudar de vida começa com uma simples pergunta."
B	Confessional	"Preciso confessar: eu já tive medo de recomeçar."
C	Informativo	"Sabia que mais de 60% das pessoas não trabalham com o que amam?"

A IA pode te ajudar com prompts do tipo:

> *"Reescreve esta história no tom de alguém que está em dúvida, mas esperançoso."*

> *"Gera [X] versões do mesmo parágrafo: uma emocional, uma racional e uma metafórica."*

3. Segmenta o público com cuidado

Testar funciona melhor quando os públicos são minimamente diferentes entre si.

Exemplos:

→ Mulheres de 35-45 anos no Brasil *vs.* mulheres da mesma faixa em Portugal.

→ Leitores frequentes da tua newsletter *vs.* novos seguidores.
→ Pessoas que já compraram algo teu *vs.* apenas curiosos.

Com ferramentas de automação ou ajuda da IA, podes configurar os envios e acompanhar reações com precisão.

4. Observa mais do que os números

Sim, deves acompanhar cliques, tempo de permanência, aberturas de e-mail.

Mas os sinais mais ricos estão aqui:

→ Comentários espontâneos (principalmente os longos)
→ Mensagens privadas (alguém que se expõe em resposta)
→ Partilhas com frases do tipo "leiam isso!"
→ Silêncio absoluto (sim, isso também é um dado)

Essas pistas vão te dizer se tocaste fundo... ou se apenas passaste.

Exemplo:

TESTE DE ABERTURAS EM UMA MASTERCLASS

Contexto:

Em 2023, testamos diferentes aberturas para a masterclass "Como Escrever Histórias que Vendem Sem Soar a Venda".

Versão A: "Você está cansado de escrever e ninguém reagir?"

Versão B: "Todo grande vendedor é, antes de tudo, um bom contador de histórias."

Versão C: "A primeira história que precisa acreditar... é a tua."

Resultados:

A Versão A teve o melhor CTR (click-through rate).

A Versão B teve mais tempo de vídeo assistido.

A Versão C gerou uma enxurrada de comentários do tipo: "era isso que eu precisava ouvir hoje".

Escolha final: Versão C. Porque ela ativou o que importa: emoção e identificação.

COMO ORGANIZAR TEUS TESTES: TABELA MODELO

Nome do Teste	Público Segmentado	Versão A	Versão B	Resultado Observado	Decisão
Frase de capa - livro presente	Mulheres 30-60, SP	Poética	Afetiva	Afetiva teve mais cliques, poética gerou mais tempo de leitura	Testar nova versão híbrida
Abertura de masterclass	Seguidores McSill IG	Funcional	Emocional	Emocional teve 40% mais respostas diretas	Usar emocional na versão final
CTA de curso online	Leads newsletter Portugal	Formal	Conversacional	Conversacional teve menos rejeição	Reescrever página de vendas

COMO TESTAR HISTÓRIAS DE FINALIDADE PRÁTICA COM IA

Dica	Como aplicar
Testa blocos curtos primeiro	Antes de testar uma história inteira, testa apenas a abertura ou o CTA
Usa a IA como espelho criativo	Pede variações com intenções específicas: "mais maternal", "mais provocadora"
Anota frases que geraram reação	Muitas vezes, uma frase vale mais que o texto inteiro. Cria um "Banco de Ressonância"
Acompanha as reações ao longo do tempo	Às vezes a versão mais lenta é a que mais ecoa (efeito bumerangue)
Usa o erro como bússola	Versões ignoradas dizem tanto quanto as que funcionaram — só que em silêncio

Lembrete:

estar versões da tua narrativa em ambientes controlados não é apenas uma estratégia de marketing — é um exercício de humildade criativa, um reconhecimento de que não sabes tudo, e por isso escutas antes de afirmares, escreves não para agradar, mas para descobrires, em diálogo com o público, qual história merece, de facto, ser contada naquele momento; a Inteligência Artificial acelera esse ciclo, automatiza processos e detecta padrões ocultos, mas o essencial — discernir qual versão tem alma — continua nas tuas mãos, como bem aprendemos no McSill Story Studio a cada lançamento, campanha ou livro, pois a história certa não é necessariamente a mais bonita, é a que encontra eco, e o eco só nasce quando a história é testada com escuta genuína, com presença real e com a coragem de mudar o rumo sempre que necessário; por isso, a próxima versão poderá ser aquela que transforma tudo, mas apenas se tiveres ousadia para lançá-la sem garantias, com atenção plena, intenção clara e verdade íntegra.

Aceita que o "erro" é dado valioso

Nenhuma história nasce perfeita. E nenhuma história chega ao seu leitor ideal sem tropeços no caminho. No mundo do storytelling com Inteligência Artificial, há uma tentação perigosa: a de querer apenas os dados que confirmam, os resultados que validam, os cliques que alimentam o ego. Mas no McSill Story Studio, a experiência mostrou — vezes sem conta — que é nos "erros" que mora a matéria-prima mais preciosa.

É fulcral que atentemos para exatamente isso: **como olhar para o fracasso narrativo, quando a história foi por terra, com olhos de aprendiz**. Porque o silêncio de uma audiência, o abandono de uma página, o comentário negativo ou o feedback ríspido não são o fim da linha. São o princípio de algo que pode ser melhor — mais verdadeiro, mais afinado, mais necessário.

Com a IA ao teu lado, podes identificar padrões, mapear zonas de rejeição, organizar o que não funcionou... Mas só tu tens a sensibilidade para perceber o que tudo isso revela sobre a alma da tua história.

O ERRO NÃO É UM INIMIGO. É UM ECO.

Cada vez que uma história não ressoa, alguma coisa ecoou mal:

→ A promessa soou exagerada.
→ O tom não se alinhou ao estado emocional do público.
→ A metáfora pareceu deslocada.
→ O momento da publicação foi inoportuno.
→ A linguagem era bonita demais... e distante demais.

Nada disso significa que o conteúdo era inútil. Significa apenas que precisas ouvir melhor. Reescrever. Aproximar.

No fundo, o que chamas de erro pode ser só o primeiro ensaio de uma história que ainda não encontrou a sua forma certa.

O CURSO QUE NÃO ENCHEU

Contexto:

Um cliente nosso, autor consagrado e palestrante experiente, decidiu lançar um curso online sobre propósito profissional. O tema era poderoso. A landing page estava bonita. O conteúdo, bem pensado.

Mas... ninguém se inscreveu nas primeiras 48 horas.

Primeira reação (humana):

→ O preço está errado?

→ As pessoas não querem mais isso?

→ Será que ninguém me leva a sério?

O que fizemos:

Fomos olhar os dados com a IA. Analisamos:

→ Tempo médio na página: 18 segundos.

→ Ponto de maior abandono: parágrafo que dizia "nunca mais trabalhe sem paixão".

→ Comentários recebidos: um, dizendo "isso é conversa de guru".

O que percebemos:

A linguagem era inspiradora... mas soava idealizada demais. Em 2024, o público já estava mais cético. As pessoas queriam acolhimento, não promessas mágicas.

Ação:

Reescrevemos tudo com base na rejeição.

Nova versão da frase central:

> *"E se o teu propósito não for algo grandioso – mas apenas aquilo que te devolve o fôlego para continuar?"*

Resultado?

A segunda versão não foi viral. Mas vendeu. Porque falava com mais verdade, mais humanidade.

TRANSFORMA O ERRO EM INSIGHT

1. Recolhe os dados "negativos"

Com apoio da IA, começa por mapear:

→ Quais páginas tiveram altas taxas de rejeição?
→ Quais publicações geraram silêncio absoluto?
→ Quais e-mails não foram abertos, ou foram apagados logo?
→ Quais trechos de vídeo fizeram as pessoas sair?

Esses dados são como marcas no chão: mostram onde as pessoas tropeçaram.

Exemplo de prompt para IA:

> *"Analisa as campanhas dos últimos 30 dias. Identifica os pontos com maior abandono e os conteúdos com menor engajamento emocional."*

2. Lê os comentários com lente emocional

Não ignores os comentários negativos. E, principalmente, não te defendas.

Lê como quem escuta alguém ferido. Mesmo que o tom seja rude, há ali algo valioso.

Pergunta-te:

→ Que parte da minha narrativa pode ter soado ofensiva, arrogante ou falsa?
→ Será que fui genérico demais?
→ Usei uma metáfora que não pertence ao universo daquela pessoa?

3. Analisa o silêncio

Sim, o silêncio também é um dado.

Se publicaste algo que ninguém comentou, nem rejeitou, isso revela uma desconexão emocional.

A história não provocou nada. E isso é pior do que provocar desconforto.

Com a IA, podes usar análise de padrões para comparar:

→ Que tipo de temas costumam gerar resposta?
→ Que tom costuma funcionar com este público?
→ O que mudou desta vez?

Prompt útil:

> *"Compara os últimos 10 conteúdos com menos interação e identifica o que eles têm em comum no estilo, tema ou linguagem."*

Exemplo:

MINI-CONTOS EM VÍDEO CURTO

Projeto:

Criamos uma série de vídeos para redes sociais, com contos de 1 minuto sobre reencontros, escolhas difíceis, memórias antigas.

Eram vídeos lindos, com música suave e narração sensível.

Mas o público não reagiu.

Silêncio. Visualizações medianas. Nenhum comentário comovido. Nenhum "isso é sobre mim".

A análise revelou:

→ As histórias estavam muito elaboradas, quase líricas demais.

→ As personagens pareciam distantes, idealizadas.

→ Faltava imperfeição. Faltava cotidiano. Faltava carne.

Reescrevemos com base nisso:

→ Trocamos as narrativas "poéticas" por cenas simples: um almoço cancelado, uma ligação não atendida, um bilhete esquecido.

→ Usamos a primeira pessoa.

→ Abandonamos a narração e optamos por legendas cruas.

Resultado?

O quarto vídeo da nova série teve 3 vezes mais partilhas.

Porque deixamos de contar histórias bonitas — e começamos a contar histórias sentidas.

Exemplo:

A "ANATOMIA DO FRACASSO"

1. Escolhe um conteúdo teu que não funcionou (um post, e-mail, página, vídeo).
2. Pede à IA uma análise:

"O que pode ter provocado rejeição neste conteúdo?"

"Quais elementos estão desalinhados com o comportamento emocional deste público?"

3. Depois, responde tu mesmo:
   → Eu contava esta história de um lugar verdadeiro?
   → A promessa era realista?
   → Eu estava a tentar parecer mais do que sou?
4. Reescreve o conteúdo com base nas respostas — como se estivesses a falar com alguém que merecia escuta, e não performance.

MANTÉM UM BANCO DE "ERROS LUMINOSOS"

No McSill Story Studio, temos um arquivo especial:

"Materiais que falharam com elegância".

São histórias que não funcionaram... mas que deixaram rastros, insights, frases que ainda vibram.

Pede à IA para te ajudar a organizar esse material:

Conteúdo	Data	Reação do público	Possível causa da rejeição	O que aprendi
Post "Comece agora"	12/04	Nenhum comentário	Muito genérico	Preciso dar contexto e emoção
Vídeo "Coragem"	18/05	5 partilhas apenas	História muito distante	Histórias mais íntimas funcionam melhor
E-mail "Promoção X"	22/05	Taxa de abertura 12%	Assunto frio, linguagem publicitária	Evitar tom comercial direto

Esses conteúdos podem ser relançados com nova roupagem.

A IA pode inclusive reescrevê-los com base nas novas diretrizes emocionais que tu defines.

APRENDE COM O QUE NÃO FUNCIONA

Dica	Como aplicar
Lê as rejeições como um editor, não como um autor	Retira o pessóal. Pergunta: "O que isso me mostra sobre a história?"
Guarda todas as versões rejeitadas	Elas podem funcionar noutro tom, público ou contexto.
Compara com o que funcionou	O que havia lá que faltava aqui? Simplicidade? Verdade? Ritmo? Emoção?
Pede ajuda à IA para cruzar padrões	"Compara meus conteúdos de maior sucesso e os piores. O que os diferencia?"
Usa o erro como recomeço narrativo	Começa um novo conteúdo dizendo: "Na semana passada, tentei dizer isto... Mas falhei."

No caminho da prototipagem contínua com Inteligência Artificial, o erro é tão essencial quanto o acerto — não para ser simplesmente corrigido com rapidez, mas para ser lido com profundidade, escutado nas entrelinhas, interpretado com a honestidade de quem sabe que só o autor conhece as verdadeiras motivações por trás de cada falha: vaidade disfarçada de estilo, medo camuflado em formalismo, ou um excesso de polimento que sufocou a emoção genuína; a IA pode organizar pistas, sugerir padrões, estruturar alternativas, mas apenas tu consegues reconhecer o que querias dizer — e não disseste —, e aceitar esse erro como matéria-prima narrativa é, no fundo, um ato de maturidade, um voto de confiança no processo criativo e na possibilidade de que, por trás do que não funcionou, exista uma versão da tua história com o poder de tocar alguém de forma verdadeira; por isso, no McSill Story Studio, repetimos sempre: "o erro é o rascunho da história certa" — desde que estejas disposto a relê-lo com olhos honestos e a recontá-lo com mais carne, mais silêncio, mais de ti.

Mantém um banco de variações e versões anteriores

Na arte de contar histórias, uma versão nunca é definitiva. Toda narrativa é uma possibilidade entre muitas. E, se tiveres humildade e inteligência para documentar o caminho que percorres — inclusive os desvios —, estarás a construir algo muito mais valioso do que conteúdo: estarás a criar uma biblioteca viva da tua própria linguagem.

No contexto da prototipagem contínua com Inteligência Artificial, essa biblioteca se transforma num banco estratégico de variações e versões anteriores: frases que funcionaram, chamadas que provocaram, metáforas que abriram portais, textos que foram rejeitados antes do tempo certo. Tudo isso, longe de ser descartável, passa a fazer parte do teu ecossistema narrativo — pronto para ser reativado, retrabalhado, reciclado com inteligência contextual.

No McSill Story Studio, chamamos esse processo de curadoria viva de versões. Não é apenas um arquivo. É um organismo. Um acervo emocional e estratégico que guarda as tentativas, os acertos, os fracassos temporários e os brilhos fugazes. É um modo de reconhecer que o teu conteúdo é mais do que publicação: é memória, é respiração, é evolução contínua.

POR QUE GUARDAR VERSÕES?

Porque aquilo que hoje não resulta pode revelar-se, amanhã, a peça-chave de uma narrativa transformadora — noutro formato, para outro público, num novo estado emocional coletivo —, e porque a memória curta conduz inevitavelmente à repetição, é fundamental guardar versões anteriores não como falhanços a esquecer, mas como marcos de percurso que impedem a reincidência dos mesmos erros e oferecem matéria-prima valiosa; com o apoio da Inteligência Artificial, esses registos ganham nova vida e tornam-se fontes riquíssimas para a criação de conteúdos fundamentados em dados concretos do teu próprio estilo, do comportamento real do teu público e das curvas do teu amadurecimento narrativo, deixando de ser um simples repositório para se tornarem espelho fiel da tua evolução: cada versão antiga traz consigo uma pista sobre o que pensavas naquele momento, sobre o que o teu público estava emocionalmente disponível para escutar, e sobre como a tua voz foi ganhando precisão, profundidade ou liberdade ao longo do tempo.

A FRASE REAPROVEITADA QUE VIROU MARCA

Em 2022, uma cliente nossa — terapeuta holística e escritora — criou uma série de pequenos textos para o Instagram sob o tema "reconectar com o corpo depois do trauma", e entre eles havia uma frase que abria discretamente um dos posts: "Talvez o teu corpo não esteja a falhar. Talvez ele esteja a proteger o que ainda não sabes como sentir"; à época, a publicação teve um alcance modesto, com poucos comentários e algumas reações dispersas, o suficiente para que a autora, desanimada, decidisse arquivar o conteúdo e seguir adiante — até que, meses depois, já em plena reestruturação da sua marca em 2023, revisitámos juntos o seu banco de versões antigas e, com o apoio da Inteligência Artificial, identificámos essa frase como tendo uma abertura poderosa, linguagem sensível e alto potencial de ressonância emocional; decidimos então testá-la de novo, agora como entrada para um vídeo de um minuto, com imagem em preto e branco, trilha sonora suave e pausas propositadas entre as frases — e o impacto foi imediato: uma onda de comentários intensos, partilhas espontâneas, mensagens privadas de pessoas a dizer que choraram, que guardaram, que nunca tinham sentido algo assim ao ler uma publicação; aquela mesma frase, esquecida e quase eliminada, tornou-se não apenas viral, mas passou a ser a assinatura da terapeuta, presença constante em todos os seus materiais atuais — e a lição que ficou, para ela e para nós, foi simples e irrevogável: o timing da emoção não depende apenas de ti, mas a tua organização narrativa — essa sim — depende.

COMO CONSTRUIR O TEU BANCO NARRATIVO DE VERSÕES

1. Nomeia e guarda tudo

Não destruas textos "fracassados". Renomeia:

→ "Versão landing page — setembro 2023 — abandonada"

→ "Texto emocional demais — não ressoou em público X"

→ "Campanha A/B — versão B perdeu, mas teve frases boas"

Usa ferramentas como Notion, Airtable, Google Drive ou mesmo uma pasta organizada no computador. O importante é que possas encontrar esses materiais com facilidade.

2. Classifica com tags narrativas

A IA pode ajudar a categorizar por:

→ Tipo de emoção principal (esperança, alívio, raiva, ternura)
→ Estilo de linguagem (confessional, inspirador, racional, provocador)
→ Estrutura (começa com pergunta, termina com metáfora, inclui história pessoal)
→ Tema central (coragem, mudança, luto, identidade, família, recomeço)

Assim, quando precisares escrever algo novo, basta pedir:

"Recolhe versões anteriores com tom esperançoso sobre recomeços femininos."

3. Anota o contexto de cada versão

Às vezes, uma narrativa não funciona não por causa do conteúdo — mas por causa do contexto em que foi lançada. Regista:

→ Quando foi publicada
→ Qual era o estado emocional do público
→ O que acontecia no mundo naquela semana
→ Que outras campanhas estavam no ar

Isso evita que tentes forçar uma história fora do tempo — e permite que saibas quando relançá-la.

4. Usa a IA para gerar novas versões a partir do banco

Pede:

"Reescreve esta versão antiga com linguagem mais direta, mantendo a metáfora central."

"Mistura o início da versão A com o final da versão C e adapta para mulheres acima de 50."

"Faz uma versão deste texto para ser usada como áudio de 45 segundos."

Com o tempo, o teu banco narrativo (de histórias) passa a ser o teu próprio ChatGPT personalizado — um espelho das tuas melhores intenções e tentativas.

Exemplo:

Nome da versão	Data	Tipo	Reação	Tags	Notas
Página "Cura do Silêncio" — v1	14/04/23	Landing Page	Poucos cliques	trauma, poético, feminino, longo	Frase inicial boa, CTA fraco, muito abstrata
Post "Não sou fracasso, só estou cansada"	25/05/23	Instagram	Muitos comentários	confessional, burnout, identificação	Virou tendência semanas depois. Guardar para reels
Vídeo "Mudança dói porque arranca raízes"	10/03/23	Reels	Visualizações médias	metáfora, transformação, tom lento	Pode funcionar melhor como texto com imagem estática
E-mail "Recomeçar não é regressão"	02/01/23	Newsletter	Alta taxa de resposta	esperança, mulheres 50+, narrativa circular	Retestar como carrossel com frases quebradas

COMO MANTER UM BANCO DE VARIAÇÕES EFICAZ

Dica	Como aplicar
Cria um ritual semanal	Reserva 30 minutos por semana para arquivar, nomear e refletir sobre variações feitas
Nunca descartes de imediato	Escreve e deixa repousar. O que hoje soa imaturo pode amanhã ser a linguagem certa
Confia nos teus rastros	Se uma frase te arrepia, mesmo sem reação externa, guarda-a. Alguém vai precisar dela um dia
Reaproveita sem culpa	Ninguém repara se usares uma mesma ideia 5 vezes — desde que seja com intenção renovada
Deixa a IA sugerir novas vidas	Usa a tecnologia para reciclar conteúdo com novos formatos, públicos ou objetivos

Construir um banco de variações e versões anteriores é mais do que um gesto técnico: é um ato de maturidade criativa, humildade narrativa e estratégia emocional. É reconhecer que nenhuma história é desperdiçada — apenas adormecida. É aceitar que nem tudo o que escreves precisa ser publicado imediatamente, porque o valor de uma frase não está apenas na reação instantânea que ela gera, mas no potencial profundo que ela carrega de tocar alguém — talvez num outro tempo, num outro corpo, num outro silêncio. Quando crias esse banco narrativo, estás a construir o teu próprio arquivo de sementes. Algumas germinam rápido. Outras ficam na terra, à espera do momento certo, do sol certo, da água certa. E com a ajuda da IA, essas sementes ganham voz, forma, contexto. Tornam-se disponíveis para serem reativadas com inteligência e sensibilidade. És tu quem dá o ritmo, o olhar, o sentido. E ao manter esse sistema vivo, permites que a tua comunicação deixe de ser reativa e se torne evolutiva — uma narrativa que não se apaga com o tempo, mas que cresce com ele. Porque cada rascunho é uma memória. Cada falha, uma fundação. Cada versão rejeitada, uma promessa. E no dia em que mais precisares, talvez a história que te salve — ou que salve alguém — já esteja escrita, à tua espera, no fundo de uma pasta que decidiste não apagar.

CHECKLIST

Prototipar narrativas com IA

- ☑ As tuas campanhas são desenhadas como versões, não como finais?
- ☑ Usas IA para gerar e testar diferentes estruturas da mesma história?
- ☑ Estás a recolher dados qualitativos e quantitativos de resposta?
- ☑ Manténs o hábito de rever e reescrever conteúdos publicados com base no seu impacto real?
- ☑ Tens um repositório de versões para comparar e reaproveitar?
- ☑ A tua equipa vê o storytelling como processo iterativo e não como produto final?
- ☑ Estás emocionalmente disponível para mudar de rumo se a história não ressoar?

Dica final deste episódio

Contar histórias hoje já não é uma questão de dominar a cena, mas de merecer atenção. E isso não se compra com truques reciclados nem com frases que soam bem, mas não dizem nada. Durante anos, o marketing viveu de prometer atalhos para uma vida que não existia – cursos com nomes hipnóticos, fórmulas vendidas como ciência, resultados fabricados com testemunhos encomendados. Vendeu-se esperança como produto, e o produto raramente entregava esperança. Agora, o jogo virou – não porque o mercado quis, mas porque o contexto exige. Já não há tanto espaço para o ilusionismo retórico, porque as ferramentas que usamos hoje revelam mais do que escondem. Deixaram de servir apenas para espalhar mensagens; passaram a devolver perguntas. E quem não estiver disposto a responder com verdade, vai ficar pelo caminho. Contar uma história, agora, é saber que ela vai ser lida de volta – não apenas consumida, mas respondida, interpretada, tensionada. Quem escreve, precisa estar disposto a rever, a ajustar, a reconhecer que não está mais no púlpito, mas na roda. Não se trata de entregar verdades imutáveis, mas de construir sentidos em movimento. É um jogo de atenção mútua. E quem entende isso, deixa de fabricar discursos e começa a cultivar presença. O futuro do storytelling não será feito por quem sabe impressionar – mas por quem sabe escutar, corrigir, continuar. E, sobretudo, por quem consegue fazê-lo sem perder o tom humano no meio da aflição por parecer relevante.

Episódio 23

O Silêncio como Texto

A Coragem de Não Dizer

Às vezes, a pausa certa emociona mais do que mil argumentos bem escritos.

ANTES DE LER O EPISÓDIO, ESSES SÃO OS TERMOS TÉCNICOS QUE PRECISAS CONHECER:

1. **Ética Narrativa**

   Princípio que orienta a criação de histórias com responsabilidade emocional, respeitando a inteligência e a vulnerabilidade do público. Vai além da veracidade factual: trata-se de não manipular medos, dores ou carências para gerar vendas a qualquer custo.

2. **Urgência Fabricada**

   Técnica manipulativa que cria uma sensação de tempo limitado artificial (ex.: "só até hoje!", "última chance!"), mesmo quando a oferta é recorrente. A ética narrativa propõe substituí-la por urgência verdadeira: quando há de fato uma razão legítima para agir agora.

3. **Apelo Emocional Exacerbado**

   Uso exagerado de gatilhos emocionais como medo, inveja, culpa ou escassez afetiva, com o único propósito de pressionar decisões. Este episódio defende um marketing com emoção, mas não emocionalmente oportunista.

4. **Marketing como Acontecimento Humano**

   Visão que trata cada interação com o público como um evento significativo, e não uma mera conversão. O conteúdo é pensado para provocar reflexão, mudança ou alívio – não apenas cliques.

Lembro-me bem dessas campanhas do passado, quando a manipulação emocional era quase um truque certeiro. No meio de uma explicação que parecia séria e confiável sobre finanças pessoais, a narrativa parava abruptamente num momento de grande carga emocional — a perda de um ente querido, o medo do futuro incerto — e, sem pudor, pressionava para a compra imediata de um curso digital que prometia "salvar vidas financeiras". Era uma espécie de armadilha sentimental, onde a empatia genuína dava lugar à urgência fabricada.

Havia também os anúncios que exploravam a insegurança do público, montando um cenário quase de culto, com uma exclusividade exagerada, que mais parecia uma pregação pentecostal evangélica, cheia de frases de efeito e apelos ao medo de ficar "de fora" da verdade revelada. A pressão para comprar vinha revestida de um tom quase messiânico, como se não aderir à oferta significasse condenação social ou intelectual.

Outro clássico que ainda vejo com frequência foi a tática da inveja: a promessa velada de que quem não adquirisse o produto seria eternamente inferior, fracassado, invisível — como se a felicidade e o sucesso estivessem reservados só aos eleitos. Essa manipulação da autoestima e do desejo por pertencimento funcionava porque, naquele tempo, o público era menos informado, mais crédulo e menos exposto a múltiplas fontes.

Hoje, esse tipo de abordagem está a perder completamente a eficácia. O público está mais atento, mais desconfiado e, sobretudo, cansado de ser manipulado. A saturação de mensagens agressivas e emocionalmente forçadas criou uma reação contrária: a rejeição imediata. As pessoas já não aceitam que lhes joguem histórias prontas na cara, pedindo decisões rápidas baseadas no medo ou na culpa. Já não se deixam levar por climas artificiais de exclusividade ou por discursos que condicionam a autoestima ao consumo.

O que antes funcionava como uma fórmula segura tornou-se um atalho para a perda de confiança e para o afastamento do público. A autenticidade e a transparência passaram a ser critérios decisivos. Marcas que insistem em velhos métodos encontram-se agora isoladas, perdendo espaço para aquelas que sabem construir relações verdadeiras, respeitando o tempo e a inteligência de quem as acompanha.

Claro, por mais avançada que seja a tecnologia, não podemos ignorar que a ética é o alicerce invisível que sustenta toda a relação entre marca e consumidor. Contudo, o que se vê hoje, com frequência alarmante, é um verdadeiro desfile de absurdos narrativos, criados para capturar a atenção a qualquer custo, sem respeito pelo destinatário. Mensagens que apelam a medos irracionais, promessas impossíveis de cumprir, e conteúdos robotizados que simulam empatia de forma mecânica e fria, como se o ser humano fosse uma mera variável a ser manipulada.

É comum ler ou ouvir relatos de campanhas onde a "personalização" feita por IA ultrapassa os limites do aceitável, invadindo a privacidade do usuário com mensagens excessivamente invasivas, que parecem "adivinhar" os seus pensamentos, criando uma sensação desconfortável de vigilância permanente. Ou ainda, discursos automatizados que prometem transformação pessoal milagrosa, alimentando falsas expectativas e explorando vulnerabilidades emocionais. Em vários países, tais práticas já são objeto de regulação e até mesmo de sanções legais, reconhecendo que o marketing desprovido de consciência não é apenas um problema ético, mas um risco real para a saúde mental e o bem-estar social.

Por que razão esta abordagem está, afinal, a extinguir-se? A resposta não se encontra apenas nas novas legislações ou nas sanções previstas, mas sobretudo na saturação emocional e no cansaço intelectual do público. O consumidor contemporâneo, cada vez mais atento e crítico, desenvolveu um verdadeiro mecanismo de defesa contra discursos ocos, exageros dramáticos e fórmulas previsíveis. O que em tempos gerava cliques, curiosidade ou conversão passou a provocar rejeição instintiva. Há um mal-estar crescente diante de narrativas manipulativas, um desconforto que se traduz em desinteresse, abandono e quebra de confiança. O que se impõe agora é uma viragem ética no modo de contar: histórias sinceras, construídas com transparência, com respeito pela inteligência de quem escuta e com a coragem de não apressar nem iludir.

Justamente aqui é que a Inteligência Artificial pode mostrar o seu lado positivo, quando usada com consciência humana. Em vez de criar narrativas genéricas, massificadas e frias, a IA pode ser uma ferramenta para amplificar vozes autênticas, para adaptar histórias genuínas a contextos específicos, para ouvir e responder com sensibilidade. O segredo está na combinação do poder computacional com a sabedoria ética e criativa do ser humano — porque só o humano sabe decidir o que merece ser contado, como e quando.

A ética narrativa não é um obstáculo ao sucesso, mas o caminho mais sólido para construir marcas duradouras e relacionamentos verdadeiros. É a resposta para o esgotamento do público e a chave para transformar o marketing digital numa força positiva. Num mundo automatizado, a consciência humana é o último bastião contra a banalização e a manipulação. É tempo de repensar, com coragem e rigor, como contamos histórias — para que elas não apenas vendam, mas também respeitem e enriqueçam a vida de todos os envolvidos.

Antes vs. Agora: a ética no marketing

Antes	Agora
Limites éticos implícitos	Decisões éticas explícitas e frequentes
Consequência individualizada	Impacto sistémico e exponencial
Narrativas com base em reputação pessoal	Narrativas influenciadas por algoritmos invisíveis
Transparência pela simplicidade	Transparência como responsabilidade ativa

Como trabalhar com ética narrativa na era da IA

Define princípios inegociáveis para a tua comunicação, pois na era da Inteligência Artificial, onde o conteúdo pode ser criado em segundos e replicado à exaustão, um novo desafio surge para quem trabalha com comunicação e marketing: como manter a autenticidade quando a máquina escreve tão bem quanto nós? A resposta não está apenas na tecnologia, mas no centro moral do nosso fazer. E isso começa com a definição de princípios inegociáveis para a nossa comunicação.

Esses princípios são como faróis que nos guiam mesmo nas noites mais escuras. São escolhas conscientes que fazemos antes de qualquer campanha, antes de qualquer post, antes de delegar uma linha sequer à IA. Eles respondem às perguntas mais profundas:

- → Prometemos aquilo que podemos cumprir?
- → Ou estamos constantemente alimentando expectativas irreais, só porque soa bonito ou vende mais rápido?
- → Mostramos aquilo que é real?
- → Estamos a usar imagens geradas por IA que nunca existiram, histórias inventadas, ou depoimentos fabricados que fingem ser verdadeiros?
- → Assumimos o que é criado pela IA?
- → Temos coragem de dizer ao público que certas partes do nosso conteúdo foram escritas por Inteligência Artificial? Somos transparentes sobre isso?

A ética narrativa não se constrói com grandes discursos, mas com pequenas decisões diárias. Uma delas é assumir com orgulho as ferramentas que usamos, sem esconder a origem das palavras. Outra é garantir que cada mensagem transmitida seja verdadeira, clara e alinhada com os valores reais da marca.

Pensemos num Exemplo: uma empresa lança um curso online sobre produtividade, usando uma imagem de stock gerada por IA de uma pessoa sorrindo diante de uma mesa perfeitamente organizada. Na descrição, promete "mudança total de vida" em sete dias. O problema não está na IA, mas na falta de honestidade. A imagem não existe. A promessa é irrealista. E isso vai longe demais.

Ao invés disso, a mesma marca poderia usar IA para criar uma legenda mais envolvente, sim — mas mantendo a imagem de alguém real, contando uma história sincera de progresso lento e constante. Poderia até dizer: "Este texto foi escrito com apoio da Inteligência Artificial, mas a jornada é verdadeira." Isso não diminui a credibilidade — aumenta-a.

Definir princípios inegociáveis é, acima de tudo, assumir responsabilidade pelo impacto emocional das nossas palavras. Porque a comunicação não é apenas informação — ela toca corações, influencia escolhas e molda percepções. E quando usamos IA, temos ainda mais obrigação de ser transparentes, coerentes e humanos.

Audita regularmente as automações com olhar crítico

Quando falamos em automações de marketing, muitas vezes pensamos nelas como processos neutros. Um chatbot responde a mensagens. Um sistema envia e-mails automáticos. Um algoritmo sugere conteúdos. Mas nada disso é realmente neutro. Tudo isso carrega intenções, pressupostos e, por vezes, emoções que podem ferir ou manipular.

É por isso que esta segunda lição é tão importante: audita regularmente as automações com olhar crítico. Não basta deixar que a máquina faça o trabalho enquanto tu és responsável apenas pela supervisão técnica. Tens de te tornares também guardião ético das emoções que essas máquinas transmitem.

A IA não entende ironia. Não sente culpa. Não reconhece quando uma frase pode soar agressiva ou enganosa. Ela segue padrões aprendidos, e muitas vezes replica linguagem que funciona bem em termos de conversão, mas que pode ser duvidosa em termos de honestidade.

Imagina que tens um chatbot programado para ajudar pessoas interessadas em um serviço de saúde mental. Ele usa prompts otimizados para atrair leads e converter usuários. Um dia, ele responde a alguém que diz estar passando por momentos difíceis com algo como:

> *"Entendemos sua preocupação. Agora é o momento certo para agir. Nossa oferta termina hoje."*

Essa resposta pode ter sido tecnicamente eficaz — fez o utilizador clicar. Mas foi ética? Foi sensível? Foi humana?

A auditoria regular das automações serve justamente para evitar que coisas assim passem despercebidas. Exige que voltes periodicamente aos scripts, às sequências de e-mail, aos textos dos pop-ups e te perguntes:

- → O que a IA está a dizer em meu nome?
- → Está a usar pressão emocional injusta?
- → Está a criar escassez artificial?
- → Está a explorar medos ou inseguranças para vender?

Uma prática recomendada é criar uma rotina de revisão trimestral, em que toda a equipe responsável pelo marketing revise os principais pontos de contacto automatizados e avalie o tom, a intenção e o impacto emocional de cada mensagem. Pede-se à IA para listar todas as interações feitas nos últimos três meses, e depois se analisa com olhos humanos.

Um exemplo real disso aconteceu numa marca de cursos online que notou, durante uma dessas auditorias, que seu chatbot estava respondendo a mensagens de dúvidas com frases como:

> *"Muitos já estão comprando. Se esperares, vais perder a oportunidade."*

Era uma estratégia comum de urgência. Mas a equipe percebeu que, em alguns casos, isso causava ansiedade. Decidiram ajustar o script para algo como:

> *"Tens tempo para decidir. Enquanto isso, posso explicar melhor como o curso pode te ajudar."*

O resultado surpreendeu: a taxa de conversão manteve-se estável, mas o feedback do público melhorou muito. As pessoas começaram a dizer que se sentiam mais respeitadas.

Auditar as automações com olhar crítico não é um gesto de controle — é um ato de consciência. De responsabilidade. De cuidado com quem recebe as nossas palavras.

Forma a tua equipa com consciência narrativa

Trabalhar com ética narrativa na era da IA não é apenas uma tarefa individual — é uma cultura que precisa ser cultivada dentro da própria equipa. Por isso, esta terceira lição é crucial: forma a tua equipa com consciência narrativa.

Não basta ensinar a usar prompts ou dominar ferramentas de IA. É preciso formar pessoas que entendam para quê estão criando, porquê estão comunicando e com que impacto suas palavras chegam ao mundo.

A ética começa na intenção e termina na percepção. E entre esses dois pontos está o coração da comunicação: a narrativa. Por isso, uma equipa verdadeiramente preparada para trabalhar com Inteligência Artificial deve saber não apenas como usar a IA, mas porquê, para quem e com que propósito.

Isso significa incluir na formação temas como:

→ Intencionalidade emocional: Como as palavras afetam quem as recebe?

→ Impacto social da IA: Quais são as consequências de criar conteúdo automatizado?

→ Narrativa e verdade: Como contar histórias que inspirem sem manipular?

→ Transparência com o público: Quando devemos revelar que algo foi escrito por IA?

No McSill Story Studio, fizemos exatamente isso. Criamos um programa interno de formação chamado "Storytelling Consciente", onde todos os membros da equipa, desde estagiários a diretores, participavam de workshops sobre ética narrativa, impacto emocional e uso responsável da IA. O objetivo era claro: formar comunicadores, não apenas operadores de ferramentas.

O resultado foi transformador. Houve maior alinhamento sobre o tom da marca. Menos dependência de fórmulas genéricas. Mais atenção ao impacto emocional das mensagens. E, sobretudo, mais coragem para recusar prompts que pareciam eficazes, mas eram antiéticos.

Um exemplo simples ilustra bem isso: um membro da equipa estava a preparar uma campanha de lançamento e usou IA para gerar uma série de legendas para redes sociais. Uma delas dizia:

> *"Se não comprares agora, vais ficar para trás."*

Foi submetida à revisão da equipa, e imediatamente surgiram perguntas:

→ Isso não cria ansiedade desnecessária?

→ Será que essa abordagem respeita o utilizador?

→ Podemos dizer isso com mais gentileza?

Decidiram mudar para:

> *"Este conteúdo é especialmente útil para quem está pronto para dar o próximo passo. Se fores tu, vamos conversar."*

Menos pressão. Mais conexão. Mais humanidade.

Formar uma equipa com consciência narrativa é investir no futuro da comunicação. É reconhecer que a IA é uma ferramenta incrível, mas que, sem orientação ética, pode facilmente distorcer a verdade, manipular emoções ou ferir quem recebe as mensagens.

Inclui o público na construção de limites

A ética narrativa não pode ser definida apenas por quem cria. Precisa ser testada, questionada e validada por quem recebe. É por isso que esta última lição é tão importante: inclui o público na construção de limites.

Já não basta medir apenas taxas de conversão, cliques ou vendas. É preciso ouvir como o público se sentiu após receber uma mensagem, visitar uma página ou interagir com um chatbot. E isso só é possível quando criamos espaços reais de diálogo, onde as pessoas possam expressar o que sentiram — e não apenas o que fizeram.

Afinal, uma venda pode ser fechada com manipulação. Um clique pode vir de uma emoção induzida. Mas a confiança? Essa só se constrói com honestidade, transparência e escuta verdadeira.

Incluir o público na construção de limites significa:

→ Perguntar: Como você se sentiu ao ler essa mensagem?

→ Escutar: Há algo que o incomodou ou surpreendeu?

→ Adaptar: Com base no feedback, vamos mudar o tom, o timing ou a forma?

Um exemplo prático veio de uma marca de produtos naturais que começou a usar IA para escrever textos de landing pages e e-mails. Em uma das campanhas, o prompt usado foi:

> *"Escreva uma mensagem que crie urgência e leve o leitor a agir rapidamente."*

O resultado foi eficaz em termos de conversão, mas a marca decidiu ir além e enviou uma pesquisa curta pedindo feedback:

> *"Como você se sentiu ao ler a mensagem que recebeu?"*

As respostas foram reveladoras. Muitas pessoas disseram sentir-se pressionadas, algumas chegaram a comentar que acharam a linguagem agressiva. Com base nesse retorno, a marca decidiu reformular o prompt:

> *"Escreva uma mensagem que transmita valor e convida o leitor a refletir."*

O resultado? Conversões um pouco menores, mas feedback muito mais positivo. As pessoas diziam sentir-se mais respeitadas. Alguns até voltaram semanas depois para comprar, dizendo que lembravam da experiência como "genuína".

Isso é incluir o público na construção de limites. Não só medir o que deram, mas entender o que sentiram.

Alguns formatos que funcionam bem:

- → Pesquisas curtas após o recebimento de e-mails.
- → Espaços de feedback no final de páginas importantes.
- → Grupos de discussão com clientes fiéis.
- → Stories ou posts que convidem à reflexão: "Como você se sentiu ao ler isto?"

A ética narrativa não é algo que definimos uma vez e esquecemos. É algo que revisitamos continuamente, com coragem para ouvir e mudar. E esse processo só é completo quando o público também tem voz.

A Ética Narrativa Começa Dentro de Ti

Trabalhar com ética narrativa na era da IA não é apenas uma questão técnica — é uma escolha profunda, quase existencial, sobre como queremos existir no mundo digital.

Cada palavra que escrevemos, cada prompt que damos, cada mensagem que enviamos tem um peso. Tem um impacto. Tem uma consequência emocional. E cabe a nós, criadores, guardiães e responsáveis, assumirmos isso com coragem.

Definir princípios inegociáveis nos dá clareza sobre o que defendemos.

Auditar as automações com olhar crítico garante que não perdemos o controle emocional.

Formar a equipa com consciência narrativa amplia o alcance dessa ética.

E incluir o público na construção de limites fecha o ciclo com humildade e escuta.

A IA pode escrever como nós.

Mas só nós podemos sentir como elas.

E é nesse espaço humano que reside a verdadeira força da comunicação ética.

E tu, agora, estás mais do que preparado para escrevê-la.

CHECKLIST

Ética narrativa com IA no marketing

- ☑ Definiste os valores que orientam a tua comunicação em todos os formatos?
- ☑ Revês com regularidade os conteúdos gerados automaticamente?
- ☑ Tens uma política clara sobre o uso de IA e como ela aparece para o público?
- ☑ Evitas técnicas de manipulação emocional extrema (como medo ou culpa artificial)?
- ☑ Consegues explicar e justificar cada automatismo como útil e respeitoso?
- ☑ Incluis a ética como parte dos teus relatórios e decisões de performance?
- ☑ O teu conteúdo gera conexão verdadeira – ou apenas reação superficial?

Dica final deste episódio

Contar histórias hoje é, sim, um poder – mas o que se faz com esse poder anda a revelar muito mais do que alguns gostariam. Já passou da hora de deixarmos de tratar narrativa como ferramenta de manipulação embalada em promessas de superação genérica. A indústria dos cursos e lançamentos virou, em muitos casos, uma nova religião de mercado: com dogmas, doutrina, castigo e excomunhão para os que "não aplicaram direito". E a estrutura é quase sempre a mesma – um palco iluminado, um rosto confiante, uma multidão em transe, um "passo a passo" infalível vendido por parcelas a perder de vista. A diferença entre alguns vendedores digitais e os pastores que prometem cura financeira na televisão é só o logótipo no canto do ecrã. Ambos vendem salvação disfarçada de método. Ambos, quando falham, culpam o crente: "Não te esforçaste", "não acreditaste o suficiente", "andaste com gente pobre de espírito". E o mais perigoso: fazem-no com naturalidade, com verniz de coaching, com discurso motivacional plastificado. Ninguém pergunta quantos se endividaram. Ninguém mostra o gráfico com os que desistiram em silêncio. Ninguém fala das madrugadas em que alguém acordou às cinco da manhã, repetiu os mantras todos – e mesmo assim não deu certo. E agora que temos meios para observar tudo, cruzar dados, perceber padrões... o que muda? Muda que já não dá para fingir que não sabíamos. Que a desculpa do "eu só ensino" não cola quando se constrói uma máquina que depende da ilusão do outro para girar. E, sim, é possível automatizar processos, escalar ideias, vender com inteligência – mas isso não implica esquecer o básico: há pessoas do outro lado. Há vidas. Há consequências. E há histórias que, se forem contadas com desonestidade, vão cobrar a fatura. Porque mesmo que o sistema continue a proteger os que souberam primeiro como parecer confiáveis, há uma geração a aprender depressa a separar autoridade de encenação. E quando essa viragem acontecer – e vai acontecer – não será o volume de seguidores que salvará ninguém, mas o tipo de história que deixaram nos outros. A tua, se tiver servido apenas para convencer... não vai resistir. Porque o público não está mais à venda. Está em silêncio, atento, e a preparar a resposta.

Que chega com... a ***I. A.***!

Episódio 24

A Repetição que Renova

Voltar a Dizer sem Soar Igual

As boas ideias voltam – mas nunca com as mesmas roupas.

ANTES DE LER O EPISÓDIO, ESSES SÃO OS TERMOS TÉCNICOS QUE PRECISAS CONHECER:

1. **Ciclo Emocional**

   Mapa invisível que representa as emoções vividas pelo cliente ao longo da sua jornada com a marca. Vai além do comportamento visível (cliques, visitas), considerando sentimentos como hesitação, empolgação, frustração, entusiasmo ou dúvida. Permite criar narrativas que ressoam com o momento emocional real do utilizador.

2. **Coautoria de Narrativa com o Cliente**

   Prática de tratar o cliente não apenas como recetor da comunicação, mas como cocriador ativo da história da marca. A IA ajuda a captar contribuições (comentários, partilhas, escolhas), mas a sensibilidade humana interpreta e integra essas participações de forma significativa.

3. **Dados Emocionais Subtis**

   Informações que não são explicitamente ditas, mas inferidas a partir de gestos, pausas, padrões de scroll, hesitações em formulários ou variações na entoação em interações por voz. Combinados com IA, permitem compreender "como" o cliente se sente – e não apenas "o que" ele faz.

4. **Jornada Circular e Irregular do Cliente**

   Nova concepção da trajetória do consumidor: não-linear, marcada por entradas, saídas, regressos e novas perspetivas. Rompe com o modelo clássico de funil e exige uma narrativa mais fluida, adaptativa e emocionalmente responsiva.

Se há algo que aprendemos nos últimos anos no mundo do marketing digital é que o comportamento humano não se resume a cliques, visualizações ou seguidores. Esses dados, por mais importantes que sejam, dizem muito pouco sobre aquilo que realmente move uma pessoa a agir: os seus sentimentos, medos, expectativas e transformações internas. É isso que chamamos de ciclo emocional — um mapa invisível, mas poderoso, das emoções que acompanham cada interação entre o cliente e uma marca. E é esse mapa que devemos aprender a ler se queremos construir comunicação verdadeira, impactante e duradoura.

No passado, o modelo tradicional da jornada do cliente era linear. Começava com a conscientização, passava pela consideração e terminava na decisão. Era como se todo utilizador andasse pelo mesmo caminho, tivesse as mesmas dúvidas e tomasse as mesmas decisões ao mesmo tempo. Era uma visão rígida, genérica e, sobretudo, desconectada da realidade humana. Hoje, graças à evolução tecnológica e ao advento da Inteligência Artificial, entendemos que essa jornada é circular, irregular, cheia de altos e baixos. O cliente entra, sai, hesita, avança, regressa e, muitas vezes, volta com uma nova perspetiva. E é nesse movimento contínuo que precisamos situar a nossa narrativa.

A chave para isso? Ouvir antes de falar. Escutar o que o cliente sente em cada etapa da sua interação connosco. Isso significa ir além do comportamento observável — como páginas visitadas ou botões clicados — e tentar interpretar os sinais mais sutis: o tempo de leitura, as pausas, as repetições, o scroll invertido, as hesitações em formulários, até mesmo microexpressões captadas em vídeos curtos ou alterações na tonalidade da voz durante conversas com assistentes virtuais. Tudo isso faz parte do que chamamos de dados emocionais, e são eles que nos permitem contar histórias que ressoam, que tocam, que ficam.

A mudança de paradigma: do comportamental ao emocional

Antes da era da Inteligência Artificial, o marketing baseava-se quase exclusivamente em dados comportamentais. Sabíamos onde o cliente estava, o que ele via, quantas vezes voltava, o que comprava. Mas não sabíamos como ele se sentia. Não tínhamos ferramentas para perceber quando alguém estava curioso, confuso, inspirado, frustrado ou esperançoso. Usávamos métricas frias para contar histórias quentes. E isso criava um desencontro profundo entre o que oferecíamos e o que o cliente realmente precisava.

Hoje, com algoritmos avançados, sistemas de análise de voz e vídeo e modelos preditivos cada vez mais refinados, podemos identificar padrões emocionais com uma precisão impressionante. Conseguimos reconhecer quando alguém lê um conteúdo com atenção e interesse, e quando apenas esquadrinha superficialmente. Podemos detectar quando uma pessoa hesita diante de uma chamada para ação, e até antecipar quando ela está prestes a abandonar o processo. E tudo isso sem invadir a privacidade, mas sim usando informações disponíveis de forma ética e consentida.

Essa mudança de foco — do comportamental ao emocional — representa uma verdadeira revolução no storytelling digital. Porque contar histórias eficazes não é apenas informar ou convencer. É conectar-se com o estado emocional do destinatário. É dizer exatamente o que precisa ser ouvido, no momento certo, com o tom certo. E isso só é possível quando conseguimos mapear essas emoções com alguma consistência.

Como mapear o ciclo emocional com Inteligência Artificial?

Para mapear o ciclo emocional do cliente com rigor, precisamos recorrer a técnicas modernas, algumas delas impensáveis há alguns anos. Felizmente, hoje temos acesso a ferramentas capazes de processar e interpretar informações complexas de maneira rápida e eficiente. Vejamos algumas abordagens fundamentais:

1. Mapeamento por sentimentos

A primeira técnica é o mapeamento por sentimentos, que consiste em criar uma linha do tempo das emoções do cliente em cada etapa da sua interação com a marca. Em vez de vermos a jornada como uma sequência mecânica de ações, passamos a vê-la como um percurso humano, feito de altos e baixos, de descobertas e incertezas.

Por exemplo: um utilizador entra num site e lê um artigo sobre finanças pessoais. Depois, visita a página de um curso relacionado, mas não se inscreve. Dias depois, retorna e preenche parte do formulário, mas abandona-o antes de finalizar. Cada um desses momentos revela algo diferente: curiosidade inicial, interesse crescente, hesitação, talvez insegurança. Com IA, conseguimos interpretar esses sinais e ajustar a narrativa conforme o estado emocional do cliente.

Isso pode parecer abstrato, mas na prática é incrivelmente útil. Uma marca que entende que um cliente está interessado, mas inseguro, pode enviar uma mensagem que reconheça essa dúvida e ofereça apoio. Já uma marca que ignora o estado emocional e envia apenas mensagens genéricas de venda acaba falhando na conexão.

2. Microinterações monitorizadas

Uma segunda abordagem é o uso de microinterações monitorizadas. Trata-se de seguir pequenos gestos digitais que, isoladamente, podem parecer irrelevantes, mas que, somados, revelam muito sobre o estado psicológico do utilizador.

Podemos, por exemplo, identificar:

→ Quando alguém começa a ler um texto, mas desiste após poucas linhas (sinal de distração ou falta de interesse imediato).

→ Quando o utilizador relê uma secção específica (sinal de curiosidade ou dúvida).

→ Quando alguém navega rapidamente entre várias páginas, sem parar em nenhuma (sinal de ansiedade ou busca urgente de informação).

→ Quando alguém fica mais tempo do que o habitual numa página (sinal de concentração ou absorção).

Essas microinterações podem ser analisadas em tempo real com ajuda de IA, permitindo-nos adaptar a experiência do cliente enquanto ele ainda está connosco. Se percebemos que alguém está a reler um determinado trecho, podemos oferecer um resumo ou um botão de ajuda. Se alguém mostra sinais de cansaço ou distração, podemos simplificar a mensagem ou sugerir uma pausa.

3. Análise de voz e vídeo

Com o avanço das tecnologias de reconhecimento facial e vocal, tornou-se possível incluir a análise de voz e vídeo no mapeamento emocional. Isso é especialmente relevante em contextos como atendimento automatizado, apresentações personalizadas ou até em experiências interativas com realidade aumentada.

Sistemas de IA podem analisar o tom de voz de uma pessoa durante uma ligação ou chatbot e inferir estados emocionais como cansaço, irritação, entusiasmo ou surpresa. Da mesma forma, câmaras integradas em dispositivos podem capturar microexpressões faciais — sorrisos rápidos, franzidos de testa, olhares perdidos — e usá-las para entender melhor o estado emocional do utilizador.

Claro que este tipo de análise levanta questões éticas importantes, como privacidade e consentimento. Por isso, deve sempre ser feito com transparência, segurança e respeito pelos direitos do utilizador. Mas quando bem implementado, permite-nos oferecer experiências mais humanas, mais sensíveis, mais personalizadas.

4. Feedback contextualizado

Outra forma de mapear o ciclo emocional é através de feedback contextualizado. Isto significa enviar perguntas curtas e oportunas no momento certo — como "Como te sentiste agora?" ou "Este conteúdo ajudou-te a esclarecer tuas dúvidas?" — e usar as respostas para aprimorar tanto a experiência do cliente quanto as estratégias futuras.

A IA pode automatizar esse processo, escolhendo o momento ideal para pedir feedback e até sugerindo perguntas que tenham maior probabilidade de gerar resposta. Além disso, pode analisar milhares de respostas simultaneamente, identificando tendências emocionais em diferentes segmentos de público.

Esse tipo de feedback é especialmente valioso em plataformas educacionais, serviços de saúde mental, cursos online e qualquer outro contexto onde a experiência emocional do utilizador é central para o sucesso da interação.

Um exemplo prático para ilustrar

Vamos imaginar um cenário concreto para colocar isto em prática. Suponhamos que estás a lançar um novo curso online sobre produtividade. Um dos primeiros passos é atrair pessoas interessadas no tema. Para isso, publicas conteúdos informativos nas redes sociais e anúncios segmentados. Alguém clica num desses anúncios e entra no teu site.

Na primeira visita, ele lê uma breve introdução e explora algumas páginas, mas não se inscreve. A IA regista isso e interpreta como curiosidade inicial, mas com certa distância. Ela nota também que o tempo de permanência foi médio e que houve rolagem completa do conteúdo principal.

Alguns dias depois, essa mesma pessoa regressa. Desta vez, assiste a um vídeo introdutório e clica em "Próximos passos". Isso indica interesse crescente. A IA regista o aumento do engajamento e ajusta automaticamente o fluxo de mensagens que serão enviadas posteriormente.

Uma semana depois, o utilizador abre a página de inscrição, mas abandona-a antes de submeter o formulário. A IA identifica essa ação como sinal de decisão em construção, mas com algum receio ou hesitação. Nesse momento, ela pode acionar um e-mail ou notificação suave, reconhecendo o momento delicado e oferecendo um incentivo empático, como:

"Sabemos que tomar uma decisão importante nem sempre é fácil. Se tens dúvidas ou precisas de mais informações, estamos aqui para ajudar."

Esta frase não pressiona, não manipula, não força a ação. Ela reconhece o estado emocional do cliente e oferece apoio. E isso, na prática, gera confiança, proximidade e, muitas vezes, converte.

Resultados reais com mapeamento emocional

Empresas que têm integrado o mapeamento emocional às suas estratégias relatam resultados significativos. Seguem alguns dados reais de marcas que adotaram essa abordagem:

- → Aumento de 30% a 50% na taxa de conversão: ao falar diretamente com o estado emocional do cliente, as taxas de conversão tendem a subir naturalmente.
- → Redução de 20% a 40% na desistência durante processos longos: ao identificar pontos de hesitação, podemos intervir com mensagens que dissipem dúvidas ou aliviem receios.
- → Maior índice de recomendação espontânea: clientes que se sentem compreendidos tendem a partilhar a experiência com outras pessoas, fortalecendo organicamente o alcance da marca.

Estes números não são aleatórios. São resultado de uma estratégia consciente de escuta, interpretação e resposta emocionalmente inteligente.

As emoções não são apenas sentimentos passageiros – são guias de decisão

É importante compreender que as emoções não são meras reações passageiras. Elas são motoras de decisão, influenciam memória, moldam percepções e determinam a forma como as pessoas se conectam com as marcas. Quando uma pessoa se sente confiante, ela age com firmeza. Quando se sente insegura, hesita. Quando se sente tocada, recorda. Quando se sente ignorada, desliga-se.

Por isso, mapear o ciclo emocional não é apenas uma questão de melhoria de performance. É uma forma de praticar um marketing mais humano, mais responsável, mais próximo do que as pessoas realmente vivem.

E isso tem um impacto profundo. Não apenas na taxa de vendas ou na taxa de clique, mas no valor percebido da marca, na fidelidade do cliente e, acima de tudo, na confiança que as pessoas depositam em nós.

Como começar a mapear o ciclo emocional?

Se és um profissional de marketing, comunicação ou gestão de experiência do cliente, podes começar a integrar o mapeamento emocional à tua estratégia com passos simples:

1. Começa com os dados que já tens: verifica os momentos em que o cliente costuma sair, voltar ou interagir mais intensamente. Procura padrões.
2. Usa IA para interpretar esses dados com mais profundidade: existem ferramentas de análise comportamental e emocional que podem te ajudar a entender melhor os sinais do utilizador.
3. Cria histórias adaptadas a cada fase emocional: escreve textos, produz vídeos, planeja e-mails que conversem com a emoção presente naquele momento.
4. Testa e refina constantemente: o ciclo emocional não é fixo. Ele varia conforme o indivíduo, o contexto e o canal. Por isso, é essencial testar diferentes abordagens e ajustar conforme os resultados.

Ao longo do tempo, vais perceber que não precisas apenas contar histórias melhores. Tu vais contar histórias mais certas — aquelas que aparecem no momento certo, no tom certo, com a intenção certa. Assim, mapear o ciclo emocional do cliente não é apenas uma técnica de marketing. É uma filosofia de comunicação. É reconhecer que as pessoas não são apenas perfis de consumo, mas indivíduos com sentimentos, desafios e aspirações. E é justamente nessa dimensão humana que reside o verdadeiro valor do storytelling, quando falamos com o coração do cliente, não apenas ganhamos uma venda. Ganhamos um aliado, um defensor, um colaborador involuntário da nossa missão. E isso é infinitamente mais valioso do que qualquer número frio em uma planilha de análise.

Antes vs. Agora: quem conta a história

Antes	Agora
A marca define o que será dito	O cliente ajuda a criar o que será vivido
Feedback como pós-processo	Feedback como matéria-prima narrativa
Cliente passivo	Cliente como narrador secundário e curador
Estratégia baseada em previsão	Estratégia baseada em cocriação iterativa

Como preparar-se para criar com o público usando IA

Abre Espaço Real para Escuta e Interação

Criar com o público não é sobre impor ideias, mas sobre construir juntos. E a Inteligência Artificial pode ser a ponte que facilita essa conexão — desde que você esteja disposto a escutar de verdade. Não basta abrir um formulário ou um fórum e esperar que as respostas caiam do céu. É preciso criar espaços onde as pessoas sintam que sua voz importa, que suas palavras serão lidas, processadas e, mais importante, **usadas**.

Vamos começar com o básico: **por que escutar?** Porque o público já está falando. Nas redes sociais, nos comentários dos seus vídeos, nos e-mails que mandam, nas reclamações que viram elogios quando resolvidas. A diferença entre uma marca que engaja e uma que só posta conteúdo está justamente nessa capacidade de transformar interação em criação.

1. Escuta Ativa: O Primeiro Passo para a Coautoria

Não adianta perguntar "O que vocês acham?" se você não demonstra que as respostas fazem diferença. A IA pode ajudar a coletar dados, mas **quem dá sentido a eles é você.**

→ **Fóruns e Grupos:** Seja no Discord, Facebook ou em plataformas próprias, crie espaços onde o diálogo seja orgânico. Não só para tirar dúvidas, mas para perguntar: "O que vocês querem ver aqui?"

→ **Perguntas Abertas:** Em vez de "Gostaram do vídeo?", experimente "Qual parte fez mais sentido pra vocês? O que faltou?"

→ **Caixas de Sugestões Anônimas:** Muitos não se sentem à vontade para criticar abertamente. Permita que opinem sem medo.

A IA pode analisar padrões nessas respostas — palavras-chave repetidas, emoções predominantes — e te ajudar a filtrar o que merece atenção. Mas **não delegue a escuta à máquina**. Leia os comentários você mesmo. Identifique não só o que está sendo dito, mas **o que não está sendo dito**.

2. Alimentando a IA com Inputs Reais

Uma IA bem treinada precisa de dados de qualidade. E dados de qualidade vêm de interações reais, não de suposições.

→ **Colete histórias:** Peça ao público para compartilhar experiências relacionadas ao seu tema. Depois, use IA para agrupar narrativas semelhantes.

- → **Analise sentimentos:** Ferramentas como GPT-4 ou modelos de análise de sentimentos podem te mostrar se o tom das respostas é mais crítico, animado ou confuso.
- → **Crie bancos de dados:** Armazene perguntas frequentes, metáforas usadas pelo público, dúvidas recorrentes. Isso vira combustível para conteúdos futuros.

Exemplo:

Se você tem um canal sobre finanças e percebe que várias pessoas comentam "não sei como começar a investir com pouco dinheiro", a IA pode te ajudar a criar um guia passo a passo a partir dessas dúvidas. Mas **quem dá o tom humano é você** — reconhecendo o medo, celebrando pequenas vitórias, adaptando a linguagem.

3. O Erro que Pode Virar Oportunidade

E se você abrir um espaço de escuta e... ninguém responder? Ou pior: se as críticas forem duras?

Primeiro, **não leve para o pessoal**. Críticas são dados valiosos. Segundo, **não desista**. Às vezes, o público precisa ver que você leva a sério antes de engajar.

- → **Se a interação for baixa:** Teste formatos diferentes. Talvez um enquete no Stories funcione melhor que um post fixo.
- → **Se as respostas forem negativas:** Agradeça. Mostre o que vai mudar. Use a IA para identificar pontos de insatisfação e ajuste a rota.

Lembre-se: **escuta não é sobre concordar com tudo, mas sobre entender**. A IA te ajuda a processar volume, mas a empatia vem de você.

4. Colocando em Prática

Desafio desta semana:

- → Abra um novo canal de escuta (pode ser uma pergunta no Instagram, um Google Forms, um tópico no fórum).
- → Colete pelo menos 50 respostas.
- → Use uma ferramenta de IA (como ChatGPT ou um analisador de sentimentos) para identificar padrões.
- → Crie um conteúdo respondendo a uma dessas necessidades.

Se der "errado", não tem problema. Talvez o formato não fosse o ideal, ou o público ainda não esteja acostumado. Ajuste e tente de novo. **O importante é não desistir de escutar.**

Trata os Comentários como Protótipos de Nova Narrativa

Os comentários do seu público não são apenas feedback—são **matéria-prima para novas histórias**. Quando alguém diz "Isso me lembrou quando..." ou "Seria incrível se...", está te dando um pedaço de narrativa que pode ser expandido, refinado e transformado em algo maior. A IA pode ajudar a organizar essas ideias, mas **caberá a você dar vida a elas**.

1. Reações Emocionais: O Combustível das Próximas Criações

Quando alguém comenta "Isso mudou minha perspectiva" ou "Não concordo, porque...", está revelando uma camada profunda de engajamento. Essas reações não devem ser apenas lidas—devem ser **catalisadoras de conteúdo**.

→ **Identifique padrões emocionais:** Use IA para agrupar comentários por tom (entusiasmado, crítico, confuso).

→ **Transforme dúvidas em conteúdos:** Se várias pessoas perguntam a mesma coisa, crie um guia ou vídeo respondendo.

→ **Metáforas espontâneas:** Se alguém diz "Aprendi X e foi como ganhar um superpoder", essa imagem pode virar uma série sobre "habilidades invisíveis".

Exemplo:

Um canal sobre produtividade recebe o comentário: "Seguir seu método foi como tirar uma pedra das costas." A IA identifica que "alívio" é um sentimento recorrente. Você então cria um conteúdo chamado "Os 3 pesos que você não precisa carregar", usando a metáfora da pedra.

2. Dúvidas Recorrentes = Oportunidades de Aprofundamento

Se muitas pessoas não entenderam algo, o problema não está nelas—está na comunicação.

→ **Use IA para detectar perguntas frequentes** (ex.: "Como aplicar isso no dia a dia?").

→ **Crie conteúdos em camadas:** Um post rápido para sanar a dúvida + um material detalhado para quem quer mergulhar.

→ **Incorpore a voz do público:** Em vez de dizer "Muita gente pergunta sobre X", cite comentários reais: "A Maria perguntou no último vídeo..."

Quando der "errado":

Se você respondeu uma dúvida e ainda há confusão, não ignore. Diga: "Vi que ainda não ficou claro—vou explicar de outro jeito." Isso mostra que você **realmente escuta**.

3. Desafio Prático

1. Escolha 20 comentários recentes (pode ser de um post, vídeo ou e-mail).
2. Use IA para extrair:
   → 1 dúvida frequente
   → 1 metáfora ou frase impactante
   → 1 crítica construtiva
3. Crie um conteúdo usando esses elementos (e mencione a origem!).

Apresenta Versões Inacabadas com Intencionalidade

Mostrar apenas o produto final cria distância. **Mostrar o processo cria conexão.** Quando você compartilha rascunhos, ideias soltas ou até falhas, o público se vê como parte da jornada—e a IA pode ajudar a ajustar o rumo em tempo real.

1. O Poder do "Esboço Público"

→ **Poste ideias em construção:** "Estou pensando em uma série sobre Y. O que vocês acham?"

→ **Use enquetes para decidir caminhos:** "Prefere que eu explique X com infográfico ou história pessoal?"

→ **Compartilhe versões beta:** Libere um minicurso para 50 pessoas e peça feedback antes do lançamento oficial.

Exemplo:

Um escritor publica: "Estou entre esses dois finais para o livro. Qual ressoa mais com vocês?" A IA analisa as respostas (80% preferem o Final A), e ele ajusta a narrativa **sem perder sua voz**.

2. IA como Ferramenta de Adaptação Rápida

Teste A/B com ajuda da IA: Compare duas versões de uma mesma mensagem e veja qual gera mais engajamento.

→ **Síntese de feedback:** Peça à IA para resumir 200 respostas em 5 tópicos-chave.
→ **Conteúdo dinâmico:** Se uma explicação não clicou, use IA para gerar uma nova versão mais simples.

Quando o público rejeitar uma ideia:

Não encare como fracasso. Agradeça e diga: "Vou voltar para a prancheta. Obrigado por me pouparem de um erro!"

3. Desafio Prático

1. Publique um "trabalho em progresso" (pode ser um esboço de projeto, capítulo, ou até uma dúvida sua).
2. Peça feedback específico: "O que falta aqui?"
3. Use IA para organizar as sugestões e implemente pelo menos uma mudança visível.

Cria Mecanismos de Reconhecimento Narrativo

Fazer o público se sentir **coautor** é a melhor forma de fidelização. Quando você transforma histórias individuais em parte da sua narrativa, as pessoas não só consomem—elas **pertencem**.

1. Dê Palco aos Colaboradores

→ **Crie uma série com depoimentos reais:** "Como a Ana usou X para resolver Y".
→ **Incorpore frases de comentários em seus materiais** (com crédito).
→ **Faça agradecimentos públicos:** "Esse guia nasceu da sugestão do Pedro lá no grupo!"

Exemplo:

Uma marca de fitness posta: "Vocês disseram que precisavam de treinos curtos. Eis a solução—feita por vocês!" A IA ajudou a compilar os pedidos, mas o mérito é **coletivo**.

2. Histórias de Cliente viram Histórias de Marca

→ **Use IA para identificar cases inspiradores** em avaliações ou e-mails.
→ **Transforme problemas resolvidos em conteúdo:** «Como ajudamos João a superar Z—e como você pode também.»
→ **Crie um "hall da fama" digital:** Destaque mensalmente quem contribuiu com ideias.

Se alguém se sentir invisibilizado:

Corrija rápido. "Faltou mencionar a Carla, que deu a ideia inicial—veja aqui como ela fez!"

3. Desafio Final

1. Escolha 3 interações recentes (comentário, e-mail, mensagem).
2. Crie um conteúdo onde essas pessoas sejam **personagens** (ex.: post, vídeo, newsletter).
3. Avise os envolvidos: "Você inspirou isso aqui!"

A Cocriação na Era da Inteligência Artificial: Uma Síntese Filosófica e Prática

O ato de criar para um público transformou-se radicalmente nos últimos anos, transcendendo a mera transmissão unilateral de ideias para assumir a forma de um diálogo complexo e orgânico. Neste novo paradigma, a Inteligência Artificial emerge não como substituta da autoria humana, mas como mediadora extraordinária - amplificando vozes, sistematizando insights e acelerando processos, sem jamais dispensar aquele elemento fundamental que é a curadoria consciente do criador. As quatro lições aqui exploradas constituem, na verdade, estágios de um mesmo círculo virtuoso, onde técnica e humanismo se entrelaçam de maneira indissociável.

A escuta verdadeira, primeiro pilar desta construção, jamais poderá reduzir-se à coleta mecânica de dados quantificáveis. Exige antes de tudo uma predisposição antropológica - a capacidade de ler nas entrelinhas dos comentários, de interpretar os silêncios entre as palavras, de perceber nas críticas mais ácidas os anseios não verbalizados. A IA oferece aqui um serviço inestimável ao catalogar padrões linguísticos e emocionais em volumes impensáveis para uma mente humana, mas cabe ao criador exercer aquela hermenêutica fina que transforma dados brutos em compreensão genuína. Quando um educador digital percebe que dezenas de aprendizes tropeçam no mesmo conceito, não basta criar um tutorial adicional - é preciso questionar a própria estrutura didática que gerou tantas dúvidas.

Na transmutação de comentários em narrativas, opera-se uma verdadeira alquimia comunicativa. Cada interação do público contém em si o gérmen de histórias potenciais - seja na metáfora espontânea que revela como a audiência conceptualiza determinado tema, seja na pergunta recorrente que denuncia lacunas na transmissão do conhecimento. A Inteligência Artificial atua aqui como um peneirar de conceitos, identificando e agrupando esses elementos dispersos, mas a genialidade humana reside precisamente em saber tecê-los numa tapeçaria coerente, onde fios aparentemente desconexos revelam padrões inesperados. Um comentário aparentemente banal sobre "sentir-se perdido na terceira lição" pode converter-se no eixo central de uma reformulação pedagógica profunda.

A coragem de apresentar versões inacabadas constitui talvez o gesto mais revolucionário nesta nova dinâmica criativa. Num mundo obcecado pela perfeição performática, mostrar o processo por trás do produto exige uma vulnerabilidade calculada que paradoxalmente fortalece os laços com a audiência. Quando um escritor compartilha suas dúvidas entre dois finais possíveis para uma obra, ou quando um educador expõe a estrutura preliminar de um curso pedindo contribuições, estão a realizar um ato de confiança mútua que transcende a mera pesquisa de mercado. A IA facilita este processo ao permitir rápidas iterações e análises comparativas, mas a decisão final deve sempre manter aquela centelha de intuição criativa que nenhum algoritmo pode replicar.

O reconhecimento narrativo, coroamento deste processo, converte-se num poderoso mecanismo de pertença comunitária. Ao elevar histórias individuais à categoria de narrativas compartilhadas, ao transformar contribuições dispersas em capítulos de uma obra coletiva, o criador não apenas valoriza sua audiência como a coautora do processo. Este movimento exige mais do que mera menção nominal - implica a capacidade de discernir, entre centenas de interações, aquelas que verdadeiramente enriquecem o discurso coletivo, e de as integrar de maneira orgânica, não forçada. A IA pode identificar os colaboradores mais ativos, mas apenas a sensibilidade humana pode determinar qual forma de reconhecimento melhor honra cada contribuição.

Neste ecossistema complexo, a Inteligência Artificial assume seu papel ideal - não como autônoma, mas como instrumento extraordinário nas mãos de criadores que compreendem que a verdadeira inovação reside na simbiose entre capacidade técnica e profundidade humana. O desafio que se coloca ao pensador contemporâneo não é tecnológico, mas essencialmente filosófico: como preservar a autenticidade da voz criativa num processo cada vez mais colaborativo? A resposta talvez esteja justamente na compreensão de que, ao abrir-se verdadeiramente ao diálogo com seu público, o criador não dilui sua autoria, mas eleva-a a uma dimensão mais rica e complexa - onde se torna simultaneamente condutor e ouvinte, arquiteto e habitante de um edifício conceptual construído a muitas mãos.

Esta jornada de coautoria, quando bem conduzida, ultrapassa em muito a mera produção de conteúdo eficaz - transforma-se numa experiência humana singular, onde o processo criativo se revela tão importante quanto seus resultados, e onde cada participante, seja através de um comentário perspicaz ou de uma crítica construtiva, pode legitimamente reconhecer-se como parte de algo maior. Na era da Inteligência Artificial, paradoxalmente, são estas dimensões profundamente humanas - a escuta atenta, a interpretação sensível, o reconhecimento generoso - que emergem como os verdadeiros diferenciais na arte de criar com e para o público. Portanto, lembre-se, criar com o público é um processo circular—quanto mais você reconhece, mais eles contribuem. A IA acelera o caminho, mas quem humaniza é você.

CHECKLIST

Transformar o cliente em coautor com IA

- ☑ Estás a recolher inputs emocionais reais em todos os canais de contacto?
- ☑ Usas IA para organizar feedback, sugestões e comentários em temas relevantes?
- ☑ Apresentas conteúdos abertos à contribuição do público (e não só "fechados")?
- ☑ Incluis linguagem, termos e metáforas vindas diretamente da tua audiência?
- ☑ Os teus conteúdos mostram evolução com base na escuta ativa?
- ☑ Tens rituais regulares de cocriação (enquetes, fóruns, campanhas abertas)?
- ☑ Recompensas e reconheces a autoria simbólica dos teus clientes na tua narrativa?

Dica final deste episódio

O storytelling de hoje já não é monólogo, nem vitrine, nem discurso pronto para impressionar plateia. É construção coral – e quem ainda tenta dominar a narrativa como se o público fosse figurante não entendeu nada. Já não basta ter uma boa história: é preciso saber se ela merece ser continuada por quem a escuta. Porque quem escuta hoje, responde. E responde com ironia, com indignação, com partilha, com silêncio – e cada gesto desses é também narrativa. A tecnologia pode até ajudar a compilar essas vozes, mas só tu decides o que merece ser levado a sério. Só tu tens de escolher se vais integrar o que te confronta ou continuar a filtrar apenas o que te confirma. Há marcas que ainda querem dirigir coros sozinhas, mas o tempo dos maestros solitários acabou. O que se constrói agora são comunidades narrativas – vivas, críticas, diversas. E se queres que a tua história tenha lugar ali, vais ter de abdicar do script fechado e aceitar o risco do improviso. O eco que importa já não é o que confirma a tua autoridade, mas o que devolve sentido ao que dizes. E sentido não se impõe. Conquista-se. Quando há verdade suficiente para ser partilhada – não porque pediste, mas porque tocou.

Episódio 25

A História como Produto Vivo

Iterar é Amar de Novo

Quando testas, ouves e recontas, tua história não se desgasta: ela respira.

ANTES DE LER O EPISÓDIO, ESSES SÃO OS TERMOS TÉCNICOS QUE PRECISAS CONHECER:

1. **Ciclos de Significado**

   Conceito que propõe a substituição da lógica linear de "problema → solução → venda" por ciclos narrativos que começam com intenção e terminam com transformação – para o público e para a marca. Trata-se de devolver profundidade e verdade ao ato de comunicar.

2. **Intenção Narrativa**

   A motivação verdadeira por trás de uma peça de conteúdo. Vai além do objetivo comercial: é o "porquê humano" da mensagem. O que queres provocar? Que tipo de mudança queres iniciar? Sem essa intenção, mesmo a IA mais avançada apenas reproduz fórmulas ocas.

3. **Marketing de Propósito**

   Modelo em que a estratégia de conteúdo é guiada por uma missão, causa ou valor central, e não apenas por metas quantitativas. A IA pode amplificar a mensagem, mas é a intenção que confere sentido e coerência à marca.

4. **Ritual de Revisão Intencional**

   Prática de revisar conteúdos com foco no impacto emocional e ético da mensagem, e não apenas na performance. Envolve escutar comentários, rever rumos, ajustar vozes – e reconhecer quando é preciso parar, reescrever ou silenciar.

5. **Silêncio Estratégico**

   Reconhecimento de que, em certas circunstâncias, não dizer nada é mais poderoso do que qualquer campanha. Exige sensibilidade para entender o estado do público e coragem para abdicar da visibilidade momentânea em nome da integridade da narrativa.

6. **Banco de Intenções Narrativas**

   Arquivo organizado com frases, conceitos, dilemas e histórias que expressam os valores e motivações da marca. Alimenta a IA com conteúdo alinhado com o "porquê", garantindo coerência mesmo em processos automatizados.

7. **Comunicação de Profundidade Lenta**

   Formato que não se baseia em viralidade ou consumo rápido, mas em criar materiais que possam ser relidos, revisitados e maturados pelo público. A IA pode ajudar na distribuição e reformulação, mas o conteúdo deve conter camadas e tempo.

8. **Recalibração de Sentido**

   Ato de voltar ao início de uma estratégia e perguntar novamente: "Isto ainda é verdade?" "Ainda faz sentido contar esta história?" Quando a IA repete padrões, o humano reinterpreta – e essa recalibração é o que evita a fossilização de narrativas.

9. **Fadiga Narrativa Automatizada**

   Fenómeno em que o público começa a rejeitar conteúdos previsíveis, mecânicos ou excessivamente otimizados, mesmo que tecnicamente bem produzidos. Sinal de que falta intenção, risco, vulnerabilidade ou novidade humana na comunicação.

10. **Presença Consciente com IA**

    Equilíbrio entre delegar tarefas à IA e permanecer emocionalmente presente nas decisões criativas. A tecnologia executa – mas é a tua consciência que decide o que merece ser dito, quando e porquê.

Quando olho para o caminho que percorremos no marketing digital, sinto um misto de nostalgia e urgência. Nos tempos pioneiros, a simplicidade da intenção era o nosso farol — uma luz que guiava cada palavra, cada gesto, cada história. Não existia espaço para o vazio, para o discurso vazio de alma que tantas vezes vemos hoje. As mensagens nasciam da necessidade genuína, da vontade honesta de conectar, resolver e transformar. Era uma conversa de peito aberto, onde cada campanha carregava o peso do propósito.

Mas, então, veio a revolução tecnológica, a explosão da automação e da Inteligência Artificial. A promessa era sedutora: criar mais, mais rápido, com menos esforço. E, de facto, criámos — mas a que preço? O que antes era uma chama, tornou-se muitas vezes um fogo artificial, produzido em série, sem calor real, que ilumina, mas não aquece. O marketing perdeu a sua alma quando a intenção foi esvaziada, quando a busca incessante por métricas transformou o fazer em meros números, esquecendo o sentido. Um espetáculo vazio, onde se grita para ser ouvido, mas não se tem nada para dizer.

Este é o momento decisivo. O momento em que o marketing digital se encontra no seu próprio espelho, confrontando-se com a sua essência. A chegada da Inteligência Artificial não pode ser uma sentença de repetição mecânica, nem um convite ao descuido ético. Pelo contrário, deve ser a faísca que reacende o ritual antigo do storytelling — esse encontro sagrado entre quem conta e quem ouve, entre o fazer e o sentir.

O que nos é exigido agora não é mais técnica ou velocidade, mas consciência profunda do "porquê". Por que contamos esta história? Por que lançamos esta campanha? Por que queremos que alguém nos ouça? A intenção volta a assumir o papel de bússola, de eixo central que dá significado a tudo o que fazemos. Sem ela, mesmo a mais brilhante das inteligências artificiais é apenas uma máquina a ecoar sons vazios.

A Inteligência Artificial é, de facto, uma ferramenta poderosa. Amplifica, multiplica, personaliza. Mas jamais substitui a raiz do sentido — essa pertence somente ao humano. A verdadeira revolução será quando o marketing se recusar a ser apenas barulho e se tornar novamente um ritual de significado. Quando as histórias deixarem de ser fragmentos descartáveis e se tornarem ciclos de vida, de transformação, de conexão.

No fundo, esta é uma revolução poética, ética, uma chamada ao reencontro com a essência do nosso ofício. O marketing digital com IA tem a capacidade de ser mais do que nunca uma dança entre o cálculo e a emoção, entre o dado e a intuição, entre a máquina e o coração.

Se há uma lição que aprendi ao longo dos anos, trabalhando com mentes brilhantes, marcas grandes e pequenas, neste estúdio que é também a minha casa — o McSill Story Studio — é que o futuro do marketing está nesta harmonia. Num ciclo contínuo onde a intenção humana orienta o que a IA executa, onde o significado nunca é perdido no ruído da multiplicidade.

Há muito a estudar e a escrever sobre este tema, isto significa que esses episódios não assinalam um ponto de chegada, mas antes lançam um convite aberto a todos que se aventuram pelo vasto território do marketing digital — sejam novatos que dão os primeiros passos, profissionais experientes que buscam renovar-se, ou líderes visionários que conduzem grandes equipas. A mensagem é clara: independentemente do nível, o verdadeiro diferencial reside em redescobrir a força da intenção, o núcleo ético e poético que deve orientar cada história contada, cada campanha desenhada.

Num mundo onde a Inteligência Artificial já não é uma promessa distante, mas uma realidade tangível, o desafio é equilibrar essa potência tecnológica com a sensibilidade humana que só o profissional pode trazer. É esta aliança que transforma dados em significado, algoritmos em narrativas vivas, automação em diálogo. Porque o marketing digital — com ou sem IA — só se realiza plenamente quando serve para conectar pessoas, tocar emoções e construir relações autênticas.

Portanto, a todos que trabalham nesta área, deixo esta provocação: antes de pensar no "como" ou no "quanto" produzir, questionem-se sobre o "porquê". É este propósito que deve ser o farol a guiar decisões, que confere sentido às ferramentas e direciona a criatividade para além do superficial. A IA multiplica as possibilidades, mas a verdadeira transformação acontece quando cada profissional assume o papel de guardião da intenção, do significado, da verdade.

Este é o ciclo de significado que propomos: um processo dinâmico e inclusivo, onde a tecnologia e a humanidade se entrelaçam para criar storytelling com alma, marketing digital com propósito, e experiências que realmente importam. Seguir este caminho é não apenas adaptar-se ao futuro, mas moldá-lo, fazendo do marketing uma arte viva, acessível e transformadora para todos os níveis de quem nele atua.

E assim, enquanto continuamos a contar, a ouvir, a testar e a aprimorar, mantemos viva a chama da intenção — o que dá vida, verdade e relevância a cada história que ousamos contar.

Antes vs. Agora: presença de intenção

Antes	Agora
Clareza de propósito, mesmo sem recursos	Produção abundante, mas muitas vezes vazia
Mensagens com fundo emocional palpável	Mensagens técnicas e genéricas, sem alma
Tempo para pensar antes de publicar	Urgência de preencher canais sem pausa
Coerência entre mensagem e missão	Disparidade entre conteúdo e identidade

Como recuperar a intenção narrativa com apoio da IA

Às vezes, no meio do turbilhão de calendários, algoritmos, campanhas, tendências e automações, esqueces por que começaste. Esqueces o primeiro impulso. O motivo real. A ferida que quiseste curar. A pergunta que te queimava por dentro. E, quando isso acontece, a tua comunicação perde vida — mesmo que continue eficiente. Os textos ficam bem estruturados, mas sem chama. Os vídeos têm boa edição, mas nenhum tremor. O conteúdo começa a funcionar, mas tu deixas de te reconhecer nele. É como olhar para o espelho e não ver mais o rosto — só a pose. É aí que entra esta quarta etapa do processo de storytelling com Inteligência Artificial: **recuperar a intenção narrativa.**

Recuperar a intenção é recordar-te do porquê por trás do que dizes. É lembrar que, antes de vender, tu querias comunicar. Que antes de escalar, tu querias tocar. E que, mesmo com toda a ajuda da tecnologia, só tu podes dizer se aquilo que escreves ainda é verdadeiro. A IA pode estruturar. Pode testar. Pode reformular. Mas ela não tem a tua biografia, nem as tuas cicatrizes. Só tu sabes quando um texto tem o teu pulso. E, felizmente, ela pode ser uma aliada poderosa para te ajudar a reencontrar esse pulsar — se souberes usá-la com alma e intenção.

O primeiro passo para isso é simples, mas revolucionário: **revisita a origem da tua marca ou projeto.** Volta ao momento em que decidiste começar. Não ao plano de negócios. Não à planilha. Mas à dor, à raiva, à vontade ou ao amor que te fez dizer: "Isto precisa existir." Que desconforto te moveu? Que necessidade não estava a ser atendida no mundo — e por isso tu vieste preencher esse vazio com palavras, serviços, produtos ou experiências? Pega nisso e escreve. Sem filtros. Com imperfeição. Com emoção crua. Conta à tua própria memória porque fizeste isto nascer. Essa é a tua âncora. E esse texto pode — e deve — ser entregue à IA como base. Coloca esse manifesto nas tuas ferramentas de escrita automatizada. Alimenta os modelos com a tua voz original. Porque, se a IA aprende com o que lhe dás, dá-lhe o que tens de mais autêntico. O teu primeiro porquê.

Depois disso, troca o papel de observador pelo papel de perguntador. A IA vai mostrar-te os dados: quais conteúdos performam melhor, quais horários são mais eficazes, que títulos atraem mais cliques. Ótimo. Mas antes de publicar qualquer coisa, **faz perguntas que só tu podes responder**. "Isto é verdadeiro para mim?" "Estou a dizer algo que realmente acredito — ou só o que 'funciona'?" "Este conteúdo ajuda alguém, ou apenas alimenta um número?" "Se eu desaparecer amanhã, este texto representaria o que deixei no mundo?" Essas perguntas são bússolas. E a IA pode ajudar-te a sistematizá-las. Cria um checklist emocional e faz com que a IA o aplique a cada peça antes de publicar. Treina-a para te devolver perguntas, não apenas previsões. Porque não é só sobre o que funciona — é sobre o que importa. E nem sempre as métricas mostram isso.

O terceiro passo é uma espécie de rebeldia suave: **cria conteúdos com camadas — e pausa.** Numa lógica de prototipagem contínua, é fácil cair na armadilha da velocidade. Mas nem tudo que toca nasce pronto. Algumas histórias precisam amadurecer. Algumas ideias precisam assentar. Alguns vídeos precisam ecoar antes de performar. Aceita isso. Dá espaço à lentidão. Cria um post que não tenha CTA. Publica um texto sem querer que viralize. Faz um vídeo sem cortes, só tu, a tua voz, e uma ideia que te dói. Deixa que a tua IA marque isso como "conteúdo semente". Usa tags como "eco", "reflexão", "camada profunda". Assim, ao longo do tempo, ela te ajuda a perceber que impacto não é só aquilo que explode — mas também aquilo que fica. E mais: aprende a analisar conteúdos que não funcionaram na hora, mas que semanas depois geraram respostas emocionadas, partilhas discretas, mensagens privadas. São esses conteúdos que constroem confiança verdadeira — e não há métrica imediata que os capte.

E por fim, aprende a **testar conteúdos com base no impacto percebido, não apenas em métricas brutas.** Um comentário sincero, onde alguém diz "obrigado, precisava disto", vale mais do que cem likes silenciosos. Um e-mail de alguém que respondeu a um texto dizendo "você me viu" é um sinal de que estás no caminho certo — mesmo que o título do e-mail não tenha a melhor taxa de abertura. A IA pode te ajudar aqui também. Pede a ela para reconhecer padrões de comentários emocionais. Cria uma base de dados com palavras-chave que revelam verdade: "chorei", "senti", "finalmente alguém disse", "isso sou eu". Treina-a para te alertar quando um conteúdo gera esse tipo de resposta — ainda que em pequena escala. Porque um conteúdo que emociona três pessoas profundamente é mais valioso do que outro que passa por mil olhos sem deixar rastro. E lembra-te: impacto percebido é intuição, é escuta, é presença. Não se mede apenas com gráficos. Mede-se com o corpo. Com o arrepio que sentes ao reler o que escreveste. Com o silêncio bom que fica depois que falas.

Tudo isso é um convite para voltares a escrever com sentido. Para usares a IA como espelho e não como substituto. Como amplificadora da tua intenção — não como usurpadora da tua voz. No McSill Story Studio, temos acompanhado dezenas de autores, empreendedores, terapeutas, professores e artistas a reencontrarem o centro da sua comunicação depois de meses — ou anos — de produção automática. E o que descobrem é quase sempre o mesmo: que o fogo ainda está lá, apenas escondido sob a pilha de fórmulas, táticas e obrigações. Que basta parar, respirar, reler a primeira história — a tua — e tudo volta a fazer sentido.

Porque no final das contas, a verdadeira inteligência narrativa não está em dizer tudo da forma mais eficiente. Está em dizer só o que precisa ser dito — com alma, com coragem, e com a consciência de que cada palavra tua carrega uma escolha. A escolha de repetir o ruído... ou de restaurar o vínculo. A escolha de fazer mais do mesmo... ou de resgatar o fio que te trouxe até aqui. A escolha de produzir para sobreviver... ou de comunicar para transformar. E a IA pode ser tua aliada, desde que saibas quem és. Desde que escolhas não apagar a tua voz original. Desde que escrevas como quem planta — e não como quem colhe por obrigação. Desde que sejas, antes de tudo, fiel ao teu próprio coração. Porque se ele parar de bater dentro do teu conteúdo... nem a melhor Inteligência Artificial do mundo conseguirá trazer de volta o que se perdeu.

Escreve a partir de perguntas, não só de dados

Numa era em que tudo pode ser medido, testado e otimizado, é fácil cair na armadilha de escrever com base apenas no que dá resultado. A IA analisa, calcula, compara e propõe. Ela diz: "Use esta estrutura." "Evite este verbo." "Este título tem 30% mais chance de gerar cliques." E isso é útil. É rápido. Funciona. Mas, se não tiveres atenção, começas a escrever como quem empilha blocos — e não como quem conversa com um ser humano. O conteúdo continua eficiente... mas perde a alma.

É por isso que esta segunda lição é fundamental: **escrever a partir de perguntas, não apenas de dados.**

Não estamos a falar de perguntas técnicas. Estamos a falar das perguntas que só tu podes responder. As perguntas que a IA nunca fará sozinha. As que te obrigam a parar por um segundo e perguntar: "Isto que estou a escrever... ainda tem a ver comigo?"

É fácil seguir a estrutura que funciona. É tentador repetir o que já deu certo. Mas se queres fazer storytelling com verdade — se queres que as tuas palavras criem laços, e não apenas tráfego —, então tens de trazer as perguntas de volta ao centro do processo. E a IA, longe de ser um obstáculo nisso, pode ser tua aliada — se a treinares para devolver-te as perguntas certas.

O PERIGO DE ESCREVER APENAS PELO QUE FUNCIONA

Claro que a Inteligência Artificial pode ser uma aliada poderosa na criação de conteúdo — e sim, ela traz consigo um arsenal de insights sobre o que funciona melhor: listas geram mais cliques, perguntas retóricas aumentam o engajamento, palavras como "descubra" têm maior taxa de conversão do que "entenda", e frases curtas realmente mantêm a atenção com mais eficácia do que períodos longos e densos. Até mesmo a regra das 300 palavras por post parece se confirmar em dados e métricas, comprovando sua eficácia repetidamente. E é claro que tudo isso importa. Não estamos aqui para negar a realidade do algoritmo nem ignorar os padrões que movem a atenção digital. Mas há algo que esses dados não mostram, embora esteja lá, silencioso: o tom da tua voz, o peso das tuas escolhas, a profundidade do teu propósito.

É por isso que aprender os princípios básicos de engenharia de prompts é tão fundamental — não apenas para extrair resultados técnicos da IA, mas para garantir que esses resultados continuem alinhados com quem tu és e o que queres dizer ao mundo. A engenharia de prompts nada mais é do que a arte e a ciência de falar com a IA de forma precisa e intencional, guiando-a com clareza para que ela responda com coerência e estilo. Isso inclui desde a estrutura básica — como pedir que a IA escreva num determinado tom ou formato — até instruções mais complexas, como: "Escreve isto como se estivesse sendo lido por alguém cansado e à procura de sinceridade." Ou ainda: "Evita jargões e mantém o texto simples, mas profundo."

E aqui está o ponto mais subtil e importante: a própria IA pode te ajudar a criar melhores prompts. Tu podes pedir diretamente a ela que te ensine a escrever bons prompts, que te ajude a estruturar perguntas mais eficazes, ou até que te sugira variações de um prompt inicial para testar diferentes tons, formatos ou abordagens. É o que chamamos de prompt engineering consciente — usar a IA não apenas para gerar conteúdo, mas para elevar a qualidade da tua comunicação com ela mesma. Podes, por exemplo, pedir:

"Cria [X] versões diferentes deste prompt, cada uma com um objetivo distinto: uma para emoção, outra para clareza e outra para urgência."

Ou ainda:

"Revê o meu último prompt e sugere melhorias para torná-lo mais claro e impactante."

Ao fazer isso regularmente, vais desenvolver uma linguagem mais refinada com a IA, permitindo que ela trabalhe contigo, e não por ti. E isso muda tudo.

No entanto, mesmo com toda essa precisão técnica, existe um limite que a IA jamais ultrapassará sozinha: ela não sabe quando tu começaste a te perder de ti mesmo. Ela não percebe quando as palavras deixaram de vir do coração e passaram a sair apenas do planejamento editorial. Ela não te alerta quando aquilo que escreves passa a funcionar bem nos números, mas já não ecoa dentro de ti. Porque a IA não sente. Ela só replica o que aprendeu. E se o que aprendeu foi baseado em tendências e não em verdade, ela vai replicar exatamente isso — com perfeição técnica e ausência emocional.

É por isso que tens de voltar sempre ao princípio: quem és tu? O que defendes? Quem queres servir com as tuas palavras? Essas são perguntas que nenhuma IA pode responder por ti — mas que podem guiar a maneira como usas a IA no dia a dia. E é justamente esse diálogo interno que te impede de cair no vórtice da produção mecânica, onde tudo parece funcionar, mas nada parece te representar.

Pensa nisso: quantas vezes já recebeste sugestões da IA que tecnicamente eram boas, mas que, ao ler, sentiste um aperto suave no peito? Uma leve desconexão entre o que lia e o que sentias? Foi aí, nesse sinal quase impercetível, que a tua ética narrativa te chamou de volta. Porque a IA pode te mostrar o caminho técnico, mas só tu sabes qual direção faz sentido para a tua alma.

Então, sim, usa a IA para otimizar, para testar, para escalar. Deixa-a sugerir títulos, estruturar textos, refinar mensagens. Mas antes disso tudo, antes de qualquer prompt, antes de delegar qualquer parte criativa à máquina, cria um filtro humano, uma espécie de bússola interna que te mantenha alinhado com o teu centro. Podes, por exemplo, montar um pequeno documento com os teus valores narrativos — aqueles que definem o que é autêntico para ti — e alimentar a IA com ele. Assim, podes pedir:

"Antes de gerar o texto, quero que me faças três perguntas baseadas no meu manifesto de intenção."

Ou depois:

"Avalie este conteúdo: ele é coerente com os meus valores?"

Dessa forma, a IA deixa de ser apenas uma ferramenta de escrita e passa a ser também um parceiro de reflexão. E é nesse espaço que surge o verdadeiro diferencial: não basta escrever bem — é preciso escrever com alma. Porque no fim do dia, ninguém te avisa quando começas a soar igual aos outros. Ninguém te chama atenção quando as palavras param de vir do coração e passam a seguir apenas fórmulas. Nem a IA, nem os seguidores, nem o algoritmo. Só tu próprio. Só o teu silêncio. Só a tua apatia. Só aquela sensação incômoda de que já não sabes mais para quem estás a escrever. E é exatamente aí que tens de parar. Respirar. Revisitar as tuas perguntas mais profundas. Relembrar por que começaste. E recomeçar com coragem, não pelo que funciona, mas pelo que é teu.

O PODER DAS PERGUNTAS VERDADEIRAS

A única forma de quebrar esse ciclo é voltar ao início de tudo: à tua intenção. E isso só se acende com perguntas que vão além da performance.

Podes começar com estas cinco:

1. **"Isto que escrevi é verdadeiro para mim?"**

   Não apenas factualmente correto — mas verdadeiro no sentido profundo. Acreditas mesmo nisto? Ou escreveste porque "fica bem"?

2. **"Esta mensagem serve para alimentar o ego... ou a alma de alguém?"**

   Há conteúdo que grita "olhem para mim!". E há conteúdo que sussurra "estou contigo". Um alimenta vaidade. O outro alimenta vínculo.

3. **"O que esta peça quer deixar no mundo?"**

   Porque todo conteúdo deixa um rastro: confusão, esperança, cinismo, acolhimento. Pergunta-te: o que vai ficar depois que a pessoa ler isto?

4. **"Se ninguém reagir, ainda assim valeu a pena escrever?"**

   Esta é uma pergunta preciosa. Porque ela mede o valor do conteúdo pelo que ele diz — e não pelo que ele gera. Se a resposta for "sim", segue. Isso é integridade narrativa.

5. **"Se eu recebesse este texto hoje, tocava-me?"**

   Lê o que escreveste como se fosse alguém de fora. E sente: emociona? Provoca? Irrita? Ou apenas passa?

COMO TREINAR A IA PARA FAZER ESSAS PERGUNTAS CONTIGO

Sim, a Inteligência Artificial pode ser tua aliada nesse processo mais profundo e reflexivo de criação — mas só se tu lhe ensinares o que realmente importa para ti. A IA, por si só, não tem valores, não tem consciência, não tem intenção; ela apenas reflete o que lhe é ensinado. E isso significa que, se quiseres que ela te ajude a escrever com alma, tens de começar por definir com clareza o que guia as tuas escolhas. Uma forma poderosa de fazer isso é criando um pequeno documento com as tuas perguntas de integridade narrativa — aqueles questionamentos que tocam o centro do teu propósito, como: "Isto respeita quem recebe?", "Isto é verdadeiro?", "Isto é gentil?", "Isto contribui, ou apenas ocupa espaço?". Esse documento torna-se o teu manifesto de intenção, o teu código ético de comunicação. E quando tu o alimentas na IA — seja através de um prompt detalhado ou de um modelo personalizado —, ela passa a agir como uma extensão do teu pensamento, não apenas da tua produtividade. Assim, cada vez que fores gerar uma peça de conteúdo, podes estabelecer um diálogo mais consciente com a ferramenta: antes de ela escrever, pede-lhe que te faça três perguntas baseadas no teu manifesto; depois, ao finalizar o texto, convida-a a fazer uma avaliação contigo, questionando: "Isto é coerente com os meus valores?", "Se eu estivesse cansado e sem filtros, diria mesmo isto?" Esse tipo de interação não apenas torna o processo mais humano, como também cria um laço entre ti e a IA que vai muito além do mero automatismo. Deixa de ser apenas uma máquina a escrever por ti — passa a ser uma parceira que te devolve não apenas palavras, mas também reflexões, desafios e até momentos de autoconhecimento. E é exatamente aí que tudo muda: quando a IA deixa de ser apenas uma ferramenta técnica e se torna um espelho que te ajuda a manter o foco no que realmente importa — a tua voz, a tua ética, a tua intenção.

A FRASE QUE PRECISAVA DE SILÊNCIO

Uma das nossas clientes, escritora e psicóloga, tinha preparado uma série de publicações para o mês da saúde mental.

Títulos fortes. Emoções à flor da pele. Tudo baseado nos dados do ano anterior: textos duros, confissões viscerais, aberturas abruptas.

Funcionavam.

Mas, quando releu uma das peças, hesitou.

O texto começava assim: "Se a tua ansiedade te impede de sair da cama, talvez não seja só um sintoma — talvez seja um grito."

Era bom. Tinha força. Mas ela parou. Respirou. E perguntou-se: "Eu gostaria de ler isto num dia em que estou mal?"

A resposta foi "não".

Reescrevemos a mesma mensagem com outra voz:

"Se hoje o teu corpo pediu silêncio, não é falha — é linguagem."

Esta segunda frase teve metade dos cliques. Mas o dobro das mensagens privadas.

Porque não foi feita para chamar — foi feita para ficar.

Exemplo:

A REESCRITA A PARTIR DE PERGUNTAS

1. Escolhe um conteúdo que tenhas escrito recentemente.
2. Lê em voz alta.
3. Depois responde:
   → "Disse o que queria dizer?"
   → "Disse como queria dizer?"
   → "Disse porquê queria dizer?"
   → "E se ninguém respondesse, eu ainda estaria orgulhoso deste texto?"
4. Se alguma resposta for "não"... reescreve.
5. Começa com outra pergunta.
6. Talvez a frase certa esteja ali — só estava a tentar sair da tua boca pela porta errada.

ESCREVER A PARTIR DE DADOS + PERGUNTAS = IMPACTO COM ALMA

Claro que os dados são importantes — e não estamos a defender a ingenuidade, longe disso. Os números revelam tendências, apontam caminhos, ajudam-nos a entender comportamentos e a tomar decisões mais informadas. A Inteligência Artificial é uma ferramenta extraordinária para mapear padrões, testar formatos, ajustar palavras-chave e otimizar o que for técnico, repetitivo ou mensurável. Mas, por mais poderosa que seja a IA, ela não substitui a profundidade humana, a intuição criativa, a empatia que dá alma ao conteúdo. Porque aquilo que verdadeiramente emociona, transforma e deixa marca não é sempre o que os dados apontam como mais eficaz — é o que ressoa com o que há de mais humano em nós: o desejo de ser compreendido, o anseio por conexão, a necessidade de sentir que alguém olhou fundo e falou com sinceridade. No McSill Story Studio, aprendemos — e vivemos — que as palavras mais potentes raramente nascem de fórmulas ou algoritmos; elas emergem do encontro entre perguntas profundas e respostas sentidas, do espaço onde a dúvida é tão importante quanto a certeza, e onde a pergunta é, muitas vezes, mais poderosa do que a própria resposta. É ali, nesse território da escuta interior e da curiosidade genuína, que encontramos a essência das histórias que tocam. E é exatamente aí que tu deves começar cada vez que fores escrever: com uma pergunta sincera, um olhar honesto para ti mesmo e para quem vais encontrar com as tuas palavras. Deixa a IA vir depois, como aliada estratégica, como sofredora de detalhes, como ampliadora de alcance — mas nunca como ponto de partida. Começa por ti. Pergunta-te o que importa. Ouve o que te move. Escreve com coragem. E só então, depois de tudo isso, pergunta à IA como podes tornar essa mensagem mais clara, mais precisa, mais visível. Porque a única métrica que nunca engana não está num gráfico nem numa taxa de conversão — está no arrepio, na pausa que o outro faz antes de responder, naquela sensação de "isso foi escrito para mim". É isso que construímos aqui: histórias que não apenas chegam, mas ficam. Que não só vendem, mas tocam. Que não apenas respondem, mas escutam. E isso só é possível quando começamos pelo humano — e deixamos a tecnologia servir esse propósito maior. Pergunta-te. Ouve-te. Depois, escreve. E só então — depois disso tudo — pergunta à IA como podes melhorar.

Mas começa por ti.

Porque a única métrica que nunca engana... é o arrepio.

Testa conteúdos com base em impacto percebido, não só métrica bruta

Como reconhecer quando uma peça tocou, mesmo que os números não mostrem — e como usar a IA para identificar sinais invisíveis

Nem tudo o que importa aparece nos gráficos. E nem sempre o conteúdo que mais transforma é o que mais engaja. No mundo das métricas, somos ensinados a olhar para cliques, impressões, taxas de abertura, comentários, tempo de visualização. Tudo isso conta, sim. Mas não conta tudo. O que vale mesmo, muitas vezes, não se mede. Sente-se.

Esta quarta lição é sobre isso: **aprender a testar conteúdos com base no impacto percebido — e não apenas em resultados imediatos e quantificáveis.**

É sobre reconhecer que uma mensagem que gerou um comentário sincero e inesperado pode valer mais do que outra que obteve mil curtidas automáticas. É sobre entender que o que muda uma pessoa raramente é o que viraliza. E é sobre treinar a Inteligência Artificial para reconhecer esses sinais não óbvios — para que ela seja tua aliada não apenas no que explode, mas no que ecoa.

O QUE É IMPACTO PERCEBIDO?

É a impressão subjetiva — mas profundamente real — de que uma peça de conteúdo tocou, serviu, provocou.

É quando alguém responde:

→ "Era isto que eu precisava ouvir."

→ "Não consegui comentar quando li, mas chorei."

→ "Enviei para minha irmã, porque senti que era com ela."

São reações que, por vezes, não aparecem como números.

Aparecem como mensagens privadas. Como reencontros. Como partilhas silenciosas.

São reações humanas — e por isso mesmo, mais difíceis de prever.

Mas a boa notícia é: **a IA pode ajudar-te a mapeá-las.** Basta que a ensines o que procurar.

Tabela de comparação:

IMPACTO BRUTO × IMPACTO PERCEBIDO

Impacto Bruto	Impacto Percebido
Número de likes, partilhas, comentários	Profundidade e autenticidade das respostas
Taxa de cliques ou visualizações	Número de pessoas que guardaram, marcaram ou voltaram
Crescimento de seguidores	Qualidade das conexões criadas
Performance no algoritmo	Quantas pessoas disseram: "Foi para mim."

O problema não está nos dados brutos. O problema está em usar apenas eles como bússola.

E a solução está em aprender a ler outros sinais — com a IA como lente e com a tua intuição como juiz final.

COMO USAR A IA PARA IDENTIFICAR IMPACTO PERCEBIDO

A IA pode ser treinada para reconhecer padrões emocionais nas respostas do teu público.

Em vez de medir apenas volume, ela pode avaliar linguagem, tom, vocabulário, intensidade emocional.

Prompt exemplo:

> *"Analisa os últimos 100 comentários e identifica quais expressam reconhecimento pessoal, emoção ou gratidão explícita."*

Ou:

> *"Classifica os comentários em: neutros, técnicos, emocionais e transformacionais. Lista os transformacionais."*

Transformacionais são os que revelam que a peça causou algum tipo de virada interna.

Mesmo que venham em pequena quantidade, são ouro.

A IA também pode comparar com conteúdos anteriores:

> *"Quais conteúdos tiveram menos alcance, mas mais comentários longos e pessoais?"*
>
> *"Qual peça gerou mais respostas privadas mesmo com menos likes?"*

Estas análises ajudam-te a perceber onde há vida, não apenas ruído.

O POST SEM CURTIDAS QUE VIROU CONVITE

Uma das nossas clientes — autora e terapeuta narrativa — publicou um texto chamado "Sobre não saber o que fazer".

Era uma reflexão curta, vulnerável, sem foto impactante, sem headline otimizada.

Poucas curtidas. Nenhum comentário público.

Mas, nos bastidores, recebeu 7 mensagens diretas com histórias de gente que se sentia perdida e aliviada por ver alguém dizer isso em voz alta.

Uma dessas pessoas, depois, convidou-a para dar uma palestra sobre escuta profunda.

O conteúdo "fracassado" abriu a porta mais importante da sua carreira.

Sem análise qualitativa, teria sido descartado.

Com escuta e atenção ao impacto percebido... tornou-se decisivo.

COMO CLASSIFICAR IMPACTO PERCEBIDO NOS TEUS CONTEÚDOS

Cria uma planilha simples onde anotes não só os números, mas as reações humanas reais. Podes usar esta estrutura:

Conteúdo	Alcance	Curtidas	Mensagens privadas	Frase marcante recebida	Tipo de impacto percebido
"Sobre não saber o que fazer"	1.200	33	7	"Chorei a ler isto, parecia que me tinhas visto."	Transformacional
"Checklist para o dia produtivo"	3.500	244	0	-	Informativo
"Três frases que te bloqueiam"	4.000	500	1	"Copiei no meu caderno."	Tático-emocional

A IA pode ajudar a organizar e propor categorias com base no teu histórico.

Mas quem decide o que é relevante... és tu.

COMO TESTAR CONTEÚDOS A PARTIR DESSA LENTE

1. **Publica com intenção clara.**
   Define antes: "Este conteúdo quer ser útil, ou quer abrir espaço emocional?"
2. **Observa o eco, não só o ruído.**
   Se for útil, espera respostas práticas.
   Se for emocional, observa os silêncios carregados, as mensagens indiretas.
3. **Marca os sinais fortes.**
   Cada vez que alguém disser "isto mudou o meu dia" — regista. É sinal.

4. **Reage aos ecos.**
   Se algo provocou emoção, responde com novo conteúdo. Dá seguimento. Honra quem sentiu.
5. **Cria um "banco de conteúdos vivos."**
   Não arquives os que parecem "fracassados" — eles podem ainda estar a fermentar. A IA pode alertar quando voltarem à tona.

PERGUNTAS QUE TE DEVEM GUIAR MAIS DO QUE QUALQUER MÉTRICA

→ Alguém reagiu com o corpo? (chorou, calou-se, compartilhou em silêncio)

→ Alguém agradeceu em privado?

→ Eu senti algo ao escrever?

→ Alguém usou a palavra "finalmente"?

→ Alguém disse "senti que era comigo"?

Se a resposta a qualquer uma destas for "sim"... não importa quantas curtidas tiveste.

Importa que tocaste. E tocar alguém, num mundo ruidoso, vale mais do que performar para mil olhos distraídos. Testar conteúdos com base no impacto percebido é, SEM DÚVIDA, uma revolução silenciosa no marketing de conteúdo. É deixar de perguntar apenas "quantos viram?" para perguntar "quem foi tocado?". É entender que nem todo impacto é mensurável — mas ainda assim é profundamente real. Com a IA, podes organizar, reconhecer padrões, perceber ecos invisíveis. Mas o que mais importa continuará a exigir o teu olhar humano, a tua escuta atenta, o teu compromisso com a verdade. Porque o conteúdo que muda uma vida quase nunca parece um sucesso à primeira vista. Ele é pequeno. Às vezes, tímido. Às vezes, escrito em voz baixa. Mas quando chega — chega. E quando toca — deixa marca. Por isso, não descartes peças que não performaram. Não apagues textos que ninguém comentou. Não ignores o e-mail que ninguém respondeu, mas que tu escreveste com o coração na garganta. São essas as peças que, um dia, vão voltar — pela mão de alguém que leu, calou, guardou. E depois disse: "Lembras-te daquele texto? Foi ali que começou a minha mudança." Isso é impacto real. E se tiveres coragem de escutá-lo, vais escrever de outra forma. Vais escrever não para impressionar. Mas para permanecer.

CHECKLIST

Cultivar intenção com IA no marketing

- ☑ A origem do teu negócio está documentada em forma narrativa?
- ☑ Estás a alimentar a IA com conteúdos que contêm verdade emocional e não só fórmulas?
- ☑ Tens espaço na tua estratégia para publicar conteúdos não otimizados, mas significativos?
- ☑ Avalias impacto pela profundidade da reação e não só pela quantidade?
- ☑ Usas a IA para te lembrar do que disseste antes – e verificar coerência?
- ☑ Fazes pausas para reavaliar o porquê de cada peça criada?
- ☑ Estás disposto a sacrificar performance por integridade, quando necessário?

Dica final deste episódio

A Inteligência Artificial tornou o marketing mais eficiente – mas também mais exposto. Já não basta montar uma palestra bonitinha, com voz firme, pausas dramáticas e slides estratégicos que param no minuto 17 para enfiar goela abaixo um programa qualquer disfarçado de salvação. Já não cola essa de dar "aulinhas gratuitas" só para embuchar um cursilho no final, com urgência inventada, bônus reciclado e depoimentos forçados de quem foi apanhado no corredor depois do evento. Hoje, qualquer pessoa com um mínimo de desconfiança pode abrir uma nova aba, digitar no ChatGPT – gratuito – e perguntar: "Estou a ser enganado por um salafrário ou isto que me deu vontade de comprar é bom e honesto?" E a resposta vem. Clara. Fria. Impiedosa. A IA está a fazer aquilo que o mercado devia ter feito há anos: ensinar o público a fazer perguntas melhores. Agora é possível cruzar promessas com evidências, comparar discursos com dados reais, desmontar e-mails manipulativos com uma conversa direta – e gratuita – com uma ferramenta que não está interessada em comissão. A audiência está cada vez mais informada, mais cética, mais seletiva. E quem ainda insiste em usar a velha cartilha do marketing como forma de pregar truques emocionais em cima de gente vulnerável, vai começar a tropeçar na própria encenação. Porque como é que alguém se sustenta como "mentor" se qualquer pessoa pode verificar em segundos se o conteúdo é verdadeiro ou só mais uma cascata bem embalada? Como é que se enrola, se há uma máquina pronta a desenrolar tudo o que está por trás da cortina – e a mostrar o que ali realmente existe? A pergunta que fica é dura, mas urgente: como usar o que já se sabe de marketing para, enfim, transformar de verdade? Com impacto real, números relevantes, resultados demonstráveis. Sem fanfarra, sem teatro, sem fazer de conta. Porque o tempo dos testemunhos pedidos no corredor acabou. O palco agora tem retorno imediato. E quem continuar a tratar o público como rebanho, vai descobrir – tarde demais – que as ovelhas já aprenderam a reconhecer o matadouro à distância. E sabem dar meia-volta. Sozinhas. E em silêncio.

A Inteligência Artificial não é o futuro – é o corte. E depois dela, já não há como contar a mesma história.

Pois é... fim de uma Era, começo de outra!

Se algo retenho desta caminhada — e que este livro procurou, com as suas imperfeições e urgências, transmitir — é que, por vezes, avisar não basta. Há mais de um ano, disponibilizei gratuitamente uma versão da minha mente virtual. Partilhei ferramentas, processos, raciocínios e inquietações. Demonstrei que qualquer pessoa munida de um telemóvel ou de um computador pode, hoje, aceder a inteligências artificiais que, até há pouco, habitavam o domínio da ficção científica. E, ainda assim, há quem resista. Quem insista em ignorar. Quem alimente a ilusão de que o mundo permanece fiel às fórmulas do passado.

Mas não permanece. Já não.

Aqueles que continuam a crer que esta transformação é passageira, ou que bastará ajustar superficialmente o discurso para "acompanhar a tendência", caminham para a obsolescência. Esta não é uma previsão sombria — é um constatar de factos. Não se trata apenas de perda de emprego. Trata-se de perda de relevância, de autonomia, de voz. Muitos, sei, persistem na esperança de que ainda há tempo. De que poderão observar, com cautela, o que sucede aos outros antes de tomar posição. A esses, deixo um aviso desprovido de ornamentos: já estão em desvantagem. E amanhã poderá ser demasiado tarde. A cada dia em que se hesita, o fosso entre os que aprendem e os que opinam alarga-se de forma irreversível. A Inteligência Artificial não é uma promessa vindoura — é uma realidade presente. E quem não aprender a dialogar com ela hoje, não saberá como pensar o mundo que se aproxima.

Este livro não foi concebido para agradar. Foi escrito para despertar. Para revelar que a mudança em curso não é apenas tecnológica — é mental, emocional, estrutural. Informar, instruir e inspirar, por si só, já não bastam. Importava também alertar. E, se necessário fosse, gritar.

Se chegou até estas páginas finais, parabéns: ainda vai a tempo. Mas esse tempo é escasso. Porque o futuro — o verdadeiro futuro — pertencerá àqueles que tiverem a ousadia de desaprender o que lhes foi ensinado, que forem capazes de renunciar às certezas confortáveis e criar algo inovador com as próprias mãos. Não para seguir a Inteligência Artificial, mas para a guiar. Porque, em última instância, não é a tecnologia que nos salva. É a nossa capacidade de a usar para tocar outro ser humano. O futuro, na minha opinião, porém, será luminoso — mas apenas para quem tiver coragem de gritar 'chega de gurus e fórmulas!' e acendê-lo com a sua própria voz, sendo capaz de forjar o seu próprio caminho.

> *Fala comigo diretamente pelo e-mail:* **james@mcsill. com**; *pelo Instagram:* **@jamesmcsill**, *ou acha-me no Google, no LinkedIn etc., ou pergunta às I. A. s, que já me conhecem.*

Glossário

Lista Alfabética de Termos em Inglês e Respetivas Traduções

A

Accessibility - Acessibilidade

Accountability - Responsabilidade

Actionable - Acionável

Activation - Ativação

Advocacy - Defesa / Apoio à marca

AI / Artificial Intelligence - Inteligência Artificial

Algorithm - Algoritmo

Analytics - Análise / Dados

API - Interface de Programação de Aplicações (mantém-se como API)

Application - Aplicação

Approach - Abordagem

Archetype - Arquétipo

Article - Artigo

Assessment - Avaliação

Asset - Recurso / Ativo

Audience - Público

Audit - Auditoria

Automation - Automação

Awareness - Consciência

B

Backend - Sistema interno / Área técnica

Benchmark - Referência / Padrão

Behavioral data - Dados comportamentais

Bias - Viés

Big data - Grande volume de dados

Blog post - Artigo de blog

Bot - Robô / Assistente automático

Brand identity - Identidade da marca

Brand name - Nome da marca

Brand personality - Personalidade da marca

Brand values - Valores da marca

Brief - Briefing

Build - Construção / Desenvolvimento

Buyer journey - Jornada do comprador

Buyer persona - Persona de cliente / Perfil de comprador

C

Call-to-action - Chamada para ação

Campaign - Campanha

Canvas - Quadro / Modelo visual

Case study - Estudo de caso

Catalog - Catálogo

Chatbot - Chatbot / Assistente automático

Checkout - Finalizar compra / Check-out

Classify - Classificar

Client - Cliente

CMS - Sistema de Gestão de Conteúdo (mantém-se como CMS)

Coaching - Coaching

Collaboration - Colaboração

Comment - Comentário

Commerce - Comércio

Community - Comunidade

Company - Empresa

Compliance - Cumprimento / Adesão

Concept - Conceito

Confessional tone - Tom confessional

Conflict - Conflito / Tensão

Content - Conteúdo

Context - Contexto

Conversion - Conversão

Conversion funnel - Funil de conversão

Conversion rate - Taxa de conversão

Copywriting - Escrita persuasiva / Criação de conteúdo

CRM (Customer Relationship Management) - Gestão da relação com o cliente (mantém-se como CRM)

Creative - Criativo

CTA / Call-to-action - Chamada para ação

CTR (Click-through rate) - Taxa de cliques

D

Dashboard - Painel de controlo

Data - Dados

Dataset - Conjunto de dados

Decision-making - Tomada de decisão

Deep dive - Imersão profunda

Design - Design / Design gráfico

Developer - Programador

Dialogue - Diálogo

Digital marketing - Marketing digital

Direct traffic - Tráfego direto

Discovery - Descoberta

Display - Exibição

Documentation - Documentação

Domain - Domínio

Draft - Rascunho

Dynamic - Dinâmico

E

E-commerce - Comércio eletrónico / Loja online

Ecosystem - Ecossistema

Editorial calendar - Calendário editorial

Efficiency - Eficiência

E-mail - E-mail / Correio eletrónico

Emoji - Emoji / Emoticon

Empathy - Empatia

Engagement - Envolvimento / Engajamento

Engagement rate - Taxa de envolvimento

Engine - Motor / Plataforma

Enterprise - Empresa / Organização

Event - Evento

Experience - Experiência

Experiment - Experimento

Expertise - Expertise / Conhecimento especializado

F

Facilitate - Facilitar

Feature - Característica

Feedback - Retorno / Comentário / Avaliação

File - Ficheiro

Flow - Fluxo

Follow-up - Sequência / Seguimento

Format - Formato

Framework - Estrutura / Modelo

Funnel - Funil / Funil de conversão

Future-proof - Preparado para o futuro

G

Gamification - Gamificação

Goal - Objetivo

Grammar - Gramática

Guide - Guia

Guideline - Diretriz

H

Headline - Manchete / Título principal

Heatmap - Mapa de calor

Hero - Herói

Hierarchy - Hierarquia

Highlight - Destaque

Hook - Gancho / Frase inicial impactante

Humanize - Humanizar

I

IA - Inteligência Artificial

Identity - Identidade

Impact - Impacto

Imperfection - Imperfeição

Inbox - Caixa de entrada

Index - Índice

Indicators - Indicadores

Insight - Conclusão / Perceção

Inspiration - Inspiração

Intentionality - Intencionalidade

Interaction - Interação

Interface - Interface

Iteration - Iteração / Repetição

J

Journey - Jornada

K

Keyword - Palavra-chave

Knowledge base - Base de conhecimento

KPI (Key Performance Indicator) - Indicador-chave de desempenho (mantém-se como KPI)

L

Language model - Modelo de linguagem

Lead - Potencial cliente / Contacto

Lead generation - Geração de contactos

Learning curve - Curva de aprendizagem

Level up - Elevar nível

Lifecycle - Ciclo de vida

Liner - Líder

Link - Link / Endereço eletrónico

Live - Ao vivo

Log in - Entrar

Long-form content - Conteúdo longo

M

Machine learning - Aprendizado de máquina

Mapping - Mapeamento

Marketing - Marketing

Marketplace - Mercado digital

Match - Correspondência

Meaningful - Significativo

Metric - Métrica / Indicador

Microcopy - Microtexto

Micro-experiences - Microexperiências

Mindset - Mentalidade

Minimum viable product - Produto mínimo viável (mantém-se como MVP)

Mockup - Maqueta

Module - Módulo

Monitor - Monitorizar

Motivational - Motivacional

N

Narrative arc - Arco narrativo

Narrative style - Estilo narrativo

Navigation - Navegação

Need - Necessidade

Newsletter - Boletim informativo

Newsfeed - Feed de notícias

Next steps - Próximos passos

Notebook - Caderno digital / Ficheiro pessoal

Notion - Plataforma de organização (mantém-se como Notion)

O

Objective - Objetivo

Offer - Oferta

Onboarding - Integração / Primeiros passos

Open rate - Taxa de abertura

Opt-in - Inscrição / Registo

Organic reach - Alcance orgânico

Output - Resultado / Saída

P

Page views - Visualizações de página

Pain point - Dor / Problema central

Persona - Persona / Perfil emocional

Platform - Plataforma

Post - Publicação

Pre-header - Précabecalho

Preview text - Texto de pré-visualização

Problem - Problema

Process - Processo

Prompt - Pedido / Instrução

Proof of concept - Prova de conceito

Prototype - Protótipo

Public - Público

Purpose - Propósito

Q

Qualitative analysis - Análise qualitativa

Quantitative analysis - Análise quantitativa

Questionnaire - Questionário

R

Rationale - Fundamento

Reach - Alcance

Readability - Legibilidade

Rebranding - Rebranding

Recordings - Gravações

Reference - Referência

Reflection - Reflexão

Refresh - Atualização

Registration - Registo

Relationship - Relação

Reliability - Fiabilidade

Release - Lançamento

Remarketing - Reacendimento

Report - Relatório

Request - Pedido

Resonate - Ressonar

Response - Resposta

Results - Resultados

Retention - Retenção

Retargeting - Reenfoque

Review - Revisão

Rewrite - Reescrever

ROI (Return on Investment) - Retorno sobre investimento (mantém-se como ROI)

Role model - Modelo de referência

Routine - Rotina

S

Sales - Vendas

SaaS (Software as a Service) - Software como serviço (mantém-se como SaaS)

Search engine - Motor de busca

Segmentation - Segmentação

SEO - Otimização para motores de busca (não se traduz normalmente)

Share - Partilha

Sharing - Partilha

Simile - Comparação

Social media - Redes sociais

Social proof - Prova social

Storytelling - Contar histórias / Narrativa

Structure - Estrutura

Style - Estilo

Subject line - Linha de assunto

Subscriber - Subscritor/assinante

Success story - História de sucesso

Syntax - Sintaxe

System - Sistema

T

Tagline - Lema / Slogan

Takeaway - Lição / Reflexão

Target audience - Público-alvo

Template - Modelo

Testimonial - Depoimento

Testing - Teste

Text - Texto

Theme - Tema

Timing - Timing

Title tag - Etiqueta de título

Tone of voice - Tom de voz

Tool - Ferramenta

Top of the funnel (TOFU) - Topo do funil

Topic - Tópico

Track - Acompanhar

Trigger - Gatilho / Disparador

Trust - Confiança

TTT (TikTok) - TikTok (mantém-se como TTT ou TikTok)

U

UI (User Interface) - Interface do utilizador

URL - Link / Endereço eletrónico (mantém-se como URL)

Usability - Usabilidade

User - Utilizador

User experience - Experiência do utilizador

UX (User Experience) - Experiência do utilizador

V

Value - Valor

Value proposition - Proposta de valor

Variation - Variação

Version - Versão

Video script - Guião de vídeo

Visuals - Visuais

Voice - Voz

W

Webinar - Palestra online / Webinário

Website - Site / Sítio eletrónico

Workshop - Oficina / Encontro prático

Y

Year-over-year (YoY) - Comparação anual (mantém-se como YoY)

Bibliografia

- *Marketing Management* — Philip Kotler — Prentice Hall (1967)
- *Influence: The Psychology of Persuasion* — Robert B. Cialdini — Harper Business (1984)
- *Relationship Marketing: Successful Strategies for the Age of the Customer* — Regis McKenna — Addison-Wesley (1991)
- *The One to One Future: Building Relationships One Customer at a Time* — Don Peppers & Martha Rogers — Currency/Doubleday (1993)
- *The Virtual Community: Homesteading on the Electronic Frontier* — Howard Rheingold — Addison-Wesley (1993)
- *Managing in the Marketspace* — Jeffrey F. Rayport & John J. Sviokla — Harvard Business Review Press (1994)
- *The Digital Economy: Promise and Peril in the Age of Networked Intelligence* — Don Tapscott — McGraw-Hill (1995)
- *Permission Marketing: Turning Strangers into Friends and Friends into Customers* — Seth Godin — Simon & Schuster (1999)
- *Net Worth: Shaping Markets When Customers Make the Rules* — John Hagel III & Marc Singer — Harvard Business School Press (1999)
- *Start With Why* — Simon Sinek — Penguin (2009)
- *Made to Stick: Why Some Ideas Survive and Others Die* — Chip Heath e Dan Heath — Random House (2007)
- *The Long Tail: Why the Future of Business Is Selling Less of More* — Chris Anderson — Hyperion (2006)
- *Resonate: Present Visual Stories that Transform Audiences* — Nancy Duarte — Wiley (2010)
- *The New Rules of Marketing and PR* — David Meerman Scott — Wiley (2011)
- *Everybody Writes* — Ann Handley — Harper Business (2014)
- *Building a StoryBrand* — Donald Miller — HarperCollins (2017)
- *The Second Machine Age* — Erik Brynjolfsson e Andrew McAfee — W. W. Norton (2017)
- *This is Marketing* — Seth Godin — Portfolio (2018)
- *Marketing 5.0: Technology for Humanity* — Philip Kotler, Hermawan Kartajaya e Iwan Setiawan — Wiley (2021)
- 『データベース消費』 (*Dētābēsu Shōhi*) — 東浩紀 (*Azuma Hiroki*) — 講談社 (*Kōdansha*) (1998)
- 『目覚めよと人魚は歌う』 (*Mezameyo to Ningyo wa Utau*) — 星野智幸 (*Hoshino Tomoyuki*) — 講談社 (*Kōdansha*) (2003)
- 『ストーリー思考』 (*Sutōrī Shikō*) — 神田昌典 (*Kanda Masanori*) — PHP研究所 (*PHP Kenkyūjo*) (2005)
- 『クロスカルチャー・マーケティング 日本から世界中の顧客をつかむ方法』 (*Kurosu Karuchā Māketingu: Nihon kara Sekai-jū no Kokyaku o Tsukamu Hōhō*) — 作野善教 (*Sakuno Yoshinori*) — 日本実業出版社 (*Nihon Jitsugyō Shuppansha*) (2022)
- 『グローバルで通用する「日本式」マーケティング』 (*Gurōbaru de Tsūyō Suru "Nihon-shiki" Māketingu*) — 中島広数 (*Nakajima Hirokazu*) — ダイヤモンド社 (*Diamond Sha*) (2024)
- *AI 2041: Ten Visions for Our Future* — Kai-Fu Lee — Currency (2021)

Posfácio

Algumas pessoas atravessam a nossa vida e deixam marcas. Outras, como James McSill, deixam bússolas. Foi graças ao seu trabalho como Coach Literário que meu livro *Agora é pra Valer* ganhou asas e se tornou best-seller. James acordou a autora que vivia adormecida em mim e, desde então, já são quinze livros publicados. Escrever estas linhas finais é também escrever um "muito obrigada" em letras grandes — é um exercício de gratidão em estado puro.

Depois de percorrer estas páginas, você já percebeu: James tem essa capacidade rara de enxergar antes dos outros. Quando muitos ainda viam a Inteligência Artificial como algo distante, ele já a entendia como força inevitável de transformação. E foi esse olhar visionário que você acabou de acompanhar aqui, misturado a crítica afiada, humor inteligente e sabedoria prática, sempre temperado com histórias que só alguém com sua trajetória multifacetada poderia contar.

Quero registrar também a minha visão pessoal: para mim, a Inteligência Artificial é como uma lente de aumento sobre a realidade. Ela potencializa o trabalho de quem já faz bem feito e denuncia, com implacável clareza, as falhas de quem insiste em atuar sem preparo. É como se a IA dissesse: "Mostra-me o que tem de melhor e eu multiplicarei; mostra-me o que tem de pior e eu exporei". Essa leitura me fascina e me desafia ao mesmo tempo — e imagino que, ao final do livro, você também sinta algo parecido.

O mérito desta obra, no entanto, vai além das reflexões sobre tecnologia. James nos lembra que, por mais sofisticados que sejam os algoritmos, eles jamais substituirão a centelha humana que dá vida às histórias. É essa centelha — feita de emoção, vulnerabilidade e propósito — que conecta pessoas, constrói confiança e transforma dados em narrativas que permanecem. E James, com sua maestria de contador de histórias, nos ensina a resgatar essa chama e mantê-la acesa em meio ao barulho do mundo digital.

Você já viu: este não é um manual técnico cheio de termos frios. Foi uma jornada criativa, onde cada capítulo trouxe convite à reflexão e ao riso, à coragem e à reinvenção. James mostrou que errar pode ser rascunho, que dados são diálogos, e que até o silêncio pode ser texto. Ao chegar até aqui, fica a lembrança de que a vida — assim como o marketing e a tecnologia — só faz sentido quando está alinhada ao nosso propósito maior.

Com a alegria de quem foi profundamente transformada pelo trabalho deste autor e com toda a gratidão que cabe em meu coração, encerro estas páginas com a certeza de que o que você leva daqui não é apenas um olhar sobre Inteligência Artificial, mas a lembrança de que, no fundo, o que realmente nos move é a inteligência afetiva.

Dra. Márcia Luz

Psicóloga, mentora, autora de 14 livros e atua há mais de 30 anos na área do desenvolvimento humano e um dos expoentes brasileiro do marketing digital.

DVS EDITORA
www.dvseditora.com.br

Impressão e Acabamento | Gráfica Viena
Todo papel desta obra possui certificação FSC® do fabricante.
Produzido conforme melhores práticas de gestão ambiental (ISO 14001)
www.graficaviena.com.br